4 L'ADDITION

Ajouter un élém t
d'identifier les éle
texte.

> **Exercice :** Enrichi
> *Le soleil brille. – L'*… *…rain arrive.*
> Les éléments ajoutés peuvent être des expansions du groupe nominal (adjectifs, compléments du nom, propositions subordonnées relatives), des compléments circonstanciels, etc.

Ces quatre opérations de base peuvent être associées.
Exemples :
– substitution + déplacement
→ pronominalisation : remplacer le GN COD par un pronom personnel objet + déplacement.

> *Le jardinier **taille** les roses.* → *Le jardinier les **taille**.*

– déplacement + addition
→ transformation passive : permuter le sujet et l'objet actifs + addition de *être* et de la préposition *par* ou *de*.

> *La privation des grâces est un défaut* [*que les femmes ne pardonnent point, même au mérite*]. (Rousseau)
> La relative à la forme active correspond à la forme passive *qui n'est point pardonné par les femmes, même au mérite*.

Pour une présentation complète des *OPÉRATIONS pour l'observation et l'analyse des faits de langue*, voir la *Terminologie grammaticale* (CNDP, 1997, pp. 5-6).

Le GREVISSE
de L'ENSEIGNANT

Le GREVISSE de L'ENSEIGNANT

Jean-Christophe Pellat
Professeur émérite de linguistique française
Université de Strasbourg

Stéphanie Fonvielle
Maitre de conférences de linguistique française
Aix-Marseille Université

Maurice Grevisse

Sommaire

Avant-propos 9

Préliminaires 12
1. Les domaines de l'étude de la langue 12
2. Les variations de la langue 15

PARTIE 1 — Les éléments de la langue : de l'oral à l'écrit

1 Les éléments de la langue orale 22
1. Les sons 22
2. Les voyelles 24
3. Les consonnes 25
4. Le système des phonèmes du français 28
5. La chaine parlée : la syllabe, la liaison, l'élision, le groupe rythmique . . 29

2 Les éléments de la langue écrite 32
1. Comment fonctionne l'orthographe française ? 32
2. L'alphabet et les signes auxiliaires 35
3. Écrire les sons et représenter le sens : les graphèmes 37
4. La ponctuation 39

PARTIE 2 — Les unités du lexique : les mots

Quelques définitions 48

1 La formation des mots 50
1. La dérivation : la suffixation et la préfixation 50
2. La composition 55
3. La conversion 59
4. Autres procédés de formation 59
5. L'emprunt 60

2 Organisation des unités du lexique 63
1. Les familles de mots et les champs du lexique 63
2. Les relations formelles entre les unités du lexique : homonymie, homophonie, homographie, paronymie 65
3. Les relations sémantiques entre les unités du lexique : synonymie, antonymie, hyperonymie/hyponymie, partie/tout 67
4. La polysémie 70

PARTIE 3 — Les classes de mots

Définition et présentation des classes grammaticales 74

1 Le nom 76
1. Définition du nom et du groupe nominal 76
2. Nom commun, nom propre 77
3. Le genre du nom 79
4. Le nombre du nom 83

2 Le déterminant 89
1. Définition 89
2. Les articles définis, indéfinis, partitifs 91
3. Les déterminants définis démonstratifs, possessifs 94
4. Les déterminants numéraux, indéfinis, composés 97
5. Les déterminants interrogatifs, exclamatifs, relatifs 101
6. L'absence de déterminant 102

3 L'adjectif qualificatif 103
1. Définition 103
2. Le genre de l'adjectif qualificatif 106
3. Le nombre de l'adjectif qualificatif 110
4. L'accord en genre et en nombre de l'adjectif qualificatif 112
5. La place de l'adjectif qualificatif épithète 114
6. Les degrés de l'adjectif qualificatif : intensité, comparaison 116

4 Le pronom 120
1. Définition 120
2. Les pronoms personnels 123
3. Les pronoms possessifs 128
4. Les pronoms démonstratifs 129
5. Les pronoms indéfinis 132
6. Les pronoms interrogatifs 135
7. Les pronoms relatifs 137

5 Le verbe 141
1. Identifier le verbe 141
2. Les constructions des verbes : transitifs, intransitifs… 142
3. Les variations du verbe : voix, mode, temps.. 145
4. Les conjugaisons des verbes 150
5. L'emploi des temps et des modes du verbe 156
6. L'accord du participe passé 182

6 L'adverbe 188
1. Définition 188

2. Morphologie de l'adverbe 189
  3. Syntaxe de l'adverbe 191
  4. Sémantique de l'adverbe 194

7 La préposition 198
  1. Définition 198
  2. L'emploi des prépositions 200
  3. La répétition des prépositions 202

8 La conjonction 203
  1. Définition 203
  2. Les conjonctions de coordination 204
  3. Les conjonctions de subordination 207

9 L'interjection 210
  1. Définition 210
  2. Les formes de l'interjection 211

PARTIE 4 — La phrase simple

1 La phrase verbale, la phrase non verbale 214
  1. Définition de la phrase 214
  2. La phrase verbale ; la phrase minimale et la phrase étendue ;
      les schémas de phrases 216
  3. La phrase non verbale 219

2 Les fonctions grammaticales 221
  1. Définition et présentation des fonctions grammaticales 221
  2. Le sujet 227
  3. Les compléments liés au verbe 230
  4. Les compléments de phrase : les compléments circonstanciels 239
  5. Autour du nom : l'épithète, le complément du nom, l'apposition 241
  6. Autour de l'adjectif et de l'adverbe : les compléments 248
  7. Les autres fonctions : les compléments d'agent du verbe passif,
      du présentatif ; l'apostrophe 251

3 Les types de phrases 254
  1. Définition 254
  2. Le type déclaratif 255
  3. Le type interrogatif 255
  4. Le type injonctif 259
  5. Le type exclamatif 260

4 Les formes de phrases 262
  1. Définition 262
  2. La forme logique : affirmative ou négative 263

3. La forme passive 266
4. La forme impersonnelle 267
5. La forme emphatique 269
6. Les phrases à présentatif 272

5 Grammaire et orthographe : les chaines d'accord 273
1. Définition 273
2. L'accord sujet-verbe 275
3. L'accord sujet-verbe-attribut 277
4. L'accord dans le Groupe Nominal 277

PARTIE 5 — La phrase complexe

Définition et présentation de la phrase complexe – phrase et proposition 280

1 Les propositions juxtaposées, coordonnées, subordonnées . . 282
1. Les propositions juxtaposées 283
2. Les propositions coordonnées 284
3. Les propositions subordonnées 285

2 La proposition subordonnée relative 289
1. Définition 289
2. Les subordonnées relatives adjectives 290
3. Les subordonnées relatives substantives 293

3 La proposition subordonnée complétive 295
1. Définition 295
2. Les subordonnées complétives introduites par la conjonction *que* . . 296
3. Les subordonnées complétives interrogatives indirectes . . 299
4. Les constructions infinitives ; la proposition subordonnée infinitive . . 302

4 La proposition subordonnée circonstancielle 304
1. Définition 304
2. Les subordonnées circonstancielles de temps 305
3. Les subordonnées circonstancielles de cause 307
4. Les subordonnées circonstancielles de but 307
5. Les subordonnées circonstancielles d'opposition, de concession . . . 308
6. Les subordonnées circonstancielles de condition 309
7. Les systèmes corrélatifs : conséquence, comparaison 310
8. Les autres subordonnées ; les subordonnées participiales . . 312

5 La concordance des temps dans la phrase complexe . . . 313
1. Les temps dans les subordonnées à l'indicatif 314
2. Les temps dans les subordonnées au subjonctif 315

Le texte et le discours

1 La cohérence textuelle 318
   1. Unité thématique 318
   2. Unité sémantique 320
   3. Unité référentielle 321

2 La cohésion textuelle 324
   1. Les reprises nominales et pronominales 324
   2. L'ellipse 330
   3. Les connecteurs textuels 331

3 La progression textuelle 338
   1. Le thème et le prédicat dans la phrase 338
   2. Types de progressions thématiques 339
   3. Combinaison et rupture thématiques 342
   4. Progression thématique et types de textes 344

4 La typologie textuelle 346
   1. Visées communicatives et typologie textuelle 347
   2. Le type narratif 355
   3. Le type descriptif 360
   4. Le type argumentatif 365

5 Le discours 371
   1. Les indices de l'énonciation : déictiques et modalités subjectives . . . 371
   2. Attitude énonciative : énonciation de discours et énonciation historique . . . 375
   3. Le discours rapporté : direct, indirect… 380

6 Le texte poétique : la versification 385
   1. Définition 385
   2. La mesure du vers : le compte des syllabes 386
   3. La structure métrique : types de vers ; versification et syntaxe 387
   4. La rime 388

Annexes

1. L'alphabet phonétique international (API) 392
2. Les rectifications de l'orthographe (1990) 393
3. La féminisation des noms de métier, fonction, grade ou titre 396
4. Tableaux de conjugaison : 70 verbes modèles 400
5. Liste alphabétique de 400 verbes fréquents et défectifs avec indications d'emploi et renvois aux tableaux 429
6. Les principaux homophones grammaticaux 434
7. Glossaire 448
8. Index alphabétique des notions 454

Dans le texte, un astérisque bleu (*) renvoie au glossaire.

Avant-propos

Il y a bien des années que d'intrépides voyageurs ont découvert une grande île, abrupte, très peuplée, fertile, mais assez mal cultivée, à laquelle ils ont donné le nom de « l'île de la Grammaire ». L'île est baignée par les eaux du Grand Océan Caprice, nommé aussi Libre Arbitre ; cet Océan, dont les ondes sont d'elles-mêmes assez houleuses, pourrait causer à l'île de fréquents désastres et même l'inonder entièrement, si l'on n'avait eu le soin d'entourer ses bords de nombreuses digues, nommées Règles ; [...].

L'Île de la grammaire, Paul Tachella, Saint-Pétersbourg, 1894

La grammaire de l'enseignant

Cette grammaire destinée aux enseignants, ainsi qu'aux candidats aux concours, propose, comme toute grammaire, une **description du fonctionnement de la langue française** : présentation des unités de la langue, du son au texte ; règles de construction et de combinaison de ces unités, qui associent la forme et le sens.

Cette grammaire propose une **synthèse de la grammaire scolaire d'aujourd'hui**, intégrant la terminologie en vigueur et tenant compte des derniers programmes officiels du 26 novembre 2015[1]. Afin de présenter un savoir complet, solide et utilisable pour l'étude de la langue, cette grammaire établit un lien entre tradition grammaticale et recherche scientifique, à l'instar des textes officiels de référence. De la tradition scolaire, elle conserve la plupart des termes, inscrits dans un savoir

---

1. http://cache.media.education.gouv.fr/file/MEN_SPE_11/67/3/2015_programmes_cycles234_4_12_ok_508673.pdf

commun partagé (le mot, le verbe, le nom, la phrase, le sujet, le COD, etc.). De la recherche scientifique, elle retient les notions, les explications et aussi les démarches linguistiques entrées dans l'enseignement du français depuis plus de 40 ans (les déterminants, l'analyse de la phrase en groupe sujet et groupe verbal, les types et formes de phrases, etc.).

Cette grammaire, d'orientation linguistique, ne se limite pas à une théorie linguistique particulière, mais emprunte à différentes théories ce qu'elles apportent d'éclairant pour expliquer le fonctionnement de la langue, qu'elles soient purement formelles ou d'orientation sémantique ou pragmatique. Et, parallèlement à l'évolution des programmes d'enseignement, cette grammaire s'ouvre à de nouveaux champs, principalement le texte et le discours, sans négliger le lien avec les textes littéraires, en intégrant, entre autres, des notions de rhétorique (les figures) et de versification.

L'ensemble de cet ouvrage constitue donc une grammaire au sens large, qui présente l'essentiel des domaines d'étude de la langue : phonétique et phonologie, lexicologie, morphologie, syntaxe, sémantique, pragmatique.

Le Grevisse de l'enseignant

En incorporant les apports de la linguistique moderne dans la tradition scolaire, cette grammaire suit le modèle donné par *Le Bon usage*. Nous sommes attentifs à l'**usage**, que nous présentons aux lecteurs d'aujourd'hui dans sa diversité. Certes, cette grammaire est principalement, comme toutes les autres, une grammaire de l'écrit standard. Mais nous accordons une place à l'oral, en expliquant des structures qui y sont plus fréquentes (présentatif, forme emphatique, etc.), en tenant compte de ses particularités (omission du *ne*, emploi restreint de certains temps du verbe, etc.) et en comparant autant que possible le fonctionnement de l'écrit et de l'oral, notamment pour la morphologie grammaticale (verbe, nom, adjectif). Pour ce faire, nous utilisons l'alphabet de l'Association phonétique internationale (A.P.I.), devenu courant dans l'enseignement.

Une des richesses du *Bon usage* est le nombre et la variété de ses **exemples**, régulièrement renouvelés. Nous avons aussi le souci d'offrir aux lecteurs de nombreux exemples signés, tirés de la littérature patrimoniale et contemporaine, d'auteurs de France et hors de France[2].

---

2. Pour les auteurs récents (à partir de 1980), le titre du livre est indiqué.

Cette grammaire illustrée par les écrivains ajoute, nous l'espérons, le plaisir de la lecture à la pertinence des exemples venant éclairer une règle, un usage. Et si nous donnons la norme du français standard, nous évoquons ses divergences avec l'usage contemporain sur des points précis, suivant encore le modèle de M. Grevisse, attentif à observer une langue vivante toujours en évolution.

Un outil de travail pour l'enseignant

Cette grammaire est organisée et présentée pour une utilisation simple et rapide par l'enseignant. Les notions sont exposées de manière claire et hiérarchisée : l'essentiel est mis en valeur et se distingue des développements placés sous la rubrique *Approfondissement,* ce qui permet deux niveaux de lecture. Et, quand cela se révèle nécessaire, cette grammaire ouvre des perspectives historiques sur des questions problématiques. Après les six parties qui vont « du son au texte », les annexes apportent des informations complémentaires utiles (rectifications de l'orthographe, féminisation des noms de métier) et des développements pratiques autonomes, faciles à consulter, sur la conjugaison des verbes et sur les principaux homophones grammaticaux.

À côté de la lecture suivie de passages hiérarchisés, la consultation du livre et la recherche ponctuelle d'informations sont facilitées par le *sommaire* détaillé, l'*index* des notions traitées et les *renvois* placés dans les chapitres, qui créent un lien et favorisent le va-et-vient entre ceux-ci. Le *glossaire* est conçu pour la recherche rapide d'une information minimale sur un terme (brève définition, éventuellement illustrée d'un exemple).

Les auteurs espèrent ainsi offrir aux enseignants une grammaire au sens large, claire et rigoureuse, qui réponde rapidement aux questions qu'ils se posent dans leurs activités quotidiennes d'étude de la langue en classe.

Jean-Christophe Pellat & Stéphanie Fonvielle

Préliminaires

1. Les domaines de l'étude de la langue 12
2. Les variations de la langue 15

1 Les domaines de l'étude de la langue

La grammaire décrit le fonctionnement général de la langue et en étudie les éléments constitutifs. On distingue différents domaines, selon la nature des faits étudiés, en allant des sons au sens, des éléments les plus simples aux plus complexes.

1 La phonétique et la phonologie étudient les unités sonores à deux niveaux

◂ Les éléments de la langue orale (**1.1** p. 22)

- **La phonétique* étudie les sons** du langage dans leur réalisation concrète.

    Dans Le Bourgeois gentilhomme (acte II, scène IV), le maitre de philosophie explique à M. Jourdain comment articuler les voyelles, puis les consonnes.
    La voix A se forme en ouvrant fort la bouche : A. [...] La consonne D [...] se prononce en donnant du bout de la langue au-dessus des dents d'en haut : DA.

- **La phonologie* étudie les phonèmes***, qui sont les unités minimales sonores d'une langue : en s'opposant les uns aux autres, ils permettent de distinguer les morphèmes.*

    La poutre et la loutre se distinguent grâce aux phonèmes [p] et [l].

Alors que les sons ont une réalité physique, concrète, les phonèmes[1] sont des unités abstraites, qui s'opposent dans le système d'une langue donnée. On ne les identifie pas simplement par leurs caractéristiques sonores, comme les sons, mais on doit les traiter dans les réseaux d'oppositions où ils se rencontrent ; peu importe comment on prononce le son [R], il sera traité comme phonème dans les oppositions avec d'autres consonnes : *rampe* /Rɑ̃p/ – *lampe* /lɑ̃p/ ; *patte* /pat/ – *part* /paR/.

◂ API (Annexe 1 p. 392)

1. Par convention, on encadre les phonèmes (oppositions distinctives) avec des barres obliques et les sons avec des crochets.

2 La morphologie étudie la forme des mots, de deux points de vue

• **La morphologie* grammaticale étudie la variation de la forme des mots** selon les catégories du genre, du nombre, de la personne, du temps, etc.

> Dans Les oiseaux se cachent pour mourir (titre d'un roman de Colleen McCullough et de séries TV) :
> – l'article *les* est au pluriel
> – le nom *oiseaux* est au masculin pluriel
> – le verbe *cachent* est à la 3ᵉ personne du pluriel du présent de l'indicatif.

• **La morphologie* lexicale étudie les procédés de formation des mots.**

▶ La formation des mots (**2.1** p. 50)

> Les noms *alliage, bavardage, chauffage, jardinage* sont formés par **dérivation** avec le suffixe *-age* à partir d'un verbe.
>
> Les noms *chou-fleur, rouge-gorge, timbre-poste, gratte-ciel* sont formés par **composition**.

3 L'orthographe est la manière d'écrire les mots selon la norme en usage

L'Académie française a choisi, pour la première édition de son dictionnaire (1694), « l'orthographe ancienne », savante et étymologisante, chargée de consonnes inutiles (*teste, cholere, debuoir, phantaisie, rhythme, vingt, corps*). Elle a réformé l'orthographe au XVIIIᵉ siècle (principalement en 1740 : ajout des accents, suppression des consonnes inutiles, etc.), puis elle a fait quelques modifications en 1835. Les dernières modifications de l'orthographe française sont intervenues avec les Rectifications de 1990.

▶ Les éléments de la langue écrite (**1.2** p. 32)

▶ Rectifications (Annexe **2** p. 393)

4 La syntaxe étudie les relations entre les mots dans la phrase

L'ordre des mots étant relativement strict en français, la place des mots permet souvent de déterminer leur fonction syntaxique*.

> Dans Les jeunes ont aimé le film Le Labyrinthe.
>   **1** sujet   **2** verbe   **3** complément d'objet direct
>
> – le sujet (**1**) *Les jeunes* précède le verbe (**2**) *ont aimé*
> – le complément d'objet direct (**3**) *le film Le Labyrinthe* suit le verbe.

5 La lexicologie étudie le sens des mots, seuls ou dans leurs relations

> En lexicologie*, le mot *docteur* a plusieurs sens.
> *docteur* et *médecin* sont en partie synonymes : *J'appelle le docteur / médecin*.

▶ Organisation des unités du lexique (**2.2** p. 63)

Bien que, pour des raisons pratiques, le mot soit traité dans les dictionnaires comme l'unité significative de base, la linguistique moderne préfère le **morphème***, qui est le signe linguistique minimal, indécomposable, associant une forme et un sens (un signifiant et un signifié). Le morphème peut correspondre à un mot simple (*lampe*, *route*). Un mot construit se décompose en deux ou plusieurs morphèmes.

La dérivation ◄
(**2.1**,1 p. 50)

> *exagération* comporte deux morphèmes : le radical *exagér-* et le suffixe *-ation*.

6 La sémantique étudie le sens des formes linguistiques

Le texte et ◄
le discours
(**6** p. 317)

La sémantique* **lexicale étudie le sens des mots,** elle se confond avec la **lexicologie***.
La sémantique étudie aussi le sens des phrases et le sens des textes.

7 La pragmatique étudie la langue en situation

Le discours ◄
(**6.5** p. 371)

La pragmatique* **traite en particulier des unités linguistiques dont le sens est déterminé par la situation de communication.**

> Dans *Je te dis que tu as tort.*, il faut connaître la situation pour identifier qui est *je* (celui qui parle) et qui est *tu* (celui à qui *je* parle).
>
> Dans *Je reviendrai demain.*, il faut connaître la personne qui dit *je* et le moment où cette phrase est prononcée pour situer le moment postérieur indiqué (futur et *demain*).

Approfondissement

Ces domaines de l'étude de la langue ne sont pas strictement cloisonnés. On les distingue pour des raisons méthodologiques, car on ne peut pas tout étudier en même temps.

a. La morphosyntaxe est un domaine mixte, qui associe la morphologie (grammaticale) et la syntaxe. Elle étudie les variations de la forme des mots selon leurs fonctions.

> Les pronoms de 3e personne ont la forme :
> – *il* ou *elle* quand ils sont sujets : *il*/*elle* dort
> – *le*, *la* ou *les* quand ils sont compléments d'objet direct : Marcel **le**/**la**/**les** regarde.
> – *lui* ou *leur* quand ils sont compléments d'objet indirect : Marcel **lui**/**leur** ressemble.

La tradition grammaticale scolaire se limite à la morphosyntaxe.

b. Au-delà de la grammaire, au sens strict, commence le domaine de la stylistique, qui étudie les faits de langue du point de vue de leur expressivité.
La stylistique littéraire étudie la langue des écrivains, qui est le reflet d'un usage particulier de la langue.

> *La longue phrase de Proust est très différente de celle de Marguerite Duras.*

② Les variations de la langue

Comme toute langue historique, la langue française n'est pas une langue compacte. Elle connait un certain nombre de variétés, qui se manifestent dans la prononciation, le vocabulaire et la syntaxe.

1 Variétés historiques

On distingue trois époques dans l'histoire du français, datées par l'histoire de France.

- **L'ancien français va des origines au début du xive siècle** (1328, avènement des Valois). Le premier document écrit, *Les Serments de Strasbourg* signés par Charles le Chauve et Louis le Germanique, date de 842.

> *Pro deo amur et pro christian poblo et nostro commun saluament, d'ist di en avant, in quant Deus savir et podir me dunat, si saluarai eo cist meon fradre Karlo*[2]...

- **Le moyen français va du milieu du xive siècle à la fin du xvie siècle** (1589, avènement du roi Henri IV). On met à part le français de la Renaissance (xvie siècle), dont le vocabulaire, la syntaxe, et même l'orthographe, diffèrent quelque peu des deux siècles précédents.

> *Enfans, oyez vne Lecon :*
> *Nostre Langue à ceste facon,*
> *Que le terme, qui va deuant,*
> *Voulentiers regist le suiuant.*
> *Les Vielz Exemples ie suiuray*
> *Pour le mieulz : car a dire vray,*
> *La Chancon fut bien ordonnee,*
> *Qui dit, m'Amour vous ay' donnee : ...*
> (C. Marot, *A ses disciples*, 1538)

Cette épigramme instaure la règle d'accord du participe passé employé avec avoir.

- **Le français moderne commence au xviie siècle et s'étend jusqu'à nos jours.** Dans ce vaste ensemble, la Révolution de 1789 introduit une coupure politique et linguistique ; avant, on appelle français classique la langue des xviie et xviiie siècles.

---

2. Traduction : « Pour l'amour de Dieu et pour le salut commun du peuple chrétien et le nôtre, à partir de ce jour en avant (dorénavant), autant que Dieu m'en donne savoir et pouvoir, je défendrai mon frère Charles, ici présent... »

> *Si les hommes sçavent quelque chose d'assuré, ce sont les faits,*
> *& de tout ce qui tombe sous leur connoissance, il n'y a rien où il soit plus*
> *difficile de leur imposer, & surquoy il y ait moins d'occasion de dispute.*
> (B. Pascal, *Pensées de M. Pascal sur la religion...*, 1678)

• Certains introduisent une autre coupure, parlant de **français contemporain après 1945.**

> — Tonton, qu'elle crie, on prend le métro ?
> — Non.
> — Comment ça, non ?
> Elle s'est arrêtée. Gabriel stope également, se retourne,
> pose la valoche et se met à expliquer.
> — Bin oui : non. Aujourd'hui, pas moyen. Y a grève.
> — Y a grève.
> — Bin oui : y a grève. Le métro, ce moyen de transport éminemment
> parisien, s'est endormi sous terre, car les employés aux pinces
> perforantes ont cessé tout travail.
> (R. Queneau, *Zazie dans le métro*, © Éditions Gallimard, 1967)

Quoi qu'il en soit, la période qui suit la Révolution française connaît une évolution sensible de la langue dans son vocabulaire, évidemment, dans sa syntaxe, çà et là, et de manière plus diffuse, dans le style.

2 Variétés des codes : l'oral et l'écrit

◄ La formation des mots (**2.1** p. 50)

En France, le décalage entre l'oral et l'écrit s'est fortement accru avec le temps. Il se manifeste par l'évolution du rapport entre l'écriture et la prononciation : de nombreuses lettres sont progressivement devenues muettes, en particulier les terminaisons grammaticales (-s du pluriel des formes nominales ou de la 2e personne du singulier des verbes, finales verbales, etc.). L'écart pour le vocabulaire aurait tendance à se réduire depuis 1945, surtout parce que les mots de l'oral passent à l'écrit, l'inverse étant moins fréquent. La syntaxe de l'oral spontané présente des traits particuliers, comme l'absence régulière de *ne* (*je veux pas*), l'emploi de *ça* (*ça bouchonne ce matin*), la dislocation (*Ils sont fous, ces Romains !* Goscinny), etc. Cependant, compte tenu de la diversité des situations de discours, il est difficile d'opposer globalement l'oral et l'écrit. Et on peut dire que, par rapport aux niveaux de langue, l'écrit joue le rôle d'un filtre : tout ce qui se dit ne peut pas s'écrire.

◄ *infra* 6 (p. 19)

3 Variétés géographiques

Les français régionaux sont en usage dans les différentes régions de France et dans les pays francophones : Afrique francophone, Belgique, Québec, Suisse romande, etc. Dans chaque cas, la langue connait des particularités phonétiques, lexicales et syntaxiques.

– **L'accent régional** est le plus perceptible : *en Alsace, on prononce les* **o** *fermés* (*saule* =[sol]), *alors que le Midi préfère les* **o** *ouverts* (*saule* =[sɔl]) *; en Alsace, on ne distingue pas les consonnes sourdes et sonores* (*dans* désert *et* dessert, *on prononce* [s]). *Chaque région prononce la consonne* r *à sa façon, y compris les Parisiens. Les Wallons prononcent* [w] *le* w *qui se prononce ailleurs* [v]. *Les Québécois prononcent des consonnes affriquées*[3] ([ts] *pour* [s] *dans* relation).

– **Le vocabulaire** présente des particularités locales : *on peut* s'empéguer (*s'enivrer*) *dans le Sud de la France ; on compte avec* septante, octante *et* nonante *en Belgique et en Suisse ; un* canton *n'a pas le même statut administratif en France et en Suisse ; on trouve des produits* péi (*pays*) *à la Réunion, où les* gramounes (*grands-parents*) *peuvent garder les* marmailles.

– **La syntaxe** comporte aussi des traits caractéristiques : *en Alsace, on peut* attendre sur le train, *où l'*on n'ose pas *fumer ; parfois* il veut *pleuvoir, et* ça pleut *ou* ça tire (*il y a du vent*).

Ces français régionaux doivent être distingués, selon l'espace géographique concerné, des dialectes* (angevin, bourguignon, wallon, etc.), des langues régionales (alsacien, breton, etc.) ou des créoles (aux Antilles et à la Réunion) qui les influencent.

4 Variétés sociales

Un sociolecte* est un usage de la langue, propre à un groupe social (on parle aussi de dialecte* social). Jusqu'aux années 1960, on parlait du français populaire, identifié et stigmatisé au XVIIe siècle, qui était déjà vivant au Moyen Âge (voir certains usages du poète François Villon) et au XIXe siècle, qui était parlé par les couches populaires, par opposition à la bourgeoisie. Des écrivains comme Céline et Queneau l'ont introduit en littérature ; le cinéma l'a popularisé, notamment les films français des années 1930 (*Le quai des brumes*, *Le jour se lève* de M. Carné).

Comment que tu vas ? – Tu viens-ti ? – La pièce qu'il est rentré dedans.

Depuis les années 1960, la standardisation répandue par les médias et l'école a fortement réduit la part du français populaire[4], qui correspond aujourd'hui à des usages très familiers.

▶ *infra* 6 (p. 19)

---

3. Consonnes qui combinent une occlusion et une constriction : voir l'anglais *child*, où *ch* correspond à peu près à [tʃ].
4. Le terme *vulgaire* ne désigne pas un sociolecte ou un niveau particulier, mais un « mot, sens ou emploi choquant, le plus souvent lié à la sexualité ou à la violence, qu'on ne peut pas employer dans un discours soucieux de courtoisie, quelle que soit l'origine sociale » (*Petit Robert* 2004, marques d'usage).

Les argots ont souvent irrigué le français populaire. On en distingue plusieurs sortes. L'argot traditionnel des malfaiteurs, des « fortif (ications) » de Paris, très vivant à la fin du XIXe siècle, existe depuis le Moyen Âge ; il est illustré par la littérature (E. Sue), la chanson (A. Bruant) et le cinéma (*Touchez pas au grisbi*, J. Becker).

> *L'argot n'est autre chose qu'un vestiaire où la langue, ayant quelque mauvaise action à faire, se déguise. Elle s'y revêt de mots masques et de métaphores haillons.* (Hugo)

L'argot est un dialecte social qui est réduit essentiellement au vocabulaire. La langue des malfaiteurs est aujourd'hui datée. Mais de nouvelles formes d'argot apparaissent : « les parlers des jeunes » présentent les traits caractéristiques d'un langage crypté, partagé par une communauté fermée qui en fait un usage propre, mais avec une dimension ludique. Ce parler peut reprendre des termes de l'argot classique (*tu tchatches, une thune, daron, poudre, serrer, taf*) et en créer de nouveaux (*les bolosses*), notamment avec le verlan (*les keufs, les meufs, les ripoux, les beurs, les rebeux*).

5 Variétés techniques

À la langue générale, on oppose les langues de spécialités, scientifiques et techniques, principalement par le vocabulaire, parfois par la syntaxe.

> *La terminologie technique comprend l'ensemble des termes étrangers à la langue commune et désignant les choses par leur côté impersonnel et objectif avec exactitude et précision.* (Ch. Bally)

Chaque science, chaque discipline, chaque domaine d'activité utilise un vocabulaire spécialisé : *tout cavalier sait ce qu'est* une robe, une reprise, un oxer, un CSO, un paddock, un manège. Les termes chimiques (*oxygène, hydrogène, etc.*) ont été créés pour beaucoup au XVIIIe siècle.

Certains parlent d'argots de métiers, les termes spécialisés étant perçus comme réservés aux initiés[5].

La formation des mots (**2.1** p. 50)

Dans beaucoup de métiers, on aime les sigles.

> *Après son AVC, il a été pris en charge par le SAMU et il a passé une IRM.*

Mais la langue générale accueille constamment les termes techniques : il suffit de suivre les actualités pour mesurer l'usage important de termes économiques, politiques, juridiques, médicaux, etc. Et nous utilisons, tous, les termes informatiques.

---

5. « tous les métiers, toutes les professions [...] ont leur argot » (V. Hugo)

6 Variétés stylistiques (ou situationnelles)

On distingue traditionnellement trois niveaux[6] de langue, utilisés dans des situations différentes et caractérisés par des traits de prononciation, de vocabulaire ou de syntaxe.

- **Le niveau familier** s'emploie dans une situation informelle, en famille, entre amis ou entre pairs. Il se caractérise par un lexique direct (*boulot*, *mec*, *type*, *nana*) et utilise des troncations (*télé*, *ciné*, *sympa*). La syntaxe est simple : pas d'inversion du sujet dans l'interrogation (*Tu viens ?*) et peu de propositions subordonnées, on préfère la juxtaposition (*Je suis pas venu, j'étais malade.*). La prononciation ne fait guère usage des -e caducs (*je te le dis* [ʃtəldi]) ou contracte les mots (*je suis* [ʃɥi]).

- **Le niveau courant** est neutre, non marqué, utilisé dans toute situation.

- **Le niveau soutenu** est employé en situation formelle, hiérarchique. Il se manifeste par une élaboration soignée du message et un choix réfléchi des mots. Le vocabulaire recherche les nuances (*labeur*, *tâche* – *néanmoins*, *toutefois*). La syntaxe est souvent complexe : interrogation avec inversion (*Viens-tu ?* – *Hana vient-elle ?*), emploi de *ne* explétif (*Je crains qu'il ne vienne.*), etc. On prononce davantage de -e caducs (*Je te le dis.* [ʒətələdi]).

7 Variétés individuelles

Chaque individu a un idiolecte (*idios* signifie « particulier » en grec), **une manière personnelle de s'exprimer :** on peut identifier quelqu'un à certains traits de prononciation, certaines préférences de mots, certaines expressions ou phrases typiques. Divers personnages de Proust se reconnaissent par leur idiolecte, comme la domestique Françoise.

> Et dès la veille Françoise avait envoyé cuire dans le four du boulanger, protégé de mie de pain, comme du marbre rose, ce qu'elle appelait du jambon de Nev York. Croyant la langue moins riche qu'elle n'est et ses propres oreilles peu sûres, sans doute la première fois qu'elle avait entendu parler de jambon d'York avait-elle cru – trouvant d'une prodigalité invraisemblable dans le vocabulaire qu'il pût exister à la fois York et New York – qu'elle avait mal entendu et qu'on avait voulu dire le nom qu'elle connaissait déjà. Aussi, depuis, le mot d'York se faisait précéder dans ses oreilles ou devant ses yeux, si elle lisait une annonce, de New qu'elle prononçait Nev. Et c'est de la meilleure foi du monde qu'elle disait à sa fille de cuisine : « Allez me chercher du jambon chez Olida. Madame m'a bien recommandé que ce soit du Nev York. »
> (M. Proust, *À l'ombre des jeunes filles en fleurs*, Pléiade, tome 1, 1987)

---

6. On utilise le terme de *niveaux*, car la norme fait une distinction hiérarchique entre eux. Certains parlent de *registres*, ce qui, à l'image de l'orgue, met en avant simplement le *choix* du terme ou de l'expression.

Ce sont les écrivains qui illustrent le mieux l'idiolecte, par l'usage personnel original qu'ils font de la langue. Comparons les phrases de deux écrivains.

> *J'avais à quinze ans le visage de la jouissance et je ne connaissais pas la jouissance. Ce visage se voyait très fort. Même ma mère devait le voir. Mes frères le voyaient.*
> (M. Duras, *L'Amant*, 1984)

> *À l'âge de quinze ans, Annabelle faisait partie de ces très rares jeunes filles sur lesquelles tous les hommes s'arrêtent, sans distinction d'âge ni d'état ; de ces jeunes filles dont le simple passage, le long de la rue commerçante d'une ville d'importance moyenne, accélère le rythme cardiaque des jeunes gens et des hommes d'âge mûr, fait pousser des grognements de regret aux vieillards.*
> (M. Houellebecq, *Les Particules élémentaires*, 1998)

Approfondissement

Les variétés du français ne sont pas cloisonnées : le français étant une langue vivante, des passages existent entre elles. Ainsi, des termes d'argot passent dans le vocabulaire familier, voire courant. L'usage des variétés du français est gouverné par la norme prescriptive, qui n'est pas identique dans tous les pays francophones (*en Suisse romande, l'absence de* ne *est plus fortement stigmatisée qu'en France*), mais dont la fonction est la même : sélectionner, parmi ces variétés, le bon usage à donner comme modèle. En France, la norme prescriptive s'est progressivement installée au XVIIe siècle, des *Remarques* de Vaugelas (1647) au premier *Dictionnaire de l'Académie française* (1694), et elle s'est fortement imposée au XIXe siècle. Elle préconise le niveau soutenu, éventuellement courant, écrit, appuyé sur la référence au français classique et aux « grands écrivains ». Les autres usages (oraux, familiers, régionaux) sont exclus et stigmatisés (« ce n'est pas du français, c'est du chinois »). Ainsi, la norme défend des usages surannés (*se suicider* a été longtemps refusé, considéré comme un pléonasme ; le *ne* explétif dans *avant qu'il ne vienne*, l'imparfait du subjonctif, etc.) sans admettre l'évolution de la langue (*malgré que* est condamné, de même que le subjonctif avec *après que*).

Cet ouvrage, qui donne la priorité au français courant, apporte l'information nécessaire sur la norme prescriptive, sans jugements de valeur. Nous reprenons volontiers la citation de Montaigne placée par A. Goosse en exergue de l'édition du *Bon usage* (14e éd., 2007) :
Ceux qui veulent combatre l'usage par la grammaire se moquent (*Les Essais*. Livre III, 5e éd., PUF, 1999, p. 875).

Les éléments
de la langue :
de l'oral à l'écrit

① Les éléments de la langue orale 22
② Les éléments de la langue écrite 32

CHAPITRE 1

Les éléments de la langue orale

1. Les sons 22
2. Les voyelles 24
3. Les consonnes 25
4. Le système des phonèmes du français 28
5. La chaine parlée : la syllabe, la liaison, l'élision, le groupe rythmique 29

1 Les sons

Les sons du langage sont des émissions d'air produites par l'appareil phonateur (ou vocal).

Les principaux organes de la *phonation* (ou émission vocale) sont : les *poumons* ; le *larynx,* sorte d'entonnoir cartilagineux, au travers duquel se tendent les deux paires de *cordes vocales,* qui bordent une fente appelée *glotte* ; le *pharynx* (arrière-bouche) ; le *voile du palais* (le petit appendice charnu qui pend au milieu, à l'entrée du gosier, est la *luette*) ; la *langue* ; les *lèvres.*

L'ensemble des mouvements qui règlent la disposition des organes vocaux sur le passage du souffle expiratoire s'appelle l'*articulation.* La *base d'articulation* est la position des organes vocaux à l'état d'indifférence (donc pendant le silence avec respiration normale).

API ◄
(Annexe 1 p. 392)

• **Les sons se divisent en voyelles et consonnes.**
L'**Association phonétique internationale (A.P.I.)** a établi un système de transcription dans lequel chaque phonème* est transcrit par un seul et même signe. La langue française parlée compte ainsi seize voyelles, dix-sept consonnes (plus une, si l'on y intègre le [ŋ] emprunté à l'anglais)

et trois semi-consonnes[1]. Les phonèmes (36 ou 37) sont plus nombreux que les lettres de l'alphabet (26).

L'alphabet phonétique international			
Voyelles		**Consonnes**	**Semi-consonnes**
Orales		[b] bon	[j] yeux, paille, pied, panier
[a]	date	[d] déjà	
[ɑ]	pâte	[f] fier	[w] oui, pois [pwa], square
[e]	pré	[g] gare	
[ɛ]	mère	[k] car	[ɥ] cuir
[ə]	chemin	[l] loup	
[i]	cri	[m] main	
[o]	rose	[n] non	
[ɔ]	note	[p] par	
[ø]	lieu	[R] rose	
[œ]	peur	[s] sol	
[u]	trou	[t] tas	
[y]	pur	[v] ver	
Nasales		[z] zéro	
[ã]	manger	[ʃ] chat	
[ɛ̃]	matin	[ʒ] jardin	
[ɔ̃]	saison	[ɲ] agneau	
[œ̃]	lundi	[ŋ] smoking	

Le **double point** après une voyelle indique qu'elle est longue.

alors [alɔ:R]

L'**apostrophe** devant une voyelle marque la présence d'un *h* aspiré ou signale qu'il y a un hiatus empêchant la liaison.

hein! ['ɛ̃] – *un héros* [œ̃'eRO]

Si une lettre est placée entre **parenthèses**, par exemple l'*e* dit muet [ə], c'est que le son ainsi désigné peut ne pas être prononcé.

fenêtre [f(ə)nɛtR]

---

1. Ces trois sons ont les caractéristiques articulatoires des consonnes (bruit de frottement). Certains parlent de semi-voyelles à cause des trois voyelles qui leur correspondent et de leur qualité sonore.

2 Les voyelles

On appelle voyelles des sons produits par les vibrations des cordes vocales qui s'échappent sans avoir été arrêtés nulle part dans le canal vocal.

- **Les voyelles sont orales ou nasales.**

– Elles sont dites **orales** quand le souffle qui les produit s'échappe uniquement par la bouche : [a], [ɑ], [e], [ɛ], [ə], [i], [o], [ɔ], [ø], [œ], [u], [y].

– Elles sont dites **nasales** quand le souffle s'échappe par le nez et par la bouche à la fois : [œ̃], [ɔ̃], [ɛ̃], [ɑ̃] (*un bon vin blanc*).

- **Les voyelles sont ouvertes ou fermées** selon l'ouverture du canal buccal.

– Elles sont **ouvertes** quand elles s'articulent avec une ouverture buccale plus grande que pour l'articulation d'autres voyelles.

[ɛ] *mère*, [œ] *cœur*, [ɔ] *note*, [a] *car*, [ɑ] *pâte*, [ɛ̃] *lin*, [ɑ̃] *plan*

– Elles sont **fermées** quand elles s'articulent avec une ouverture buccale plus petite que pour l'articulation d'autres voyelles.

[i] *cri*, [e] *dé*, [ø] *feu*, [y] *mur*, [u] *sou*, [o] *rose*

- **Les voyelles sont antérieures ou postérieures** selon leur point d'articulation, c'est-à-dire la région du palais vers laquelle la langue se soulève.

– Elles sont **antérieures** lorsque la langue se soulève en avant dans la bouche (partie dure du palais).

[a] *date*, [ɛ] *mère*, [e] *pré*, [i] *cri*, [ɛ̃] *lin*, [y] *pur*, [ø] *peut*, [œ] *cœur*, [œ̃] *brun*

– Elles sont **postérieures** lorsque la langue se soulève en arrière dans la bouche (partie molle du palais).

[u] *sou*, [o] *rose*, [ɔ] *note*, [ɑ] *pâte*, [ɔ̃] *bon*, [ɑ̃] *plan*

- **Les voyelles sont arrondies ou labiales** quand on les prononce en arrondissant les lèvres projetées en avant.

[y] *lu*, [ø] *peu*, [œ] *peur*, [u] *pou*, [o] *peau*, [ɔ] *port*, [ɑ] *pâte*

Remarques :

a. L'*e* sourd, demi-ouvert, demi-fermé (sans accent dans l'écriture), **s'appelle *e* muet ou caduc** parce que, en certains cas, il tombe dans la prononciation.

[ʁaple] *rapp(e)ler* – [ynf(ə)nɛtʁ] *un(e) f(e)nêtr(e)*

Préliminaires ◂
(**2**,6 p. 19)
infra 5.4 ◂
(p. 31)

Sa prononciation dépend en partie du niveau de langue et elle est déterminée par sa place dans le groupe rythmique. Ainsi, dans le nord de la France, on ne prononce pas l'*e* en finale de groupe : [ʁisk] *risqu(e)*.

Mais on prononce généralement l'e à l'intérieur du groupe, pour éviter la rencontre de trois consonnes ([kalməmã] *calmement*). Si ce n'est pas le cas, on le supprime ([muvmã] *mouv(e)ment*). Un maintien et une (ou deux) suppression(s) dans [fɛrməlaf(ə)nɛtr] *ferme la f(e)nêtr(e)*.

b. La longueur (ou durée) d'une voyelle n'est pas liée à sa nature, mais déterminée par sa position. En général, les voyelles placées dans la dernière syllabe d'un groupe rythmique s'allongent, ainsi que les voyelles placées devant les consonnes [z] (*chose*), [ʒ] (*rouge*), [v] (*lave*) et [ʀ] (*mer*).

c. Le timbre d'une voyelle est le caractère propre et distinctif dû à la combinaison de la note fondamentale avec des sons accessoires appelés harmoniques. Tout changement dans la disposition des cavités pulmonaires et bucco-nasales modifie le timbre de la voyelle. En particulier, le timbre varie selon le point d'articulation et le degré d'ouverture de la bouche : [o] *fermé* (*rose*), [ɔ] *ouvert* (*note*).

Tableau des voyelles

ANTÉRIEURES			POSTÉRIEURES		
Orales		Nasales	Orales		Nasales
Fermées	Ouvertes	Ouvertes	Fermées	Ouvertes	Ouvertes
[i] cri [e] dé [ø] feu [y] mur	[ɛ] mère [a] date [œ] leur	[ɛ̃] brin [œ̃] brun	[u] sou [o] rose	[ɔ] note [ɑ] pâte	[ɔ̃] bon [ɑ̃] plan

3 Les consonnes

Les consonnes sont des bruits de frottement ou d'explosion produits par le souffle qui, portant ou non les vibrations des cordes vocales, rencontre dans la bouche divers obstacles résultant de la fermeture ou du resserrement des organes de la parole.

● **D'après le degré d'ouverture ou de fermeture des organes, on distingue :**
– **les consonnes occlusives (ou explosives),** qui s'articulent de telle manière que le souffle, d'abord arrêté par la fermeture complète des organes buccaux, s'échappe brusquement : [b], [p], [d], [t], [g], [k] ;
– **les consonnes constrictives (ou fricatives),** dans l'articulation desquelles il y a resserrement des organes buccaux, sans fermeture complète : [v], [f], [z], [s], [ʒ], [ʃ]. Les consonnes [s] et [z] sont souvent

appelées sifflantes ; les consonnes [ʃ] et [ʒ] sont souvent appelées chuintantes ;
– **la consonne latérale** [l], dont l'émission comporte comme un « écoulement » du souffle sur les côtés de la langue ;
– **la consonne vibrante** [R], dont l'articulation (du moins pour l'*r* standard) comporte une vibration du dos de la langue sur le voile du palais. (Dans l'articulation de l'*r* roulé, c'est la pointe de la langue qui vibre.)

● **D'après l'endroit où les organes buccaux se touchent, on distingue :**
– **les consonnes bilabiales** (lèvres) : [b], [p], [m] et **labio-dentales** (lèvres et dents) : [v], [f] ;
– **les consonnes dentales** (langue et incisives) : [d], [t], [n] ;
– **les consonnes alvéolaires** (langue et alvéoles) : [z], [s], [l] ;
– **les consonnes palatales** (langue et partie dure du palais) : [ʒ], [ʃ], [ɲ] ;
– **les consonnes vélaires** (langue et voile du palais) : [g], [k], [R], [ŋ].

● **Les consonnes diffèrent par la présence ou l'absence de vibrations des cordes vocales :**
– **elles sont sonores** quand le souffle qui les produit provoque des vibrations des cordes vocales : [b], [d], [g], [v], [z], [ʒ] ;
– **elles sont sourdes** quand le souffle qui les produit ne provoque pas de vibrations des cordes vocales : [p], [t], [k], [f], [s], [ʃ].

● **D'après la voie d'échappement du souffle par la bouche ou par le nez, on distingue :**
– **les consonnes orales** : [b], [p], [d], [t], [g], [k], [v], [f], [z], [s], [ʒ], [ʃ], [l], [R] ;
– **les consonnes nasales** : [m], [n], [ɲ] (et [ŋ] dans des mots étrangers comme *parking*).

● **Il y a trois semi-consonnes :**
– [ɥ] qu'on nomme *ué*, comme dans *lui*, *juin*, *fuir*
– [w] qu'on nomme *oué*, comme dans *oui*, *poids* et *wallon* (Belgique)
– [j] qu'on nomme *yod*, comme dans *pied*, *yeux*.

Remarques

a. L'*h* « aspiré ».
Cette appellation est doublement impropre :
– quand l'*h* dit aspiré est vraiment un son, il comporte non pas une aspiration, mais une intensité particulière du souffle expiré ;
– l'*h* aspiré n'existe plus comme son en français moderne : c'est un simple signe graphique, qui a pour effet d'empêcher l'élision et la liaison.
Toutefois, il se fait parfois entendre réellement dans certaines interjections (*ha ! hé ! holà !*) ou encore quand la syllabe initiale d'un mot commençant par un *h* « aspiré » est frappée d'un accent d'insistance (*C'est une honte !* [setynˈɔ̃t]).

infra 5.2 ◀ et 3 (p. 30)

infra 5.4 ◀ (p. 31)

LES ÉLÉMENTS DE LA LANGUE ORALE

b. Lorsque deux consonnes se trouvent en contact phonétique, elles tendent à s'assimiler l'une à l'autre.
– L'assimilation est progressive quand la première consonne impose son caractère à la seconde, quant à la sonorité.

> *sub*s*ister* (*prononcé* [sybziste]) : *la consonne sonore* [b] *fait devenir sonore, en la changeant en* [z], *la consonne* [s], *sourde par nature.*

– L'assimilation est régressive dans le cas contraire.

> *ab*s*ent* (*prononcé* [apsã]) : *la consonne sourde* [s] *fait devenir sourde, en la changeant en* [p], *la consonne* [b], *sonore par nature.*

c. Il n'existe plus de diphtongues en français moderne. Il existait des diphtongues en ancien français, dont l'orthographe a gardé la trace (*faire*, *peur*, *beau*). La dernière diphtongue [ao] a disparu au XVIᵉ siècle (*autre se prononçait* [aotʀ]).

Tableau des consonnes				
OCCLUSIVES	**Bilabiales**	**Dentales**	**Vélaires**	
Sourdes	[p] *pot*	[t] *tir*	[k] *col*	
Sonores	[b] *bal*	[d] *dur*	[g] *gare*	
CONSTRICTIVES	**Labio-dentales**	**Alvéolaires**	**Palatales**	
Sourdes	[f] *fer*	[s] *sol*	[ʃ] *char*	
Sonores	[v] *vol*	[z] *zéro*	[ʒ] *jour*	
		Alvéolaire		
Latérale		[l] *lilas*	**Vélaire**	
Vibrante			[ʀ] *roue*	
	Bilabiale	**Dentale**	**Palatale**	**Vélaire**
Nasales (sonores)	[m] *mer*	[n] *non*	[ɲ] *digne*	[ŋ] *smoking*
SEMI-CONSONNES	**Palatales**		**Vélaire**	
	[j] *yeux* [ɥ] *lui*		[w] *oui*	

4 Le système des phonèmes du français

La liste des 36 (ou 37) phonèmes* du français ne correspond pas à la réalité de l'usage actuel. Certaines oppositions sont ignorées selon les variations géographiques ; d'autres tendent à disparaitre en français standard, surtout quand leur rendement distinctif est faible.

*Préliminaires ◄ (**2**, 3 p. 17)*

- **L'opposition des voyelles à double timbre tend à se réduire.**
– On distingue encore bien [e] (*pré*) de [ɛ] (*lait*), mais pas en toutes positions.
  les =[le] ou [lɛ] ?
  Distingue-t-on toujours le futur chanterai *du conditionnel* chanterais *?*
– On ne distingue pas toujours [ø] (*feu*) de [œ] (*peur*), [o] (*seau*) de [ɔ] (*fort*). [œ] et [ɔ] ne se rencontrent jamais en syllabe ouverte, où seules s'emploient les voyelles fermées [ø] et [o].

- **Deux oppositions tendent aujourd'hui à se réduire :**
– celle entre [a] (*patte*) et [ɑ] (*pâte*), au profit du [a] antérieur ;
– celle entre [ɛ̃] (*brin*) et [œ̃] (*brun*), au profit du premier.

- **La distinction entre les semi-consonnes** [j] (*yeux*), [w] (*oui*), [ɥ] (*nui*) **et les voyelles** correspondantes [i] (*dit*), [u] (*cou*), [y] (*su*) n'est pas systématique et dépend de l'environnement consonantique. **On rencontre surtout un problème de syllabation.**

– **Il y a synérèse*** lorsque deux voyelles contigües se fondent, dans la prononciation, en une seule syllabe : la première voyelle écrite est alors la semi-consonne (*diamant* [djamã]).

*La versification ◄ (**6.6** p. 385)*

  C'est le duel *effrayant de deux spectres d'airain.* (Hugo)   [dɥɛl]

– **Il y a diérèse*** lorsque les deux voyelles se trouvent dissociées et sont le centre de deux syllabes.

  J'ai su tout ce détail d'un anci-en *valet.* (Corneille)   [ɑ̃sijɛ̃]

Les poètes ont souvent recours à l'une ou l'autre, pour des raisons de métrique.

5 La chaine parlée : la syllabe, la liaison, l'élision, le groupe rythmique

1 La syllabe

La syllabe est un son ou un groupe de sons que l'on prononce en une seule émission de voix.

● **On distingue :**
– **la syllabe ouverte,** terminée par une voyelle (*dé-fi-ni*). On dit que la voyelle est libre ;
– **la syllabe fermée,** terminée par une consonne (*par-tir*). On dit que la voyelle est entravée.
La tendance générale du français est à la syllabation ouverte.

● **La syllabe peut contenir un seul phonème*** (*une voyelle* : *a* [a], *eu* [ø]) **ou plusieurs phonèmes** (*une voyelle et une ou plusieurs consonnes* : *pas* [pa], *plat* [pla], *pire* [piʀ], *autre* [otʀ]). Un mot a autant de syllabes que de voyelles prononcées : il peut être formé d'une seule syllabe (*exemples ci-dessus*) ou de plusieurs syllabes (*poi-reau* [pwa-ʀo], *cri-ti-quer* [kʀi-ti-ke]).

Approfondissement : la syllabation graphique

Les principes de la syllabation graphique diffèrent de ceux de la syllabation phonique.
mare contient deux syllabes graphiques (*ma-re*), mais une seule syllabe phonique [maʀ].

On doit couper un mot dans l'écriture quand il n'y a pas assez de place dans la ligne pour l'écrire en entier (les traitements de texte gèrent la coupure eux-mêmes, parfois à mauvais escient). Cette division tient compte des syllabes.

▶ Coupure des mots (**1.2**, 4 p. 45)

Principes généraux du découpage graphique d'un mot en syllabes.

1. Une voyelle peut constituer à elle seule une syllabe (a- dans *a-mer*, *a-vis* ; u- dans *u-ni*, *u-rée* ; i- dans *i-ris*, *i-so-lé*). Mais l'e caduc, placé avant ou après une voyelle, fait syllabe avec elle et ne compte pas pour une syllabe à lui seul (*soie-rie*, *pla-cée*).

▶ *supra* 2 (p. 24)

2. Un graphème* consonantique ou vocalique, formé de plusieurs lettres, ne peut pas être découpé en syllabes (ch dans *biche*, ph dans *métaphore*, ai dans *geai*, eau dans *oiseau*, etc.). On ne sépare pas non plus les voyelles (*oa-sis*, *théâ-tre*, *es-pion*).

3. Une syllabe peut être formée d'une voyelle suivie ou précédée d'une ou plusieurs consonnes.

– Une consonne isolée, placée entre deux voyelles, forme une syllabe avec la voyelle qui la suit (*a-mer*, *ga-ge*), y compris quand cette voyelle est un e caduc (*pè-re*, *pla-ce*, *dé-ci-de-ra*).

– Quand deux consonnes sont placées entre deux voyelles, elles sont dissociées : la première consonne fait partie de la première syllabe, la seconde consonne de la syllabe suivante (*par-fum*, *pes-ter*). On dissocie également les consonnes doubles (*don-ne*, *jet-te*, *ter-re*, *vil-le*). Mais la dissociation des consonnes internes est impossible quand elles forment un seul graphème*, ou quand le groupe est formé de *l* ou *r* précédée d'une autre consonne (*bl*, *br*, *cl*, *cr*, *dr*, *fr*, *pl*, *pr*, etc.) puisque ce groupe commence une syllabe (*blanc*, *dé-plie*, *pou-dre*, *i-vre*).

– Quand trois consonnes se suivent, on regroupe généralement les deux premières pour terminer une syllabe, par opposition à la dernière qui commence une autre syllabe (*abs-trait*, *obs-ti-né*). Mais les groupes consonne + *l* ou *r* commencent la syllabe (*re-pli*, *des-truc-tion*, *mar-bre*).

– Les consonnes finales des mots ne sont pas dissociables : elles font partie de la dernière syllabe (*ils ai-ment*, *cu-its*). Il en va de même pour les consonnes initiales (*stè-re*, *stra-tes*).

2 La liaison

La liaison entre deux mots consécutifs consiste à prononcer, dans un seul groupe, la consonne finale muette du premier mot et la voyelle initiale du mot suivant.

Les grands enfants sont épuisés. [leɡʀɑ̃zɑ̃fɑ̃ sɔ̃tepɥize]

● **Quatre consonnes se rencontrent couramment en liaison** (par ordre de fréquence) :
- [z] (sonore) correspond aux lettres *s*, *x* et *z* : *les enfants* [lezɑ̃fɑ̃], *deux ans* [døzɑ̃], *allez-y* [alezi]
- [t] (sourde) correspond à *t* et *d* : *faut-il* [fotil], *répond-il* [ʀepɔ̃til]
- [n] correspond à *n* : *un avis* [œ̃navi], *bon ami* [bɔnami]
- [v] (sonore) correspond à *f* : *neuf heures* [nœvœʀ].

◀ Préliminaires (2,6 p. 19)

● **Toutes les liaisons ne doivent pas être réalisées.** Elles dépendent aussi du niveau de langue, le niveau soutenu en faisant davantage que le niveau familier. Dans l'usage standard :
- la liaison est obligatoire entre le déterminant et le nom (*les enfants* [lezɑ̃fɑ̃]), l'adjectif et le nom (*grands enfants* [gʀɑ̃zɑ̃fɑ̃]), le pronom personnel sujet et le verbe (*ils arrivent* [ilzaʀiv]) ;
- la liaison peut se faire entre le nom et l'adjectif postposé (*des enfants adorables* [dezɑ̃fɑ̃(z)adɔʀabl]), le verbe et son complément (*allons à Messine* [alɔ̃(z)amɛsin]) ;
- la liaison est interdite dans certains mots composés ou locutions (*nez // à nez*), entre deux groupes non liés syntaxiquement (*il a donné trop de devoirs // aux enfants*), devant *h* dit aspiré (*les // haricots*).

3 L'élision

L'élision est l'effacement de la voyelle finale d'un mot devant un mot commençant par une voyelle ou un *h* muet. Elle est notée à l'écrit par l'apostrophe.

> La ponctuation (**1.2**,4 p. 39)

l'ami d'Alfred – l'heure

● **L'élision concerne principalement :**
– *le, la* article et pronom personnel complément, *je, me, te, se* pronom personnel et *ce* pronom démonstratif : *l'orage, l'école, Jacques l'attend – j'arrive, je m'arrangerai, je t'aime, elle s'endort – c'est simple* ;
– *de* préposition ou variante de l'article indéfini *des* : *sortie d'usine – d'incroyables aventures* ;
– *que* conjonction ou pronom relatif : *Je crois qu'elle vient. – Le film qu'Annabelle a vu.* ;
– *ne* adverbe négatif, devant un verbe ou un pronom complément : *Georges n'appelle pas. – Je n'y vais pas.* ;
– *si* devant *il(s)* : *s'il revenait – Je me demande s'ils reviendront.*
Mais : *si elle revenait.*

● L'élision ne se fait pas toujours : *Prends-la avec toi. – Ce à quoi je pense.* Inversement, l'usage familier pratique aussi l'élision de *tu* devant voyelle, et même de *qui* : *Tu t'es vu quand t'as bu ? – C'est toi qu'as raison.*

4 Le groupe rythmique

En français, les mots ne sont pas isolés dans la chaine parlée : ils sont assemblés en groupes rythmiques (ou accentuels) constitués de plusieurs mots, dont seule la dernière syllabe est accentuée (le français est une langue à accent de groupe, et non de mot, comme l'anglais ou l'allemand). Selon sa longueur et sa complexité, et selon le type de discours (politique, poétique, etc.), une phrase contient un ou plusieurs groupes rythmiques (séparés ici par le signe #, avec la syllabe accentuée soulignée ; une lecture poétique comporterait davantage de groupes).

Le troupeau des chèvres bises et des moutons # marchait devant les enfants. # Les bêtes aussi allaient sans savoir où, # posant leurs sabots sur des traces anciennes. (J.M.G. Le Clézio, *Désert*)

Chaque groupe rythmique reçoit, sur sa syllabe finale, **un accent dit démarcatif ou contrastif**.
On emploie aussi **un autre accent, dit d'insistance**, pour mettre en valeur un mot particulier. Il se place sur la syllabe initiale du mot. Il est très utilisé dans les discours didactiques et journalistiques.

Simplement, je ne vois plus l'Algérie. Simplement, je tourne le dos à la terre natale, à la naissance, l'origine. (A. Djebar, *Le Blanc de l'Algérie*)

CHAPITRE 2

Les éléments de la langue écrite

1. Comment fonctionne l'orthographe française ? 32
2. L'alphabet et les signes auxiliaires 35
3. Écrire les sons et représenter le sens : les graphèmes 37
4. La ponctuation 39

1 Comment fonctionne l'orthographe française ?

Pour des raisons historiques et institutionnelles, l'orthographe française est compliquée. Comme pour toutes les langues écrites, l'orthographe du français fait référence au son et au sens.

1 L'orthographe fait référence au son

Dans une écriture alphabétique, les unités écrites correspondent en principe aux unités minimales orales : les lettres transcrivent des sons ou, plus précisément, les graphèmes* correspondent aux phonèmes* (phonogrammes). Cependant, le décalage entre l'écrit et l'oral est considérable en français.

● **La correspondance est rarement biunivoque** (une lettre = un son) entre le code écrit et le code oral, comme dans *lu* = [ly], où chaque graphème correspond à un phonème. Le plus souvent, un phonème correspond à plusieurs graphèmes.

> [s] correspond à *s* (*son*), *ss* (*poisson*), *c* (*ce*), *ç* (*ça*), *sc* (*science*), *x* (*soixante*), *t* (*action*)
>
> [ɛ] correspond à *e* (*mer*), *è* (*mère*), *ê* (*fête*), *ai* (*balai*), *ei* (*neige*)

Inversement, un graphème correspond à plusieurs phonèmes.

> *c* correspond à [k] (*coucou*), [s] (*ceci*)

Il correspond à [l] (*tranquille*), [j] (*fille*)

Dans le mot oiseau [wazo], *aucune des lettres ne se prononce comme on l'attendrait.*

Deux ou trois éléments dans un code peuvent correspondre à un seul élément dans l'autre. Le plus souvent de l'écrit à l'oral : *ai, ei* = [ɛ] (*lait, abeille*) – *au, eau* = [o] (*tuyau, bateau*) – *qu* = [k] (*qui*), parfois de l'oral à l'écrit : [ks] *ou* [gz] = *x* (*axe, examen*).

➤ infra 3 (p. 37)

● **Beaucoup de lettres sont devenues muettes** dans l'histoire de la langue, notamment en fin de mot, comme le *-s* marquant le pluriel (*les grands poissons*) ou la 2ᵉ personne du singulier (*tu chantes*).

Cependant, on observe parfois la tendance inverse : des lettres autrefois muettes sont prononcées. Au XVIIᵉ siècle, *finir* se prononçait encore [fini] et La Fontaine faisait rimer *ours* [uʀ] avec *toujours*, le *s* final étant muet. Aujourd'hui encore, la norme dit que le *p* de *dompteur* est muet, de même que la finale d'*exact* [ɛgza] au masculin, alors qu'on entend le plus souvent ces consonnes prononcées.

On dit que l'orthographe française est phonétiquement opaque, contrairement à d'autres langues (espagnol, italien, finnois, turc, etc.) qui sont transparentes, car les correspondances oral-écrit y sont régulières.

2 L'orthographe fait référence au sens

Certaines lettres muettes jouent un rôle important pour le sens.

● **Les marques grammaticales** (morphogrammes grammaticaux) indiquent le genre et le nombre des noms, des déterminants et des adjectifs, ou la personne et le nombre des verbes.

les garçons courent → *-s des pluriels nominaux, -(e)nt des pluriels verbaux*

● **La distinction des homophones** : les homophones se prononcent de la même façon ; ils sont distingués par leur orthographe différente.

– Les homophones lexicaux

vert, verre, ver, vers, vair – ceint, sain, saint, sein – conte, comte, compte

Il était une fois, dans la ville de Foix, une marchande de foie. Elle se dit, ma foi, c'est bien la dernière fois, que je vends du foie dans la ville de Foix. (Comptine)

➤ L'homophonie (**2.2**, 2 p. 65)

– Les homophones grammaticaux

ce/se – on/ont – son/sont – etc.

➤ Tableau des homophones (Annexe **6** p. 434)

● **L'indication des familles de mots** : souvent, une lettre muette dans le mot simple se prononce dans les mots dérivés de la même famille ; on parle de lettre dérivative : *Le t de chant se prononce dans chanter, chanteur, etc.*

➤ Familles de mots (**2.2**, 1 p. 63)

Ces lettres constituent une aide pour le lecteur, en particulier pour distinguer les homophones, nombreux en français. Mais elles représentent une difficulté pour le scripteur, qui doit apprendre l'orthographe des mots et les règles de l'orthographe grammaticale.

3 L'orthographe française fait aussi référence à l'histoire

De nombreuses lettres marquent un lien visible avec les langues qui ont donné au français son vocabulaire, en particulier le latin et le grec.

- **Les lettres étymologiques marquent l'origine latine ou grecque d'un mot.**
- Les mots français viennent principalement du latin. À côté des mots de formation populaire, qui ont évolué et se sont modifiés en français au fil du temps, les mots latins savants ont été empruntés presque tels quels, gardant en particulier leurs consonnes.

> *joug* (*jugum*), *corps* (*corpus*), *homme* (*hominem*), *compter* (*computare*)

Certains mots latins sont d'ailleurs passés sans changement en français.

> *accessit, agenda, album, alibi, aquarium, bis, bonus, cumulus, factotum, gluten, etc.*

Paradoxalement, leur orthographe correspond plutôt bien à leur prononciation.
Parfois, l'étymologie est trompeuse.

> *poids* ne vient pas de *pondus*, mais de *pensum* (« ce qui est pesé »).

- Le français savant a aussi emprunté beaucoup de mots grecs, dont il a adapté l'écriture, en utilisant les « lettres grecques » (*th*, *rh*, *ph*, *etc.*), dont le « y grec » ainsi nommé dans la récitation de l'alphabet.

> *psychologie* (ψυχολογία, « psukologia »), *théorie* (θεωρία « theoria »), *rhétorique* (ρετορική, « rhétorikè »), *syntaxe* (σύνταξις, « suntaxis »)

La fidélité de l'Académie française aux étymologies latines et grecques explique la conservation de ces lettres.

- **Les lettres historiques, non étymologiques, sont apparues dans l'histoire du français ;** elles ont pu être prononcées à une certaine époque.

Les consonnes nasales doublées rappellent une époque où la voyelle qui les précède avait une prononciation nasale.

> *donner* [dɔ̃ne], *année* [ãne], *grammaire* [gʀãmɛʀ]

La prononciation nasale a disparu, la consonne double est restée.

Ou bien ces lettres ont constitué, dans l'ancienne langue, des choix de transcription.

LES ÉLÉMENTS DE LA LANGUE ÉCRITE

– Les consonnes *t* et *l* étaient souvent doublées après *e* pour indiquer qu'il fallait le prononcer [ɛ], à une époque où les accents n'existaient pas : *il jette, elle appelle*.
– La consonne *h* initiale était employée pour indiquer la prononciation de *u* voyelle, qui n'était pas distingué graphiquement de *v*- (*huile, huit*) car la voyelle [y] et la consonne [v] étaient représentées par la même lettre jusqu'à la fin du XVIIe siècle : le *v*- en début de mot, le -*u*- ailleurs (*vne, vile – pouuoir, suiure*).

2 L'alphabet et les signes auxiliaires

1 L'alphabet

La langue écrite note les différents sons du français au moyen de vingt-six lettres, dont l'ensemble constitue l'alphabet. L'alphabet français s'est constitué à partir de l'alphabet latin, avec différentes adaptations, notamment l'ajout de la consonne *w*, l'introduction des accents, les distinctions entre les voyelles et les consonnes *i/j* et *u/v*.

➤ Les sons (**1.1**,1 p. 22)

● **Il y a six lettres-voyelles** : *a, e, i, o, u, y* ; **les autres lettres sont les lettres-consonnes.**

● **On distingue :**
– **les majuscules** ou **capitales** : A, B, C, D, E, F, G, H, I, J, K, L, M, N, O, P, Q, R, S, T, U, V, W, X, Y, Z. Les majuscules sont des lettres placées en début de mot qui s'opposent aux minuscules (Grevisse) ; alors que les capitales constituent des séries continues de grandes lettres (GREVISSE) ;
– **les minuscules** : a, b, c, d, e, f, g, h, i, j, k, l, m, n, o, p, q, r, s, t, u, v, w, x, y, z.

2 Les signes auxiliaires

Les signes auxiliaires sont les accents, le tréma, la cédille[1].

● **Les accents se placent sur certaines voyelles** pour indiquer leur prononciation ou pour donner d'autres informations. On distingue trois sortes d'accents.

1. L'accent aigu se met uniquement sur *e*, pour indiquer le timbre fermé [e] à l'intérieur, à la finale du mot (*témérité, vérité, blé*) ou devant *s* (*coupés, beautés* mais *les, des, ces, mes*).
On ne peut pas le mettre en syllabe fermée (*appelle*) et devant *d, f, r* ou *z* finals (*pied, clef, chanter, nez*).

---

1. Comme l'apostrophe et le trait d'union marquent la séparation et la liaison entre les mots, ils sont traités dans les signes de ponctuation.

➤ *infra* 4 (p. 39)

2. L'accent grave se met uniquement sur les voyelles *a*, *e*, *u*.
– Sur l'*e* pour noter le timbre ouvert [ɛ], à la fin d'une syllabe ou devant *s* final : *gèle* – *père*, *après* – *procès*.

▸ Tableau des homophones (Annexe **6** p. 434)

– Sur *a, e, u*, dans certains mots, pour distinguer des homophones : *à*/*a*, *là*/*la*, *çà*/*ça*, *dès*/*des*, *où*/*ou*. L'accent grave sur *u* n'apparait que dans *où*.
– Sur *a* dans *deçà*, *déjà*, *delà*, *voilà*, *holà* (mais non dans *cela*).

3. L'accent circonflexe[2] **se met sur *a, e, i, o, u* pour indiquer la prononciation longue de certaines voyelles (1), et souvent en même temps, pour remplacer une voyelle ou un *s* de l'ancienne orthographe, qui utilisait un de ces deux procédés (surtout le *s*) pour noter la longueur quand l'écriture ne connaissait pas l'accent circonflexe (2).**

infâme, extrême, île, cône, flûte   (1)
bâtir (anc. *bastir*), *âge* (anc. *eage*), *tête* (anc. *teste*), *rôle* (anc. *roole*)   (2)

▸ Les voyelles (**1.1**, 2 p. 24)

En français moderne, la longueur d'une voyelle dépend surtout de sa position. L'accent circonflexe ne sert plus qu'à indiquer la disparition d'une consonne étymologique (« l'accent du souvenir[3] »), parfois en relation avec des mots où *s* se prononce.

château/*castelet* – *forêt*/*forestier* – *côte*/*accoster*

Parfois, l'accent circonflexe sert à distinguer des homophones.

châsse/*chasse* – *tâche*/*tache*
forêt/*foret* – *pêcher*/*pécher*
côte/*cote* – *rôder*/*roder* – *nôtre*/*notre*
dû = participe passé de *devoir* / *du* = article contracté (☹ *de le*)
crû = participe passé de *croitre* / *cru* = participe passé de *croire*

▸ Les conjugaisons (**3.5**, 4 p. 150)

À la 3ᵉ personne du singulier, il distingue l'imparfait du subjonctif du passé simple.

qu'il fût/*il fut* – *qu'il eût*/*il eut* – *qu'il vît*/*il vit* – *qu'il tînt*/*il tint*

● **Le tréma est un signe de disjonction : il se met sur les voyelles *e, i, u*** pour indiquer que, dans la prononciation, elles se séparent de la voyelle qui les précède (*haïr*, *contiguïté*). Il se rencontre surtout sur *i* (*ambiguïté*, *maïs*, *héroïne*), rarement sur *e* (*canoë*, *Noël*) et sur *u* (*Emmaüs*).

Dans les finales *-gue*, le tréma indique la prononciation /gy/, différente de la prononciation /g/ (*figue*). Comme c'est *u* qui est séparé du *e* suivant, les Rectifications de 1990 préconisent que ce soit *u* qui prenne le tréma : *aigüe*, *ambigüe* (et non plus *aiguë*).

La lettre *h* peut jouer le rôle séparateur du tréma (*ahuri*, *cahier*, *souhait*, *trahir*).

▸ Rectifications (Annexe **2** p. 393)

---

2. Les Rectifications de l'orthographe française (1990) proposent de nouvelles règles pour l'emploi de l'accent circonflexe.
3. B. Cerquiglini, *L'Accent du souvenir*, Les Éditions de Minuit, 1995.

LES ÉLÉMENTS DE LA LANGUE ÉCRITE 2

- **La cédille se place sous le *c* devant *a, o, u*** pour indiquer que ce *c* doit être prononcé [s] : *ça* – *façade*, *leçon* – *glaçon*, *aperçu* – *reçu*.

Devant les voyelles *e, i, y*, la lettre *c* note /s/ sans la cédille : *ceci, ciel, cygne*.

3 Écrire les sons et représenter le sens : les graphèmes

1 Lettre et graphème

- **Dans notre écriture alphabétique, la lettre est une unité concrète :** c'est un signe graphique qui transcrit un son et qui connait différentes réalisations, manuscrites ou imprimées.

- **Le graphème* est une unité abstraite :** c'est la plus petite unité graphique, qui correspond à un phonème* ou apporte une information soit grammaticale soit lexicale, conformément aux fonctions de l'orthographe.

➤ *supra* 1.1 (p. 32)

> Le mot *moineau* a 7 lettres, qui représentent 4 graphèmes : *m* – *oi* – *n* – *eau* correspondant à 5 phonèmes : [m] - [w] - [a] - [n] - [o].
>
> Le mot *import* a 6 lettres qui représentent 5 graphèmes.
> Les 4 premiers graphèmes correspondent aux 4 phonèmes : [ɛ̃] - [p] - [ɔ] - [ʁ], et le *t* apporte une information lexicale, en reliant le mot à sa famille où il est prononcé (*importer, importation, etc.*).

2 Les différentes réalisations du graphème

Le français comporte environ 130 graphèmes*, qui sont représentés de différentes manières par les 26 lettres de l'alphabet et les signes diacritiques.

Le graphème peut être constitué de :
- une seule lettre (*dans* pari, chaque graphème correspond à un phonème)
- deux lettres (digramme) : *ai, ei, oi, an, en, in, au, eu, ou, ch, ge, gn, gu, ph, qu*
- trois lettres (trigramme) : *ain, eau, ein, oin, etc.*
- une lettre pourvue d'un signe diacritique : accent aigu (*é*), grave (*à, è, ù*) ou circonflexe (*â, ê, î, ô, û*) – cédille (*ç*).

3 Polyvalence des graphèmes : exemple de *s*

Les graphèmes* sont des unités polyvalentes, qui peuvent avoir différentes valeurs, phoniques ou sémantiques. Celles du graphème *s* sont sans doute les plus variées.

> Les différentes valeurs de s sont représentées dans ce poème.

> Homme libre, toujours tu chériras la mer !
> La mer est ton miroir ; tu contemples ton âme
> Dans le déroulement infini de sa lame,
> Et ton esprit n'est pas un gouffre moins amer.
>
> Tu te plais à plonger au sein de ton image ;
> Tu l'embrasses des yeux et des bras, et ton cœur
> Se distrait quelquefois de sa propre rumeur
> Au bruit de cette plainte indomptable et sauvage.
>
> (Ch. Baudelaire, *Les Fleurs du mal*, XIV. « *L'homme et la mer* », début)

1. Valeur phonique
– La consonne *s* correspond au phonème [s], seule (*sa*, *esprit*, *sein*, *se*, *distrait*, *sauvage*) ou doublée entre deux voyelles (*embrasses*).
– Dans l'article *des* (ou *les*, *ces*, *mes*), à côté de sa valeur grammaticale (pluriel), *s* indique que la voyelle *e* précédente se prononce [e] et non [ə].
– En liaison devant une voyelle, *s* se prononce [z] (*pas un*, *moins amer*, *des yeux*).

◀ La chaîne parlée (**1.1**, 5 p. 29)

2. Valeur grammaticale
– À la finale des noms, déterminants, adjectifs et pronoms, *s* indique le pluriel (*des*).
– À la finale des verbes conjugués, *s* indique la 2e personne du singulier (*chériras*, *contemples*, *plais*, *embrasses*).
– Un *s* dit adverbial se rencontre souvent à la finale des adverbes (*toujours*, *moins*, *quelquefois*) et de certaines prépositions (*dans*).

3. Valeur lexicale
Dans *bras* et dans *pas* (qui est étymologiquement un nom), *-s* marque le lien avec les mots de la même famille (*brassée* et *embrasser* et *passer*, *passage*).

4. Valeur distinctive
Dans *est*, *s* sert à distinguer le verbe *être* de son homophone *et*.

Remarque : *s* peut aussi avoir une valeur étymologique, non représentée dans le texte ci-dessus, quand il marque le lien avec l'étymon latin, comme dans *temps* (*tempus*) ou *corps* (*corpus*).

LES ÉLÉMENTS DE LA LANGUE ÉCRITE   2

4 La ponctuation

1 À quoi sert la ponctuation ?

La ponctuation est l'ensemble des signes graphiques non alphabétiques qui se placent entre les unités linguistiques. Ils servent à marquer les divisions d'un texte, à indiquer des rapports syntaxiques ou des relations sémantiques entre les mots, les groupes de mots, les propositions ou les phrases.

➤ Les connecteurs (**6.2**, 3 p. 231)

● **Onze signes servent à la ponctuation de la phrase ou du texte.**

le point	.	le point d'interrogation	?	le point d'exclamation	!
la virgule	,	le point-virgule	;	les deux-points	:
les points de suspension	...	les parenthèses	( )	les crochets	[ ]
les guillemets	« »	le tiret	-		

<u>Remarque</u> : d'autres signes servent à la ponctuation de mots.
l'apostrophe '   le trait d'union -   le blanc graphique

➤ *infra* 4 (p. 45)

● **Les signes de ponctuation ont trois fonctions,** qui peuvent se cumuler.

1. Une fonction prosodique

Les signes de ponctuation peuvent correspondre aux pauses de la voix ou à l'intonation de la phrase.
– La virgule, le point-virgule et le point marquent des frontières syntaxiques qui correspondent à des pauses orales, d'importance croissante.

> *Une heure, deux heures, trois heures ; la neige continue à tomber. Quatre heures ; la nuit ; on allume les âtres ; il neige. Cinq heures. Six, sept ; on allume les lampes ; il neige.* (J. Giono)

– Le point d'interrogation et le point d'exclamation correspondent aux intonations interrogatives et exclamatives.

> *C'est Darnand qui t'envoie ? [...] Elle vous prend pour un émissaire de Darnand, allez savoir pourquoi !* (L. Salvayre, *La Compagnie des spectres*)

2. Une fonction syntaxique

Les signes de ponctuation peuvent indiquer seulement des séparations syntaxiques entre les phrases (le point) ou entre leurs parties (la virgule et le point-virgule), ou bien indiquer aussi des démarcations énonciatives, comme les citations ou le discours rapporté (deux points, guillemets, parenthèses, tirets).

> *Elle a eu un rire de gorge et m'a dit :*
> *— Est-ce un travail pour un homme, celui que tu fais là ?*
> (M. Condé, *Traversée de la Mangrove*)
> Les deux points annoncent le discours direct et le tiret, le tour de parole.

> *Je viens d'écrire : « à glacer le sang ». J'ai compris ce jour-là quelle vérité recouvrent d'autres expressions toutes faites : c'est vraiment « un silence de mort » qui s'est abattu après sa sortie.* (E. Carrère, *L'Adversaire*)
> Les guillemets isolent une citation.

3. Une fonction sémantique et énonciative

Les signes de ponctuation peuvent apporter diverses informations sémantiques et énonciatives. Ils jouent un rôle sémantique analogue à celui des connecteurs.

Les types de phrases (**4.3** p. 254)

supra exemple

– Les signes placés en fin de phrase indiquent les types de phrases, principalement les points d'interrogation et d'exclamation.
– La ponctuation peut marquer un découpage sémantique de la phrase, en particulier la virgule.

> *Il n'y avait rien d'autre sur la terre, rien, ni personne.* (J.M.G. Le Clézio, *Désert*)
> La dernière virgule, facultative, détache le segment final *ni personne* et le met en relief.

– Certains signes indiquent un changement énonciatif.

> *— Sadie, dit mon père, on va quitter ce putain de pays. »*
> (N. Huston, *Lignes de faille*)
> Les virgules isolent l'incise du discours direct, ouvert par le tiret et clos par le guillemet.

2 Les signes démarcatifs à fonction prosodique et syntaxique

Quatre signes de ponctuation marquent des séparations qui correspondent à des pauses orales.

● **Le point indique, par une pause forte, la fin de la phrase,** associé à la majuscule au début de la phrase suivante.

> *C'est une entreprise difficile. Pour moi, ma mère n'a pas d'histoire. Elle a toujours été là.* (A. Ernaux, *Une femme*)

Parfois, le point ne sépare pas deux phrases, mais, par effet de style, il sépare de la phrase verbale un ajout à cette phrase, qui apporte une précision ou une rectification et qui, syntaxiquement, dépend de cette phrase.

> *Un endroit l'attire. Par moments. Une pierre s'y dresse. Blanche de loin.*
> (S. Beckett, *Mal vu mal dit*)
> Le complément circonstanciel *Par moments* est séparé de la phrase noyau ; l'adjectif *Blanche* relié à *pierre* en est fortement détaché.

● **Le point-virgule marque une pause intermédiaire entre le point et la virgule :** il peut séparer des phrases, comme un point affaibli, ou les parties d'une phrase, comme une virgule renforcée.

LES ÉLÉMENTS DE LA LANGUE ÉCRITE

*Vint le moment où la souffrance des autres ne leur suffit plus ;
il leur en fallut le spectacle.* (A. Nothomb, *Acide sulfurique*)

*Ninon voulait descendre travailler à l'Usine ; lui, Esternome,
ne voulait pas.* (P. Chamoiseau, *Texaco*)

*Ils se heurtaient ; ils n'étaient plus que deux corps en dérive,
aux cœurs perdus.* (S. Germain, *Nuit-d'Ambre*)

● **La virgule marque une faible pause à l'intérieur d'une phrase.** Elle a de très nombreuses utilisations.

– On l'emploie seule, ou bien l'on utilise deux virgules pour isoler un mot ou un groupe des mots.

On doit surtout se souvenir qu'en boucherie, à l'achat, le pigeon n'est pas très coûteux. (J. Echenoz, *Des éclairs*)
Les deux virgules encadrent et isolent le complément *à l'achat*.

– La virgule peut séparer des termes de même statut, notamment en cas de juxtaposition et de coordination.

Ils portaient avec eux la faim, la soif qui fait saigner les lèvres, le silence dur où luit le soleil, les nuits froides, la lueur de la Voie lactée, la lune.
(J.M.G. Le Clézio, *Désert*)
Les virgules séparent les compléments d'objet juxtaposés.

Mais il n'a pas parlé la langue de sa mère avec son fils, ses filles, et il ne sait pas comment faire. (L. Sebbar, *Je ne parle pas la langue de mon père*)
La première virgule sépare les deux groupes nominaux juxtaposés ; la seconde, placée devant *et*, sépare les deux propositions coordonnées.

– La virgule peut séparer des termes ayant des statuts différents.

Du rivage, on croit assister au drame, et c'est nous-mêmes qui nous faisons des signes désespérés. (R. Camus, *Roman furieux*)
La première virgule sépare le complément circonstanciel antéposé *Du rivage* du reste de la phrase.

Et ça, ce sont les peurs avouées, les peurs articulées, les peurs imaginables. (M. Winckler, *La Maladie de Sachs*)
La première virgule sépare le *ça* détaché de la phrase.

Les heures les plus exaltantes de sa vie, il les a connues aux côtés de Jeanne la pucelle, racontait-il. (M. Tournier, *Gilles et Jeanne*)
La première virgule sépare le groupe nominal objet détaché du reste de la phrase ; la seconde en sépare l'incise *racontait-il* indiquant le discours rapporté.

– Mais la virgule est en principe interdite entre des termes étroitement associés syntaxiquement, comme le sujet et le verbe, ou le verbe et son complément.

Quatre personnes attendaient l'autobus qui parut aussitôt.
(J. Roubaud, *La Belle Hortense*)

> On ne peut pas mettre de virgule entre *Quatre personnes* et *attendaient*, ni entre *attendaient* et *l'autobus*.

- **Les points de suspension, au nombre de trois, indiquent qu'une phrase est inachevée ou interrompue** pour différentes raisons.

> *« Ce ne sera pas un roman... J'écris l'inconnu... de l'inconnu... le manque de mots, le manque de nom, l'invisible... Tout ce que la langue sociale m'a interdit... »* (Ch. Chawaf, *Le Manteau noir*)

> *J'ai lu tout Hegel, je le jure... La* Phénoménologie de l'esprit, *la* Grande logique, *la plume à la main... Et Aristote... Et Platon... Et Spinoza...*
> (P. Sollers, *Femmes*)

Les points de suspension peuvent se placer en fin de phrase et marquer une pause, comme le point, tout en laissant ouvert un prolongement sémantique.

> *Ça, c'est bien vrai... En tout cas, je ne m'en suis jamais rendu compte...*
> (N. Sarraute, *Ici*)

En principe, les points de suspension sont exclus après *etc.*, qui demande un seul point.

3 Les signes à valeur sémantique et énonciative qui jouent aussi un rôle démarcatif

*Le type interrogatif (**4.3**, 3 p. 255)*

- **Le point d'interrogation, qui indique une intonation interrogative,** se place à la fin d'une phrase interrogative.

> *comment décrire ?/ comment raconter ?/ comment regarder ?*
> (R. Bober & G. Perec, *Récits d'Ellis Island*)

> *Qu'est-ce qui lui a pris ? Est-ce parce qu'elle a le goût du risque ?*
> (L. Lê, *Calomnies*)

*Le type exclamatif (**4.3**, 5 p. 260)*

- **Le point d'exclamation, qui indique une intonation exclamative,** se place à la fin d'une phrase exclamative.

> *Comme c'est intéressant !* (M. Tournier, *Gilles et Jeanne*)

> *Que la terre est large ! Autant que mon cœur !*
> (A. Djebar, *Le Blanc de l'Algérie*)

Il peut aussi suivre une interjection ou renforcer une injonction.

> *Ha ! Parce que c'est un homme. [...] Mais regardez-la donc !*
> (J.-P. Sartre, *Huis clos*)

- **Les deux points jouent un rôle démarcatif,** comme la virgule ou le point-virgule, mais ils ont également un rôle sémantique, en indiquant un rapport entre les termes qu'ils séparent.

> *Il a dit : Oui je comprends je... J'ai dit : Non Vous ne comprenez pas*
> (Cl. Simon, *Le Jardin des plantes*)

> *La voix de Sylvie devint chaleureuse : « Ma chère, j'irai te voir ! C'est promis, c'est promis ! »* (M. Kundera, *L'Ignorance*)
> Associés aux guillemets, les deux points introduisent le discours direct.

Ils indiquent également une relation logique (cause, conséquence, opposition, etc.), en fonction du rapport entre les termes qu'ils séparent. Cette relation est explicitement indiquée par les connecteurs logiques.

> *Mais à quoi donc joue-t-il ? Il ne faut pas l'observer longtemps pour s'en rendre compte : il joue à être garçon de café. Il n'y a rien là qui puisse nous surprendre : le jeu est une sorte de repérage et d'investigation.*
> (J.-P. Sartre, *L'Être et le Néant*)
> Les premiers deux points introduisent une phrase qui apporte une réponse à la question précédente, après une phrase de commentaire ; les seconds introduisent une justification (= car) de la phrase précédente.

- **Les guillemets, qui vont par deux, encadrent une citation ou un passage de discours direct.**

> *J'ai appelé le plus fort possible : « Tarride ! Tarride !... »*
> (P. Modiano, *Dans le café de la jeunesse perdue*)
>
> *Je savais que ces mots « tu m'aimes », « je t'aime » étaient de ceux qui le feraient se rétracter.* (N. Sarraute, *Enfance*)

- **Le tiret s'emploie seul ou par paires.**

– Employé seul, il introduit une réplique ou marque le changement d'interlocuteur dans un dialogue, avec un alinéa.

> *C'est donc du palier que je murmure :*
> *— Julia ?*
> *Timidement.* (D. Pennac, *La Fée carabine*)

– Deux tirets servent, comme les parenthèses, à encadrer et isoler un élément inséré dans un texte, mais en le mettant en valeur.

> *Construire un récit, ce serait alors – de façon plus ou moins consciente – prétendre lutter contre elle* (sc. la mort).
> (A. Robbe-Grillet, *Le Miroir qui revient*)
>
> *Pour très peu de gens – ceux qui ont vu péricliter cet univers – et pour très peu de temps – celui, très exactement, qu'il leur reste à vivre –, Millevaches est le théâtre à demi réel, à demi halluciné, où s'attarde le grand passé.*
> (P. Bergougnioux, *Un peu de bleu dans le paysage*)

- **Les parenthèses, qui vont par deux, encadrent un élément** plus ou moins long, inséré dans une phrase, qu'elles détachent et isolent.

> *Ils abattent la besogne (sur les quais de Séville, dans les scieries de Leira), puis ils sont envoyés au loin.* (P. Senges, *La Réfutation majeure*)
>
> *Nous avons vu, en quelques années, sept monarchies (je crois) disparaître.*
> (P. Valéry, *Regards sur le monde actuel*)

4 La ponctuation de mots

Plusieurs signes marquent une ponctuation intérieure au groupe de mots ou au mot. **L'apostrophe et le trait d'union marquent la séparation et la liaison entre les mots. L'astérisque est un signe de renvoi ou de remplacement.**

La chaîne parlée
(**1.1**,5 p. 29)

- **L'apostrophe est le signe de l'élision** qui consiste à supprimer, dans la prononciation, la dernière voyelle d'un mot qui est placé devant un mot commençant par une voyelle ou un *h* muet.

   le grand amour → l'amour – le petit homme → l'homme

L'apostrophe, qui se place en haut et à droite d'une lettre, remplace la voyelle élidée : le plus souvent e[4].

Voyelle élidée	Mots élidés	Mots devant lesquels se fait l'élision
e	ce *(pronom)*, je, me, te, le, se, de, ne, que, jusque	*toute initiale vocalique*
e	lorsque, puisque, quoique presqu'ile, quelqu'un	il(s), elle(s), un(e), en, on
a	la *(article, pronom)*	*toute initiale vocalique*
i	si	il(s) *s'il vient*
u	tu *(registre familier) t'as-vu ?*	*toute initiale vocalique*

Cependant, beaucoup d'élisions réalisées dans la prononciation ne sont pas notées à l'écrit : ainsi, hormis les élisions indiquées ci-dessus, les *e* caducs finals sont maintenus dans l'écriture.

un(e) autr(e) athlèt(e) est parti(e) [ynɔtʀatlɛtɛpaʀti]

- **Le trait d'union est une petite ligne horizontale** (- touche 6 des claviers) qui marque, comme son nom l'indique, l'unité des mots qu'il relie.

1. La liaison lexicale

La composition
(**2.1**,2 p. 55)

Le trait d'union sert à marquer la liaison entre les éléments des mots composés, et donc l'unité linguistique du composé : *arc-en-ciel*, *gratte-ciel*.

Rectifications
(Annexe **2** p. 393)

Le trait d'union est le stade intermédiaire avant la soudure des éléments d'une forme composée (*portefeuille*). Cependant, l'emploi du trait d'union et la soudure sont irréguliers (*compte rendu*, *porte-monnaie*). Pour introduire plus de régularités dans l'écriture des mots composés, les Rectifications de 1990 préconisent la soudure des mots fortement ancrés dans l'usage. Par ailleurs, elles généralisent le trait d'union à tous les

---

4. Tableau de M. Riegel, J.-C. Pellat, R. Rioul, *Grammaire méthodique du français*, PUF, 2009, p. 163.

noms de nombres composés, qu'ils soient inférieurs ou supérieurs à cent (*quatre-vingt-deux*, *cent-soixante-et-onze*).

2. La liaison typographique

Le trait d'union montre, comme signe de division, que la partie d'un mot coupé en fin de ligne est liée à la suite, reportée au début de la ligne suivante.

Principes généraux de coupure des mots en fin de ligne

La division doit s'opérer à la fin d'une syllabe graphique et le segment rejeté à la ligne suivante doit comporter plus d'une lettre.

▶ La syllabation graphique (**1.1**, 5 p. 29)

Coupure du mot possible	Exemples
au niveau du trait d'union d'un mot composé	*beau-/père*, *après-/demain*
entre deux consonnes identiques	*ter/reur*, *don/ner*
entre deux consonnes différentes	*es/pion*, *pas/tis*
entre le *x* ou le *y* et la voyelle précédente, quand ces lettres correspondent à une seule unité phonique	*si/xième*, *bala/yer*

Coupure du mot interdite ☹	Exemples ☹
après une apostrophe	*l'/erreur*
après une seule voyelle initiale	*a/peuré*, *é/tendre*
avant une seule voyelle finale	*cri/é*
entre deux voyelles	*ou/ate*
entre deux consonnes correspondant à une seule unité phonique (digrammes gn, ph)	*sig/naler*, *grap/hologue*
entre deux consonnes dont la seconde est *r* ou *l*	*cend/rier*, *aveug/lement*
avant ou après le *y* intervocalique correspondant à deux phonèmes	*pa/yer* ou *pay/er*
devant une syllabe muette	*adora/ble*

3. La liaison syntaxique

On emploie le trait d'union pour indiquer l'unité syntaxique dans certains groupements de termes de la phrase. Cas principaux :

– entre le verbe et les pronoms conjoints qui le suivent, sujet postposé ou complément.

fis-je, *dis-tu*, *répondit-il*, *est-ce*, *portez-le-lui*, *allez-vous-en*

– avant et après le *t* euphonique, intercalé entre le verbe à la 3e personne du singulier et les sujets postposés *il*, *elle*, *on*.

pense-t-elle ; *raconta-t-il*

L'apostrophe est ici inappropriée, ☹ *raconta-t'il*, car il n'y a pas d'élision de voyelle ; alors qu'on écrit *va-t'en*, car *t'* représente le pronom personnel *te* élidé dans cette forme de *s'en aller*.

– devant les particules *-ci* et *-là* associées aux pronoms et déterminants démonstratifs (*celui-ci*, *celle-là*, *cet hôtel-ci*, *ces idées-là*) et dans les adverbes composés de *ci* et *là* (*ci-dessus*, *ci-contre*, *là-dedans*, *là-haut*, *etc.*).

Les unités du lexique : les mots

Quelques définitions 48
① La formation des mots 50
② Organisation des unités du lexique 63

Quelques définitions

● **Identifier le mot**
« *Le mot, malgré la difficulté qu'on a à le définir, est une unité qui s'impose à l'esprit, quelque chose de central dans le mécanisme de la langue*[1]. »

Le terme *mot* fait partie du langage courant, il est classé parmi les mots français de très haute fréquence. Il peut prendre plusieurs sens : renvoyer à une unité graphique ou phonique, désigner l'unité de base du lexique d'une langue et faire l'objet d'une entrée de dictionnaire, représenter le constituant minimal d'un groupe syntaxique (noyau), etc.

1. Une unité graphique ou phonique ?
Traditionnellement, le mot est défini comme une unité délimitée à l'écrit par un blanc à droite et à gauche (espace typographique). À l'oral, le mot n'est pas délimité.

Mais cette définition du mot comme une unité graphique montre très vite ses limites. Des éléments comme *qu'en-dira-t-on* ou *grain de beauté*, bien que composés de plusieurs mots graphiques, fonctionnent comme une seule et même unité lexicale. Par ailleurs, le découpage des mots à l'écrit et à l'oral ne se fait pas toujours de façon identique, et à une même séquence phonique peuvent correspondre deux séquences graphiques différentes : [ilɛtuvɛʀ] *il est ouvert/ il est tout vert*.

2. Une forme linguistique codée
Le mot est une forme linguistique codée que le locuteur utilise et combine pour construire ses énoncés et communiquer.

La phrase *Le petit chat est mort.* est constituée de cinq mots agencés de façon à communiquer une idée. Chaque mot (ou signe linguistique*) associe de façon arbitraire une forme graphique (*les lettres c-h-a-t*) ou phonique (*les phonèmes* [ʃa]*) à un sens (*genre de mammifère carnivore de la famille des félidés*). L'orthographe de ces mots est fixée dans la mémoire lexicale du locuteur, qui doit notamment rétablir à l'écrit les lettres *t* (*petit*, *chat*, *est*, *mort*), muettes dans le code oral. Cette unité préconstruite peut être constituée d'un seul mot graphique (*chat*) ou de plusieurs mots graphiques, dans le cas des mots composés (*grain de beauté*, *chaise longue*, *va-t-en guerre*, *etc.*).

◀ La composition (**2.1**, 2 p. 55)

3. Une unité référentielle
Le mot lexical* a une fonction référentielle : il renvoie à des objets réels ou virtuels faisant partie de l'univers de référence du locuteur.

> *Je trouve ce roman ennuyeux.*
> Par le mot *roman*, le locuteur réfère à un objet concret faisant partie de son univers.

---
1. F. de Saussure, *Cours de linguistique générale*, Payot, 1re éd., 1916.

Je trouve les romans captivants.
Par le mot *romans*, le locuteur fait référence à l'ensemble des objets concrets appartenant au genre désigné.

4. Une unité grammaticale
Le mot appartient à l'une des classes grammaticales de la langue française. Les mots sont regroupés dans des sous-ensembles (nom, adverbe, adjectif, etc.), selon leurs caractéristiques morphologiques, sémantiques et syntaxiques.

➤ Classes grammaticales (**3** p. 74)

- **Lexique et vocabulaire**

1. Le lexique d'une langue regroupe l'ensemble des mots grâce auxquels les locuteurs d'une même communauté linguistique peuvent communiquer entre eux.
Le lexique de la langue française est infini et évolutif. Il est impossible d'estimer le nombre exact de mots qui le composent. Tout au plus savons-nous, grâce aux statistiques établies à partir de corpus oraux ou écrits, que le français compte plus de 200 000 mots (hors noms propres).

➤ Préliminaires (**1**, 5 p. 13)

Remarque : les dictionnaires de langue n'inventorient pas la totalité des mots du lexique français. Les termes techniques ou spécialisés, les variantes régionales ou d'autres mots usuels (*papivore*, *chronophage*) n'apparaissent pas toujours.

2. Le vocabulaire désigne l'ensemble des mots utilisés par un locuteur dans son discours.
Le vocabulaire d'un individu peut varier selon sa situation géographique, sociale, professionnelle, générationnelle, etc.
On distingue aussi les mots en fonction de leur fréquence d'utilisation[2] par les locuteurs ou de leur fréquence d'apparition dans les textes écrits et oraux.

➤ Préliminaires (**2** p. 15)

Les mots rage (492 occurrences), gré (491 occ.), piquer (449 occ.) et meilleur (412 occ.) sont moins employés que les mots de très haute fréquence le, de, un, être, et, à, il, avoir, ne, je (entre 1 050 561 et 184 186 occurrences[3]).

---

2. Le *français fondamental* (anciennement *français élémentaire*) se réduit aux règles grammaticales de base et aux unités du lexique indispensables pour pouvoir communiquer oralement dans la langue de référence.
3. Liste établie par le lexicologue Étienne Brunet, dans *Le vocabulaire français de 1789 à nos jours*, 1981. http://cache.media.eduscol.education.fr/file/ecole/20/6/liste-mots-par-frequence_115206.pdf

CHAPITRE 1

La formation des mots

1. La dérivation : la suffixation et la préfixation 50
2. La composition 55
3. La conversion. 59
4. Autres procédés de formation 59
5. L'emprunt. 60

Le lexique de la langue française est un organisme vivant, en perpétuelle mutation. Son renouvellement est assuré par différents procédés qui peuvent se combiner et affecter la forme des mots. On distingue :
– **les mots simples,** qui ne peuvent être décomposés en unités de sens plus petites : *peur, mage, chaise*
– **les mots complexes,** composés d'au moins deux unités de sens.
    vend-eur est formé de -eur « personne qui » + vend- « fait commerce ».
    chaise longue est un mot composé d'un nom et d'un adjectif.

<u>Remarques</u> : un *néologisme* est un mot nouvellement créé ou déjà en usage, mais employé dans un sens nouveau : *néologismes de mots* (*googliser, selfie*) et *néologismes de sens* (*souris = mammifère/boitier connecté à un ordinateur ; virus = biologique/informatique*). Un *archaïsme* est un mot ou une construction hors d'usage : *occire* (tuer), *idoine* (propre à), *moult* (beaucoup, très).

1 La dérivation : la suffixation et la préfixation

● **La dérivation** consiste à former un nouveau mot en fixant au **radical*** d'un mot un autre élément porteur de sens : un **affixe**. L'affixe est un **morphème*** lexical lié à un radical. Il n'a pas d'existence autonome.

infra (p. 52) ◀ – Quand l'affixe est placé à droite du radical, il est appelé **suffixe***.
    Le mot *légendaire* est formé par suffixation : *légend-aire*.

LA FORMATION DES MOTS   1

– Quand l'affixe est placé à gauche du radical, il est appelé **préfixe***.   ▶ *infra* (p. 54)
Le mot prénom est formé par préfixation : pré-nom.

Approfondissement : analyse en morphèmes

Le morphème* est la plus petite unité porteuse de sens. Il apporte des informations grammaticales (nombre, genre, mode, temps, personne) ou lexicales (liées au sens).
Le mot fillettes peut être décomposé comme suit : fill-ette-s
                                                   1   2 3

Il comprend deux morphèmes lexicaux véhiculant chacun un sens :
– le premier morphème (le radical) existe à l'état autonome dans le langage sous la forme de fille, « enfant de sexe féminin » 1 ;
– le deuxième -ette, « petite », est toujours lié à un radical 2
À la fin du mot, à l'écrit, un morphème grammatical -s marque le nombre 3.

● **Le radical porte le sens fondamental du mot.**
Dans fillette, le suffixe diminutif -ette modifie le sens fondamental du mot fille en « petite fille » ; mais le sens attaché au mot fille reste premier, car il apporte le plus grand nombre d'informations : « enfant de sexe féminin ».

Comment reconnaitre le radical ?

1. Le radical est l'élément commun à l'ensemble des mots dérivés.
  Dérivés   *Radical*   *Forme initiale*
  châtaignier, **châtaign**eraie → **châtaign-** → châtaigne

2. Il peut être délimité en comparant les dérivés qui présentent le même affixe.
  Dérivés   *Suffixe*   *Radical*
  châtaign**eraie**, palm**eraie**, oliv**eraie** → **-eraie** → châtaign, palm, oliv

Approfondissement

a. On distingue les radicaux populaires, aisément identifiables par le locuteur parce qu'ils ont évolué avec la langue, et les radicaux savants, plus difficiles à identifier car ils ont conservé la forme de l'étymon latin ou grec.   ▶ *infra* (p. 55)

Radical savant		Radical populaire		Mots dérivés
masticare	→	**mâch**er	→	**mastic**ation, **mâch**ouiller
populus	→	**peupl**e	→	**popul**isme, **peupl**ade

b. La dérivation peut entrainer un changement de classe grammaticale du radical.   ▶ Classes grammaticales (**3** p. 74)

Le nom   prénom   → formé par préfixation (pré-)   du **nom** nom.
Le verbe   médire   → formé par préfixation (mé-)   du **verbe** dire.
L'adverbe   aisément → formé par suffixation (-ment) de l'**adjectif** aisé.
L'adjectif naturel → formé par suffixation (-el)   du **nom** natur(e).

51

1 La suffixation

● La dérivation crée des mots nouveaux en ajoutant un suffixe à la fin du radical nominal, adjectival ou verbal.

Principaux suffixes servant à former des noms

Suffixes	Sens	Noms dérivés
-age	action objet ; lieu collection, ensemble	déminage, blanchissage maquillage ; garage branchage, feuillage
-(a)teur, -(a)trice	agent objet	rédacteur, rédactrice ventilateur, calculatrice
-(a)tion	action, résultat de l'action	réverbération, divagation
-(e)ment	action, résultat de l'action	recueillement, épuisement
-erie, -ie	qualité ; action ; lieu	fourberie, folie ; causerie ; brasserie
-esse	qualité ; femme	jeunesse, gentillesse ; comtesse
-eur -eur, -euse	qualité agent objet	grandeur, douceur danseur, chercheur, marcheuse trieur, mitrailleuse
-ier, -ière	métier ; récipient ; arbre, plante, lieu	cuisinier ; soupière ; poirier, rizière
-is	action, résultat de l'action	roulis, semis, gâchis
-isme	disposition ; doctrine ; métier	chauvinisme ; royalisme ; journalisme
-oir, -oire	objet ; lieu	arrosoir, isoloir ; patinoire
-ure	action, résultat de l'action qualité, état collection, ensemble	coupure, moisissure, brulure droiture, froidure ferrure, voilure, denture

Suffixes servant à former des verbes

Suffixes	Verbes dérivés	Suffixes	Verbes dérivés
-aill(er)	trainailler, discutailler	-in(er)	trottiner
-ass(er)	rêvasser, rimasser	-is(er)	personnaliser, caraméliser
-el(er)	bosseler, dégoutteler	-och(er)	effilocher
-et(er)	voleter, moucheter	-onn(er)	chantonner
-(i)fi(er)	chosifier	-ot(er)	vivoter
-ill(er)	mordiller	-oy(er)	foudroyer, tournoyer

LA FORMATION DES MOTS 1

Principaux suffixes servant à former des adjectifs		
Suffixes	**Sens**	**Adjectifs dérivés**
-able, -ible	qui peut être	blâm*able*, élig*ible*
-aire	qui a rapport à	légend*aire*
-al, -ale -el, -elle	qui a la qualité de	roy*al* mort*elle*
-âtre	qui exprime l'approximation, ou un sens péjoratif	noir*âtre* ; bell*âtre*
-é	qui a la qualité de	azur*é*, imag*é*
-er, -ère/-ier, -ière	qui a la qualité de	mensong*er*, étrang*ère* ; coutum*ier*
-eux, -euse	qui a la qualité de	courag*eux*, peur*eux*, paress*euse*
-ien, -ienne	qui vient de, qui appartient à	crân*ien*, hollywood*ien*, bactér*ienne*
-if, -ive	qui a la qualité de	craint*if*, tard*ive*
-in, -ine	qui a la qualité de, diminutif	enfant*in*, blond*ine*
-ique	qui a la qualité de, qui vient de	volcan*ique*, ibér*ique*
-iste	qui a la qualité de ; relatif à un parti	égo*ïste*, social*iste*
-(at)oire	qui fait l'action de	diffam*atoire*, mér*itoire*
-ois, -oise -ais, -aise	qui habite	lill*ois*, lill*oise*, suéd*ois* lyonn*ais*, holland*ais*, holland*aise*

● **Le suffixe *-ment* ajouté au radical féminin de l'adjectif sert à former des adverbes.**

▶ Adverbes en *-ment* (**3.6**, 4 p. 195)

parfaite → *parfaitement* – *douce* → *doucement*

Approfondissement

a. **Les suffixes homonymes** (*-ier, -age, -eur*, etc.) présentent la même forme phonique et graphique, mais n'ont pas le même sens.
Le suffixe -ier peut désigner :
– une profession : épic*ier*, tapiss*ier*, teintur*ier*
– un arbre : abricot*ier*, marronn*ier*, pomm*ier*
– un objet : beurr*ier*, cendr*ier*, limonad*ier*.

▶ Homonymie (**2.2**, 2 p. 65)

b. **Les suffixes synonymes** ne présentent pas la même forme phonique et graphique, mais ont des sens équivalents.
Les suffixes **-ade**, **-age**, **-aison** et **-ison** renvoient à une action ou à son résultat :
brav*ade*, repass*age*, livr*aison*, guér*ison*.
Les suffixes **-eau**, **-et**, **-ille** et **-in** portent un sens diminutif :
flut*eau*, livr*et*, brind*ille*, tambour*in*.

▶ Synonymie (**2.2**, 3 p. 67)

2 La préfixation

La dérivation crée des mots nouveaux en ajoutant un préfixe au début du radical nominal, adjectival ou verbal.

Quelques préfixes		
Préfixes	**Sens**	**Exemples**
1. **a-**	privation, négation	*a*moral, *a*pesanteur
2. **a-** *du lat.* ad- *(et var. :* ac-, af-, al-, am-, ar-, as-, at-*)*	direction, but à atteindre, passage d'un état à un autre	*a*baisser, *a*border, *a*ccourir, *a*djoindre, *a*llonger, *a*ssouplir, *a*ttendre
co-	avec	*co*directeur, *co*exister
1. **dé-, dis-** *du lat.* dis-	séparation, privation, négation	*dé*charger, *dé*raisonnable, *dis*paraitre, *dis*semblable
2. **dé-** *du lat.* de-	intensité, renforcement d'une action	*dé*couper, *dé*laisser, *dé*multiplier
é-	éloignement, privation, changement d'état	*é*branler, *é*garer, *é*prouver, *é*denter
en-, em- *du lat.* in- *« dans » et* im-	entrée dans un état, acquisition d'une qualité	*em*boiter, *em*mancher, *em*prisonner, *en*terrer
in-, im-	négation	*in*succès, *im*possible
mé-, més-	négatif, péjoratif	*mé*content, *més*intelligence
pré-	avant	*pré*établir, *pré*retraite
1. **re-, ré-, r-**	répétition	*re*trouver, *ré*élire, *r*appeler
2. **re-, ré-, r-**	renforcement	*re*fermer, *r*accourcir, *r*alentir

Remarque : l'orthographe du préfixe peut être modifiée en fonction de la 1re lettre du radical : in- devient il-/ir- dans *il*lettré, *ir*réflexion ; in- devient im- dans *im*poli, *im*buvable.

Approfondissement

Homonymie ◀
(**2.2**, 2 p. 65)

a. Les préfixes homonymes présentent la même forme phonique et graphique, mais n'ont pas le même sens.

Le préfixe **dé-** peut signifier :
– action ou état contraire, négation : *dé*faire, *dé*verrouiller, *dé*coiffer
– intensité : *dé*couper, *dé*passer, *dé*battre.

Synonymie ◀
(**2.2**, 3 p. 67)

b. Les préfixes synonymes ne présentent pas la même forme phonique et graphique, mais ont des sens équivalents.

Les préfixes **a-** et **in-** expriment la négation : *a*normal, *in*intéressant.

3 Dérivation successive ou simultanée

• Les mots peuvent être dérivés par suffixation et préfixation successives.

> Staline (radical nominal) → stalin-**is**(er) (suffixation) → **dé**-stalinis(er) (préfixation) → déstalinis-**ation** (suffixation)

• On appelle *parasynthèse*, l'adjonction simultanée à un radical d'un préfixe et d'un suffixe lexicaux.

> Le nom encolure est formé par l'adjonction simultanée du préfixe en- et du suffixe nominal -ure au nom simple col. Mais encol et colure n'existent pas.

L'immense majorité des formes citées comme exemples de formations parasynthétiques n'en sont pas. Elles ne comportent pas de suffixe lexical, mais une désinence verbale (en général, le morphème* de l'infinitif).

> Le verbe embarquer est formé par l'adjonction simultanée du préfixe em- et du « suffixe » verbal -er au nom simple barque.

À part des formations historiques comme encolure, envergure, encablure qu'on peut considérer comme parasynthétiques, les formations du type em*barquer*, a*ffoler*, a*platir*, em*bellir*, pro*longer*, re*froidir*, etc. représentent un cas de préfixation accompagné d'un changement de classe grammaticale.

2 La composition

La composition combine deux ou plusieurs radicaux pour en faire une seule unité de sens : le mot composé.

1 La composition populaire

La composition populaire combine des mots qui existent à l'état autonome dans la langue française.

> pomme de terre, eau-de-vie, passe-droit, qui-vive, vinaigre (vin aigre)

• **Les mots composés fonctionnent comme une seule unité lexicale.**
– On ne peut pas séparer ou déplacer les mots qui les composent.
> Les jolis grains de beauté. → ☹ Les grains jolis de beauté.
> grain de beauté → ☹ de grain beauté, beauté grain de

– On peut remplacer la totalité de l'unité par un mot.
> Il a un **grain de beauté** dans le dos. → Il a un **bouton** dans le dos.
> → ☹ Il a un bouton de beauté dans le dos.

Ces unités lexicalisées sont perçues comme un seul mot (lexie*) et peuvent faire l'objet d'une entrée dans les dictionnaires.

▶ La ponctuation (**1.2**, 4 p. 44)

• **La composition populaire permet de créer des noms, des adjectifs ou des verbes composés.**

Création de nouveaux noms par composition populaire	
Composants	Exemples[1]
nom + nom	café-crème, canapé-lit, bar-tabac
nom + prép. + nom	eau-de-vie, pomme de terre, pot-au-feu gendarme (« gent d'arme »)
nom + prép. + verbe à l'infinitif	fer à souder, machine à laver
nom + adjectif (ou l'inverse)	blanc-bec, vinaigre, bande dessinée, franc-tireur
préposition ou adverbe + nom	pourboire, surhomme, sans-culotte, après-midi
verbe + nom	marchepied, brise-vitre, casse-noisette, porteplume, vivre-ensemble
verbe + adjectif ou adverbe	gagnepetit, passepartout
verbe + verbe	savoir-être, laisser-passer, cachecache

Création de nouveaux adjectifs par composition populaire	
Composants	Exemples
adjectif + adjectif	aigre-doux, franco-belge, sourd-muet
adjectif + nom	bleu roi, jaune poussin, rouge pompier
adjectif + participe	nouveau-né, bienpensant, malintentionné

Création de nouveaux verbes par composition populaire	
Composants	Exemples
verbe + nom ou GN (locution* verbale)	prendre congé, monter la garde, faire état

Rectifications ◄
(Annexe 2 p. 393)

- **Les mots ou radicaux qui forment le mot composé peuvent être soudés, liés par un trait d'union ou simplement juxtaposés.**

    porte + manteau → portemanteau
    sauf + conduit → saufconduit
    vin + aigre → vinaigre
    sans + papier → sans-papier

2 La composition savante

La composition savante combine des radicaux, grecs ou latins, qui n'existent pas à l'état autonome dans la langue française.

agricole est composé des radicaux latins *agri-* « champ » et *-cole* « ayant rapport à la culture ».

biographie est composé des radicaux grecs *bio-* « vie » et *-graphie* « écrit ».

Annexe 2 p. 393 ◄   1. Toutes les occurrences des tableaux suivent les Rectifications de 1990.

LA FORMATION DES MOTS 1

Éléments latins qui commencent le mot composé

agri-	champ	*agricole*
calori-	chaleur	*calorifère*
carni-	chair, viande	*carnivore*
centi-	centième	*centigrade*
centri-	centre	*centrifuge*
cruci-	croix	*crucifère*
omni-	tout	*omnivore*
viti-	vigne	*viticole*

Éléments latins qui finissent le mot composé

-cide	qui tue	*parricide, suicide*
-cole	qui a rapport à la culture	*viticole, horticole*
-culture	action de cultiver	*apiculture, ostréiculture*
-fère	qui porte	*crucifère*
-fique	qui produit	*frigorifique*
-fuge	qui met en fuite, qui fuit	*fébrifuge, centrifuge*
-grade	pas, degré	*plantigrade, centigrade*
-pare	qui produit	*ovipare*
-pède	pied	*quadrupède*
-vore	qui mange	*granivore, carnivore*

Éléments grecs qui commencent le mot composé

aéro-	air	*aéroport, aérolithe*
anthropo-	homme	*anthropométrie*
archéo-	ancien	*archéologie*
auto-	soi-même	*autobiographie*
biblio-	livre	*bibliographie*
bio-	vie	*biographie, biodégradable*
dynamo-	force	*dynamomètre*
gast(é)r(o)-	ventre	*gastéropode, gastroentérite*
géo-	terre	*géologie*
méga(lo)-	grand	*mégalomanie, mégalithique*
mono-	seul	*monothéisme*
nécro-	mort	*nécrophage, nécrologie*
neuro-, névr(o)-	nerf	*neurologie, névropathe, névralgie*
ortho-	droit	*orthopédie*
paléo-	ancien	*paléographie*
photo-	lumière	*photographie*
télé-	loin	*téléphone, télécommande*

Éléments grecs qui finissent le mot composé		
-algie	douleur	névralgie
-crat(i)e	pouvoir	aristocrate, démocratie
-gène	engendrant	hydrogène
-gramme	écrit, poids	télégramme, décagramme
-man(i)e	folie	cleptomane, anglomanie
-nom(i)e	règle	métronome, gastronomie
-phob(i)e	haine	anglophobe, agoraphobie
-scop(i)e	regard	spectroscope, endoscopie
-technie	science	pyrotechnie
-thérapie	guérison	hydrothérapie
-tomie	coupe	laparotomie

Éléments grecs qui commencent ou finissent le mot composé		
céphalo-, -céphale	tête	céphalopode, microcéphale
chromo-, -chrome	couleur	chromosome, monochrome
chrono-, -chrone	temps	chronomètre, isochrone
cosmo-, -cosme	monde	cosmographie, cosmonaute, microcosme
dactylo-, -dactyle	doigt	dactylographie, ptérodactyle
grapho-, -graphie, -graphe	écrit, étude	graphologie, biographie, sismographe
hydr(o)-, -hydre	eau	hydrographie, anhydre
logo-, -logie, -logue	discours	logopédie, biologie, dialogue
morpho-, -morphe	forme	morphologie, anthropomorphe
patho-, -path(i)e	maladie	pathogène, psychopathe, télépathie
phago-, -phag(i)e	manger	phagocyte, anthropophage, aérophagie
phil(o)-, -phile	ami	philatélie, philosophe, bibliophile
phon(o)-, -phon(i)(e)	voix, son	phonétique, phonologie, microphone, téléphonie
ptéro-, -ptère	aile	ptérodactyle, hélicoptère
thermo-, -therme	chaleur	thermomètre, isotherme

Remarque : la composition hybride combine des radicaux empruntés à des langues différentes.
autoclave combine un radical grec *auto-* à un radical latin *-clave*.
altimètre combine un radical latin *alti-* à un radical grec *-mètre*.
microfilm combine un radical grec *micro-* à un radical français *-film*.

LA FORMATION DES MOTS

3 La conversion

La conversion, ou *dérivation impropre*, fait passer des mots déjà existants d'une classe grammaticale à une autre, sans modifier leur forme de départ. Les mots obtenus par conversion reçoivent généralement les terminaisons de la nouvelle classe grammaticale.

- **Noms obtenus par conversion, à partir de :**
- noms propres : *une poubelle, du sopalin*
- adjectifs : *Le bon, la brute et le truand*
- verbes à l'infinitif, au participe présent ou passé : *le sourire, un gagnant, un réfugié*
- pronoms : *le ça, le moi et le surmoi*
- prépositions : *un avant et un après, le pour et le contre*
- conjonctions : *avec des si, on mettrait Paris en bouteille*

▶ Le nom (**3.1** p. 76)

- **Adjectifs obtenus par conversion, à partir de :**
- noms communs : *un pantalon marron, un effet bœuf*
- verbes au participe présent ou passé : *un livre illustré, un enfant brillant*
- adverbes : *des gens très bien*

▶ L'adjectif (**3.3** p. 103)

- **Interjections obtenues par conversion, à partir de :**
- noms communs : *Attention !* – adjectifs : *Bon !* – verbes : *Allons !*

▶ L'interjection (**3.9** p. 211)

- **Adverbes obtenus par conversion, à partir d'adjectifs :** *Il assure grave.*

▶ L'adverbe (**3.6**,2 p. 191)

4 Autres procédés de formation

La langue crée sans cesse de nouveaux mots en les abrégeant, en télescopant deux mots ou en les codant.

1 Abréviation et siglaison

La langue parlée résiste aux mots trop longs et, souvent, les abrège.

- **L'abréviation fait l'économie de la partie initiale (aphérèse) ou finale (apocope) du mot, en respectant ou non la coupe syllabique.**

  (auto)car, (ca)pitaine, (Amé)ricain
  appli(cation), auto(mobile), bénéf(ice), petit déj(euner)

- **La siglaison réduit les mots d'un syntagme* en un sigle : une suite de lettres initiales employée en signe abréviatif, mais traitée en mot.**

  Société Nationale des Chemins de fer Français → la SNCF
  Syndrome d'immunodéficience acquise → le Sida

Remarques :
a. Un *acronyme* est un sigle qui peut être prononcé comme un mot : CAPES (Certificat d'Aptitude au Professorat de l'Enseignement du Second degré), *ovni* (*Objet Volant Non Identifié*) et non épelé comme *SNCF*.
b. Les sigles sont parfois si bien lexicalisés qu'ils peuvent servir de base à un mot dérivé (1) et qu'on oublie leur forme complète initiale (2).

> (1) *bédéiste*, *sidéen*, *onusien*
> (2) *modem* (= modulateur-démodulateur)
> *CEDEX* (*Courrier d'Entreprise à Distribution EXceptionnelle*)

2 Télescopage : les mots-valises

Le télescopage permet de créer de nouveaux mots par fusion de deux mots abrégés : on les appelle les *mots-valises*[2].

> *adulescent* : mot-valise créé en abrégeant puis télescopant *adulte* et *adolescent* (une personne adulte qui prolonge son état d'adolescent au-delà de 18 ans).

La fusion se fait par rapprochement de syllabes communes ou similaires aux deux mots, les parties les plus signifiantes étant conservées.

> *photocopillage* : formé en soudant les mots *photocopie* et *pillage* au niveau de leurs phonèmes communs [pi], et en conservant les unités les plus signifiantes pour le mot-valise (*photoco* + *pillage*).

3 Codage

Préliminaires
(**2**, **4** p. 17)

Les mots sont créés par une sorte de codage qui les rend incompréhensibles à ceux qui ne possèdent pas la clef de fabrication.

● **Le verlan** (« envers ») découpe phonétiquement le mot, inverse les syllabes délimitées et, éventuellement, abrége la finale du mot.

> *cher* → *chè-reu* → *reuché* → *reuch*   *flic* → *fli-keu* → *keu-fli* → *keuf*

● **Le largonji** (jargon) déplace la première lettre du mot à la fin, la prononce et remplace la place vacante par la lettre *l*.

> *jargon* → *argonji* → *largonji*   *douce* → *oucedé* → *loucedé*

5 L'emprunt

L'emprunt désigne le processus par lequel une langue introduit dans son lexique un élément appartenant à une autre langue. Il nomme un référent nouveau, pour lequel il n'existe aucun mot dans la langue d'accueil. Le passage de la langue d'origine à la langue d'accueil se fait :

---

2. *mot-valise* : adaptation française de l'anglais *portmanteau* (qui désigne une malle de voyage) employé par Lewis Carroll (1871, *De l'autre côté du miroir*) pour désigner deux sens *empaquetés* dans un seul mot.

LA FORMATION DES MOTS 1

– soit directement : *planning* est passé directement de l'anglais au français ;
– soit indirectement, par l'intermédiaire d'une autre langue : *tomate*, du nahuatl *tomatl*, a été importé en France via l'espagnol *tomate* (TLFi)[3].
Les mots de la langue française peuvent être empruntés à des langues anciennes ou étrangères.

1 Mots hérités et mots empruntés

● **Les mots hérités du latin** ont subi une série de transformations, notamment phonétiques.

> *flore (latin)* > *flour (ancien français)* > *fleur*[flɛuʀ] *(xiᵉ s.)* > [flø(u)ʀ] *(xiiᵉ s.)* > [flœʀ] *depuis xviiᵉ s., etc.*

● **Les mots de la langue française proviennent d'un fonds latin et d'un certain nombre de mots gaulois ou germaniques.**
– Vers le vᵉ siècle, les parlers gaulois ont été supplantés par le *latin populaire*, qui s'est peu à peu transformé en *langue romane*, selon des lois dont la principale est celle de la persistance de la syllabe tonique.

> Les mots *bastonem*, *radicinam*, *animam* ont abouti à *bâton*, *racine*, *âme*.

– Au fonds latin (dans lequel se sont maintenus un petit nombre de mots gaulois), l'invasion franque du vᵉ siècle a mêlé un apport assez considérable de mots germaniques, qui ont donné par exemple : *banc*, *bannière*, *héron*, *etc.* Les différents dialectes romans ont formé, de part et d'autre d'une ligne de démarcation allant approximativement de La Rochelle à Grenoble, deux grands domaines linguistiques : au nord, celui de la *langue d'oïl* et, au sud, celui de la *langue d'oc*. À partir du xiiᵉ siècle, dialecte de l'Île-de-France a pris le pas sur les autres dialectes.

● **Les mots de la langue française proviennent aussi de différents emprunts faits au latin écrit et au grec.**
– À partir du xiiᵉ siècle, le vocabulaire roman s'est enrichi, par formation savante, de quantité de mots calqués par les lettrés sur le latin écrit. Mais certains de ces mots avaient déjà été transformés en mots romans par le peuple. Ainsi, un même terme latin a pu produire un mot populaire (obtenu par héritage) et un mot savant (entré par emprunt), c'est-à-dire des doublets.

> *navigare* a donné *nager* (mot populaire) et *naviguer* (mot savant).
> *potionem* a donné *poison* (mot populaire) et *potion* (mot savant).

– Par formation populaire, le grec a fourni un certain nombre de mots qui sont passés par la forme latine (*baume*, *beurre*, *trésor*, *etc.*). Par formation savante, il a également fourni nombre de mots indirectement,

---

3. Trésor de la Langue Française informatisé (TLFi)

en passant par le latin, ou directement, surtout au XIXe siècle (*amnésie, enthousiasme, téléphone, etc.*).

2 Les emprunts directs et indirects aux langues régionales ou étrangères

● **Le français importe directement et indirectement des mots aux langues régionales ou étrangères.**
– Le français a surtout emprunté au provençal et au gascon : *auberge, badaud, fadaise, goujat, galéjade, etc.*
– **Langues romanes.** L'italien (1) et l'espagnol (2) ont fait entrer beaucoup de termes : *balcon, bambin, opéra, carnaval, paparazzi, etc.* (1) ; *adjudant, aficionado, gitan, cigare, etc.* (2). Le portugais n'a fourni qu'un petit contingent : *acajou, pintade, etc.*
– **Autres langues européennes.** L'allemand a introduit des mots du vocabulaire militaire : *sabre, blockhaus, képi, etc.* L'apport anglais s'est accru, à partir du XIXe siècle, en termes relatifs au sport, à la marine, au commerce, à la politique, à la mode vestimentaire et plus récemment aux nouvelles technologies : *football, paquebot, chèque, budget, meeting, bluejean, podcaster, burnout, twitter, etc.* Quelques mots viennent du néerlandais : *cambuse, kermesse, matelot, etc.* Quelques termes nautiques proviennent des langues scandinaves : *cingler, vague, etc.*
– **Autres langues du monde.** Le français a intégré des mots venus de l'arabe (*alcool, algèbre, chiffre, algorithme, zéro, gazelle, flouse, toubib, etc.*), du turc (*vizir, tulipe, babouche, etc.*), de l'hébreu (*chérubin, cidre, kippa, etc.*), des langues africaines (*chimpanzé, boubou, karité, etc.*), des langues de l'Inde ou de l'Extrême-Orient (*avatar, jungle, bonze, thé, etc.*), des langues amérindiennes (*ananas, caoutchouc, etc.*).
Soit les mots empruntés conservent leur forme d'origine : *soprano, job, barman.*
Soit ils sont francisés : *fuel* → *fioul, muesli* → *musli, packet boat* → *paquebot, riding-coat* → *redingote, beef steak* → *bifteck.*

◄ Rectifications
(Annexe **2** p. 393)

Remarque : les Rectifications de l'orthographe (1990) recommandent de franciser les mots empruntés et d'aligner le pluriel de certains noms empruntés sur celui des mots français.

CHAPITRE 2

Organisation des unités du lexique

1. Les familles de mots et les champs du lexique 63
2. Les relations formelles entre les unités du lexique : homonymie, homophonie, homographie, paronymie 65
3. Les relations sémantiques entre les unités du lexique : synonymie, antonymie, hyperonymie/hyponymie, partie/tout 67
4. La polysémie 70

Le lexique d'une langue n'est pas un simple inventaire de mots sans rapport les uns avec les autres, mais un ensemble structuré. Les unités du lexique s'organisent en réseaux qui varient selon des critères de regroupement privilégiés :
- les familles de mots s'organisent autour d'un radical commun ;
- les champs du lexique relient les mots autour d'une notion, d'un thème, d'un domaine.
Les mots entretiennent entre eux des relations d'identité, d'opposition ou de hiérarchie sémantique. Et un seul mot peut avoir plusieurs sens.

1 Les familles de mots et les champs du lexique

Les unités lexicales peuvent être regroupées :
- en famille, quand les mots sont apparentés par leur forme et leur sens ;
- en champ, quand les mots sont apparentés par leur sens.

1 Les familles de mots

La dérivation ◂
(**2.2**,1 p. 50)

La composition ◂
(**2.2**,2 p. 55)

Une famille de mots est l'ensemble de tous les mots qui peuvent se grouper autour d'un radical commun duquel ils ont été tirés par la dérivation et/ou par la composition.

● **Au sens strict, les familles de mots sont identifiées grâce à leur radical commun,** qui prend la même forme dans chaque mot apparenté.

arme, armer, armée, armure, armurier, armet, armoire, armoiries, armorier, armoriste, armorial, armateur, armature, désarmer, désarmement, armistice

● **Au sens large, les familles de mots sont organisées autour de radicaux de formes distinctes,** où se concurrencent les graphies latine, grecque et actuelle du radical.

L'emprunt ◂
(**2.1**,5 p. 60)

peuplement, peuplade, peupler, repeupler, dépeupler → radical *peupl-*
population, populisme, populaire → radical *popul-* (du lat. popularis, is)
vigneron, vignoble → radical *vign-*
viticole, viticulteur → radical *viti-* (du latin vitis « vigne »)
ampélothérapie, ampélographie, ampélologie → radical *ampélo-* (du grec ampélos « vigne »)

Remarque : certains linguistes distinguent la *famille de mots*, qui relève d'une approche diachronique*, (radicaux latins ou grecs), du *champ dérivationnel* qui, dans une perspective synchronique*, associe les mots construits sur une base commune (*montage, monteur, démonter, remonter*).

2 Les champs du lexique

Les unités du lexique se regroupent en sous-ensembles qui tissent des champs ou des réseaux.

infra 4 (p. 70) ◂

● **Le champ sémantique renvoie aux différentes acceptions* d'un mot.**

Champ sémantique du mot loup *établi d'après* Le Petit Robert[1].

> 1. « Mammifère carnivore, qui ne diffère d'un grand chien que par son museau pointu, ses oreilles toujours droites et sa queue touffue pendante. » ; *L'homme est un loup pour l'homme* « féroce, impitoyable » ; *jeune loup* « politicien jeune et ambitieux ».
> 2. Fam. « Terme d'affection à l'égard d'un enfant, d'un être cher. » *Mon petit loup*.

---

1. *Le nouveau Petit Robert, Dictionnaire de la langue française*, 1986, article *loup*

ORGANISATION DES UNITÉS DU LEXIQUE

> 3. *Fam.* « Loup de mer, vieux marin qui a beaucoup navigué et à qui ses longs voyages ont fait les manières rudes, l'humeur farouche et solitaire. » ; « Marin très expérimenté. » ; « Court maillot de coton, à rayures horizontales généralement bleues et blanches, qui moule le buste. »
> 4. (À cause de leur voracité) « Poisson comestible de la méditerranée. » *Loup au fenouil*
> 5. « Sorte de masque de velours noir que portaient autrefois les dames lorsqu'elles sortaient. » ; « Demi-masque de satin ou de velours noir qu'on porte dans les bals masqués. »
> 6. *Vx.* « Lésion (rappelant la morsure d'un loup). » ; *Mod.* « Malfaçon dans un ouvrage de construction, de couture. » ; *Métall.* « Agglomération de matière mal fondue se formant dans un minerai en fusion. » ; *Typogr.* « Lacune dans une copie. »

- **Le champ lexical associe des termes du lexique autour d'une notion, un domaine ou une thématique commune.**

    Les termes *crachin*, *giboulée*, *bruine*, *averse*, *grain*, *orage*, *précipitations* peuvent former le champ lexical de la *pluie*.
    Les termes *papier*, *stylo*, *roman*, *lettres*, *tracé*, *littérature* peuvent former le champ lexical de l'*écriture*.

Les mots regroupés en *champ lexical* appartiennent à la même catégorie grammaticale : *crachin*, *bruine*, *averse*, *grain*, *précipitations* → noms communs. Quand les mots relèvent de natures hétérogènes, ils forment un *champ associatif* : *bruiner*, *orageux*, *averse*, *crachin*.

② Les relations formelles entre les unités du lexique : homonymie, homophonie, homographie, paronymie

Les unités lexicales entretiennent entre elles des relations formelles, d'identité ou d'équivalence graphique et/ou phonique.

1 L'homonymie

- **Mots homophones* et homographes***
Au sens étroit, l'homonymie désigne une relation d'identité phonique et graphique entre des mots qui diffèrent uniquement par le sens.

Le verbe *boucher* et le nom commun *boucher* sont homonymes : ils s'écrivent et se prononcent de la même façon, mais renvoient à des sens distincts, que rien ne permet de rapprocher (« obstruer une cavité » pour le verbe / « artisan faisant commerce de la viande » pour le nom).

Les mots homonymes peuvent présenter une différence :
– de genre
>*un livre (d'images)/une livre (de beurre)*
>*un moule (à gâteau)/une moule (de mer)*

– de nature
>*un mineur (nom commun)/un enfant mineur (adjectif qualificatif)*
>*un car (nom commun)/mais, ou, et, donc, or, ni, car (conjonction de coordination)*
>*la ferme (nom commun)/un ton ferme (adjectif qualificatif)*

– d'étymon
>*les mots homonymes mine :*
>*le travail à la mine/la mine du crayon* > (vient) peut-être du gallo-roman mina
>*Il a mauvaise mine.* > peut-être du breton min « bec, museau »
>*Ces chevaux ont mangé une mine d'avoine.* (Académie)
> > *du latin* emina « émine » (unité de mesure)
>*La mine est une monnaie grecque valant 100 drachmes.* > *du latin* mina

● **Mots homophones* et hétérographes***
Au sens large, l'homonymie désigne une relation d'identité phonique (homophonie) entre des mots qui ne s'écrivent pas de la même façon (hétérographie).
Les mots *chair*, *cher*, *chère*, *chaire* sont homophones et hétérographes : ils répondent tous à la même séquence phonique [ʃɛʁ], mais ont des graphies différentes.

>*seau, saut, sceau, sot* → [so]
>*foi, foie, fois, Foix* → [fwa]
>*vaut, vaux, veau, vos* → [vo]
>*saint, sain, sein, seing, ceint* → [sɛ̃]

● **Mots homographes* et hétérophones***
Parfois, l'homonymie désigne une relation d'identité graphique (homographie) entre des mots qui ne se prononcent pas de la même façon (hétérophonie).
Dans la phrase *Il ne faut pas se fier à un homme trop fier.*, le verbe infinitif *fier* et l'adjectif qualificatif *fier* sont homographes, mais correspondent à deux séquences phoniques différentes, respectivement [fje] et [fjɛʁ].

>*Les poules du couvent* [kuvɑ̃] *couvent* [kuv].
>*Les fils* [fis] *du couturier tirent les fils* [fil] *du métier à tisser.*
>*Nous éditions* [editjɔ̃] *jadis de belles éditions* [edisjɔ̃].

ORGANISATION DES UNITÉS DU LEXIQUE

2 La paronymie

La paronymie désigne une relation de proximité phonique ou graphique entre des mots différents.
Les mots *évènement* et *avènement* sont des paronymes : ils présentent une forme graphique et/ou phonique proche.

pré**cepteur**/**per**cepteur
effraction/**in**fraction
acception/accept**a**tion
poi**s**on/poi**ss**on
mal**ine**/mal**igne**
éruption/**ir**ruption

est**a**mper/est**o**mper
influence/**af**fluence
prodi**ge**/prodi**gue**
conje**c**ture/conj**on**cture
attention/**in**tention
cousin/cou**ss**in

3 Les relations sémantiques entre les unités lexicales : synonymie, antonymie, hyperonymie/hyponymie, partie/tout

Les unités lexicales entretiennent entre elles des relations d'équivalence, d'opposition ou de hiérarchie sémantiques.

1 Équivalence de sens : la synonymie

La synonymie désigne une relation d'équivalence sémantique entre des mots. Ces mots, qui ont des sens proches, sont *synonymes*.

- **La synonymie totale** entre deux mots, c'est-à-dire l'identité de sens, quel que soit le contexte, est très rare en français. Elle concerne les doublets savants, quand le mot populaire est employé dans un sens littéral[2].

▶ L'emprunt (**2.1**,5 p. 60)

ictère/*jaunisse*
éthylique/*alcoolique*

spasmophilie/*tétanie*
lépiote élevée/*coulemelle*

- **La synonymie partielle**, plus fréquente, concerne les mots qui ne présentent une équivalence de sens que dans un contexte particulier. L'adjectif *fort* n'a pas les mêmes synonymes selon son contexte d'apparition.

une moutarde **forte** → *épicée, relevée*
une mer **forte** → *agitée, houleuse, démontée*
un esprit **fort** → *vaillant, intelligent*

---

2. Mais, dans *Il a perdu sa montre, il en a fait une jaunisse.*, le mot *jaunisse* est employé dans une expression métaphorique. Il ne peut être remplacé par son doublon savant ☺ *Il en a fait un ictère*.

Les synonymes de *fort* ne sont donc pas interchangeables.

> une moutarde **forte** → ☹ une moutarde agitée/houleuse/vaillante
> une mer **forte** → ☹ une mer épicée/relevée/intelligente
> un esprit **fort** → ☹ un esprit épicé/démonté

Quelques exemples de synonymes partiels.

> *punir, châtier, corriger, sévir, réprimander, blâmer, etc.*
> *aimer, chérir, adorer, apprécier, affectionner, estimer, etc.*
> *tendre, doux, délicat, sensible, bon, affectueux, cajoleur, etc.*
> *tendre, moelleux, suave, mou, etc.*

2 Opposition de sens : l'antonymie

L'antonymie désigne une relation d'opposition sémantique entre des mots. Ces mots, qui ont des sens opposés, sont *antonymes*.

● **L'antonymie est complémentaire** quand les sens des antonymes s'excluent mutuellement, l'affirmation de l'un entrainant la négation de l'autre.

> *mort-vivant*
> *Hors contexte particulier, affirmer* mort *revient à nier* vivant.

La préfixation ◄
(**2.1**,1 p. 54)

Les préfixes *in, il, ir, etc.* peuvent marquer l'antonymie complémentaire.

> *régulier vs **ir**régulier*   *lisible vs **il**lisible*
> *mangeable vs **im**mangeable*   *éligible vs **non**-éligible*

● **L'antonymie est scalaire** quand les sens des antonymes ne s'excluent pas totalement, mais renvoient aux deux extrémités d'une échelle de sens plus ou moins graduée.

chaud et *froid* sont des antonymes scalaires. Ils ne s'excluent pas : si ce n'est pas *chaud*, ce n'est pas forcément *froid*, ce peut être *tiède*. Et ils admettent une gradation : ce peut être plus ou moins *chaud*, ou plus ou moins *froid*.

> *chaud vs froid*   *premier vs dernier*
> *grand vs petit*   *enfant vs vieillard*
> *riche vs pauvre*   *beau vs laid*

● **L'antonymie est réciproque** quand les sens des antonymes renvoient à une perspective symétriquement inverse de type « si $x \to y$, alors $y \to x$ ».

> *acheter/vendre*
> → *Jean-Philippe achète un bonbon à Inès./Inès vend un bonbon à Jean-Philippe.*

> *enseigner/apprendre*   *époux/épouse*   *envoyer/recevoir*
> *enfants/parents*   *écrire/lire*

ORGANISATION DES UNITÉS DU LEXIQUE

3 Hiérarchie de sens : hyperonymie/hyponymie et partie/tout

Les unités lexicales peuvent être reliées hiérarchiquement entre elles, selon un rapport d'inclusion ou un rapport de partition.

● **Hyperonymie*/hyponymie*** désignent un rapport d'inclusion entre deux ou plusieurs mots, ordonnés selon un axe vertical :
– le terme dominant ou *générique*, l'*hyperonyme*, renvoie à la classe, à l'espèce, au genre ;
– le(s) terme(s) dominé(s) ou *spécifique(s)*, le(s) *hyponyme(s)*, représente(nt) un (ou des) élément(s) de cette classe générique.
animal est l'hyperonyme de *chien* ; *chien* est l'hyponyme de *animal*. La relation entre les deux termes est orientée : le chien est nécessairement un animal, mais un animal n'est pas forcément un chien (ce peut être un chat). Cette relation verticale, souvent représentée sous forme d'arbre, peut comprendre plusieurs mots, chacun étant susceptible d'être hyperonyme et/ou hyponyme.

> Un rapport d'hyperonymie/hyponymie relie les mots *mammifère*, *canidé*, *équidé*, *chien*, *renard*, *cheval*, *âne*, *caniche*, *renard roux*, *percheron*, *âne de Provence*.
> → *mammifère* est uniquement hyperonyme.
> → *caniche*, *renard roux*, *percheron* et *âne de Provence* sont uniquement hyponymes.
> → *canidé* et *équidé* sont à la fois hyponymes de *mammifère* et hyperonymes de *chien* et *renard* pour le premier, *cheval* et *âne* pour le second, et ainsi de suite.

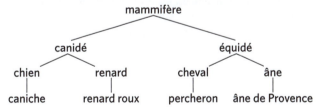

● **Partie/tout : les unités lexicales peuvent entretenir entre elles un rapport de partie/tout** de type « A est constitué de B ; B est une partie de A ».
Les mots *voiture* et *volant* entretiennent ce type de relation partie/tout : la *voiture* est constituée d'un *volant* ; le *volant* est une partie de la *voiture*.

Tout	→	Parties
voiture		pneu, châssis, volant, etc.
fleur		pétale, tige, pistil, etc.
château		jardin, tour, cour, donjon, etc.

Les figures de style (Garde arrière)

La *métonymie* et la *synecdoque* exploitent la relation lexicale partie/tout.

Remarque : les lexicographes (concepteurs de dictionnaires) se servent des différentes relations sémantiques pour élaborer leurs définitions. Un terme peut être défini au moyen d'un synonyme (1), d'un hyperonyme (2) ou être désigné comme un « ensemble de » (relation partie/tout) (3)³.

> vilain, adj. et subst. [en parlant d'un enfant] : **désobéissant**. (1)
>
> cattleya, subst. masc. : **Orchidée** épiphyte, originaire d'Amérique tropicale, et dont l'espèce la plus connue est très recherchée pour l'élégance de ses fleurs mauves à grand labelle en cornet onduleux. (2)
>
> vaisselle, subst. fém. : **Ensemble des** récipients, des plats, des assiettes et des ustensiles divers servant à la présentation et à la consommation des aliments sur la table. (3)

La polysémie

La polysémie* associe à une même forme phonique et graphique (un *signifiant*), plusieurs sens (des *signifiés*) qui sont liés les uns aux autres par un sens commun. Autrement dit, un mot a généralement plusieurs sens, ou *acceptions*. La polysémie est un procédé usuel de la langue française.

– Le sens premier d'un mot est celui qui est le plus usuellement associé au terme. C'est généralement le premier sens donné par les dictionnaires. Il est qualifié de sens *littéral* ou *propre*.

– Le ou les autres sens associés au mot polysémique ont été créés à partir du sens propre. Ces sens sont dits *figurés*. Le passage du sens propre au(x) sens figuré(s) se fait par analogie (métaphore, comparaison) ou par métonymie (relation partie/tout).

Les figures de style (Garde arrière)

> Le nom commun vache est polysémique :
> – au sens propre, il désigne le bovidé domestique à cornes ;
> – au sens figuré, il peut désigner :
> 1. une femme corpulente, ou une femme molle et paresseuse ;
> 2. autrefois, une malle en cuir de vache placée à l'arrière des diligences.
> Le passage du sens propre au sens figuré 1. se fait par analogie de forme (corpulence) ou de comportement (paresse) ; le passage au sens figuré 2. se fait par relation de partie/tout : par métonymie, vache le nom de l'animal (tout) est utilisé pour désigner une malle faite avec son cuir (partie).

---

3. Trésor de la Langue Française informatisé (TLFi), www.cnrtl.fr/definition/portail.

Approfondissement
Polysémie et homonymie : un ou plusieurs mots ?

Dans un dictionnaire, les sens d'un terme polysémique sont regroupés sous une entrée unique, alors que les termes homonymiques font l'objet d'entrées distinctes. Mais le traitement privilégié (soit polysémie, soit homonymie) peut varier d'un dictionnaire à l'autre. Un même mot peut être considéré comme une seule unité lexicale polysémique dans un dictionnaire, et comme plusieurs unités lexicales homonymes dans un autre dictionnaire.

C'est le cas par exemple de grenade.
– Le Petit Robert réserve un traitement polysémique au nom commun : au sens propre, il renvoie au fruit du grenadier, et au sens figuré, à l'arme projectile. Le passage du sens propre au sens figuré se fait par analogie de forme.
– Le Trésor de la Langue Française Informatisé (TLFi) privilégie quant à lui un traitement homonymique, dégroupant les deux sens sous deux entrées différentes : 1. grenade et 2. grenade sont deux homonymes.

L'évolution historique du sens d'un mot peut influencer le choix du traitement. Les acceptions regroupées sous une même entrée doivent pouvoir être reliées les unes aux autres (par analogie ou métonymie par exemple), mais le lien peut disparaitre au fil du temps.

Le mot baleine désigne 1. le mammifère cétacé marin de grande taille ou 2. la tige flexible, l'armature de corset ou de parapluie.
– Le Lexis considère que ces deux sens ont suffisamment évolué parallèlement dans la langue pour ne plus établir de lien entre le 1er et le 2nd. Les lexicographes adoptent donc un traitement homonymique et considèrent baleine (1.) et baleine (2.) comme deux mots distincts.
– Le Petit Robert réserve au terme baleine un traitement polysémique, rappelant néanmoins le lien métonymique entre les deux sens : les armatures étaient initialement faites avec les fanons de la baleine.

Les sens liés au terme grève ont aussi été dégroupés avec le temps. Le Petit Robert réserve ainsi deux entrées aux homonymes grève :
1. grève désigne un terrain plat […] situé au bord de la mer ou d'un cours d'eau, et renvoie plus spécialement à la place de Grève, place de Paris, située au bord de la Seine, à l'emplacement de l'actuel hôtel de ville, où avaient lieu les exécutions.
2. grève désigne une cessation volontaire et collective du travail décidée par des salariés pour obtenir des avantages matériels ou moraux.
Or, comme l'indique le dictionnaire dans la notice historique du 2nd terme, la locution faire grève, être en grève signifiait se tenir sur la place de Grève, en attendant de l'ouvrage. Il existait donc, à l'origine, un lien métonymique entre le sens 1. et le sens 2. de grève.

PARTIE 3

Les classes de mots

Définition et présentation
des classes grammaticales.............................74
① Le nom... 76
② Le déterminant 89
③ L'adjectif qualificatif............................. 103
④ Le pronom 120
⑤ Le verbe 141
⑥ L'adverbe... 188
⑦ La préposition 198
⑧ La conjonction....................................203
⑨ L'interjection...................................... 210

Définition et présentation des classes grammaticales

On distingue aujourd'hui neuf classes grammaticales : le déterminant, le nom, l'adjectif qualificatif, le pronom, le verbe, l'adverbe, la préposition, la conjonction, l'interjection. Cette liste est restée relativement stable depuis son établissement par les grammairiens latins, auxquels les français ont repris l'appellation de « parties du discours » *(partes orationis)*. On parle couramment de « classes » grammaticales, qui indiquent la nature* du mot, par opposition à sa fonction* grammaticale.

Dans *Elle plonge.*
→ *Elle* est un pronom personnel (nature, classe grammaticale)
→ *Elle* est sujet (fonction grammaticale) du verbe *plonge.*

● **Plusieurs critères sont utilisés pour distinguer les classes grammaticales.**

1. Le critère formel oppose les mots variables aux mots invariables.
– Parmi **les mots variables,** les noms, les adjectifs, les déterminants et les pronoms varient en genre et en nombre (les pronoms personnels, les déterminants et pronoms possessifs varient aussi en personne). Le verbe, lui, varie en temps, en personne, en nombre et en mode. Ces différentes informations sémantiques sont le plus souvent portées par une désinence ajoutée à la fin du mot.

Dans *Les petits enfants jouent.*
→ *Les* (déterminant), *petits* (adjectif), *enfants* (nom) sont au masculin pluriel
→ *jouent* (verbe) est à la 3ᵉ personne du pluriel du présent de l'indicatif.

– **Les mots invariables** sont les adverbes, les prépositions, les conjonctions et les interjections.
On voit bien que ce critère formel ne permet pas de distinguer nettement les classes entre elles, notamment au sein des mots invariables.

2. Le critère syntaxique associe chaque classe grammaticale à une ou plusieurs fonctions syntaxiques typiques : traditionnellement, la fonction sujet est caractéristique du nom, la fonction attribut est caractéristique de l'adjectif qualificatif, etc. Cependant, une même fonction peut être exercée par différentes classes grammaticales : ainsi, le nom peut aussi être attribut.

◄ Les fonctions grammaticales (**4.2** p. 221)

Dans le film *Jour de fête (de J. Tati)*, François est *grand*, il est *facteur*.
→ *grand* et *facteur* sont attributs du sujet
→ *grand* est un adjectif qualificatif ; *facteur* est un nom commun.

3. Le critère sémantique et fonctionnel permet d'opposer les mots lexicaux et les mots grammaticaux, selon deux propriétés distinctives : richesse du contenu sémantique et inventaire ouvert ou fermé.
– **Les mots lexicaux** portent l'essentiel du contenu sémantique : globalement, les noms réfèrent à des objets, les verbes à des actions, les adjectifs à des propriétés, de même que les adverbes. Les mots lexicaux, qui constituent le lexique proprement dit, appartiennent à des ensembles vastes et ouverts (on crée de nouveaux noms, verbes, etc.).

– **Les mots grammaticaux** marquent les relations entre les mots (prépositions, conjonctions), les remplacent (pronoms) ou servent à les introduire dans une phrase (déterminants). Les mots grammaticaux appartiennent à des ensembles clos et très restreints (on ne peut guère en créer de nouveaux).

Certains linguistes font des distinctions purement fonctionnelles, selon le rôle joué par chaque classe dans une phrase : le nom sert principalement à faire référence à un objet du monde (être, chose, etc.), le verbe sert à formuler une prédication (dire quelque chose), l'adjectif et l'adverbe servent à modifier.

> Dans *Le petit chat est mort.* (Molière)
> → le nom chat réfère à un animal, l'adjectif petit modifie le nom, le verbe est mort apporte une information (prédication) sur le sujet Le petit chat.

● **Divers regroupements généraux ont été proposés au fil des siècles.**
Ainsi, la *Grammaire de Port Royal*[1] constituait deux groupes : l'un autour du nom et l'autre autour du verbe, les deux piliers de la proposition logique.
On peut aussi trouver des analogies entre les classes de mots : par exemple, on dit que, comme modificateur, l'adverbe est au verbe ce que l'adjectif est au nom.

> Stéphanie **plonge** remarquablement. ↔ Stéphanie est une remarquable **plongeuse**.
>   verbe   adverbe   adjectif   nom

Ou bien, les prépositions et les conjonctions sont des « mots de relation ».
– Les prépositions relient des mots ou des groupes de mots.

> rouge de colère – le président de la République

– Les conjonctions relient des groupes de mots (1) ou des propositions (2).

> La belle princesse et le pauvre paysan (1)
> Jean pleure et Pierre rit. – Luke Skywalker apprend que Dark Vador est son père. (2)

Les classes de mots		
	Ensemble ouvert : **les mots lexicaux**	Ensemble fermé : **les mots grammaticaux**
VARIABLES	– noms *maison, table, homme* – adjectifs *petit, grand, beau* – verbes *chanter, voir, aller, finir*	– déterminants *le, ce, mon, quel* – pronoms *il, elle, celui-ci, qui, le mien, lequel*
INVARIABLES	– adverbes construits à partir d'un mot lexical *joliment, vraiment*	– prépositions *de, à, en, dans, pour* – conjonctions de coordination *mais, ou, et, donc, or, ni, car* – conjonctions de subordination *que, quand, si* – interjections *ah, oh, hé, pst* – adverbes non construits *hier, demain*

---

1. Arnauld et Lancelot, *Grammaire générale et raisonnée*, 1660.

CHAPITRE 1

Le nom

1. Définition du nom et du groupe nominal 76
2. Nom commun, nom propre 77
3. Le genre du nom 79
4. Le nombre du nom 83

1 Définition du nom et du groupe nominal

1 Le nom

Le nom ou substantif[1] **est un mot qui sert à nommer, à désigner des êtres (humains ou animaux), des choses, des idées.**

musicien, cheval, maison, courage

Le nom :
– peut être précédé d'un déterminant :

un musicien, le cheval, la maison, du courage

◄ Le déterminant (**3.2** p. 89)

– possède son propre genre : *cheval est masculin, maison est féminin*

◄ infra 3 (p. 81)

– est le noyau du groupe nominal (GN) :

Le cheval blanc galope dans le pré.
   GN   GN

Cadet Rousselle a trois maisons.
   GN   GN

2 Le groupe nominal

Le groupe nominal peut être constitué des éléments suivants :
– déterminant + nom : *le pré, trois maisons*
– déterminant + nom + adjectif : *le cheval blanc, trois maisons neuves*
– nom propre : *Cadet Rousselle, Pierre, Paris.*

---

1. Du latin gramm. *substantivum*, dans *verbum substantivum* « mot qui exprime la substance ». Aujourd'hui, *nom* et *substantif* sont synonymes. Jusqu'au milieu du XIXe siècle, on distinguait les *noms substantifs* et les *noms adjectifs*, le terme *nom* englobant les deux catégories.

LE NOM

Le groupe nominal exerce différentes fonctions dans la phrase, par exemple :
- **sujet :** <u>Le cheval blanc</u> *galope dans le pré.*
  GN sujet   verbe
- **complément d'objet :** *Cadet Rousselle **a** <u>trois maisons.</u>*
                                      verbe   COD

▶ Les fonctions grammaticales (**4.2** p. 221)

2 Nom commun, nom propre

1 Le nom commun

Le nom commun désigne des êtres, des choses, des idées qui partagent des caractéristiques communes. L'article de dictionnaire mentionne ces caractéristiques dans la définition d'un nom.

> *Cheval : grand mammifère domestiqué par l'homme, appartenant à la famille des équidés, utilisé pour la monte ou le trait.*
>
> *Courage : fermeté de cœur, force morale face au danger.*
>
> *Maison : bâtiment d'habitation destiné à l'homme.*

On distingue différentes sous-classes de noms, pour des raisons syntaxiques et sémantiques.

● **Les noms : animés/non animés**

– **Les noms animés** désignent des êtres vivants : des humains ou des animaux. Dans cette sous-classe, on distingue les noms humains et les noms non humains.

> *menuisier, enfant, chanteuse* → *noms désignant des humains*
> *cheval, lion, renard* → *noms désignant des non humains (animaux)*

– **Les noms non animés** désignent autre chose que des humains ou des animaux : des choses, des qualités, etc.

> *tomate, carton, arbre* → *noms désignant des choses*
> *courage, peur, innocence* → *noms désignant des qualités*

Cette distinction est utile pour expliquer notamment l'emploi : des pronoms personnels *Je pense à **lui**/à **elle**.* vs *J'**y** pense.*
Les pronoms *(à) lui/elle* représentent en principe des personnes, le pronom *y* représente généralement des choses.

▶ Le pronom (**3.4** p. 120)

● **Les noms : concrets/abstraits**

– **Les noms concrets** désignent des êtres ou des objets qui sont perceptibles par un des cinq sens (la vue, l'ouïe, etc.).

> *table, renard, homme, nuage, soie, sonnerie, café*

– **Les noms abstraits** désignent des propriétés, des qualités non perceptibles par nos sens : *courage*, *curiosité*, *déception*, *puissance*, *amour*.

- **Les noms : comptables/massifs**
– **Les noms comptables** désignent des êtres ou des objets que l'on peut compter ; on peut les employer avec un déterminant numéral et les mettre au pluriel : *une pomme*, *dix poires*, *quatre ratons laveurs*, *cinq euros*.

L'article partitif ◀
(**3.2**, 2 p. 93)

– **Les noms massifs** désignent des réalités que l'on ne peut pas compter, des substances continues et homogènes ; ils peuvent s'employer au singulier avec l'article partitif : *de l'eau*, *du vin*, *du courage*, *de la force*.

Approfondissement

Un nom donné n'est pas uniquement massif ou comptable.
– En français, un seul nom désigne les animaux et la viande (*veau*, *agneau*, etc.). La viande est massive (*Il mange de la viande, du veau.*), l'animal est comptable (*un veau*, *dix veaux*).
– Un nom massif au singulier peut devenir comptable au pluriel.

Anouk achète du **chocolat***/a mangé dix* **chocolats**.

On dit que la **curiosité** *est un défaut./Je vais découvrir les* **curiosités** *de Naples.*

2 Le nom propre

Le nom propre désigne un seul être ou objet, comme une étiquette qui lui a été attachée par « baptême » linguistique (*Sylvie* = *la personne qui s'appelle Sylvie*). Il s'agit le plus souvent de noms de personnes ou de noms de lieux.

Sylvie, Jean → *des prénoms de personnes*
la France → *le nom d'un pays*   *Strasbourg* → *le nom d'une ville*
la Loire → *le nom d'un fleuve*   *les Alpes* → *le nom d'une chaine de montagnes*
les Français, les Strasbourgeois → *un groupe d'individus de même espèce*

À l'écrit, les noms propres commencent par une majuscule, sont généralement invariables en nombre et se passent souvent de déterminant. Certains noms propres s'emploient avec un déterminant (noms de pays, de cours d'eau, etc.).

Remarque : plusieurs êtres, objets ou lieux peuvent porter le même nom propre (*Paris* → *ville de France, ville des États Unis* – *Syracuse* → *ville de Sicile, ville des États-Unis*) et beaucoup de personnes portent le même prénom. Mais chaque fois que le nom propre est employé, il désigne une seule entité, comme si elle était unique (*Paris sera toujours Paris, la capitale de la France.*).

3 Le genre du nom

Le français connait deux genres : le masculin et le féminin.

- **Tout nom a un genre, qui peut être indiqué par le déterminant.**

    un/le singe – cet animal – mon/ton/son violon → masculin
    une/la girafe – cette image – ma/ta/sa voiture → féminin

    La fin du monde a commencé sous ma fenêtre.
    (A. Fleischer, *La Hache et le Violon*)

▶ Le déterminant (**3.2** p. 89)

- **Le genre est inhérent au nom, qui le transmet, par l'accord, aux mots avec lesquels il est associé.**

    Dans ma cité natale, après la promenade dominicale. Maman, blanche et blonde, l'air bleu et sévère, avait son tailleur et son petit bibi.
    (Ch. Prigent, *Commencement*)

1 Le genre des noms animés

Le genre grammatical (masculin/féminin) correspond, en principe, au genre naturel (mâle/femelle), du moins pour ce qui concerne les êtres humains.

un homme – un étalon (un hongre) – un sanglier
noms masculins qui désignent des êtres animés mâles

une femme – une jument – une laie
noms féminins qui désignent des êtres animés femelles

- **Mis à part les animaux familiers, élevés ou chassés par l'homme, les noms d'animaux ont le plus souvent un genre unique, quel que soit le sexe désigné (*le léopard, la panthère, la girafe, le singe*). Pour préciser le sexe, on ajoute les noms *mâle* ou *femelle* (*une girafe mâle, un moustique femelle*).**

- **Certains noms féminins désignent une fonction exercée traditionnellement par des hommes : *une sentinelle, une vigie*.**

- **Certains noms masculins peuvent s'employer pour désigner un homme ou une femme.**

    Monsieur/Madame le Recteur – Monsieur/Madame le Proviseur

▶ Féminisation (Annexe **3** p. 396)

2 Le passage du masculin au féminin : l'indication du genre des noms animés

Règle générale : le féminin des noms d'êtres animés se marque généralement, à l'écrit, par l'ajout d'un e à la fin du nom masculin.

- **Le simple ajout, à l'écrit, d'un e au mot masculin, l'oral ne change pas.**

    ami → amie   ours → ourse   professeur → professeure

● L'ajout d'un e accompagné d'une modification de la graphie des voyelles et surtout des consonnes finales, l'oral change.

Finales masculin → féminin	Exemples	Exceptions
La consonne finale se prononce.		
Simple ajout d'un e	renard → renarde président → présidente avocat → avocate idiot → idiote bourgeois → bourgeoise [buʀʒwa] [buʀʒwaz]	chat → chatte sot → sotte consonne doublée
Ajout d'un e et la voyelle nasale devient orale : **-in, -an → -ine, -ane**	orphelin → orpheline gitan → gitane	paysan → paysanne Jean → Jeanne consonne doublée
Doublement de la consonne finale : **-et, -el → -ette, -elle**	cadet → cadette coquet → coquette	préfet → préfète accent grave sur l'e intellectuel → intellectuelle sans changement à l'oral
Doublement de la consonne finale et la voyelle nasale devient orale : **en, -on → -enne, -onne**	chien → chienne champion → championne baron → baronne	compagnon → compagne
Modification de la graphie des voyelles : **-er → -ère** [e] devient [ɛ] et s'écrit avec un accent grave	berger → bergère [bɛʀʒe] [bɛʀʒɛʀ] crémier → crémière	
La consonne finale change et se prononce.		
-x → -se s prononcé [z]	époux → épouse ambitieux → ambitieuse	roux → rousse
-f → -v devant l'e du féminin	captif, juif → captive, juive veuf → veuve	
-c → -que	Franc → Franque	Grec → Grecque Turc → Turque Frédéric → Frédérique sans changement à l'oral
Ajout de consonne : **-ø → -te**	filou → filoute favori → favorite	

LE NOM

• Un changement ou une modification de suffixe

1. Les noms masculins en -*eur*

Finales masculin → féminin	Exemples	Exceptions
-eur → -euse auquel on peut faire correspondre un participe présent en -*ant* [œ] devient fermé [ø]	*menteur* (mentant) → *menteuse* *porteur* (portant) → *porteuse*	**-eur → -eresse** *enchanteur, pécheur, vengeur* → *enchanteresse, pécheresse, vengeresse*
		-teur → -trice *éditeur, exécuteur, inspecteur, inventeur, persécuteur* → *éditrice, exécutrice,* etc.
-teur → -trice auquel on ne peut pas faire correspondre un participe présent en -*ant*	*directeur* → *directrice* *électeur* → *électrice*	

Remarques :

a. Les comparatifs employés comme noms, et certains noms, forment leur féminin par simple addition d'un *e*.

inférieur, mineur, prieur, supérieur → *inférieure, mineure, prieure, supérieure*

b. Cas particuliers :

ambassadeur → *ambassadrice*   *empereur* → *impératrice*
débiteur → *débitrice*

c. Les termes de la langue juridique, ainsi que certains termes employés dans la langue poétique, font leur féminin en -*eresse*.

bailleur, défendeur, demandeur, vendeur
→ *bailleresse, défenderesse, demanderesse, venderesse*

charmeur, chasseur → *charmeresse, chasseresse*

Dans l'usage courant, on a les féminins :

demandeuse, vendeuse, charmeuse, chasseuse.

d. En médecine, la langue familière emploie *doctoresse* comme féminin de *docteur*.

2. Une trentaine de noms (presque tous en -*e*) ont leur féminin en -*esse*.

abbé, abbesse	faune, faunesse	poète, poétesse
âne, ânesse	hôte, hôtesse	prêtre, prêtresse
bougre, bougresse	ivrogne, ivrognesse	prince, princesse
chanoine, chanoinesse	maitre, maitresse	prophète, prophétesse
comte, comtesse	mulâtre, mulâtresse	sauvage, sauvagesse
diable, diablesse	nègre, négresse	suisse, suissesse
drôle, drôlesse	ogre, ogresse	tigre, tigresse
druide, druidesse	pair, pairesse	traitre, traitresse
duc, duchesse	pauvre, pauvresse	vicomte, vicomtesse

● **Certains noms marquent la distinction des genres par deux mots différents.**

bélier, brebis	gendre, bru	oncle, tante
bouc, chèvre	homme, femme	papa, maman
cerf, biche	jars, oie	parrain, marraine
coq, poule	lièvre, hase	père, mère
cheval, jument	mâle, femelle	sanglier, laie
frère, sœur	mari, femme	taureau, vache
garçon, fille	monsieur, madame	verrat, truie

● **Certains noms de personnes ne varient pas en genre.**

1. Certains noms de personnes, la plupart terminés en -e, ont la même forme pour les deux genres (on dit ces noms *épicènes*).

un artiste → une artiste – un élève → une élève – un enfant → une enfant

2. Certains noms de personnes n'ont pas de forme féminine, car ils ne s'appliquaient anciennement qu'à des hommes (*bourreau, charlatan, cocher, déserteur, échevin, médecin, possesseur, successeur, vainqueur, etc.*) ; d'autres, ne s'appliquant par tradition qu'à des femmes, n'ont pas de forme masculine (*lavandière, sage-femme, nonne, matrone, etc.*).

● **Certains noms ont un double genre :**
– **amour**, le plus souvent, est masculin (1) ; il peut être féminin au pluriel, surtout en littérature (2).

*Amour **sacré** de la patrie.* (Rouget de Lisle) (1)
*Mais le vert paradis des amours **enfantines**.* (Baudelaire) (2)

– **délice** est féminin, au pluriel (1) ; il est masculin, au singulier (2).

*Il fait **toutes** ses délices de l'étude.* (Académie) (1)
*Manger des mûres est **un** délice.* (H. Bosco) (2)

– **orgue** est masculin au singulier (1) et au pluriel (2).

*L'orgue de cette église est **excellent**.* (1)
*Les deux orgues de cette église sont **excellents**.* (2)

Il est féminin au pluriel lorsqu'il prend une valeur emphatique, comme dans le groupe figé *les **grandes** orgues*.

3 Le genre des noms inanimés est arbitraire

Les noms d'êtres inanimés ou de notions abstraites sont, sans variation, les uns masculins, les autres féminins ; leur genre s'explique par des raisons d'étymologie, d'analogie ou de forme.

un bureau, un fauteuil, une chaise, le soleil, la lune
Les noms latins en -a sont féminins : tabula *(une table),* fabula *(une fable).*

L'arbitraire change selon les langues.

> *En allemand,* la lune *se dit* der Mond *(masculin)*
> *et* le soleil *se dit* die Sonne *(féminin).*
>
> *En espagnol,* une période *se dit* un período *(masculin)*
> *et* une dent *se dit* un diente *(masculin).*

Parfois, deux termes de même origine se distinguent par leur genre différent.

> la voile/le voile – la tour/le tour – le manche/la manche

Le nombre du nom

Le français distingue deux nombres, qui indiquent une quantification :
– le singulier désigne une seule entité ou un seul ensemble d'entités
(valeur absolue inférieure à deux) : *un livre, une équipe (de joueurs de football)*
– le pluriel désigne plusieurs entités ou plusieurs ensembles d'entités
(valeur absolue égale ou supérieure à deux) : *deux livres, trois équipes.*

Remarque : selon ce principe de quantification, on écrit *1,607 mètre* (inférieur à deux, donc singulier) et *2,4 degrés* (supérieurs à deux, donc pluriel).

Contrairement au genre, le pluriel n'est pas inhérent au nom, mais dépend de la référence du groupe nominal (désigne-t-il une ou plusieurs entités ?).

1 Les marques du pluriel des noms communs

Règle générale : le pluriel des noms communs se marque, à l'écrit, par l'ajout d'un *s* à la fin du nom singulier, parfois d'un *x*.

Les principales marques du nombre des noms communs			
Cas général : ajout d'un -*s*	**Ajout d'un -*x***	**Ajout d'un -*x* avec changement**	**Invariable**
des tables *des chaises* *des girafes* *des piquets*	Les noms en : -**au, -eu, -eau** *tuyau → tuyaux* *cheveu → cheveux* *ruisseau → ruisseaux*	Les noms en : **-al** *cheval → chevaux* *canal → canaux*	Les noms terminés par : **-s, -x** ou **-z** *souris → souris* *noix → noix* *gaz → gaz*
des clous *des rails*			
▶ *infra* Noms en *-ou* et *-ail* (p. 86)			

- **Pluriel en -s**
- On forme le pluriel des noms en ajoutant, à la fin de la forme au singulier, un *s* (muet, sauf en cas de liaison).

    un homme et une femme → *des hommes et des femmes*
    En cas de liaison : des hommes avares [dezɔm(ə)zavaʀ]

- Les noms en *-ail* prennent un *s* au pluriel.

    un éventail → *des éventails*

Excepté les neuf noms bail, corail, émail, fermail, soupirail, travail, vantail, ventail, vitrail *qui changent* -ail *en* -aux : *des baux, des coraux, des émaux, des travaux, etc.*

- Les noms en *-ou* prennent un *s* au pluriel.

    un clou → *des clous*   *un fou* → *des fous*

Excepté les huit noms bijou, caillou, chou, genou, hibou, joujou, pou, ripou *qui prennent un* **x** *: des bijoux, des cailloux, des choux, des genoux, etc.*

- **Pluriel en -x^2**
- Les noms en *-au*, *-eu* prennent un *x* au pluriel.

    un noyau → *des noyaux*   *un neveu* → *des neveux*

Excepté landau, sarrau, bleu, pneu et lieu *(poisson) qui prennent un* **s** *: des landaus, des sarraus, des bleus, des pneus, des lieus.*

- Les noms en *-al* ont un pluriel en *-aux*.

    un canal → *des canaux*   *un cheval* → *des chevaux*

Excepté bal, cal, carnaval, chacal, festival, récital, régal *qui prennent un* **s** *: des bals, des cals, des carnavals, des chacals, etc.*

- **Les noms terminés par -s, -x ou -z ne changent pas au pluriel.**

    un pois → *des pois*   *une croix* → *des croix*   *un nez* → *des nez*

- **Noms à double forme au pluriel**

- **ail** → *aulx : Il y a des aulx cultivés et des aulx sauvages.* (Académie)
Les botanistes disent également *ails* au pluriel.

    Il cultive des ails de plusieurs espèces. (Académie)

- **ciel** → *cieux* quand il désigne l'espace indéfini où se meuvent les astres, le séjour des dieux ou le paradis.

    l'immensité des cieux (Académie)

→ *ciels* quand il signifie un baldaquin au-dessus d'un lit (1) ou une partie d'un tableau qui représente le ciel (2).

    des ciels de lit (1)   *Ce peintre fait bien les ciels.* (Académie) (2)

---

2. Origine de ce pluriel en *-x*. Dans l'ancienne langue, *l* se vocalisait en *u* (prononcé [u]) devant l's du pluriel : *un cheval*, *des chevaus*. Or, au Moyen Âge, le groupe *-us* se notait ordinairement par un signe abréviatif ressemblant à la lettre *x* et qui finit par se confondre avec cette lettre ; tout en prononçant *chevaus* [ʃəvaus], on écrivait *chevax*. Plus tard, on oublia la fonction du signe abréviatif *x* et on rétablit *u* dans l'écriture, tout en maintenant l'*x (des chevaux)* compris comme marque du pluriel.

– œil → yeux : *des yeux bleus, tailler à deux yeux.*
Le pluriel *œils* appartient à certains noms composés : *des œils-de-bœuf* (fenêtres rondes ou ovales), *des œils-de-chat* (pierres précieuses).

2 Le pluriel des noms propres

● **Les noms propres prennent la marque du pluriel :**
– quand ils désignent des peuples ou certaines familles illustres

les Espagnols, les Césars, les Bourbons, les Stuarts

– quand ils désignent des personnes possédant les talents, le caractère, etc. des personnages nommés, ou plus généralement quand ils désignent des types.

Existe-t-il encore des Mécènes ? (des hommes généreux comme Mécène)
Les Pasteurs sont rares. (des chercheurs comme Louis Pasteur)

● **Les noms propres ne prennent pas la marque du pluriel :**
– quand ils désignent des familles entières

les Gagnon – Les Dupont sont en voyage.

– quand ils désignent, non des familles entières, mais des individus qui ont porté le même nom

Les deux Corneille ont composé des tragédies. (Pierre et Thomas)

– quand, par emphase, on leur donne l'article pluriel, quoiqu'on n'ait en vue qu'un seul individu

Les Racine, les Boileau, les Molière, les La Fontaine ont illustré le règne de Louis XIV.

– quand ils désignent des titres d'ouvrages, de revues, etc.

J'ai acheté deux Iliade *et trois* Odyssée. *– un paquet de* Nouvel Observateur

● **Les noms de lieux désignant plusieurs pays, provinces, cours d'eau, etc. prennent la marque du pluriel.**

les Amériques, les Guyanes, les Deux-Sèvres, les Pyrénées

Mais on écrira : *Il n'y a pas deux France. Il y a plusieurs Montréal, Paris, Syracuse, etc.*

3 Le pluriel des noms composés[3]

● **Les éléments soudés**
Les noms composés, dont les éléments sont soudés, forment leur pluriel comme les noms simples.

des bonjours, des entresols, des passeports, des pourboires, des portemanteaux

---

[3]. Les Rectifications de l'orthographe française, qui sont préconisées par les programmes 2015 de l'Éducation nationale, modifient sensiblement les règles d'écriture et les marques du pluriel pour les noms composés. Elles sont suivies dans cet ouvrage. Voir annexe 2, p. 393.

Exceptions : *bonhomme* → *bonshommes*, *gentilhomme* → *gentilshommes*, *madame* → *mesdames*, *mademoiselle* → *mesdemoiselles*, *monsieur* → *messieurs*.

Rectifications ◀
(Annexe **2** p. 393)

Et aussi, suivant les Rectifications de 1990.

des arcboutants, des piqueniques, des saufconduits

● **Les éléments non soudés**
Dans les noms composés dont les éléments ne sont pas soudés, on met au pluriel les éléments (*noms* et *adjectifs* **seulement) qui, selon le bon sens, doivent prendre la marque du pluriel.**

1. nom + nom en apposition ou nom + adjectif
Quand le nom composé est formé de deux noms dont l'un est apposé à l'autre, ou d'un nom et d'un adjectif, les deux éléments prennent la marque du pluriel.

des chefs-lieux, des bateaux-mouches, des avocats-conseils, des coffres-forts

L'Académie française écrit : *des porcs-épics* [pɔʀkepik], *des reines-claudes*.

2. nom + nom complément
Quand le nom composé est formé de deux noms dont le second (avec ou sans préposition) est complément du premier, le premier nom seul prend la marque du pluriel.

des arcs-en-ciel, des chefs-d'œuvre, des timbres-poste

3. mot invariable + nom
Quand le nom composé est formé d'un mot invariable et d'un nom, évidemment le nom seul prend la marque du pluriel.

des arrière-gardes, des non-lieux, des en-têtes, des contre-attaques, des après-midis, des sans-abris

Mais les Rectifications de 1990 soudent certains noms composés : *des hautparleurs*.

4. verbe + complément
Quand le nom composé est formé d'un verbe et d'un nom complément d'objet, il suit la règle des noms simples et seul le nom prend la marque du pluriel.

un abat-jour → *des abat-jours*   *un perce-neige* → *des perce-neiges*
un pèse-lettre → *des pèse-lettres*   *un cure-dent* → *des cure-dents*

Mais : *des prie-Dieu, des trompe-l'œil*.

5. expressions toutes faites ou elliptiques
Quand le nom composé est formé d'une expression toute faite ou d'une expression elliptique, aucun élément ne varie au pluriel.

des meurt-de-faim, des pince-sans-rire, des on-dit, des coq-à-l'âne, des pur-sang

6. mots étrangers
Dans les noms composés, les mots étrangers restent invariables.
   des mea-culpa, des post-scriptum, des vice-rois, les mass-média
Mais : *des facsimilés, des orangs-outangs, des best-sellers.*

7. mots composés savants
Quand le premier élément prend la terminaison **-o**, il reste invariable.
   les Gallo-Romains, des électro-aimants

4 Le pluriel des noms étrangers

Les noms empruntés aux langues étrangères prennent généralement la marque -s du pluriel français[4].

▶ L'emprunt (**2.1**,5 p. 60)

   des accessits, des autodafés (Académie)
   des intérims, des quotas, des salamis, des duplicatas, des erratas

● **Les noms italiens** tels que *impresario* faisaient anciennement leur pluriel en **-i** (*des impresarii*). Mais le pluriel français s'est progressivement imposé.
   des bravos, des confettis, des imprésarios, des lazzis, des scénarios, des sopranos, des sphaghettis

● **Les noms anglais en -man** font leur pluriel en ajoutant un **s**.
   des jazzmans, des barmans, des gentlemans

Les noms anglais en **-y** changent parfois le **y** en **-ies** au pluriel.
   une lady → des ladies   un whisky → des whiskies
   un dandy → des dandies
   (*ou des ladys, des whiskys, des dandys*)
Mais on écrit toujours : *des jurys.*
Les noms anglais terminés par une ou deux consonnes font leur pluriel « à la française » : *des box, des matchs, des sandwichs.*

5 Le pluriel des noms par conversion

▶ La conversion (**2.1**,3 p. 59)

Les mots invariables pris comme noms, les mots employés occasionnellement comme noms (pronoms, etc.), ainsi que les noms des lettres de l'alphabet, des chiffres et des notes de musique, ne changent pas au pluriel.

   Les si, les car, les contrats sont la porte
   Par où la noise entre dans l'univers. (La Fontaine)
   Les moi divers qui meurent successivement en nous. (Proust)
   Deux mi. Deux a.

---

4. Des rectifications orthographiques (1990) portent également sur le pluriel des noms étrangers.

▶ Rectifications (Annexe **2** p. 393)

● **Cependant, les infinitifs, les mots qui sont devenus des noms dans l'usage courant, ainsi que *avant, devant, arrière, derrière*, employés substantivement, prennent -s au pluriel.**

les rires – prendre les devants – les avants – les arrières de l'ennemi
Les bonjours qu'il nous lançait chaque matin.

Approfondissement

a. Certains noms ne s'emploient qu'au pluriel.

des agissements, les alentours, des annales, des armoiries,
les bonnes grâces, les confins, les décombres, les frais, les funérailles,
des obsèques, des pierreries, etc.

b. D'autres ne se trouvent ordinairement qu'au singulier : noms de sciences ou d'arts (*la botanique, la sculpture*), noms abstraits (*la haine, la soif*), noms des sens ou des points cardinaux (*l'odorat, le nord*).

c. Pour certains mots, la variation du nombre entraine un changement de sens.

le ciseau (de sculpteur) → *les ciseaux (pour couper du papier, une étoffe)*
la lunette (d'approche) → *les lunettes (de vue, de soleil)*
la toilette (du chien) → *(aller aux) toilettes (en Belgique, on va à la toilette)*
la vacance (d'un emploi) → *les (grandes) vacances*
« *La vacance des grandes valeurs vient de la valeur des grandes vacances.* »
(slogan de mai 1968)

CHAPITRE 2

Le déterminant

1. Définition 89
2. Les articles définis, indéfinis, partitifs 91
3. Les déterminants définis : démonstratifs, possessifs 94
4. Les déterminants numéraux, indéfinis, composés 97
5. Les déterminants interrogatifs, exclamatifs, relatifs 101
6. L'absence de déterminant 102

1 Définition

- **Le déterminant :**
  - détermine le nom, en apportant diverses informations sur le genre (masculin, féminin) et le nombre (singulier, pluriel).
  - actualise le nom pour l'insérer dans une phrase : il lui donne une valeur référentielle et assure son passage de la langue au discours.

  Le cheval galope.
  le indique le genre et le nombre du nom cheval (masculin singulier), qui est considéré comme défini.

- **Le déterminant est, avec le nom, un des deux constituants obligatoires du Groupe Nominal (GN).** Il n'est pas possible de le supprimer, sauf dans des cas bien précis.   ➤ *infra* 5 (p. 101)

  ☹ *Cheval galope. n'est pas une phrase acceptable.*

Comment identifier le déterminant ?

1. **Position** : le déterminant précède le nom noyau du groupe nominal minimal (déterminant + nom = GN minimal) : *le cheval*.
Mais un adjectif peut s'insérer entre le déterminant et le nom : *le petit cheval*.
2. **Effacement** : le déterminant ne peut pas être effacé, contrairement à l'adjectif.

  ☹ *petit cheval/**le** (petit) cheval*

89

3. Substitution : tout déterminant peut être remplacé par l'article défini, qui est le déterminant type.

> Ce/Mon/Quel cheval galope. → **Le** cheval galope.
> Ces/Mes/Deux/Plusieurs chevaux galopent. → **Les** chevaux galopent.

Cette substitution est toujours possible du point de vue grammatical, mais elle apporte des changements de sens dans le groupe nominal.

Approfondissement

Le déterminant transforme n'importe quel mot, n'importe quel élément (syntagme*, phonème*, lettre, etc.) en nom.

> **Un** tiens vaut mieux que deux tu l'auras. – **Le** boire et **le** manger.

Terminologie : déterminant, article ou adjectif ?

La terminologie grammaticale actuelle regroupe sous l'étiquette unique *déterminants* des termes qui étaient naguère séparés : les articles (définis, indéfinis, partitifs) et les adjectifs déterminatifs (démonstratifs, possessifs, indéfinis). Ainsi, *ce* et *son* étaient naguère appelés respectivement *adjectif démonstratif* et *adjectif possessif*. L'identité de fonctionnement général des déterminants justifie leur regroupement dans une classe unique, qui n'exclut pas des différences entre eux, notamment sémantiques.

◄ Voir détail dans les tableaux particuliers

Tableau des principaux déterminants			
Déterminants	**Masculin singulier**	**Féminin singulier**	**Pluriel**
Articles définis	le, l' (élidé)	la, l' (élidé)	les
Articles indéfinis	un	une	des (de + adjectif)
Articles partitifs	du, de l' (élidé)	de la, de l' (élidé)	
Déterminants démonstratifs	ce, cet	cette	ces
Déterminants possessifs	mon notre ton votre son leur	ma notre ta votre sa leur	mes nos tes vos ses leurs
Déterminants numéraux (cardinaux)	(un)	(une)	deux, trois, vingt, cent, 999 999
Déterminants indéfinis	tout aucun, nul chaque	toute aucune, nulle chaque	tous, toutes certain(e)s, plusieurs, quelques, divers(es), différent(e)s, etc.

LE DÉTERMINANT 2

Tableau des principaux déterminants

Déterminants	Masculin singulier	Féminin singulier	Pluriel
Déterminants interrogatifs et exclamatifs	quel	quelle	quel(le)s
Déterminants relatifs	lequel	laquelle	lesquel(le)s desquel(le)s

À noter que la différenciation du genre (masculin/féminin) est bien assurée au singulier, moins souvent au pluriel où une forme unique la neutralise.

- **Les déterminants s'emploient seuls devant le nom,** mais certains peuvent se cumuler.

Position 1	Position 2	Exemples
Article défini	+ déterminant numéral	→ *Les trois cloches* (J. Villard)
Déterminant démonstratif	+ déterminant indéfini	→ *ces quelques fleurs*
Déterminant possessif	+ déterminant numéral	→ *mes deux amis*

2 Les articles définis, indéfinis, partitifs

1 L'article défini

L'article défini est le déterminant prototypique. Il se place devant un nom dont le sens est déterminé : l'être ou l'objet nommé est identifiable par le récepteur.

le mobile de Clément – la maison brule – As-tu sorti le chien ?

- **Les formes de l'article défini**

Nombre / Genre	Singulier devant consonne	Singulier devant voyelle	Pluriel
Masculin	le *le chien* au *au feu* du *la fin du monde*	l' *l'arrêt* *l'homme* *l'infini* *la fin de l'univers*	les *les arrêts* aux *la grange aux loups* des *la guerre des mondes*
Féminin	la *la tuile*	*l'ardoise* *l'heure*	*les ardoises* *le pain aux céréales*

91

L'élision ◄
(**1.1**,3 p. 31)

Remarque :
- L'article *le/la* est **élidé** devant les mots commençant par une voyelle ou un *h* muet.
- L'article **contracté** est le résultat de l'amalgame des prépositions *à* ou *de* avec les articles *le* ou *les*.

| à + le → au | à + les → aux | de + le → du | de + les → des |

• **Les emplois de l'article défini**

D'une manière générale, l'article défini se place devant les noms communs auxquels il donne un sens déterminé.

a. Le référent est considéré comme identifiable par le récepteur car le groupe nominal désigne :
- une réalité connue : *Le soleil a rendez-vous avec la lune.* (Ch. Trenet)
- une entité localisée dans la situation : *Passe-moi le sel et le pain.*
- une entité qui figure dans le contexte antérieur (anaphore*) :

*Un homme suivait seul la grande route de Marchiennes à Montsou, [...]
L'homme était parti de Marchiennes vers deux heures.* (Zola)

Ou bien, le référent peut être identifié grâce aux indications apportées par un adjectif ou à un complément du nom.

*les histoires plus hautes, plus tragiques
les péripéties du siècle* (O. Rolin, *Tigre en papier*)

b. Le groupe nominal introduit par l'article défini peut avoir un sens :
- spécifique (il désigne un particulier) : *La chatte sauta sur le parapet.* (Colette)
- générique (il désigne une classe entière) : *Fais comme l'oiseau.* (M. Fugain)

c. Au pluriel, l'article défini opère une généralisation (ensemble des objets désignables).

Emma adore les romans. – Les baleines sont des mammifères.

d. L'article défini est parfois employé à la place du possessif, surtout devant des noms désignant des parties du corps ou des facultés intellectuelles.

*Un peu spéciale elle est célibataire/Le visage pâle, les cheveux en arrière [...]
Elle a les yeux revolver, elle a le regard qui tue* (M. Lavoine)

Le nombre du ◄
nom (**3.1**,4 p. 83)

e. L'article défini se met devant les noms propres de continents, pays, montagnes, mers, iles, etc.

l'Amérique, la France, le Zimbabwe, le Jura, les Vosges, la Caspienne, la Corse

Les noms de villes s'emploient sans article (*Marseille, Berlin*), sauf s'ils sont accompagnés d'une épithète ou d'un complément (*le vieux Québec, le Bruxelles d'autrefois*).

LE DÉTERMINANT 2

2 L'article indéfini

L'article indéfini se place devant un nom pour indiquer que l'être ou l'objet nommé est non encore connu, non identifiable exactement par le récepteur. Avec lui, le groupe nominal renvoie à un ou plusieurs référents quelconques.

Un homme suivait seul la grande route de Marchiennes à Montsou. (Zola)

Tu ne sais même pas doser un mandarin-citron-curaçao. (Pagnol)

Un pas, une pierre, un chemin qui chemine,/Un reste de racine, c'est un peu solitaire. (G. Moustaki)

● **Les formes de l'article indéfini**

Nombre / Genre	Singulier		Pluriel
Masculin	un	*un chat*	*des chats (de petits chats)*
Féminin	une	*une rose*	*des roses (de belles roses)*

(colonne centrale pluriel : des)

Remarque : au pluriel, la norme veut que la forme *des* se réduise à *de/d'* devant un adjectif antéposé au nom : *de belles roses – d'admirables exemples*

On se gardera de confondre cette forme réduite de l'article indéfini pluriel avec la préposition *de*. Il suffit de la remplacer par un autre déterminant : *de belles roses* → *ces belles roses.*

● **Les emplois de l'article indéfini**

– Avec l'article indéfini au singulier, le groupe nominal désigne un élément quelconque d'une classe (sens spécifique).

Un homme et une femme (Cl. Lelouch) – *Un prophète* (J. Audiard)

– L'article indéfini ouvre la série comptable, avec une valeur numérale souvent perceptible.

La maison Kammerzell offre une choucroute aux poissons pour deux achetées.

– Comme l'article défini, l'article indéfini peut avoir une valeur générique : au singulier, le groupe nominal désigne un exemplaire représentatif d'une classe.

Un enfant est fragile. – Un ennui est vite arrivé.

3 L'article partitif

L'article partitif se place devant un nom massif, non comptable concret (1) ou abstrait (2), pour indiquer qu'il s'agit d'une partie seulement ou d'une certaine quantité de ce qui est désigné par le nom.

du pain, du vin et du fromage – de l'eau (1)

➤ Nom commun, nom propre (**3.1**, 2 p. 77)

du courage – *de la* patience
*Il nous faut **de l'**audace, encore **de l'**audace, toujours **de l'**audace !* (Danton) (2)

- **Les formes de l'article partitif**

– L'article partitif résulte de l'amalgame de la préposition *de* (qui abandonne sa valeur ordinaire) avec l'article défini *le, la, l', les*.
Il s'emploie essentiellement au singulier.

Masculin	de + le → **du**	de + l' → **de l'** (devant une voyelle)
Féminin	de + la → **de la**	

– Les noms massifs ne s'emploient pas au pluriel avec cette valeur, on rencontre l'article partitif *des* uniquement avec des noms sans singulier (*pluralia tantum* = « seulement pluriels »).

des épinards, *des* rillettes, etc.

– Devant un nom complément d'objet introduit par l'article partitif dans la phrase affirmative, on emploie le simple *de/d'* dans une phrase négative.

*J'ai **de l'**argent./Je n'ai pas **d'**argent.* – *Il boit **du** vin./Il ne boit jamais **de** vin.*

Comment reconnaitre l'article défini contracté ?

1. *du* peut être l'article partitif ou l'article défini contracté (= *de + le*).

du pain/la fin du monde

Test : lui substituer un autre déterminant.

*J'ai acheté **du**/**un**/**mon** pain.* → article partitif
*la fin **du**/de **ce**/de **notre** monde* → article défini contracté

2. *des* peut être l'article indéfini ou l'article défini contracté (= *de + les*) au pluriel.

J'ai acheté des cerises./Le temps des cerises

Test : mettre le groupe nominal au singulier.

*J'ai acheté **des** cerises/**une** cerise.* → article indéfini
*Le temps **des** cerises/de **la** cerise* → article défini contracté

③ Les déterminants définis : démonstratifs, possessifs

1 Les déterminants démonstratifs

Les déterminants démonstratifs précisent les êtres ou les objets désignés par les noms auxquels ils sont joints en les situant dans l'espace (avec éventuellement un geste de désignation (1) ou en renvoyant au contexte linguistique (2)).

LE DÉTERMINANT

*Seul au milieu de **ces** pierres, avec pour unique appui **ces** liasses de papiers, **ces** cartes, **ces** cahiers où j'ai écrit ma vie !* (J.M.G. Le Clézio) (1)

*Nicole fut sur le point de se jeter dans les bras de sa tante, mais elle réprima **cet** élan.* (R. Martin du Gard) (2)

● **Les formes des déterminants démonstratifs**

Nombre / Genre	Singulier		Pluriel	
Masculin	ce (devant consonne)	*ce lapin*	ces	*ces lapins*
	cet (devant voyelle)	*cet arbre*		*ces arbres*
Féminin	cette	*cette tulipe*		*ces tulipes*

Remarque : il existe également une forme composée discontinue *ce N-ci, ce N-là*. Le démonstratif est souvent renforcé à l'aide des adverbes *ci, là*, qui se placent après le nom, auquel ils se joignent par un trait d'union (**ce** *mois-ci*, **ces** *gens-là*). En principe, la forme en *-ci* renvoie au plus proche, la forme en *-là* au plus éloigné.

● **Les emplois des déterminants démonstratifs**
– Le démonstratif indique que le référent du groupe nominal est présent ou accessible dans la situation de communication. La parole peut s'accompagner d'un geste de désignation.

*Je préfère **cette** robe. – Admire **ces** oiseaux multicolores.*

*Quand donc disparaîtra **ce** nuage, que le soleil puisse nous chauffer nous aussi ?* (B.-M. Koltès, *Combat de nègres et de chiens*)

– Le démonstratif contribue à renvoyer à un élément figurant dans le contexte antérieur (1) (anaphore*), parfois ultérieur (2) (cataphore*).

*Et il bougonnait, l'Usine, l'Usine, l'Usine. **Ce** mot était le papa-mot de ce temps-là.* (P. Chamoiseau, *Texaco*) (1)

*Elle prononça **ce** mot, si vulgaire : « Que vous êtes joli, mon amour ! »* (M. Barrès) (2)

Le groupe nominal peut renvoyer, comme ci-dessus, à un terme précis. Mais il peut aussi renvoyer globalement à une phrase ou à un fragment de texte.

*Alors il s'est jeté à terre en poussant un gémissement à glacer le sang. On a entendu sa tête frapper le plancher, [...] Les uns voyaient dans **cette** crise un signe d'émotion bienvenu, tant il avait jusqu'alors paru détaché.* (E. Carrère, *L'Adversaire*)

2 Les déterminants possessifs

Les déterminants possessifs précisent le référent du nom en indiquant une relation avec une personne grammaticale.

> Ce sont *mes* pierres, *mes* herbes, *mes* pâtures.
> → les pierres, les herbes, les pâtures à moi

Il ne s'agit pas forcément de possession au sens étroit du terme.

> J'ai raté *mon* examen. → l'examen que j'ai passé
> J'attends *mon* train. → le train que je dois prendre

• Les formes des déterminants possessifs

Le déterminant possessif varie :
– en genre et en nombre en fonction du nom qu'il détermine ;

> *mon* chien/*mes* chiens – *ma* tortue/*mes* tortues

– en fonction de la personne grammaticale qu'il représente : à la fois de son rang (1ʳᵉ, 2ᵉ et 3ᵉ personne) **et de son nombre** (une seule ou plusieurs personnes).

> *mon*/*ton*/*son* ami(e) – *ma*/*ta*/*sa* cousine → une seule personne représentée
> *leur* ami → plusieurs personnes représentées

On peut « traduire » le possessif :

> *mon* chien = le chien à moi ; *leur* chien = le chien à eux.

Le pronom représente la personne concernée (« le possesseur »).

Tableau des déterminants possessifs			
Personne représentée	**Nom déterminé**		
	Singulier		Pluriel
	Masculin	Féminin	Masc. ou fém.
1ʳᵉ pers. sing.	mon	ma	mes
2ᵉ pers. sing.	ton	ta	tes
3ᵉ pers. sing.	son	sa	ses
1ʳᵉ pers. plur.	notre		nos
2ᵉ pers. plur.	votre		vos
3ᵉ pers. plur.	leur		leurs

Remarques :

a. Devant un mot féminin commençant par une voyelle ou un *h* muet, on emploie *mon*, *ton*, *son* au lieu de *ma*, *ta*, *sa*.

> *mon* **e**rreur, *ton* **h**abitude, *son* **é**clatante victoire

LE DÉTERMINANT

b. On fait la différence entre :

Ils prennent leur cartable. → *plusieurs personnes avec un seul objet par personne*
Ils prennent leurs affaires. → *plusieurs personnes avec plusieurs objets par personne.*

- **L'emploi des déterminants possessifs**

Le possessif, en indiquant la relation avec une personne, permet de constituer un groupe nominal défini.

Des déterminants employés pour désigner plusieurs personnes peuvent n'en désigner qu'une. *Notre, nos, votre, vos* s'emploient au lieu de *mon, ma, mes, ton, ta, tes,* dans les phrases où l'on se sert du pluriel dit de majesté, de politesse ou de modestie.

*Grande reine, est-ce ici **votre** place ?* (Racine)
*Telle est **notre** conclusion. (dans un mémoire)*

4 Les déterminants numéraux, indéfinis, composés

1 Les déterminants numéraux cardinaux

Les déterminants numéraux cardinaux indiquent le nombre précis des êtres ou des objets désignés par le nom.

***Deux** épreuves, **cent** coureurs.*

*J'ai à commander à **cinq** sens.* (J. Giraudoux)

*La pièce où se tenait Évariste Cabrol prenait jour sur la rue par **deux** fenêtres.* (F. Carco)

<u>Remarque</u> : les numéraux cardinaux et ordinaux

Seuls les numéraux cardinaux sont des déterminants.
Les numéraux ordinaux sont des adjectifs, qui ne peuvent pas s'employer seuls devant le nom.

➤ Les adjectifs numéraux ordinaux (**3.3**,1 p. 105)

***Deux** chevaux se sont enfuis.*

☹ *__Premier__ coureur arrivé a reçu la coupe.*

Les numéraux ordinaux indiquent l'ordre, le rang des êtres ou des objets dont on parle.

*Le **septième** jour – Le **vingt et unième** siècle*

- **Les formes des déterminants numéraux cardinaux**

a. Les numéraux cardinaux simples : *un, deux, trois, quatre, cinq, six, sept, huit, neuf, dix, onze, douze, treize, quatorze, quinze, seize, vingt, trente, quarante, cinquante, soixante, cent, mille*[1]*, etc.*

b. Les numéraux cardinaux composés :
- par addition : *dix-sept*, *soixante-dix*, *trente-et-un*, *etc.* ;
- par multiplication : *quatre-vingts*, *six-cents*, *etc.*
Mais dans *quatre-vingt-dix*, il y a à la fois multiplication et addition.

L'écriture des numéraux composés suit certaines règles :

◄ Rectifications (Annexe **2** p. 393)

- on met le trait d'union entre les éléments, même s'ils sont joints par *et* : *trois-cent-cinquante*, *soixante-et-un*
- *vingt* et *cent* prennent un *s* quand ils sont multipliés et qu'ils terminent l'adjectif numéral : *quatre-vingts euros* – *Nous partîmes cinq cents*. (Corneille)
Mais : *quatre-vingt-deux euros* – *cinq-cent-vingt soldats*
- les autres numéraux sont invariables : on évitera en particulier de mettre un *s* à *quatre* (*Les ☹ quatres évangiles*), qui provoque à l'oral une liaison fautive devant voyelle (*quatre-z-amis*). *Mille*, numéral, est invariable : *deux-mille ans*.

- **Les emplois des déterminants numéraux cardinaux**

– Tout en indiquant une quantité précise, les déterminants numéraux sont indéfinis pour la référence : ils introduisent des noms indéterminés. Pour marquer que le groupe nominal est défini, on emploie l'article défini avant le numéral.

> *les sept péchés capitaux – les quatre cavaliers de l'Apocalypse*
>
> *Sur les cinq autres lits, des formes remuaient et gémissaient.* (Camus)

– Les déterminants numéraux cardinaux s'emploient souvent pour les adjectifs ordinaux, dans l'indication du rang d'un souverain dans une dynastie, du quantième du mois, etc.

> *Louis quinze, la nuit du quatre aout – chapitre sept, page douze*

Mais : *François premier, le premier janvier* (= numéraux ordinaux).

2 Les déterminants indéfinis

Les déterminants indéfinis se joignent au nom pour marquer, en général, une idée plus ou moins vague de quantité (nulle, unité, pluralité, totalité) **ou de qualité** (*certains*, *n'importe quel*, *etc.*)**, ou une idée d'identité, de ressemblance, de différence** (*tel*, *même*, *autre*)**.**

---

1. *Septante* (70) et *nonante* (90) sont courants et officiels en Belgique et en Suisse romande. *Huitante* et *octante* (80) sont également employés en Suisse romande.

LE DÉTERMINANT 2

Par leur sens, certains indéfinis ne s'emploient qu'au singulier ou qu'au pluriel. Quelques-uns connaissent une variation en genre.
Aux formes simples s'ajoutent des locutions qui fonctionnent comme déterminants.

> J'attends **un/n'importe quel/je ne sais quel** bus.

Classement des déterminants indéfinis					
Quantité nulle	**Unité**	**Pluralité**	**Totalité**	**Distributivité**	**Identité et différence**
aucun(e) nul(le) pas un(e) n'importe quel(le)	quelque je ne sais quel(le) certain(e)	quelques plusieurs divers(es) différent(e)s certain(e)s maint(e)s	tout(e)	chaque	tel(le)(s) même(s) autre(s)

● **L'emploi de quelques déterminants indéfinis**

L'emploi des déterminants indéfinis est étroitement lié à la catégorie sémantique des noms qu'ils introduisent : concrets ou abstraits, massifs ou comptables.

– *Aucun* et *nul*, marquant la quantité zéro, ne s'emploient généralement qu'au singulier.

> Le régime n'offrait **aucun** recours au chef du dernier gouvernement de la IIIe République. (de Gaulle)

> Pourtant, **nul** échec, **nulle** infortune, **aucun** malheur que j'aurais pu concevoir, ni la maladie, ni l'extrême pauvreté, ni le délaissement ou l'injustice ne m'eussent troublé l'esprit. (J. Chardonne)

Ils s'emploient au pluriel devant des noms qui n'ont pas de singulier ou qui prennent un sens particulier au pluriel.

> **Aucuns** frais, **nulles** funérailles.

Aucun a signifié primitivement *quelque, quelqu'un*. Le plus souvent accompagné de la négation *ne*, il a pris, par contagion, la valeur de *nul*.

> **Aucun** chemin de fleurs ne conduit à la gloire. (La Fontaine)

– *Certain* est déterminant indéfini lorsqu'il est placé devant le nom ; il est parfois précédé de l'article *un(e)* au singulier.

> **Certain** renard gascon, d'autres disent normand,
> Mourant presque de faim, vit au haut d'une treille
> Des raisins mûrs apparemment. (La Fontaine)

> **Certains** regrets s'exécutent très bien en effigie. (H. Bazin)

> Et je crée <u>une</u> **certaine** image de l'homme que je choisis. (Sartre)

Certain indique une identité imprécise, que le locuteur ne peut ou ne veut préciser.

– ***Quelques*** et ***plusieurs*** s'emploient au pluriel pour indiquer une petite quantité imprécise, faible pour le premier, plus importante pour le second.

> *Dans **quelques** années ou dans **quelques** mois, je souhaite de tout mon cœur que vous trouviez le garçon de votre âge que vous méritez.* (J. Anouilh)
>
> *Pendant **plusieurs** heures, nous avons entendu un grondement grave et continu.* (M. Genevoix)

– ***Différents*** et ***divers*** sont déterminants indéfinis lorsque, placés seuls devant le nom, ils marquent la pluralité de personnes, de choses variées.

> *Il la tint en haleine par des promesses et surtout par **divers** cadeaux.* (M. Duras)
> *Et on leur fit voir **différentes** sortes d'étoffes.* (J. Green)

– ***Chaque*** et ***tout*** indiquent la totalité des entités désignées par le groupe nominal, en passant en revue séparément celles-ci. *Tout* implique une indifférenciation entre les entités, considérées globalement, alors que *chaque* marque une différenciation.

> ***Chaque/toute*** *peine mérite salaire.*
> ***Chaque/tout*** *visiteur de ce site recevra un cadeau de bienvenue.*
> *Le moteur, à **chaque** plongée, vibrait.* (A. de Saint-Exupéry)

3 Les déterminants composés

1. Certains adverbes de quantité, construits avec *de* + nom, peuvent être comptés au nombre des déterminants indéfinis : *assez, beaucoup, bien, peu*, etc.

> *Il lui offre **beaucoup** de fleurs. –* ***Peu*** *de personnes ont compris ce livre.*

On peut remplacer en bloc la séquence [adv. + *de*] par un déterminant simple.

> *Il lui offre **des** fleurs. –* ***Quelques*** *personnes ont compris ce livre.*

Les chaines d'accord (**4.5** p. 275)

2. Il en est de même des expressions : *nombre de, quantité de, force, la plupart des*, etc.

> ***Nombre de*** *gens/**la plupart des** gens ne connaissent pas le président de leur région.*

3. On peut aussi considérer comme déterminants composés des expressions ayant la structure [dét. + N + *de*], où le nom exprime une quantification, une mesure.

> *Il possède **une** (grande) **quantité**/**un tas**/**une centaine** de disques vinyle.*
> ***un mètre*** *de tissu –* ***un kilo*** *de cabillaud –* ***un litre*** *d'eau*
> ***La*** *première **gorgée** de bière* (P. Delerm)
> *pour **une poignée** de dollars –* ***une cuillerée*** *de sirop*

Dans ces groupes nominaux, le premier nom quantifie le second, qui porte le sens lexical principal.

5 Les déterminants interrogatifs, exclamatifs, relatifs

1 Le déterminant interrogatif ou exclamatif : *quel*

Quel peut être déterminant interrogatif ou exclamatif selon le type de phrase où il est employé.
– En phrase interrogative, *quel, quelle, quels, quelles* indiquent que l'être désigné par le nom fait l'objet d'une question relative à la qualité, à l'identité.

> Mais cet enfant [...] **Quel** est-il ? De **quel** sang ? Et de **quelle** tribu ? (Racine)
> **Quels** canons ? (A. Vialatte)

– En phrase exclamative, *quel, quelle, quels, quelles* servent à exprimer l'admiration, l'étonnement, l'indignation, etc.

> Et en **quels** termes ! (R. Fallet)
> **Quelle** coïncidence, ah mon Dieu, **quelle** coïncidence ! (E. Ionesco)

2 Les déterminants relatifs

Les déterminants relatifs (à ne pas confondre avec les pronoms de même forme) **se placent devant un nom** pour indiquer que l'on met en relation, avec ce même nom déjà exprimé (ou suggéré) précédemment, la proposition qu'ils introduisent.

▶ Les pronoms (**3.4** p. 126)

▶ La PS relative (**5.2** p. 296)

Singulier		Pluriel	
Masculin	Féminin	Masculin	Féminin
lequel duquel auquel	laquelle de laquelle à laquelle	lesquels desquels auxquels	lesquelles desquelles auxquelles

Les déterminants relatifs sont d'un emploi vieilli et ne sont guère d'usage que dans la langue écrite juridique ou administrative.

> Le commissaire a interrogé les témoins, **lesquels** témoins ont déclaré n'avoir rien vu.

> « Je soussigné reconnais avoir reçu de damoiselle [...] la somme de deux mille piastres fortes cordonnées, **laquelle** somme je lui rendrai à sa réquisition. » (Beaumarchais)

6 L'absence de déterminant

● **Absence de déterminant en toutes positions syntaxiques :**
– devant un grand nombre de noms propres qui ne posent pas de problèmes d'identification : *Martin, Paris, Rome* ;

Le nom propre ◀
(**3.1** p. 77)

– devant des termes en emploi autonymique : *Route a cinq lettres.* ;
– dans des énumérations, les termes peuvent être juxtaposés ou coordonnés par *et* ou *ni* ;

> *Les vols : anneaux de tringles, tournevis, commutateurs, étiquettes, espadrilles pointures 40, s'entassaient à l'hôtel.* (J. Cocteau)
> *s'entendre comme chien et chat – remuer ciel et terre*

– dans des énoncés abrégés (petites annonces, SMS, etc.) ;

> *maison à vendre – grand-mère bien arrivée*

– dans les titres d'ouvrages, les adresses, etc.

> *Préludes à l'argumentation proustienne. Perspectives linguistiques et stylistiques* (S. Fonvielle, J.-C. Pellat, 2015)
> *Monsieur P., 10, boulevard Malesherbes*

● **Absence de déterminant dans des positions syntaxiques particulières :**
– devant des compléments du nom n'ayant qu'une simple valeur qualificative, ou désignant la destination d'un récipient ;

> *un chapeau de paille, une corbeille à papier, une montre en or*

– dans certains proverbes, comparaisons ou expressions sentencieuses ;

> *Noblesse oblige. – Il y a anguille sous roche.*
> *Pierre qui roule n'amasse pas mousse.*

– devant le nom apposé ou attribut exprimant simplement une caractérisation ;

> *Arsène Lupin, gentleman cambrioleur* (M. Leblanc)
> *Comment peut-on être persan ?* (Montesquieu)

Mais on met l'article si le nom apposé ou attribut garde toute sa valeur substantive et marque une identification nettement soulignée.

> *Rome, l'unique objet de mon ressentiment.* (Corneille)
> *Clémenceau était **le** Président du Conseil de novembre 1917 à janvier 1920.*

– devant le nom mis en apostrophe ;

> *Cieux, écoutez ma voix ; terre, prête l'oreille.* (Racine)
> *Oh ! général, vous avez de ces métaphores !* (R. Vitrac)

– dans un grand nombre de locutions où le complément est intimement lié au verbe ou à la préposition.

> *avoir/faire peur, perdre patience, donner raison, prêter attention, avoir à cœur, avec soin, sans souci, par hasard, etc.*

CHAPITRE 3

L'adjectif qualificatif

1. Définition 103
2. Le genre de l'adjectif qualificatif 106
3. Le nombre de l'adjectif qualificatif 110
4. L'accord en genre et en nombre de l'adjectif qualificatif . . . 112
5. La place de l'adjectif qualificatif épithète 114
6. Les degrés de l'adjectif qualificatif : intensité, comparaison 116

1 Définition

1 Sur le plan syntaxique

● **Étymologiquement, l'adjectif est un mot *adjoint* à un autre mot :** il se rapporte à un nom (ou à un pronom) dont il précise le sens.
– **L'adjectif associé au nom (juxtaposé ou détaché)** est un constituant facultatif du Groupe Nominal (GN).
– **L'adjectif relié au nom (ou au pronom) par un verbe dit attributif** (*être, paraitre, sembler, devenir, rester, etc.*) est un constituant obligatoire du Groupe Verbal (GV).

1. L'adjectif est juxtaposé au nom, dont il représente une expansion, au même titre que le groupe prépositionnel ou que la proposition subordonnée relative. Il est épithète du nom.

> Le chien méchant aboie.
> dét. nom adj. épithète
> ⎣_____GN_____⎦

▶ Autour du nom (**4.2**, 5 p. 241)

▶ Autour de l'adjectif (**4.2**, 6 p. 248)

2. L'adjectif est détaché du nom par une virgule à l'écrit, par une pause à l'oral. Il est apposé[1] au nom.

> Le vent s'était levé, **brutal**, de chaque côté des talus […] (Céline)

---
1. Certaines grammaires parlent d'*épithètes détachées*, par opposition aux *épithètes liées*.

Les compléments
liés au verbe
(**4.2**,3 p. 230)

3. L'adjectif, constituant obligatoire du Groupe Verbal (GV), est relié au nom (ou au pronom) **par un verbe attributif : il est attribut du sujet** (1) **ou du COD** (2).

Ce voyageur ailé, comme il est gauche et veule ! (Baudelaire) (1)
                          sujet   attribut du sujet
                                     GV

Je trouve Corinne fatiguée. (2)
           COD   attribut du COD
                GV

● **L'adjectif peut être le noyau d'un groupe adjectival.**

Constitution du groupe adjectival	Exemples
adverbe d'intensité **+** adjectif	*Le requin mako est très rapide.*
adverbe d'intensité **+** adjectif **+** complément	*Le requin mako est plus/moins rapide que le dauphin.*
	➤ *infra* (6 p. 116)
adjectif **+** complément(s) obligatoire(s) ou facultatif(s) :	*exempt de ; apte à ; enclin à fidèle (à) ; conscient (de) ; fort (en)*
– un groupe prépositionnel	*Il est enclin à la colère.*
– une proposition complétive	*Il est content que son fils réussisse à l'école.*

Les fonctions
(**4.2** p. 221)

2 Sur le plan sémantique

● **L'adjectif qualificatif précise le sens du nom auquel il est adjoint.**
– **Les adjectifs qualifiants** apportent des informations sur la qualité de l'être ou de l'objet désigné par le nom. Ils ont un contenu purement descriptif et renvoient à des propriétés ou des états (couleur, forme, qualités morales, etc.).

*L'allée est droite et longue, et sur le ciel d'hiver
Se dressent hardiment les grands arbres de fer.*
(F. Coppée, *Promenades et intérieurs*)

Les adjectifs qualifiants peuvent servir à former des noms de la propriété qu'ils dénotent et varier en degré.

longue → la longueur   grand → la grandeur

– **Les adjectifs relationnels** (ou classifiants) classent l'être ou l'objet désigné par le nom au sein d'un ensemble ou d'une catégorie générale. Le nom expansé désigne une sous-classe du nom : *au sein de la classe générale des arrêtés, un arrêté préfectoral se distingue d'un arrêté ministériel.*
Ces adjectifs dérivent généralement d'un nom avec lequel ils entretiennent une relation équivalente à *de N, relatif à N* ou *en lien avec N*. Ils

ne peuvent pas être attributs, sont toujours postposés au nom et ne varient pas en degré.

Nom →	Adjectif →	Relation à N
France	*français*	*de France*
Préfecture	*préfectoral*	*relatif à la Préfecture*

Remarque : à côté des adjectifs qualifiants et relationnels, il existe une troisième catégorie d'adjectifs, inclassables, appelés « adjectifs du troisième type » (C. Schenedecker 2005) ou « adjectifs modalisants » (M. Riegel, J.-C. Pellat, R. Rioul 2016). Il s'agit notamment des adjectifs à valeur temporelle (actuel, ancien, futur, etc.) ou modale (simple, vague, véritable, etc.).

Comment distinguer un adjectif qualifiant d'un adjectif relationnel ?

Test 1 : ajouter un adverbe d'intensité
Contrairement à l'adjectif qualifiant (1), l'adjectif relationnel ne peut pas être modifié par un adverbe d'intensité (il ne varie pas en degré) (2).

*un **grand** chapeau* → *un* très ***grand** chapeau* (1)
*un passeport **français*** → ☹ *un passeport* très ***français*** (2)

Cependant, l'adjectif relationnel peut être employé métaphoriquement et fonctionner comme un adjectif qualifiant : *une atmosphère très électrique.*

Test 2 : déplacer l'adjectif
Contrairement à l'adjectif qualifiant (1), l'adjectif relationnel ne peut pas être antéposé au nom : il est toujours placé après le nom (2).

*une **magnifique** maison* → *une maison **magnifique*** (1)
*un problème **existentiel*** → ☹ *un **existentiel** problème* (2)

- **Une classe à part : les adjectifs numéraux ordinaux**
Ils indiquent l'ordre, le rang des êtres ou des objets dont on parle.

*Le **huitième** jour* (J. Van Dormael) – *le **vingt et unième** siècle*

Sauf *premier* et *second*, les adjectifs numéraux ordinaux se forment par l'addition du suffixe *-ième* aux déterminants cardinaux correspondants.

> Les déterminants numéraux (**3.2**, 4 p. 97)

deuxième, troisième ... vingtième, vingt et unième ... centième, etc.

Remarques :
a. Les adjectifs numéraux peuvent prendre un sens figuré.

*Être dans le **trente-sixième** dessous.*

b. Les adjectifs *second* et *deuxième* peuvent être employés indifféremment. Néanmoins, l'Académie française précise que l'usage courant emploie *second* quand la série se limite à deux.

3 Sur le plan morphologique

● L'adjectif qualificatif est un mot variable : il prend les marques du genre et du nombre du nom auquel il se rapporte.

   des garçons patient**s** (masculin pluriel)   des filles patient**es** (féminin pluriel)

● Les marques de genre et de nombre de l'adjectif sont plus nombreuses à l'écrit qu'à l'oral.

   un joli_ vase → une joli**e**_ rose (1 marque écrite, 0 marque orale)
   → de joli**es**_ roses (2 marques écrites, 0 marque orale)

● Les adjectifs qualificatifs ont une forme simple ou une forme complexe.
– Les adjectifs à forme simple, ou *adjectifs primaires*, sont constitués d'un seul morphème*.

   rond, court, vert, magnifique, etc.

La dérivation ◄
(**2.1**,1 p. 50)

La composition ◄
(**2.1**,2 p. 55)

– Les adjectifs à forme complexe sont obtenus soit par dérivation (1), soit par composition (2).

   bell-âtre, dé-raisonn-able (1)
   bleu marine, aigre-doux (2)

La conversion ◄
(**2.1**,3 p. 59)

Le participe ◄
(**3.5**,5 p. 177)

– Des mots relevant d'autres catégories grammaticales sont susceptibles, par conversion, d'être employés comme adjectifs. C'est le cas des groupes nominaux (1) et des participes passés (2) ou présents (3) (ces derniers sont alors appelés *adjectifs verbaux*).

   une personne soupe au lait (1)
   Les meubles ont des formes allongées, prostrées, alanguies. (Baudelaire) (2)
   Des profondeurs de l'ombre aux cieux resplendissants. (Leconte de Lisle) (3)

Autour ◄
de l'adjectif
(**4.2**,6 p. 248)

Remarque : l'adjectif verbal entretient, avec le nom auquel il se rapporte, les mêmes types de relation que les adjectifs, et est susceptible de remplir les mêmes fonctions (épithète, apposé ou attribut).

2 Le genre de l'adjectif qualificatif

● L'adjectif qualificatif prend le genre du mot auquel il se rapporte. Le féminin des adjectifs qualificatifs se marque :
– en général, par l'ajout d'un e à la forme du masculin ;
– par modification du suffixe, dans les adjectifs en *-eur*.
Certains adjectifs ont une forme unique : ils n'existent qu'au féminin, qu'au masculin ou ils ont la même forme pour les deux genres.

La variation en genre de l'adjectif qualificatif peut être marquée uniquement à l'écrit, être marquée à l'oral et à l'écrit, n'être marquée ni à l'oral ni à l'écrit.

L'ADJECTIF QUALIFICATIF 3

1 La variation en genre de l'adjectif est marquée uniquement à l'écrit

On obtient le féminin de l'adjectif qualificatif en ajoutant un e à la fin de la forme masculine, qui ne se prononce pas. Pour certains adjectifs, l'ajout du e entraine des modifications graphiques de la consonne finale du masculin.

Finales des adjectifs : masculin → féminin	Deux formes écrites		Une forme orale unique
	masculin	féminin	masculin – féminin
Simple ajout d'un e			
-i, -u, -é → -ie, -ue, -ée	*joli* *bleu* *menu* *édenté* *aigu*	*jolie* *bleue* *menue* *édentée* *aigüe* ▶ p. 393	[ʒɔli] [blø] [məny] [edɑ̃te] [ɛgy]
-al, -il, -eul, -eur[2] → -ale, -ile, -eule, -eure	*banal* *vil* *seul* *meilleur*	*banale* *vile* *seule* *meilleure*	[banal] [vil] [sœl] [mɛjœʀ]
Ajout d'un e et la consonne finale est doublée			
-el, -eil, → -elle, -eille ainsi que *nul*	*cruel* *pareil*	*cruelle* *pareille*	[kʀyɛl] [paʀɛj]
Ajout d'un e et changement de la consonne finale			
-c ([k]) → -que, -cque	*public* *grec*	*publique* *grecque*	[pyblik] [gʀɛk]
Ajout d'un e et d'un accent grave			
-er ([ɛʀ]) → -ère	*fier*	*fière*	[fjɛʀ]

Remarque : *jumeau, beau, nouveau, fou, mou, vieux* font au féminin *jumelle, belle, nouvelle, folle, molle, vieille*. Ces formes féminines sont tirées des masculins anciens : *jumel, bel, nouvel, fol, mol, vieil*. Certains sont encore en usage devant un nom masculin singulier commençant par une voyelle ou un *h* muet : *un bel ouvrage, un nouvel habit, un fol espoir, un vieil avare*.

---

2. Concerne onze adjectifs comparatifs.

2 La variation en genre de l'adjectif est marquée à l'oral et à l'écrit

● L'ajout d'un e à la fin de l'adjectif masculin entraine seulement un changement de prononciation.

Finales des adjectifs : masculin → féminin	Deux formes écrites		Deux formes orales	
	masculin	féminin	masculin	féminin
Ajout d'un e et la consonne finale muette[3] du masculin est oralisée				
-t, -d, -l → -te, -de, -le Sauf quelques féminins en *-otte* ▶ *infra* Doublement de la consonne finale	*petit* *délicat* *sourd* *saoul* *idiot*	*petite* *délicate* *sourde* *saoule* *idiote*	[pəti] [delika] [suʀ] [su] [idjo]	[pətit] [delikat] [suʀd] [sul] [idjɔt]
voyelle + s → -se [z] Sauf *andalou* (*anc. andalous*) → *andalouse* et quelques féminins en *-sse* ▶ *infra* Doublement de la consonne finale	*gris* *mauvais*	*grise* *mauvaise*	[gʀi] [movɛ]	[gʀiz] [movɛz]
Ajout d'un e et la consonne finale du masculin est prononcée, entrainant parfois une dénasalisation de la voyelle finale				
-in, -ain, -ein → -ine, -aine, -eine Sauf *bénin, malin* → *bénigne* [benɲ], *maligne* [maliɲ] (*lat.* benigna, maligna)	*voisin* *hautain* *serein*	*voisine* *hautaine* *sereine*	[vwazɛ̃] [otɛ̃] [seʀɛ̃]	[vwazin] [oten] [səʀɛn]
-un, -an → -une, -ane Sauf *paysan, valaisan, chouan* ▶ *infra* Doublement de la consonne finale	*commun* *persan*	*commune* *persane*	[kɔmœ̃] [pɛʀsɑ̃]	[kɔmyn] [pɛʀsan]

---

3. Sauf en liaison, devant un mot qui commence par une voyelle : *un petit garçon* [œ̃pətigaʀsɔ̃] ; *un petit enfant* [œ̃pətitɑ̃fɑ̃].

L'ADJECTIF QUALIFICATIF

- **L'ajout d'un e à la fin de l'adjectif masculin entraine le doublement de la consonne finale.**

Finales des adjectifs : masculin → féminin	Deux formes écrites		Deux formes orales	
	masculin	féminin	masculin	féminin
-en (-ien), -on → -enne, -onne Cette modification entraine une dénasalisation de la voyelle du radical.	ancien poltron	ancienne poltronne	[ɑ̃sjɛ̃] [pɔltRɔ̃]	[ɑ̃sjɛn] [pɔltRɔn]
-il → -ille	gentil	gentille	[ʒɑ̃ti]	[ʒɑ̃tij]
-et → -ette	muet	muette	[myɛ]	[myɛt]
-ot → -otte	vieillot	vieillotte	[vjɛjo]	[vjɛjɔt]
-s → -sse Parfois le -s est devenu -x faux (anc. faus), roux (anc. rous)	bas faux	basse fausse	[bɑ] [fo]	[bɑs] [fos]

Exceptions : les neuf adjectifs *complet*, *incomplet*, *concret*, *désuet*, *discret*, *indiscret*, *inquiet*, *replet*, *secret* ne redoublent pas le *t* au féminin et prennent un accent grave sur l'*e* qui précède (lat. *completa*, etc.) : *complète*, *concrète*, etc.

- **L'ajout d'un e à la fin de l'adjectif masculin entraine une modification de la finale du radical (consonne ou voyelle).**

Finales des adjectifs : masculin → féminin	Deux formes écrites		Deux formes orales	
	masculin	féminin	masculin	féminin
-c → -che Avec un accent grave sur l'*e* qui précède le *c*.	blanc sec	blanche sèche	[blɑ̃] [sɛk]	[blɑ̃ʃ] [sɛʃ]
-x → -se [z] **→ -ce [s]**	jaloux doux	jalouse douce	[ʒalu] [du]	[ʒaluz] [dus]
-f → -ve Avec un accent grave sur l'*e* qui précède le *v*.	sportif bref	sportive brève	[spɔRtif] [bRɛf]	[spɔRtiv] [bRɛv]
-er [e] → -ère Avec un accent grave sur l'*e* qui précède l'*r*.	léger premier	légère première	[leʒe] [pRəmje]	[leʒɛR] [pRəmjɛR]
Quelques cas particuliers	tiers frais favori	tierce fraiche favorite	[tjɛR] [fRɛ] [favɔRi]	[tjɛRs] [fRɛʃ] [favɔRit]

- **Le féminin des adjectifs obtenu par modification du suffixe : les adjectifs en -*eur*.**

Pour les adjectifs dérivés, à la forme masculine du suffixe correspond une forme féminine.

La dérivation ◂ (**2.1**,1 p. 50)

– Les adjectifs en **-eur**, auxquels on peut faire correspondre un participe présent en *-ant*, font leur féminin en **-euse**.

  menteur [mɑ̃tœʀ] → *menteuse* [mɑ̃tøz]   *trompeur* → *trompeuse*

– Les adjectifs en **-(a)teur**, auxquels on ne peut pas faire correspondre un participe présent en *-ant*, (en changeant **-eur** en **-ant**) font leur féminin en **-(a)trice**.

  consolateur → *consolatrice*   *protecteur* → *protectrice*

3 La variation en genre de l'adjectif n'est marquée ni à l'oral ni à l'écrit

- **Les adjectifs déjà terminés par un *e* au masculin ne changent pas de forme au féminin : ils sont dits *épicènes**.**

  un sol fertile – une époque fertile en évènements
  un pullover rouge – une bannière rouge

Remarque : ne sont pas concernés les adjectifs provenant de mots dérivés comme *maitre* et *traitre* qui font au féminin *maitresse* et *traitresse* : *la pièce maitresse – une nappe d'eau traitresse*.

- **Certains adjectifs ont une forme unique pour les deux genres :**
  angora, chic (familier), kaki, pop, rock, rococo, snob, etc.

- **Certains adjectifs sont uniquement employés au masculin (1) ou au féminin (2).**

  un nez aquilin, des yeux pers, un hareng saur, un papier vélin, etc. (1)
  rester bouche bée, une femme enceinte, une porte cochère, etc. (2)

3 Le nombre de l'adjectif qualificatif

- **L'adjectif qualificatif prend le nombre du nom auquel il se rapporte. Le pluriel des adjectifs qualificatifs est marqué :**
– en général, par l'ajout d'un *s* à la fin de la forme du singulier. Hors exceptions, les adjectifs féminins prennent un *s* au pluriel ;
– par l'ajout d'un *x* pour certains adjectifs masculins.

Dans certains cas, le pluriel des adjectifs qualificatifs n'est marqué ni à l'oral ni à l'écrit.

L'ADJECTIF QUALIFICATIF 3

1 Ajout d'un *s* : la variation en nombre de l'adjectif est marquée uniquement à l'écrit

Finales des adjectifs : singulier → pluriel		
Cas général : ajout d'un *s*		
Deux formes écrites		Une forme orale unique
singulier	pluriel	singulier et pluriel
une eau pure	*des eaux pures*	[pyʀ]
un vin pur	*des vins purs*	
une maison coquette	*des maisons coquettes*	[kɔkɛt]

Remarque : l'ajout du *s* muet n'a pas d'incidence sur l'oral, sauf en cas de liaison.
  une eau pure → *des eaux pures et limpides* (pluriel marqué par un [z] oral, de liaison)

2 Ajout d'un *x* : la variation en nombre de l'adjectif est marquée différemment à l'oral et à l'écrit

● **Adjectifs en *-eau*, l'ajout d'un *x* n'a pas d'incidence à l'oral.**

Finales des adjectifs : singulier → pluriel		
Ajout d'un *x*		
Deux formes écrites		Une forme orale unique
singulier	pluriel	singulier et pluriel
beau	*beaux*	[bo]
nouveau	*nouveaux*	[nuvo]

Remarque : cette règle concerne également les adjectifs *hébreu* et *esquimau.*

● **Adjectifs en *-al*, ajout d'un *x* + changement de la finale : al → aux**

Finales des adjectifs : singulier → pluriel			
Ajout d'un *x* : -al → -aux			
Deux formes écrites		Deux formes orales	
singulier	pluriel	singulier	pluriel
loyal	*loyaux*	[lwajal]	[lwajo]
amical	*amicaux*	[amikal]	[amiko]

Exceptions :
– Pluriel uniquement en *-als*
Les adjectifs *bancal, fatal, naval, fractal, tonal, natal, austral* font leur pluriel en *-als*.

  les rocs fatals (Vigny)

– Pluriel en *-als* ou *-aux*
Le pluriel des adjectifs *boréal, glacial, initial, jovial, pascal, final, banal,* etc. n'est pas fixé.

> de **glacials** coups de vent (A. Fournier)
> sarcasmes **glaciaux** (F. Vandérem)

Le choix de la forme plurielle peut dépendre du sens attribué au terme ou du contexte d'usage.

> *banal*
> → *pluriel en -aux, quand il renvoie au terme de droit féodal :* des fours **banaux**
> → *pluriel en -aux ou -als, quand il renvoie à « ordinaire, courant » :*
> des compliments **banals** (Académie) ; quelques mots **banaux** (R. Rolland)

3 La variation en nombre de l'adjectif n'est marquée ni à l'oral ni à l'écrit

Les adjectifs terminés par *-s* ou *-x* ne changent logiquement pas de forme au pluriel.
Seul l'environnement de l'adjectif (notamment le déterminant) porte la marque du nombre.

> un argument bas et haineux [bɑ], [ɛnø] → des arguments bas et haineux

Finales des adjectifs : singulier → pluriel	
Aucun changement	
Une forme écrite unique	Une forme orale unique
singulier et pluriel	singulier et pluriel
bas	[bɑ]
gros	[gʀo]
haineux	[ɛnø]
doux	[du]

4 L'accord en genre et en nombre de l'adjectif qualificatif

1 Règles générales

supra 2 ◀
(p. 106)
supra 3 ◀
(p. 110)

● **L'adjectif qualificatif s'accorde en genre et en nombre avec le nom ou le pronom auquel il se rapporte.**

> La figure **bienveillante**, **camuse** et **douce**, le dos **voûté**, ils semblaient s'avancer d'un air de bienvenue en chantant l'Alleluia d'un **beau** jour. (Proust)

L'ADJECTIF QUALIFICATIF

- **Quand l'adjectif qualificatif se rapporte à plusieurs noms :**
– de genre identique, il se met au pluriel et prend le genre des mots qualifiés.

> *des fruits et légumes* **mûrs** *(masculin)*
> *des tomates et des pommes de terre* **farcies** *(féminin)*

– de genres différents, il se met au masculin pluriel.

> *une veste et un pantalon* **neufs**

2 Cas particuliers

- **L'adjectif se rapporte à plusieurs noms**

– Les noms sont joints par une conjonction de comparaison (*comme, ainsi que, etc.*) : l'adjectif s'accorde avec le premier terme de la comparaison si la conjonction garde sa valeur comparative (1), mais il s'accorde avec les noms joints si la conjonction a un sens additif (2).

> *L'aigle a le bec, ainsi que les serres,* **puissant** *et* **acéré**. *(= comme)* (1)
> *Elle a la main ainsi que l'avant-bras tout* **noirs** *de poussière. (= et)* (2)

– Les noms sont joints par *ou* : l'adjectif s'accorde le plus souvent avec le dernier (quand *ou* exprime une disjonction exclusive).

> ▶ Les conjonctions de coordination (**3.8**,2 p. 204)

> *Il faudrait, pour réussir dans cette entreprise, un talent ou une habileté* **exceptionnelle**. *(alternative)*

L'adjectif s'accorde avec les deux noms quand on veut marquer qu'il qualifie chacun d'eux.

> *On recherche un homme ou une femme* **âgés.** *(addition)*

- **L'adjectif désigne une couleur**

– L'adjectif est simple : il s'accorde avec le nom qu'il qualifie.

> *des cheveux* **noirs**   *des étoffes* **vertes**

– L'adjectif est composé : l'ensemble reste invariable.

> *des cheveux* **brun clair** *(= d'un brun clair)*

– Le nom (simple ou composé) employé adjectivement reste invariable.

▶ La formation des mots (**2.1**,3 p. 59)

> *des rubans* **orange**   *des yeux* **noisette**   *des sacs* **marron**

Mais *écarlate, mauve, pourpre* et *rose*, devenus des adjectifs, varient.

> *La Crevette rose aux yeux* **mauves** (J.D. Bourlet de la Vallée)
> *Les rivières* **pourpres** (J.C. Grangé)

- **Les adjectifs employés comme adverbes ou prépositions sont invariables.**

> *Ces chemises coutent* **cher**.
> **Haut** *les mains !* **Haut** *les cœurs !* **Bas** *les masques !*

113

5 La place de l'adjectif qualificatif épithète

- **En français contemporain, la plupart des adjectifs épithètes sont placés après le nom.** Cette postposition est une tendance générale, contrairement aux adjectifs anglais ou allemands qui sont antéposés au nom.

    une voiture **bleu foncé** → a **dark blue** car
    Le **beau** Danube **bleu** → An der **schönen blauen** Donau (Strauss)

- Certains adjectifs ont une place fixe dans le groupe nominal (un travail **soigné**/☹ un **soigné** travail ; la bière **belge**/☹ la **belge** bière) ; d'autres peuvent être antéposés ou postposés au nom qu'ils qualifient (un chêne **immense**/un **immense** chêne).

- La place de l'adjectif peut aussi servir un effet de style.

    Dis-moi, ton cœur parfois s'envole-t-il, Agathe,
    Loin du **noir** océan de l'**immonde** cité. (Baudelaire)

1 L'adjectif épithète est généralement postposé au nom

- **En règle générale, l'adjectif épithète long (à partir de trois syllabes) est postposé au nom qu'il qualifie.**

    une foi **inébranlable**   une vue **imprenable**   un fait **remarquable**
    des saints **sanguinolents** (P. Deville, Peste & Choléra)

- **Pris dans leur sens ordinaire, certains adjectifs qualificatifs sont toujours postposés au nom :**
    – les adjectifs renvoyant à des propriétés objectives, liées au nom qu'ils qualifient ;

    une pomme **acide/sucrée/amère**   (☹ une **acide** pomme)
    Nous regardions la mer **calme** où des mouettes éparses flottaient comme des corolles blanches. (Proust)

    – les adjectifs indiquant la forme ou la couleur du nom auquel ils se rapportent ;

    une route **droite**   (☹ une **droite** route)
    un loup **blanc**   (☹ un **blanc** loup)

    [...] le menton **pointu**, le bout du nez **rond**, [...] décèlent la férocité sensuelle. (Flaubert)

supra 1.2 ◀ (p. 104)
    – les adjectifs relationnels ou classifiants, dérivés d'un nom propre ou marquant une catégorie religieuse, sociale, administrative, technique, etc. :

    un choix **cornélien**   (☹ un **cornélien** choix)
    des contraintes **éditoriales**   (☹ d'**éditoriales** contraintes)

L'ADJECTIF QUALIFICATIF

*Les vaches **helvétiques** sont les plus célèbres du monde après la reine Elisabeth II.*
(F. Dard)

Mais quand le nom est suivi de deux adjectifs, un relationnel et un qualifiant, ce dernier est toujours placé après l'adjectif relationnel.

*une carte **routière** **interactive*** (☹ *une carte **interactive** **routière***)
adj. relationnel   adj. qualifiant

– les participes passés pris adjectivement et beaucoup d'adjectifs verbaux en *-ant* ;

*un ognon **émincé**   une vie **trépidante**   un ton **insistant***
*Il y a dans notre vie des matins **privilégiés** où l'avertissement nous parvient [...] à travers une flânerie **désœuvrée** (J. Gracq)*
*Et dans l'éclair furtif de ton œil **souriant** (Nerval)*

– les adjectifs modifiés par un adverbe long, souvent en *-ment* ;

*un **beau** monument*
→ *un monument incroyablement **beau** (☹ un incroyablement **beau** monument)*

– les adjectifs suivis d'un groupe prépositionnel complément.

*un homme **proche** de sa famille*
*Sous cet arbre **confident** de mes pensées... (Balzac)*

▶ Autour de l'adjectif (**4.2**,6 p. 248)

2 L'adjectif épithète peut être antéposé au nom

● **En règle générale, l'adjectif épithète court (une ou deux syllabes) est antéposé au nom polysyllabique qu'il qualifie.**

*un **bref** intermède musical   un **bel** esprit   de **nouveaux** épisodes*
*Dès que Geneviève me croyait assoupie, elle entraînait Zaza dans de **longues** conversations. (S. de Beauvoir)*

● **Les adjectifs épithètes qui expriment une valeur subjective sont généralement antéposés au nom :**
– les épithètes affectives : *affreux, méchant, horrible,* etc. ;
– les épithètes évaluatives courtes : *bon, mauvais ; grand, petit ;*

*Il ne faut quelquefois qu'une **jolie** maison dont on hérite, qu'un **beau** cheval, ou un **joli** chien dont on se trouve le maître, qu'une tapisserie, qu'une pendule, pour adoucir une **grande** douleur, et pour faire moins sentir une **grande** perte.*
(La Bruyère)

– les épithètes de nature, qui renvoient à une propriété inhérente au nom qu'elles qualifient.

*La **blanche** neige (Apollinaire)*
*La bave du crapaud n'atteint pas la **blanche** colombe.*
*La neige, la colombe et l'hermine sont associées à la couleur **blanche**.*

● **En général, l'adjectif ordinal est antéposé.**

*Le **vingtième** siècle, La **cinquième** symphonie.*

3 L'adjectif épithète peut être antéposé ou postposé au nom

● **Certains adjectifs épithètes ont un placement libre.**

> *un **immense** arbre/un arbre **immense***
> *un **excellent** repas/un repas **excellent***

Mais ce placement a une influence sur leur sens :
- postposés au nom, ils conservent leur valeur descriptive ordinaire et littérale (1) ;
- antéposés au nom, ils se teintent d'une nuance d'appréciation de la part du locuteur et prennent une valeur intensive, largement exploitée par le discours publicitaire ou journalistique, ou une signification figurée (2).

> *un homme **grand** (= de grande taille) (1)*
> *un **grand** homme (= de grande valeur, illustre) (2)*
> *des mariés **jeunes** (= âge) (1)*
> *de **jeunes** mariés (= époque récente) (2)*
> *Arnoux, au milieu de ses potiches, tâchait d'enfoncer de **jeunes** mariés, des bourgeois de la province. (Flaubert) (2)*
> *Nesquik®, on en a une **énorme** envie ! (slogan publicitaire des années 1980)*
> *Un **terrible** bilan (2)*

6 Les degrés de l'adjectif qualificatif : intensité, comparaison

● **La propriété dénotée par l'adjectif qualificatif est susceptible de varier en degrés. On reconnaît généralement deux types de variations : l'intensité et la comparaison.**

● **Certains adjectifs ne peuvent pas varier en intensité ou en comparaison.**
- Les adjectifs qui dénotent une qualité n'admettant pas la gradation ou l'échelonnage : *carré, circulaire, médical, bénigne, équestre,* etc.

> *un spectacle **équestre***   ☹ *un spectacle peu/assez/très **équestre***
> ☹ *un spectacle plus **équestre** que...*

- Les adjectifs qui expriment déjà une notion forte d'intensité ou une idée de comparaison : *ultime, principal,* etc. ; *aîné/cadet ; majeur/mineur ; premier/dernier ;* etc.

> *une **ultime** édition*   ☹ *une édition peu/assez/très **ultime** édition*
> ☹ *la plus **ultime** des éditions*

L'ADJECTIF QUALIFICATIF   3

1 Intensité et comparaison

● **La mesure de l'intensité et celle de la comparaison reposent sur un étalonnage distinct.**
– **La variation en intensité (faible-moyenne-élevée) de l'adjectif qualificatif :** la qualité dénotée par l'adjectif se situe sur un axe allant du moins intense (intensité faible) au plus intense (intensité élevée). Entre les deux, l'intensité est moyenne.

Intensité élevée	Marie est très curieuse.
Intensité moyenne	Marie est assez curieuse.
Intensité faible	Marie est peu curieuse.

– **La variation en comparaison (infériorité-égalité-supériorité) de l'adjectif qualificatif :** la qualité dénotée par l'adjectif est comparée à d'autres éléments sur une échelle comprenant trois degrés : l'infériorité, l'égalité, la supériorité.

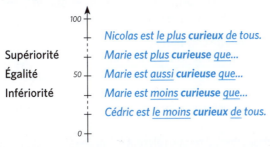

2 Les degrés d'intensité de l'adjectif qualificatif

L'intensité faible, moyenne ou élevée de la qualité exprimée par l'adjectif peut être formellement marquée :
– **soit par des moyens syntaxiques,** comme des adverbes placés avant l'adjectif ;   ▶ L'adverbe (**3.6** p. 188)
– **soit par des moyens morphologiques,** comme les affixes et les éléments de composition.   ▶ La formation des mots (**2.1** p. 50)

Intensité faible	adverbes : *(un) peu, faiblement, à peine* *peu/faiblement appétissant*
	moyens morphologiques : *hypo-, sous-,* etc. *hypoallergénique, sous-développé*
Intensité moyenne	adverbes : *assez, plutôt, moyennement, quasi(ment),* etc. *assez/moyennement gentil, quasi(ment) invisible* *J'allais mieux mentalement, mais ma situation militaire demeurait assez indécise.* (Céline)

117

Intensité élevée	adverbes : *très, énormément, fort, extrêmement, trop* *énormément/fort/trop riche*
	moyens morphologiques : *archi-, extra-, super-, sur-* ; suffixe *-issime* *archifou, extrafin, superfin, surexcité, excellentissime, richissime* *hyper-* (*hyperactif*) et *ultra-* (*ultraléger*) marquent une intensité très forte.

infra 3 ◄ Remarque : l'intensité élevée marquée par un adverbe (très, extrêmement, fort) correspond, dans la grammaire traditionnelle, au superlatif absolu de l'adjectif qualificatif. Contrairement au superlatif relatif, il ne comporte pas d'idée de comparaison. La qualité y est portée à un très haut degré.

3 Les degrés de comparaison de l'adjectif qualificatif

● **Le comparatif** évalue le degré de la propriété exprimée par l'adjectif par comparaison avec un ou plusieurs autre(s) terme(s) de référence. L'adjectif est encadré par un adverbe qui exprime le degré d'infériorité (*moins*), d'égalité (*aussi*) ou de supériorité (*plus*) et par un complément du comparatif en *que* qui indique le terme de référence.

Autour ◄
du nom
(**4.2**,5 p. 241)

Le comparatif permet de comparer :
– la même qualité au sein de référents distincts ;

> Le foie gras alsacien est **plus** relevé **que** le foie gras du Sud-Ouest.
> La même **qualité** relevé attribuée à deux référents foie gras alsacien et foie gras du Sud-Ouest fait l'objet d'une comparaison **plus ... que** (comparatif de supériorité).

– les qualités différentes du même référent (1) ou de référents distincts (2).

> Les médecins [...] sont en général **plus** mécontents, **plus** irrités de l'infirmation de leur verdict **que** joyeux de son exécution. (Proust) (1)
> Trois **qualités** mécontents, irrités et joyeux attribuées au même référent médecins sont comparées.

> Pierre est **aussi** gentil **que** Paul est sage. (2)
> Deux **qualités** gentil et sage, respectivement attribuées à deux référents distincts Pierre et Paul, forment une comparaison double.

Sémantique ◄
de l'adverbe
(**3.6**,4 p. 194)

Remarque : les comparatifs de supériorité des adjectifs *bon, petit* et *mauvais* ont une forme issue des comparatifs latins : meilleur<meliorem, moindre<minorem et pire<pejorem.

● **Le superlatif relatif** permet d'extraire, d'un ensemble d'êtres ou d'objets de la même catégorie, une qualité dénotée par l'adjectif et de la porter au degré le plus élevé (supériorité) ou le plus bas (infériorité).

> Moi, qui suis **le moins** chimiste **des** hommes. (R. Ponchon)
> L'amour-propre est **le plus** grand **de** tous les flatteurs. (La Rochefoucauld)
> Sur ce qui concerne les mœurs, **le plus** beau et **le meilleur** est enlevé. (La Bruyère)

L'ADJECTIF QUALIFICATIF

Vous savez qu'il y a dans le monde amoureux autant de plus jolies femmes de Paris, que de plus beaux livres de l'époque dans la littérature. (Balzac)

Le superlatif relatif est formé de l'adjectif au comparatif de supériorité (*plus* + adjectif) ou d'infériorité (*moins* + adjectif) précédé de :
– un article défini : *le, la, les* (*C'est le plus/moins beau de tous mes souvenirs.*) ;
– un déterminant possessif : *votre, ton, ses, etc.* (*Quel est votre plus/moins beau souvenir ?*) ;

Le superlatif est éventuellement complété par un groupe prépositionnel introduit par *de, parmi*, plus rarement *d'entre*, ou par une relative.

➤ Autour de l'adjectif (**4.2**, 6 p. 248)

*Le plus **aimable** des hommes/parmi les hommes/d'entre les hommes.*
*C'est **le meilleur** livre que j'aie lu.*

*Le plus **grand** service que nous ont rendu les sports, c'est justement de nous préserver de la culture intellectuelle.* (Maurois)

CHAPITRE 4

Le pronom

1. Définition 120
2. Les pronoms personnels 123
3. Les pronoms possessifs 128
4. Les pronoms démonstratifs 129
5. Les pronoms indéfinis 132
6. Les pronoms interrogatifs 135
7. Les pronoms relatifs 137

1 Définition

1 Sur le plan syntaxique

- **Le pronom[1] est un mot grammatical qui équivaut à un Groupe Nominal (GN) simple (1) ou étendu (2).**

> […] la terre ne tourne pas de travers,
> **elle** pousse régulièrement sa petite voiture ses quatre saisons (J. Prévert) (1)
> **elle** reprend le GN simple la terre.

> Le passage du Pont-Neuf n'est pas un lieu de promenade. On **le** prend pour éviter un détour, pour gagner quelques minutes. **Il** est traversé par un public de gens affairés **dont** l'unique souci est d'aller vite et droit devant eux. (Zola) (2)
> **le** et **Il** reprennent successivement le GN étendu Le passage du Pont-Neuf ;
> **dont** reprend de gens affairés.

Les ◂ fonctions grammaticales (**4.2** p. 221)

- **Le pronom est susceptible d'occuper les mêmes fonctions que le Groupe Nominal.**

---

1. La définition étymologique (*pronomen* « pour le nom ») ne rend pas compte de tous les emplois des pronoms.

● Le pronom peut aussi représenter d'autres éléments que le GN, comme un adjectif (1) ou une proposition (2).

> *Courageux, il l'est certainement, mais pas téméraire.* (1)
> *La vie n'est pas un long fleuve tranquille, il le sait bien.* (2)

2 La morphologie du pronom

● Le pronom est susceptible de changer de forme selon :
- son genre (masculin/féminin) : *il*/*elle*, *auquel*/*à laquelle*, *celui*/*celle*, etc.
- son nombre (singulier/pluriel) : *il*/*ils*, *auquel*/*auxquels*, *celui*/*ceux*, etc.
- sa personne (1re/2e/3e, etc.) : *je*/*tu*/*il*, etc.
- sa fonction : *je* (sujet)/*me* (COD)/*moi* (COI), *il*/*le*/*lui*, etc.
- sa place : *je*, *me* (conjoint au verbe) – *moi* (disjoint du verbe)
- son sens : *qui* interrogatif (humain) – *que* (non catégorisé)

● On distingue les pronoms simples, constitués d'un seul mot, et les pronoms composés de plusieurs mots graphiquement soudés ou non. Cette variation de forme concerne les pronoms démonstratifs, indéfinis, interrogatifs et relatifs.

Pronoms / Formes	démonstratifs ▶ p. 129	indéfinis ▶ p. 132	interrogatifs ▶ p. 135	relatifs ▶ p. 137
simples	celui, celle(s), ce, ceux	nul, personne, chacun, etc.	qui, que, quoi	qui, que, quoi, dont, où
composées	celui-ci, celle-là, ceux-ci, etc.	quelqu'un, quelque chose, etc.	lequel, auquel, duquel, etc.	lequel, auquel, duquel, etc.

3 Sur le plan référentiel

Le pronom renvoie à un **référent***, un élément de la réalité (personne, objet, sentiment, etc.). On distingue trois sortes de référence :
- la **référence anaphorique*** qui s'appuie sur le contexte linguistique précédent (un nom propre ou un Groupe Nominal que le pronom reprend) ;
- la **référence déictique*** qui renvoie à la situation d'énonciation (les participants de la communication) ;
- la **référence par défaut** qui se réduit à quelques traits, ou caractéristiques (humains, non humains, etc.). Ni le contexte linguistique ni la situation d'énonciation ne permettent d'identifier plus précisément le référent.

▶ Les reprises (**6.2**,1 p. 324)

> *J'ai une femme de chambre à **moi** ; j'ai une chambre et un cabinet **dont je** dispose, et **je t'**écris à un secrétaire très joli, **dont** on m'a remis la clef, et **où** je peux renfermer tout ce que **je** veux. Maman **m'**a dit que **je la** verrais tous les jours à son lever.* (Choderlos de Laclos, *Les Liaisons dangereuses*, lettre de Cécile Volanges à Sophie Carnay)

– *Les référents des pronoms* dont, où *et* la *sont accessibles par l'intermédiaire des noms qui figurent dans le texte* cabinet, secrétaire *et* Maman. → *référence anaphorique*
– *Les référents des pronoms* je *et* t' *sont les personnes engagées dans la communication : C. Volanges dit* je/j'/moi/m', *S. Carnay est désignée par* t'. → *référence déictique*
– *Le référent auquel renvoie le pronom* on *présente le trait humain.* On, *qui a un contenu descriptif très faible, pourrait ici être remplacé par le pronom indéfini* quelqu'un. → *référence par défaut*

● **Pronoms substituts et référence anaphorique**
– Quand le pronom substitut* reprend un élément donné précédemment, récupérable dans le contexte linguistique, **il relève d'une référence anaphorique***. L'élément repris est appelé antécédent*.

Les reprises ◀
(**6.2**,1 p. 324)

Certains poètes sont sujets dans le dramatique à de longues suites de vers pompeux, **qui** *semblent forts, élevés, et remplis de grands sentiments. Le peuple écoute avidement, les yeux élevés et la bouche ouverte, croit que* **cela lui** *plaît, et à mesure qu'***il y** *comprend moins, l'***admire** *davantage ;* **il** *n'a pas le temps de respirer,* **il** *a à peine* **celui** *de se récrier et d'applaudir.* (La Bruyère)
– *Le pronom relatif* qui *reprend* vers pompeux *(antécédent).*
– *Le pronom démonstratif* cela *et les pronoms personnels* l' *et* y *reprennent* de longues suites de vers pompeux, qui semblent forts, élevés, et remplis de grands sentiments *(antécédents).*
– *Les pronoms personnels* lui *et* il *reprennent* le peuple *(antécédent).*
– *Le pronom démonstratif* celui *reprend* le temps *(antécédent).*

– Quand le pronom substitut et l'élément repris ou annoncé renvoient à un référent identique, **ils sont coréférents***.

*L'Asie *est la première nourrice du monde, n'est-il pas vrai ? Pendant quatre mille ans peut-être* **elle** *travaille,* **elle** *est fécondée,* **elle** *produit, et puis quand les pierres ont poussé là où poussaient les moissons dorées d'Homère, ses enfants abandonnent son sein épuisé et flétri.* (Verne)
Le groupe nominal L'Asie *et le pronom personnel qui le reprend* elle *sont coréférents : ils renvoient au même référent, l'Asie.*
Mais : [...] l'ordre, *que ce soit* **celui** *du continu poétique ou* **celui** *des signes romanesques,* **celui** *de la terreur ou* **celui** *de la vraisemblance, l'ordre est un meurtre intentionnel.* (R. Barthes)
Les pronoms démonstratifs celui *reprennent le groupe nominal* l'ordre *mais ne sont pas coréférents car ils renvoient à des référents différents : l'ordre (sous-entendu général), l'ordre du continu poétique, l'ordre des signes romanesques, l'ordre de la terreur, l'ordre de la vraisemblance.*

● **Pronoms embrayeurs et référence déictique**
Le pronom embrayeur* désigne directement les participants de la communication, il se passe d'antécédent. Il relève d'une référence

déictique*, renvoyant dans une situation d'énonciation aux co-énonciateurs (*je*, *tu*).

➤ Le discours (**6.5** p. 371)

> *Tu ne le croirois pas peut-être, depuis un mois que je suis ici, je n'y ai encore vu marcher personne.* (Montesquieu)

Les pronoms démonstratifs peuvent aussi avoir une valeur déictique.

> *Lâche ça !* (dit à un singe en train de voler une banane).

● **Pronoms indéfinis et référence par défaut**

Les pronoms qui renvoient à un référent indéfini ont souvent un sens générique. C'est le cas des pronoms indéfinis comme *personne* (humain) ou *chacun* (totalité distributive), etc.

➤ *infra* 5 (p. 132)

> *Chacun dit du bien de son cœur, et personne n'en ose dire de son esprit.* (La Rochefoucauld)

2 Les pronoms personnels

1 Définition

Les pronoms personnels *je, tu, il, elle, on, nous, vous, ils, elles* servent à désigner les êtres en indiquant la personne verbale. En cas d'homophonie de la forme verbale [ʀɛv], seuls les pronoms personnels sujets fournissent une indication sur la personne (*je rêve, tu rêves, il rêve*).

● **On distingue trois personnes :**
- la 1ʳᵉ pers. désigne l'être qui parle : *je marche, nous marchons* ;
- la 2ᵉ pers. désigne l'être à qui l'on parle : *tu marches, vous marchez* ;
- la 3ᵉ pers. désigne l'être dont on parle : *il/elle marche, ils/elles marchent*.

● **Les valeurs référentielles des pronoms personnels**

1. Les pronoms personnels *je, tu, nous, vous, on* désignent les êtres humains qui participent à la communication.

a. Les pronoms personnels *je* et *tu* : le sujet parlant (l'émetteur) dit *je* à son interlocuteur (récepteur) désigné par le pronom *tu*. Dans une conversation, les rôles alternent.

> CÉSAR (à Panisse) — *Tu te rends compte comme c'est humiliant ce que tu fais là ? Tu me surveilles comme un tricheur. Réellement, ce n'est pas bien de ta part. Non, ce n'est pas bien.*
> PANISSE (presque ému) — *Allons, César, je t'ai fait de la peine ?*
> CÉSAR (très ému) — *Quand tu me parles sur ce ton, quand tu m'espinches comme si j'étais un scélérat… […] tu me fends le cœur.* (Pagnol)
> Les pronoms *tu* et *je*, et leur variante (*te, me*) désignent alternativement *César* et *Panisse*.

b. Les pronoms personnels *nous* et *vous* :
– *nous* désigne le locuteur *je* associé à d'autres personnes : le *nous* inclusif désigne le locuteur et son (ou ses) interlocuteur(s) (*je* + *tu/vous*) (1) ; le *nous* exclusif renvoie au locuteur associé à d'autres personnes (*je* + *il/ils*) (2).

> Toi et moi, **nous** marchons dans la même direction. (1)
>
> Nous-mêmes, mon ami et moi, **nous** marchions avec une certaine précaution. (G. Sand) (2)

Nous peut aussi être l'équivalent rhétorique de *je*.

> Après avoir posé l'état de la question, **nous** montrerons... (nous *de modestie*)
> **Nous**, Louis, Roi (Eve de Castro) (nous *de majesté*)
> Alors comm ça **nous** n'avons pas aimé mon dessert ? (nous *de connivence avec une visée ironique*)

– *vous* désigne un ensemble de personnes formé d'au moins deux interlocuteurs, mais excluant le locuteur (*je*).

> —Dis-donc, ma chérie, pour l'occasion, ne vas-tu pas nous donner un peu de vin pur ?
> Elle le dévisagea furieusement :
> —Pour que **vous** **vous** grisiez tous les deux, n'est-ce pas, et que **vous** restiez à crier chez moi toute la journée ? (Maupassant)

Vous peut aussi être employé à la place de *tu* (*vous* « de politesse »).

> Pour **vous**, Monsieur son frère,
> Je **vous** estime fort, **vous** aime et **vous** révère. (Molière)

c. Le pronom personnel *on* peut désigner une ou plusieurs personnes dont l'identité n'est pas déterminée.

> **On** a marché sur la lune (Hergé, Les aventures de Tintin)
> **On** a longtemps pensé que la Terre était plate.

Quand *on* est employé à la place des autres pronoms personnels, le référent ne peut plus être identifié précisément : *On* (pour *il(s)*) *m'a dit que tu avais brillamment réussi tes examens.* À l'oral, il est souvent employé à la place de *nous* : *Toi/Pierre et moi,* **on** *a bien travaillé.*

<u>Remarque</u> : pour éviter un hiatus, on place *l'* devant *on* : *Si l'on veut*. En ancien français, *l'on* (< homo) (où *l'* est l'article), est le cas sujet, opposé à *l'homme* (< hominem), cas régime.

2. Les pronoms personnels *il(s), elles(s)* représentent des êtres humains ou non (personnes, objets, sentiments, etc.) **qui ne participent pas directement à l'acte d'énonciation.** Ils fonctionnent comme les représentants d'un mot ou d'un groupe de mots présents dans leur environnement linguistique (référence anaphorique).

LE PRONOM 4

> *Moi d'abord la campagne, faut que je le dise tout de suite, j'ai jamais pu la sentir, je l'ai toujours trouvée triste.* (Céline)

Le pronom personnel *la* et sa forme élidée *l'* représentent le groupe nominal antécédent *la campagne*. → valeur anaphorique

Il(s), elle(s) peuvent aussi référer à des éléments qui se trouvent dans la situation d'énonciation (référence déictique).

> *Ce qu'elle est déchaînée aujourd'hui !*

Phrase exclamative prononcée face à la mer, à laquelle réfère le pronom personnel *elle*. → valeur déictique

2 La morphologie des pronoms personnels

Les pronoms personnels sont susceptibles de varier suivant la personne (1re, 2e, 3e), **le genre, le nombre, la fonction** (sujet, COD, COI) **et la place** (conjoints, disjoints) :

– **les pronoms conjoints au verbe** forment un bloc avec ce dernier, dont ils ne peuvent être séparés que par un autre pronom conjoint ou par une particule négative.

> *Quand on lui demande ce qu'il fait pour le moment, il répond qu'il se raconte des histoires.* (F. Dannemark, *Du train où vont les choses à la fin d'un long hiver*)

– **les pronoms disjoints du verbe** ont le même fonctionnement syntaxique qu'un groupe nominal séparé du verbe par une préposition ou une virgule. Ils peuvent être renforcés par *même* (*moi-même, toi-même,* etc.) ou par *autres* (*nous autres, vous autres*).

> *Je parle à lui, non à eux.*
> *Moi-même, je ne comprends rien à la politique.*

		Pronoms conjoints			Pronoms disjoints	Pronoms réfléchis
		Sujet	COD	COI/COS		
1re pers. sing.		je/j'	me/m'	me/m'	moi	me
2e pers. sing.		tu	te/t'	te/t'	toi	te
3e pers. sing.	masc.	il, on	le	lui	lui	se
	fém.	elle	la	l'	elle	soi
1re pers. plur.		nous	nous	nous	nous	nous
2e pers. plur.		vous	vous	vous	vous	vous
3e pers. plur.	masc.	ils	les	leur	eux	se
	fém.	elles			elles	soi

À noter que :
- les pronoms *je, me, te, le, se* s'élident quand ils précèdent un verbe qui commence par une voyelle : *j'adore, m'accueille, t'emmène, l'évoque, s'envole* ;
- seuls les pronoms de la 3ᵉ pers. *il, elle* varient en genre et prennent un *-s* au pluriel.

3 L'emploi des pronoms personnels conjoints et disjoints

• Place et fonctions des pronoms conjoints

Les pronoms conjoints au verbe sont généralement placés immédiatement à gauche du verbe, dans une phrase déclarative (1) ; à droite du verbe, dans une phrase impérative positive. (2)

Elle pleure. Elle lui parle. (1)
Parle-lui ! (2)

◄ Les fonctions grammaticales (**4.2** p. 221)

La place des pronoms est aussi déterminée par leur fonction :
- **sujets**, ils précèdent le verbe : *Je me moque de ton passé.* (Zola)
- **compléments d'objet directs** (COD), ils se placent avant le verbe (ou avant l'auxiliaire dans les temps composés) à un autre mode que l'impératif (1), et à l'impératif négatif (2).

◄ Le type injonctif (**4.3**,5 p. 259)

Tu te justifieras après, si tu le peux. (Corneille) (1)
Ne me livrez pas. Ne les touchez pas. (2)

- **compléments indirects** (COI, COS, etc.), ils se placent avant le verbe à un autre mode que l'impératif (1) ou à l'impératif négatif (2).

Raconte-nous l'histoire d'un âne. Maman hésite, elle nous raconte d'autres choses, sur le deuxième âne de Blémont. (H. Bauchau) (1)
Ne me dis rien. (2)

Remarques :
a. Quand le verbe a deux pronoms compléments d'objet, l'un direct, l'autre indirect, ce dernier se place le premier, sauf avec *lui* et *leur* :
Tu me le dis. mais *Nous le lui/leur dirons.*
b. Quand un impératif sans négation a deux pronoms compléments d'objet, l'un direct, l'autre indirect, on place le complément d'objet direct (conjoint) le premier : *Dites-le moi.* Mais si l'impératif est négatif, le pronom complément d'objet indirect se place le premier, sauf avec *lui* et *leur* :
Ne me le répétez pas. mais *Ne le lui/leur dites pas.*

- **attributs du sujet**, ils se placent avant le verbe.

J'ai été cette pauvre chose-là. Tu la seras toi aussi. (Montherlant)

• Place et fonctions des pronoms disjoints

◄ Les fonctions grammaticales (**4.2** p. 221)

Les pronoms disjoints peuvent apparaitre à la même place que le GN séparé du verbe par une préposition ou une virgule.
La place des pronoms est aussi déterminée par leur fonction :

LE PRONOM 4

– sujets, ils peuvent être coordonnés (1), détachés en tête ou fin de phrase (2), régir un infinitif exclamatif ou interrogatif (3), ou être utilisés seuls dans les propositions où il y a ellipse du verbe (4).

▶ Les types de phrases (**4.3** p. 254)

> *Son frère et lui partiront bientôt en voyage. Pierre et moi (nous) resterons ici.* (1)
> *Moi, je pense que …/Je pense que …, moi.* (2)
> *Moi, ne plus t'aimer, pourquoi ?* (Zola) (3)
> *— Qui vient ? – Moi.* (4)

– compléments d'objet directs, ils se placent après le verbe à l'impératif : *Regarde-moi.*

Remarque : les pronoms peuvent compléter un présentatif : *C'est moi l'enfant de la lande, [...]* (Ch. Le Quintrec, *Une forêt gothique*)

– compléments indirects, les pronoms *moi, toi, soi, lui, elle, nous, vous, eux, elles* se placent généralement après l'élément qu'ils complètent : un verbe (1), un adjectif (2), un nom (3), un système comparatif (4).

> *Souvent Albert pense à vous.* (1)
> *Ton amie est jalouse de lui.* (2)
> *Son admiration pour elle n'a pas de limite.* (3)
> *Agathe est plus affable qu'elle.* (4)

– en apostrophe, ils précèdent ou suivent le verbe : *Toi, retourne à ta place !*
– attributs du sujet, ils suivent le verbe : *Si j'étais vous, je me méfierais davantage.*

4 Cas particuliers

● **Les pronoms *en* et *y*** sont des pronoms personnels représentant soit un nom de chose ou d'animal, soit une idée. *En* équivaut à un complément construit avec *de*, et *y* à un complément construit avec *à* ou *dans*.

> *Vous chantiez ? J'en suis fort aise.* (La Fontaine) = *Je suis fort aise de cela.*
> *Voici une lettre : vous y répondrez.* = *Vous répondrez à cette lettre.*
> *Elle a un jardin ; elle y cultive toutes sortes de légumes.* = *Elle cultive toutes sortes de légumes dans son jardin.*

● **Les pronoms réfléchis**

1re pers.	sing.	me	*Je me blesse.*
	plur.	nous	*Nous nous blessons.*
2e pers.	sing.	te	*Tu te blesses.*
	plur.	vous	*Vous vous blessez.*
3e pers.	sing.	se (devant un verbe)	*Il se blesse.*
		soi (après un verbe)	*Chacun pense à soi.*
	plur.	se	*Ils se blessent.*

La forme ◄
pronominale
(**3.5**,3 p. 145)

Le pronom personnel réfléchi sert à former les verbes pronominaux et les constructions pronominales.

La forme ◄
impersonnelle
(**4.3**,4 p. 267)

● **Le pronom impersonnel** *il* employé avec des verbes essentiellement (1) ou occasionnellement (2) impersonnels occupe la place et la fonction de sujet syntaxique, mais n'a pas de contenu référentiel ou sémantique : on ne peut pas le remplacer par un groupe nominal ou un nom propre.

> *Il pleut des cordes.* – *Il faut partir.* (1)
>
> *Il flotte un doux parfum de mimosa dans la pièce.* → *impersonnel* (2)

3 Les pronoms possessifs

1 Définition

● **Le pronom possessif établit un rapport entre le nom qu'il représente (objet) et une personne grammaticale.**

Les ◄
déterminants
possessifs
(**3.2**,3 p. 96)

<u>Remarque</u> : le terme *possessif* est à prendre au sens large d'« appartenance ». Les pronoms possessifs, comme les déterminants possessifs, ne marquent pas uniquement des relations de possession au sens strict (*le livre de Paul* = *le sien* « qui appartient à Paul »). Ils peuvent instaurer entre l'objet et la personne les mêmes types de rapports que ceux liant le nom et ses compléments : rapport spatial (*le territoire des Cathares* = *le leur*), lien de parenté (*le frère de Paul* = *le sien*), relation à l'action (*l'éviction du conseiller général* = *la sienne*), etc.

Autour ◄
du nom (**4.2**,5
p. 241)

● **Le pronom possessif, formé de l'article défini** (*le, la, les*) **et, historiquement, de la forme tonique de l'adjectif possessif** (*mien, tien, sien, leur,* etc.)**, est l'équivalent de :** *le/la/les* [objet possédé] [de possesseur].

– l'article défini correspond à l'élément représenté, dont il porte les marques de genre et de nombre ;
– le terme possessif représente principalement la personne grammaticale (*mien* = 1re pers., *tien* = 2^e pers., *etc.*) et signifie « *de moi/toi,* etc. ». Il s'accorde avec l'article défini.

> *Le* **potager** *de Bernard regorge de légumes, alors que dans* **le mien***, rien ne pousse.*
> *Le mien est formé de :*
> – *le* (masc. sing.) représentant *le potager* (masc. sing.) ;
> – *mien* s'accorde avec *le* (masc. sing.) et indique la 1re personne (*moi*).
> → *le* [potager] [de moi]

2 La morphologie des pronoms possessifs

Les pronoms possessifs varient en personne, en genre et en nombre.

	Un seul élément		Plusieurs éléments	
	Masculin	Féminin	Masculin	Féminin
Relation avec une personne	le mien le tien le sien	la mienne la tienne la sienne	les miens les tiens les siens	les miennes les tiennes les siennes
Relation avec plusieurs personnes	le nôtre le vôtre le leur	la nôtre la vôtre la leur	les nôtres les vôtres les leurs	

À noter que :
– Les pronoms possessifs des 1ʳᵉ et 2ᵉ personnes du pluriel prennent un accent circonflexe qui les distingue des déterminants possessifs *notre* et *votre*.
– L'opposition en genre n'est pas marquée pour les pronoms possessifs *les nôtres, les vôtres, les leurs*.

3 Les fonctions des pronoms possessifs

Les pronoms possessifs peuvent couvrir les mêmes fonctions que le groupe nominal :
– **sujet :** *Pendant que le souvenir de ta belle maîtresse attristera tous mes moments, **le tien** y versera le seul rayon de joie, qui puisse encore amuser mon cœur.* (Beaumarchais)
– **attribut :** *On sait qu'il maria bien ses deux fils, j'entends par là dans ce milieu de bourgeois patriciens et de tout petits nobles qui était sans doute **le sien**, sans mésalliance en haut comme en bas.* (M. Yourcenar)
– **complément du présentatif :** *Voici **les tiens**.*
– **complément d'objet direct :** *Lorsqu'il relève la tête, son regard rencontre **le mien**.* (Malraux)
– **complément d'objet indirect** avec amalgame de l'article défini et de la préposition pour le masculin et le pluriel (*au mien, aux miens, aux miennes*) : *Il pense **à la sienne**. – Elle s'adresse **aux siens**.*

4 Les pronoms démonstratifs

1 Définition

Les pronoms démonstratifs renvoient, sans les nommer, à des référents animés ou inanimés faisant partie de la situation d'énonciation (1) (référence déictique) **ou du contexte linguistique** (2) (référence anaphorique).

Regarde un peu ça ! (1)
On ne peut identifier l'objet de référence sans connaître la situation.

Au centre du tableau, un clignotant rouge rythme la vitesse du vent, tandis qu'au-dessous un autre clignotant *– vert* **celui-là** *et à rythme constant et beaucoup plus lent – sert d'étalon de mesure.* (M. Tournier) (2)

Remarque : le pronom démonstratif simple à valeur anaphorique et son antécédent ne sont pas coréférents*.

Le livre de Pierre est posé sur l'étagère droite, **celui** *de Paul sur l'étagère gauche.*
– Le pronom *celui* renvoie à l'antécédent *livre*, dont il conserve le genre masculin, le nombre singulier et le sens lexical « objet relié formé de feuilles ».
– Le groupe prépositionnel *de Paul* précise son contenu référentiel.
– Le pronom *celui* et l'antécédent *le livre* ne renvoient pas au même référent ou objet dans la réalité.

2 La morphologie des pronoms démonstratifs

● **Les pronoms démonstratifs se répartissent en formes simples et en formes composées :**
– les formes simples sont constituées de *ce* seul ou [*ce* + *lui/elle/eux* pronoms personnels] ;
– les formes composées sont constituées des formes simples + *-ci* ou *-là* (*ça* est une forme contractée de *cela*).

● **Les pronoms démonstratifs sont susceptibles de varier en genre et en nombre.**

	Singulier			Pluriel	
	-----------	---------	--------	----------	----------
	Masculin	Féminin	Neutre	Masculin	Féminin
Formes simples	celui	celle	ce	ceux	celles
Formes composées	celui-ci	celle-ci	ceci	ceux-ci	celles-ci
	celui-là	celle-là	cela/ça	ceux-là	celles-là

Remarques : le rôle des éléments finaux *-ci* et *-là*
– *ci* (de l'adverbe *ici*) : le pronom démonstratif renvoie à un élément proche du locuteur dans la situation d'énonciation, ou du pronom dans l'environnement textuel.
– *là* signale que le pronom démonstratif renvoie à un élément éloigné du locuteur dans la situation d'énonciation, ou du pronom dans l'environnement textuel.
Actuellement, cette distinction *proche/éloigné* a tendance à disparaître : l'usage oral privilégie la forme en *-là* pour désigner un objet de la réalité, qu'il soit proche ou éloigné du locuteur.

3 L'emploi des pronoms démonstratifs

● **Les formes simples variables *celui, celle(s), ceux* sont obligatoirement suivies d'un complément** qui peut être :
– un groupe prépositionnel : *La seule bonne invention des hommes est **celle** du point d'interrogation.* (L. Scutenaire) ;
– une proposition subordonnée relative : ***Ceux** qui vivent, ce sont **ceux** qui luttent.* (Hugo) ;
– un participe ou groupe participial : *Je joins à ma dernière lettre **celle** écrite par le prince.* (Racine)

● **Les formes composées variables *celui-ci/là, celle(s)-ci/là, ceux-ci/là* sont autonomes syntaxiquement** (contrairement aux formes simples) : à eux-seuls les pronoms démonstratifs composés ont une valeur déictique* (1) ou anaphorique* (2).

> *Regarde un peu **celle-là**, comme elle cours vite !* (1)
>
> *Mais la voiture, dont la bâche avait un toit de neige, se dressait solitaire au milieu de la cour, sans chevaux et sans conducteur. On chercha en vain **celui-ci** dans les écuries, dans les fourrages, dans les remises.* (Maupassant) (2)

● **Les formes neutres *ce, ceci, cela, ça***

1. Le pronom simple *ce* s'emploie comme sujet devant le verbe *être*, parfois précédé de *devoir* ou de *pouvoir*.

> *[...] Les hommes l'appelèrent : « Hé, Bouchard, tu viens ? » Elle dit : « Vous savez bien que Bouchard aide à ranger les revues. » **Ce** fut son premier abus de pouvoir.* (H. de Montherlant)
>
> *Le Futur vers lequel il se dirigeait le désignait à la personne assise sur la banquette d'en face, laquelle se disait : « **Ce** doit être quelqu'un ».* (Proust)

Ce/c' peut reprendre un sujet (valeur anaphorique).

> *[Le premier arrivé], **ce** fut mon frère.*
> *[Que l'on y perde beaucoup d'argent], **c'**est un risque à courir.*

Ce/c' peut annoncer un sujet (valeur cataphorique) :
– soit un GN ou un pronom introduits par *que* ;

> ***C'**est un trésor que la santé.*

– soit un infinitif ou groupe infinitif introduit par *de* ou *que de* ;

> ***C'**est une folie (que) d'entreprendre cela.*

– soit une proposition introduite par *que*, parfois par *comme, quand, lorsque, si*.

> ***C'**est une honte [qu'il ait fait cela].*
> ***C'**est étonnant [comme elle grandit].*
> ***C'**est rare [quand elle se trompe].*
> ***Ce** fut miracle [si cet imprudent ne se rompit pas le cou].*

Les phrases ◀ à présentatif (**4.4**,6 p. 272)

Remarque : quand il est suivi d'un GN, *c'est* peut être un présentatif ou être employé avec *qui* ou *que* (*c'est ... qui/que ...*) pour mettre en relief un élément de la phrase (phrase clivée*).

Les PSR ◀ substantives (**5.2**,3 p. 293)

Ce peut être complété par une subordonnée relative.

> Ne me faites pas dire *ce* que je n'ai pas dit. (B. Vian)

2. Les formes composées neutres *ceci, cela, ça* ne portent pas d'indication de genre, de nombre ou de catégorie (humain, non humain, etc.). Elles peuvent reprendre des antécédents neutres (un groupe de mots, une phrase, un paragraphe) (1) ou renvoyer à des référents non catégorisés (2).

> Ces camps existent. Ce ne sont pas des camps de mort comme ceux des nazis, mais ce sont tout de même des bagnes ; et la police a le droit d'envoyer des hommes au bagne pour cinq ans, sans jugement. **Ceci** dit, je voudrais bien savoir combien il y a de détenus [...]. (S. de Beauvoir) (1)

> On connaît l'histoire du fou qui pêchait dans une baignoire ; un médecin qui avait ses idées sur les traitements psychiatriques lui demandait « si **ça** mordait » et se vit répondre avec rigueur : « Mais non, imbécile, puisque c'est une baignoire. » (Camus) (2)

On les emploie à des fins péjoratives pour renvoyer à un référent humain, dont ils neutralisent les caractéristiques (genre, nombre, humain) : *ça* « décatégorise » le référent : *Un juge, ça a des hauts et des bas.* (Camus)
À l'oral, *ça* est surtout employé comme une extension de l'impersonnel classique (avec *il*) : *ça bouchonne sur l'autoroute* – *ça schlingue* – *ça craint*.

Les pronoms indéfinis

1 Définition

● **Les pronoms indéfinis servent, comme l'indique leur nom, à désigner ou représenter d'une manière vague, indéterminée, des personnes ou des choses.**

> ***Chacun*** *cherche son chat* (C. Klapisch)
> ***Tout*** *vient à point à qui sait attendre.*

● **On peut distinguer les pronoms quantifiants et les pronoms identificateurs** :
– **les pronoms quantifiants** expriment l'idée d'une quantité échelonnée selon des degrés différents : une quantité nulle (*nul, personne, rien, aucun, pas un*) ; la totalité des référents (*tout, tous, chacun*) ; une quantité indéterminée de référents à considérer dans leur singularité (*quelqu'un*) ou dans leur pluralité (*quelques-uns, plusieurs, etc.*).

– **les pronoms identificateurs** instaurent entre les référents une relation d'équivalence (*le/la même* (chose)) ou de différence (*l'un ... l'autre, l'autre, autrui,* etc.).

2 La morphologie des pronoms indéfinis

● **Les pronoms indéfinis se répartissent en** :
– **formes simples** : *personne, rien, tout, aucun,* etc. ;
– **formes composées** : *quelqu'un, quelque chose, n'importe qui,* etc.

Remarque : une locution* pronominale est une réunion de mots équivalant à un pronom simple : *je ne sais qui/quoi, qui/quoi que ce soit, n'importe qui/quoi/lequel,* etc. Relèvent aussi de cette catégorie des locutions pronominales corrélatives : *l'un(e), les un(e)s ; l'autre, les autres.*

Formes des pronoms indéfinis					
Pronoms quantifiants			**Pronoms identificateurs**		
Quantité nulle	Totalité	Quantité indéterminée	Équivalence	Différence	
aucun(e) nul(le) pas un(e) personne rien etc.	chacun(e) tout toute(s) tous etc.	certain(e)s d'aucun(e)s plusieurs quelqu'un(e) quelques-un(e)s quelque chose etc.	le/la/les même(s) tel(le)(s) etc.	autrui l'autre les autres l'un(e) ... l'autre les un(e)s ... les autres etc.	

● **Comment distinguer les pronoms indéfinis des déterminants indéfinis ?**

Beaucoup de pronoms indéfinis ont leur correspondant formel et sémantique dans la classe des déterminants indéfinis (*tout, tous, toute(s) ; aucun ;* etc.). Les pronoms *beaucoup* et *peu* correspondent aux déterminants composés *beaucoup de* et *peu de*.

▶ Les déterminants indéfinis (**3.2**, 4 p. 98)

Test 1 : environnement linguistique : contrairement aux déterminants, les pronoms indéfinis ne précèdent pas un nom.

   <u>Tout</u> *travail mérite salaire.* – <u>Tout</u> *est bien qui finit bien.*
   déterminant   pronom

Test 2 : substitution : remplacer par un autre élément de la même classe grammaticale.

   <u>Le</u>/<u>Un</u>/<u>Ce</u>/<u>Chaque</u>/<u>Mon</u> *travail mérite salaire.*
                    déterminant

   <u>Cela</u> *est bien qui finit bien.*
   pronom

3 L'emploi de quelques pronoms indéfinis

● **Les pronoms de quantité nulle sont souvent ou toujours employés avec une négation.**
– *Personne*, accompagné d'une négation, prend la valeur négative de « nul homme ».

> *Non, l'avenir n'est à **personne**.* (Hugo)

À l'origine nom féminin, *personne* a pris un emploi pronominal signifiant « quelqu'un ».

> *Y a-t-il **personne** (= quelqu'un) d'assez hardi ?* (Académie)

– *Rien*, accompagné d'une négation, prend la valeur négative de « nulle chose ».

> *Et comptez-vous pour **rien** (= nulle chose) Dieu qui combat pour nous ?* (Racine)

Rien (du substantif latin *rem* « chose ») équivaut dans certains emplois à « quelque chose ».

> *Y a-t-il **rien** (= quelque chose) de plus beau ?*

– *Aucun*, le plus souvent accompagné de la négation, a pris la valeur négative de « pas un ».

> *De toutes vos raisons, **aucune** (= pas une) ne me convainc.*

Autrefois, *aucun* signifiait « quelque, quelqu'un ». Il a conservé cette valeur positive dans certains emplois : *Je doute qu'**aucun** (= quelqu'un) réussisse.*

● **Les pronoms de quantité indéterminée expriment soit la singularité, soit une pluralité restreinte.**
– *Quelqu'un(e)*, *quelques-un(e)s* correspondent au déterminant *quelque(s)*. *Quelqu'un*, employé d'une façon absolue et au masculin, réfère uniquement à des personnes : ***Quelqu'un** a frappé à la porte.*
– *Plusieurs* varie en genre, mais pas en nombre.

> *Il ne fallait pas laisser échapper aux véritables fils d'Israël la somme énorme. « Plutôt saigner nos enfants et nos femmes ! » s'écrièrent **plusieurs**.*
> (A. Cohen, *Solal*)
> *Parmi les œuvres projetées, **plusieurs** m'ont paru captivantes.*

● **Les pronoms de quantification totale**
– *Tout* renvoie à une pluralité globalisante.
– *Chacun* considère les référents séparément.

> *Et **tout** semblait engourdi par le désœuvrement du dimanche et la tristesse des jours d'été.* (Flaubert)
> *Nous étions trois soldats et l'un de nous avait un trou au milieu de la figure.*
> *[...] il a donné à **chacun** un petit bouquet de violettes.* (Sartre)

Les pronoms identificateurs

– **Autrui**, qui n'a pas de déterminant correspondant, réfère uniquement à des personnes. Il peut s'employer comme complément prépositionnel, parfois comme sujet ou objet direct.

> Ne fais pas à autrui ce que tu ne voudrais pas qu'on te fît.
> Il ne faut jamais traiter **autrui** comme un objet. (A. Maurois)

– **L'un(e) ... l'autre, les un(e)s ... les autres, l'un(e) ... un(e) autre, les un(e)s ... d'autres** s'emploient en système corrélatif pour marquer l'opposition (1) ou la réciprocité (2).

> Deux hommes parurent. **L'un** venait de la Bastille, **l'autre** du Jardin des Plantes. (Flaubert) (1)
> Nous sommes une famille où l'on se tient **les uns les autres**. (Mauriac) (2)

6 Les pronoms interrogatifs

1 Définition

- Les pronoms interrogatifs servent à poser une question relative à l'identité des référents en signalant parfois qu'il s'agit d'êtres animés ou non animés.

> FANNY – *Mais vous savez que c'est lui que j'aime, que je l'aimerai toute ma vie, que j'y penserai toujours !*
> PANISSE – *Eh bien, tu y penseras !* **Qu'est-ce que** *tu veux que j'y fasse ? Ce n'est pas de ma faute.* **Qui est-ce qui** *pourrait me le reprocher ?* (Pagnol)

Ils peuvent annoncer ou reprendre les éléments concernés par la question.

> **Qui** donc es-tu, morne et pâle visage, (...) ? (Musset)
> De ces deux chemins, **lequel** devons-nous prendre ?

2 La morphologie des pronoms interrogatifs

On distingue trois formes de pronoms interrogatifs :
- **les formes simples** : *qui, que/qu', quoi* ;
- **les formes composées** sont celles du pronom *lequel*, qui varie en genre (*laquelle*) et en nombre (*lesquels/lesquelles*). Une préposition (*à, de, etc.*) précède le pronom complément indirect, avec lequel elle s'amalgame au masculin et au pluriel : *auquel, duquel, desquels, etc.*
- **les formes renforcées** : *qui/que/lequel* (pron. interrogatifs), *est-ce qui/que* (pron. relatifs).

3 L'emploi des pronoms interrogatifs

Fonction	Formes simples et renforcées		Formes composées
	Humain	Non catégorisé	
Sujet	*Qui (est-ce qui) chante ?*	*Qu'est-ce qui siffle ?*	*Lequel/Laquelle/Lesquel(le)s chante(nt) ?*
Attribut	*Qui êtes-vous ?* *Qui est-ce que vous êtes ?*	*Qu'est-ce ?* *Qu'est-ce que c'est ?*	*Lequel/Laquelle/Lesquel(le)s est-ce que c'est ?*
COD	*Qui regarde-t-il ?* *Qui est-ce qu'il regarde ?*	*Que regarde-t-il ?* *Qu'est-ce qu'il regarde ?*	*Lequel/Laquelle/Lesquel(le)s regarde-t-il ?*
COI ou COS	*À qui penses-tu ?* *À qui parle-t-il ?* *À qui est-ce qu'il parle ?*	*À quoi penses-tu ?* *De quoi parle-t-il ?* *À quoi est-ce que tu penses ?*	*Auquel/À laquelle/ Auxquel(le)s est-ce que tu parles ?*

– ***Qui*** interrogatif renvoie à des êtres humains. Dans l'interrogation directe (1) ou indirecte (2), il peut être sujet, attribut, COD ou COI.

HARPAGON – *Mais **qui** est-ce que tu entends par là ?* (Molière) (1)
_{sujet}

Qui *es-tu ?* – ***Qui*** *cherches-tu ?* – *À **qui** parles-tu ?*
attribut — COD — COI

*Je demande **qui** vient, **qui** tu es, **qui** tu cherches, à **qui** tu parles.* (2)
sujet — attribut — COD — COI

– ***Que*** interrogatif renvoie à un référent non catégorisé.
Dans l'interrogation directe, il s'emploie comme séquence de verbes impersonnels, comme COD ou attribut.

◀ Les verbes impersonnels (**3.5**, 2 p. 144)

Que *reste-t-il de nos amours ?* (Ch. Trénet)
séquence de v. impers.

Que *nous chantez-vous ?* (N. Boni)
COD

*Alors votre plat national, **qu'est-ce que** c'est ?* (M. Tournier)
attribut

Dans l'interrogation indirecte, *que* s'emploie comme attribut ou COD après *avoir*, *savoir*, *pouvoir*, pris négativement et suivis d'un infinitif.

*Je ne savais **que** répondre.* (Chateaubriand)
*Je ne sais **que** devenir.*

– ***Quoi*** interrogatif renvoie à un référent non catégorisé. Dans l'interrogation directe, il peut être sujet (phrases non verbales) ou complément (1). Dans l'interrogation indirecte, il est toujours complément (2).

Quoi *de plus beau ?* (1)
*Ah bon. Ils font **quoi**, par exemple ?* (J.-L. Benoziglio) (1)

> *Moi, je n'aurais pas su **quoi** répondre.* (H. Bosco) (2)
> *Dites-moi **de quoi** elle se plaint.* (2)

– **Lequel** peut renvoyer à tout référent. Il varie en genre (*laquelle*) et en nombre (*lesquel(le)s*) et peut, dans l'interrogation directe ou indirecte, remplir toutes les fonctions.

> *De ton cœur ou de toi <u>lequel</u> est le poète ?* (Musset)
> <small>sujet</small>

> *<u>Laquelle</u> choisissez-vous ?*
> <small>COD</small>

7 Les pronoms relatifs

1 Définition

● **Les pronoms relatifs servent à introduire une proposition subordonnée relative.**

▶ La PS relative (**5.2** p. 289)

> *Le premier pas, mon fils, [**que** l'on fait dans le monde]*
> *Est celui [**dont** dépend le reste de nos jours].* (Voltaire)

● **Le pronom relatif joue deux rôles dans la subordonnée relative :**
– il représente un nom, un groupe nominal ou un autre pronom qui le précède, appelé antécédent*. Mais les pronoms relatifs *qui, que, quoi, où* peuvent s'employer sans antécédent dans les relatives substantives.

▶ Les PSR substantives (**5.2**,3 p. 293)

> ***Qui** n'a pas connu l'absence ne sait rien de l'amour.* (Ch. Bobin, *L'épuisement*)

– il a une fonction grammaticale dans la relative.

> *Un médecin, un auteur, un magistrat eussent pressenti tout un drame à l'aspect de cette sublime <u>horreur</u> [**dont** le moindre <u>mérite</u> était de ressembler à ces <u>fantaisies</u> [**que** les peintres s'amusent à <u>dessiner</u> au bas de leurs pierres lithographiques en causant avec leurs amis]].* (Balzac)
> – *dont* marque le début de la relative, représente l'antécédent nominal <u>horreur</u>, est complément du nom <u>mérite</u>.
> – *que* marque le début de la relative, représente l'antécédent nominal <u>fantaisies</u>, est COD du verbe <u>dessiner</u>.

Remarques :
a. Le mot *que* peut être pronom relatif, conjonction de subordination ou adverbe négatif associé à *ne* ; les formes *que, quoi, lequel, qui* peuvent être pronom relatif ou pronom interrogatif.

▶ La conjonction *que* (**5.3**,2 p. 296)

b. La fonction du pronom relatif au sein de la subordonnée relative doit être distinguée de la fonction de la subordonnée relative.

▶ La PSR adjective (**5.2**,2 p. 290)

> *Mais chaque mouvement de jalousie est particulier et porte la marque de la <u>créature</u> [...] [**qui** l'a suscité.]* (Proust)

– la subordonnée relative est complément de l'antécédent nominal créature ;
– le pronom relatif qui est sujet du verbe de la relative a suscité.

2 La morphologie des pronoms relatifs

On distingue les formes simples des formes composées :
– **les formes simples** varient principalement selon leur fonction à l'intérieur de la relative : *qui, que, quoi, dont, où* ;
– **les formes composées** varient selon le genre et le nombre de l'antécédent et peuvent être soudées aux prépositions *à* et *de*.

Singulier		Pluriel	
Masculin	Féminin	Masculin	Féminin
lequel	laquelle	lesquels	lesquelles
auquel	à laquelle	auxquels	auxquelles
duquel	de laquelle	desquels	desquelles

3 L'emploi des pronoms relatifs

● **Les formes simples**

Fonction	Antécédent animé	Antécédent non animé
Sujet	qui	
COD	que	
Attribut		
Fonctions du groupe prépositionnel	préposition + qui, à/de qui dont	préposition + quoi, à/de quoi dont où

Remarque : en marge des formes courantes, le pronom relatif *quiconque* est appelé relatif indéfini, du fait de sa référence indéfinie. Il fonctionne sans antécédent : ***Quiconque** est loup agisse en loup.* (La Fontaine)

– ***Qui* sujet** réfère à des personnes ou à des choses.

> Un jeune homme, **qui** n'avait pas l'air très intelligent, parla quelques instants avec un monsieur **qui** se trouvait à côté de lui. (R. Queneau)
> L'arbre **qui** ne porte pas de bons fruits sera coupé.

Il s'emploie sans antécédent dans les relatives substantives, caractéristiques notamment des proverbes ou autres expressions sentencieuses.

> [***Qui** chante dans le noir avant l'aube fait se lever le jour*], surtout si c'était l'heure du lever du soleil. (Cl. Roy)

– *Qui* **complément prépositionnel** réfère à des personnes, à des choses ou à des animaux personnifiés.

> La fille *à qui* je pense
> Est plus belle que toi. (Miossec) → *COI de* pense
> Un chien *à qui* elle fait mille caresses. → *COS de* fait

– *Que*, **le plus souvent COD**, réfère à des personnes ou à des choses.

> Je me sentis étreint d'une sorte de regret absurde pour les enfants *que* cette femme aurait pu mettre au monde. (M. Yourcenar) → *COD de la locution verbale* mettre au monde

– *Que* peut aussi **être attribut** (1) ou **complément circonstanciel** (2) quand il a la valeur de *où, dont, duquel, durant lequel*, etc.

> Vous êtes aujourd'hui ce *qu'*autrefois je fus. (Corneille) (1)
> Du temps *que* j'étais écolier (Musset) (2)

– *Quoi*, **le plus souvent complément prépositionnel**, ne réfère qu'à des choses et se rapporte généralement à un antécédent de sens vague (*ce, rien, chose*, etc.) (1) ou s'emploie sans antécédent (2).

> Il n'y a rien *sur quoi* l'on ait tant disputé. (Académie) (1)
> Elle a *de quoi* vivre. – Voici *de quoi* il s'agit. (2)

– *Dont* **complément prépositionnel** (il inclut *de*) réfère à des personnes ou à des choses. Il peut occuper les fonctions du complément prépositionnel, notamment complément du nom (1), complément de l'adjectif (2), COI (3) ou complément d'agent (4).

> Il plaignit les pauvres femmes *dont* les époux gaspillent la fortune. (Flaubert) (1)
> Voici le fils *dont* il est si fier. (2)
> C'est l'église de Balbec *dont* M. de Norpois a parlé au jeune Marcel. (3)
> Le peuple russe *dont* il est adoré. (4)

– *Où*, **toujours complément de lieu ou de temps** ne réfère qu'à des choses.

> La ville *où* vous habitez, *d'où* vous venez.
> Le temps *où* nous sommes. – Dans l'état *où* vous êtes.

Remarque : on peut trouver *que* à la place de *où*, à valeur temporelle, dans un registre plus soutenu : *Le temps* que *nous sommes. – Dans l'état* que *vous êtes.*

– *Quiconque* **ne se rapporte à aucun antécédent**. Il signifie « celui, quel qu'il soit, qui » : il est à la 3e pers. du masculin singulier et est le plus souvent sujet.

> *Quiconque* m'a fait voir cette route a bien fait. (Musset)
> Et l'on crevait les yeux à *quiconque* passait. (Hugo)

- **La forme composée *lequel*** réfère à des personnes ou à des choses :
– ***Lequel* sujet** est utilisé dans la langue juridique ou administrative, et parfois aussi dans la langue courante, pour éviter toute équivoque dans l'identification de l'antécédent.

> *C'est le fils de cette femme, **lequel** a fait tant de mal.* (Vaugelas)
> *Il reconnut ainsi la justesse d'un des mots favoris du maire, gros industriel de notre ville, **lequel** affirmait avec force que finalement […]* (Camus)

– ***Lequel* complément** est toujours précédé d'une préposition. Il peut être complément de verbe ou de phrase.

> *Entre le lit et la porte, il y a une petite commode en bois fruitier **sur laquelle** est posée une bouteille de whisky.* (G. Perec)

CHAPITRE 5

Le verbe

1. Identifier le verbe 141
2. Les constructions des verbes : transitifs, intransitifs... .. 142
3. Les variations du verbe : voix, mode, temps... 145
4. Les conjugaisons des verbes 150
5. L'emploi des temps et des modes du verbe 156
6. L'accord du participe passé 182

1 Identifier le verbe

● **Sur le plan morphologique, le verbe est un mot variable : il se conjugue, c'est-à-dire qu'il change de forme suivant le temps, la personne, le nombre, le mode et la voix.**

▶ Tableaux de conjugaison (Annexe 4 p. 400)

> *Le verbe le plus irrégulier, le verbe* **être**,
> *comporte un très grand nombre de formes différentes :*
> *je suis, tu es, il est, nous sommes, vous êtes, ils sont,*
> *il était, je fus, je serai, qu'il soit, etc.*

● **Sur le plan syntaxique, le verbe est le noyau du groupe verbal[1], un des deux groupes fondamentaux de la phrase verbale.** La tradition faisait du verbe le pivot autour duquel s'organise la phrase.
Le verbe peut constituer le groupe verbal à lui seul : *Il dort.* ; ou bien le groupe verbal est formé du verbe et de son (ses) complément(s) : *Kevin attend le train.*

▶ La phrase verbale, la phrase non verbale (**4.1** p. 214)
▶ Les compléments liés au verbe (**4.2**,3 p. 230)

● **Sur le plan sémantique, le verbe est un mot qui exprime soit l'action faite ou subie par le sujet, soit l'existence ou l'état du sujet[2].**

> *L'Hermione **a traversé** l'Atlantique.*
> *Le verbe indique une action faite par le sujet.*

▶ La phrase modèle (**4.1**,1 p. 214)

---
1. Dans l'analyse sémantique de la phrase modèle, le groupe verbal correspond au prédicat★.
2. On oppose le *verbe* au *nom* : le *nom* désigne des objets (statiques) ; le *verbe*, qui représente des actions ou des états, est associé au temps (dynamique).

L'Hermione **a été accueillie** à New York.
Le verbe indique une action subie par le sujet.

L'Hermione **est** la réplique de la frégate de La Fayette.
Le verbe relie l'attribut au sujet.

Comment reconnaitre le verbe ?

Test 1 : changer le temps de la phrase
→ le verbe est le seul mot de la phrase qui change.

> Les types, à Paris, **marchent** beaucoup plus vite qu'au Guilvinec.
> (F. Vargas, *Pars vite et reviens tard*)
> → Les types, à Paris, **marchaient** beaucoup plus vite qu'au Guilvinec.

La forme ◀
négative
(**4.4**, 2 p. 250)

Test 2 : mettre la phrase à la forme négative
→ le verbe est encadré par la négation *ne … pas*.

> Joss **remisa** ses haines nostalgiques dans la doublure de son esprit. (Fred Vargas)
> → Joss <u>ne</u> **remisa** <u>pas</u> ses haines nostalgiques dans la doublure de son esprit.

❷ Les constructions des verbes : transitifs, intransitifs…

Les ◀
compléments
liés au verbe
(**4.2**, 3 p. 230)

On distingue différents types de verbes selon leurs constructions.

🟥 Les verbes intransitifs

Les verbes intransitifs n'admettent, en principe, ni attribut ni complément.

> Monsieur Blink **tremblait**. (M. Tremblay)
> À l'horizon, sur le lac dormant, de longs frissons **couraient**. (Zola)

🟥 Les verbes transitifs

Les verbes transitifs appellent un, voire deux compléments d'objet, dont ils déterminent à la fois la construction (directe ou indirecte) et le sens.

● **Les verbes transitifs directs appellent un complément relié directement au verbe, sans préposition.** Ce complément est appelé Complément d'Objet Direct (COD).

> Enfin il **atteignit** <u>le sommet de la grande montagne</u>. (Stendhal)
> COD
>
> Je **revois** <u>une enfant silencieuse que le printemps enchantait déjà d'un bonheur sauvage</u>. (Colette)
> COD
>
> Gaspard **dévora** <u>l'omelette</u>. (A. Dhôtel)
> COD

● **Les verbes transitifs indirects appellent un complément relié indirectement au verbe par une préposition,** le plus souvent *à* ou *de.* Ce complément est appelé Complément d'Objet Indirect (COI).

> *Chez maître Mathias, l'esprit **avait triomphé** <u>de la forme</u>, les qualités de l'âme*
> COI
> *avaient vaincu les bizarreries du corps.* (Balzac)
>
> *Le Londres du seizième siècle ne **ressemblait** point <u>au Londres d'à présent</u>.* (Hugo)
> COI
>
> *Elle **frappe** longtemps en vain <u>à la porte des voituriers</u>.* (C. Colomb)
> COI

● **Les verbes transitifs à deux compléments (ou doublement transitifs) sont suivis d'un complément direct et d'un complément indirect, parfois de deux compléments indirects.** Le second complément est appelé Complément d'Objet Second (COS).

> *Vous **donnez** sottement <u>vos qualités</u> <u>aux autres</u>.* (Molière)
> COD   COS
>
> *Il te **donnait** <u>ses fruits</u> ; il t'**offrait** <u>sa femme et sa fille</u> ; il te **cédait** <u>sa cabane</u> :*
> COS   COD   COS   COD   COS   COD
> *et tu l'as tué pour une poignée de ces grains, qu'il avait pris sans te le demander.* (Diderot)
>
> *J'**aurais vendu** <u>mon âme</u> <u>à un escargot</u> pour habiter dans sa coquille.* (A. Chavée)
>   COD   COS
>
> *Personne ne <u>lui</u> **avait** <u>rien</u> **appris** depuis qu'elle était venue au monde.* (D. Chraïbi)
>   COS   COD

Approfondissement

a. Bien que les verbes transitifs appellent, selon le cas, un ou deux compléments, ils peuvent aussi s'employer seuls (leur complément n'est pas toujours obligatoire).

> *Jules **lit**, Leïla **mange**, Charles **attend**.*

On parle de *construction absolue*. Dans ce cas, le contexte peut permettre de restituer un objet possible (*ce que Jules lit, ce que Leïla mange,* etc.), ou bien le verbe prend un sens spécifique restreint (*Juliette **aime*** = *est amoureuse*).

b. Les verbes transitifs à deux compléments peuvent n'en avoir qu'un seul ; généralement, c'est le complément second qui est effacé.

> *Pierre **donne** <u>un livre</u> (à Tom). – Fabrice **parle** <u>de ses aventures</u> (à Clélia).*

c. Selon son sens, un même verbe peut être intransitif ou transitif, direct ou indirect.

> *L'herbe/l'enfant **pousse**. – Sylvia **pousse** l'escarpolette.*
> *Je **crois** cet homme. – Il **croit** au progrès. – Elle **croit** en Dieu.*

Certains verbes homonymes sont différenciés par leur construction.

> *Pigeon **vole**. – Il **vole** l'argent des riches pour le donner aux pauvres.*

d. Exceptionnellement, un verbe intransitif peut recevoir un complément, qui apporte des spécifications au sens de base du verbe.

> *vivre* sa vie, *aller* son chemin, *pleurer* des larmes de joie,
> *dormir* son dernier sommeil, etc.

Ce complément particulier est appelé *complément d'objet interne*.

3 Les verbes attributifs

● **Les verbes d'état relient l'attribut au sujet.** Les verbes d'état sont principalement : *être, devenir, paraitre, rester, sembler.*

> *Chaque mouvement de jalousie — est — particulier.* (M. Proust)
> *Le temps — devient — orageux.*
> *La famille Bélier — semble — très unie.*

● **D'autres verbes relient l'attribut au COD.**

> *Je trouve ce repas délicieux.*
>   COD   attribut du COD

4 Quelques types de verbes particuliers

● **Les verbes impersonnels sont des verbes qui ne s'emploient qu'à la 3ᵉ personne du singulier** (aussi appelés pour cette raison *unipersonnels*). En règle générale, ils sont précédés du pronom *il*, dit *sujet apparent* (ou *grammatical*).
Ce sont principalement des verbes météorologiques.

> *Il pleut, neige, grêle, tonne,* etc.

À ces verbes s'ajoutent :
– le verbe *falloir*.

> *Il faut manger pour vivre, et non pas vivre pour manger.* (Molière)

– diverses **locutions verbales** formées avec les verbes *avoir, être, faire,* etc.

> *Il y a comme un problème.*
> *Il est cinq heures, Paris s'éveille.* (J. Dutronc)
> *Il fait beau, bon, chaud, froid,* etc.
> *Il fait un temps de chien, un beau soleil,* etc.

◀ La forme impersonnelle (**4.4**, 4 p. 267)

De nombreux verbes personnels connaissent aussi une *construction impersonnelle.*

● **Les verbes supports** comme *avoir, faire, donner, mettre* se combinent avec un groupe nominal (1), prépositionnel (2) ou adjectival (3), pour former une locution verbale. Cette construction à verbe support équivaut à un verbe simple : *faire peur* = effrayer – *avoir peur* = craindre.

Les verbes supports sont vides sémantiquement : ils n'ont pas leur sens lexical habituel. C'est le groupe associé qui porte l'essentiel du sens et opère la sélection du sujet et du (des) complément(s).

LE VERBE 5

*André Malraux **a fait** l'éloge de Jean Moulin.* (1)
*Ce succès au concours de dressage **donne** du courage à Zoé.* (1)
*Cette question **a mis** Nicolas en colère.* (2)
***Il fait** froid à Saint-Pétersbourg.* (3)

3 Les variations du verbe : voix, mode, temps…

Le verbe varie en voix, en mode, en aspect, en temps, en personne et en nombre.

Il buvait.
Le verbe est à la voix active, à la 3ᵉ personne du singulier (personne et nombre) de l'imparfait (temps du passé et aspect inaccompli) de l'indicatif (mode).

1 La voix : active/passive

La voix est le rapport de l'action verbale à son sujet :
– à la voix active, le sujet accomplit l'action ;
– à la voix passive, le sujet subit l'action.

Tous les verbes, par défaut, sont à la voix active. Seuls les verbes transitifs directs, c'est-à-dire construits avec un complément d'objet direct, peuvent passer de l'actif au passif.

▶ *supra* 2.2 (p. 142)

Le passif se forme avec l'auxiliaire *être* suivi du participe passé du verbe.

▶ La forme passive (**4.4**, 3 p. 266)

*Les agents de sécurité **contrôlent** les passagers.*
  sujet actif   objet actif

*Les passagers **sont contrôlés** par les agents de sécurité.*
 sujet passif   auxiliaire   préposition   complément d'agent
                     +
                 participe passé

La phrase est transformée : l'objet actif devient sujet passif et le sujet actif devient complément d'agent, introduit par la préposition par (parfois de).

▶ Les compléments d'agent (**4.2**, 7 p. 251)

2 La forme pronominale

● **La forme pronominale possède deux caractéristiques formelles.**
– Le verbe est précédé d'un pronom personnel complément réfléchi, de même personne que le sujet.

*Je **me** lave.*

Ce pronom réfléchi a une forme spécifique *se* à la 3ᵉ personne du singulier et du pluriel : *Elle se coiffe. – Elles se lavent.*

– Les temps composés se forment avec l'auxiliaire *être*.

Je me suis lavé. – Elle s'est coiffée.

● **On distingue les constructions pronominales et les verbes pronominaux.**

1. La construction pronominale d'un verbe se distingue de sa construction non pronominale par la présence du pronom réfléchi.

Elle se coiffe. ≠ *Elle le coiffe.*

On distingue les différentes constructions pronominales par leur sens.

– Pronominal réfléchi réflexif : le sujet est à la fois l'origine et l'objet de l'action, il fait l'action sur lui-même.

Je me lave. – Il se coiffe.

Le verbe ne manifeste pas de différence de sens avec la construction non pronominale et le pronom réfléchi peut s'analyser comme un objet (direct ou indirect). On peut ajouter un renforcement : *lui-même, elle-même,* etc. *Il se coiffe lui-même.*

– Pronominal réfléchi réciproque : plusieurs sujets agissent les uns sur les autres. Le groupe nominal sujet contenant un nom collectif est au pluriel ou au singulier.

Les enfants se battent. – La foule se rassemble sur la place de la République.

On peut considérer le pronominal réciproque comme un cas particulier du pronominal réfléchi. Le pronom s'analyse toujours comme complément d'objet. Il peut être renforcé par *l'un l'autre, les uns les autres, mutuellement, réciproquement, entre eux. Les enfants se battent entre eux.*

– Pronominal passif : la construction pronominale a un sens passif.

La soupe se mange chaude. – Le magasin s'ouvre à 9 heures. – Tout peut se recycler.

Cette construction équivaut à la voix passive, mais sans agent exprimé et avec une différence d'aspect (elle exprime l'aspect non accompli).

infra 2.4 ◀
(p. 149)

La soupe est mangée chaude. – Le magasin est ouvert à 9 heures. – Tout peut être recyclé.

Elle véhicule parfois une idée d'obligation.

La soupe se mange chaude.

peut se paraphraser par *La soupe doit être mangée chaude.*

– Pronominal autonome : de nombreux verbes possèdent une construction pronominale et une construction non pronominale : ils se distinguent par le sens et parfois par la construction.

*Je **m'aperçois** de mon erreur./J'**aperçois** la fin du tunnel.*
*Elle **se replie** sur elle-même./Elle **replie** la nappe.*

Dans les constructions pronominales passive et autonome, le pronom réfléchi n'est pas analysable, on ne peut pas lui assigner une fonction syntaxique.

2. Les verbes pronominaux (ou *verbes intrinsèquement pronominaux*) ne s'emploient qu'à la forme pronominale : le pronom réfléchi fait partie intégrante, à la manière d'un préfixe, de la forme du verbe, qui ne peut pas s'en passer (*se souvenir*/☹ *souvenir*).

Je me souviens des jours anciens et je pleure. (Verlaine)

Les verbes pronominaux (une soixantaine) peuvent être intransitifs (*s'écrouler, s'évanouir, etc.*) ou transitifs (*se souvenir de qqch, se méfier de qqn, etc.*).

Approfondissement

a. Une même forme pronominale peut recevoir plusieurs interprétations, en fonction de son sujet et éventuellement de ses objets. Ainsi, *se battre* peut être interprété comme pronominal réfléchi réflexif (*Il se bat lui-même.* comme Tartuffe avec sa discipline) ou réciproque (*Les enfants se battent.*), passif (*Pour une bonne omelette, les œufs se battent longtemps.*), autonome (*Ludwig se bat (lutte) contre son destin.*).

b. L'accord du participe passé des verbes pronominaux est très compliqué. On peut dérouler une liste de règles et d'exceptions suivant les cinq cas présentés, en fonction du statut du pronom réfléchi, ou bien tenter de formuler une règle simplifiée : le participe passé des verbes pronominaux s'accorde avec le sujet, sauf si le pronom réfléchi peut se voir assigner une autre fonction que complément d'objet direct.

▶ *infra* 6 (p. 182)

Ils se sont embrassés. – Elle s'est coiffée. → accord, car *se* et *s'* sont COD
Elles se sont lavé les mains. → non accord, car *se* n'est pas COD (*les mains* est COD)
Les orateurs se sont succédé à la tribune. → non accord, car *se* est COI
Les murs se sont écroulés. → accord, car *se* n'est pas analysable

3 Le mode

Les modes du verbe sont des moyens de classement des formes verbales. Ce sont les diverses manières de concevoir et de présenter l'action exprimée par le verbe. On distingue cinq modes verbaux répartis en modes personnels et en modes impersonnels.

● **Les modes personnels ou conjugués :** le verbe varie selon les personnes grammaticales.

infra 5.1 ◀ (p. 156)

1. L'indicatif[3] **est le mode de l'assertion, de l'actualisation de l'action verbale,** qu'il présente le plus souvent comme certaine (*il arrive*) ou probable (*il arrivera*). Il est le seul mode temporel car il est apte à situer l'action verbale dans la chronologie (passé, présent, avenir).

infra 5.2 ◀ (p. 166)

2. Le subjonctif est le mode de l'interprétation de l'action verbale, envisagée comme possible ou avec un sentiment particulier, comme la volonté : *Qu'il parte. – Je souhaite/veux qu'elle revienne.*

infra 5.3 ◀ (p. 172)

3. L'impératif, essentiellement tourné vers le futur, est le mode de l'injonction et du souhait : *Sortez ! – Écoute-moi.* Défectif, il ne comporte que les deuxièmes personnes du singulier et du pluriel, et la première personne du pluriel : *chante, chantons, chantez.*

● **Les modes impersonnels ou non conjugués : le verbe ne varie pas selon les personnes grammaticales.**

infra 5.4 ◀ (p. 174)

1. L'infinitif (*chanter, finir, avoir, être*) **est considéré comme la forme nominale du verbe,** parce qu'il peut :
– exercer les fonctions du nom ou du groupe nominal (sujet, COD, etc.) tout en ayant des emplois verbaux : *Rire est bon pour le moral. – Il aime voyager.* ;
– passer dans la catégorie du nom : *l'être, le pouvoir, le déjeuner.*

infra 5.5 ◀ (p. 177)

2. Le participe présent[4] **est considéré comme la forme adjective du verbe,** parce qu'il peut exercer les fonctions de l'adjectif tout en ayant des emplois verbaux.

*Le Labyrinthe est un film **séduisant** les adolescents.* → épithète
*Eyes wide shut est un film complexe, **appelant** à la réflexion.* → apposé

On lui associe :
– l'adjectif verbal, qui est un véritable adjectif variant en genre et en nombre : *un travail **fatigant**, une marche **épuisante*** ;
– le gérondif, qui est précédé de *en* : *Fred Astaire danse **en chantant**.*

On distingue le participe présent (*chantant, finissant*) du participe passé (*chanté, fini*).

---

3. La plupart des grammairiens placent désormais le conditionnel dans le mode indicatif. Ils considèrent que les deux temps du conditionnel (présent et passé), formés avec la marque -*r*- comme ceux du futur (simple et antérieur), leur sont symétriques dans leurs valeurs temporelles (futurs) et modales (probabilité des futurs ; possibilité ou irréel des conditionnels).
4. Certains traitent le gérondif comme un mode à part entière, en raison de sa forme spécifique en latin (*amandum, amandi, amando*), où il s'oppose au participe présent (*amans, amantis*).

4 Le temps et l'aspect

● **Le temps du verbe situe l'action verbale dans l'une des trois époques :** passé, présent, avenir.

Chaque mode comporte plusieurs temps, surtout l'indicatif qui est le seul à pouvoir situer précisément l'action verbale dans chacune des trois époques.

passé   présent   avenir
Je t'aimais, je t'aime et je t'aimerai. (F. Cabrel)

Les appellations des temps du verbe sont souvent trompeuses. Si le terme *présent* peut désigner l'époque actuelle (*En ce moment, je travaille.*), un temps grammatical « présent » peut aussi situer l'action dans l'avenir (*Je pars demain pour Bakou. – Je souhaite qu'elle revienne bientôt.*) ou dans n'importe quelle autre époque (*Il voulait/veut/voudra partir. Pour le mode infinitif, c'est le verbe principal qui détermine l'époque.*).
Il faut donc distinguer le temps du verbe, forme grammaticale, et l'époque désignée, repérée par rapport au présent de l'énonciation.

Le temps du verbe est indiqué par les terminaisons verbales, les auxiliaires et aussi les compléments de temps, adverbes (*hier, demain*), ou groupes nominaux ou prépositionnels (*la semaine prochaine, en 1789*).

● **L'aspect du verbe saisit l'action dans son déroulement,** c'est-à-dire dans la durée et dans les parties de la durée où elle se déroule, indépendamment de toute chronologie.

début   fin
Il commence   Il chante.   Il finit   Il a chanté.
à chanter.   de chanter.

Il commence à chanter. → aspect inchoatif (action qui commence)
Il finit de chanter. → aspect terminatif (action en cours d'achèvement)
Il chante tous les soirs. → aspect itératif (action qui se répète)
Il chante. → aspect inaccompli (action non achevée)
Il a chanté. → aspect accompli (action achevée)

L'aspect se marque par :
– des auxiliaires d'aspect suivis d'une préposition et d'un infinitif (*commencer à parler, finir de manger,* etc.) ;
– les temps verbaux eux-mêmes ;
– des affixes (*re-venir, jaun-ir*) ;
– des compléments de temps (*itératif* : *tous les soirs, souvent,* etc.).

▶ La dérivation (**2.1**,1 p. 50)

La **distinction accompli/inaccompli** se marque à tous les modes par l'opposition entre les temps composés (*avoir, être* + participe passé) et les temps simples.
– Les temps composés marquent l'accompli : *Il a/ avait/ eut/ aura/ aurait chanté* ; *qu'il ait/ eût chanté* ; *avoir/ ayant chanté*.
– Les temps simples marquent l'inaccompli : *il chante/ chantait/ chanta/ chantera/ chanterait* ; *qu'il chante/ chantât* ; *chanter* ; *chantant*.

5 La personne et le nombre

La personne et le nombre sont liés. Ils sont déterminés par le sujet du verbe. On distingue :
– **trois personnes grammaticales** : la 1re, la 2e et la 3e ;
– **deux nombres** : le singulier et le pluriel.
Ce qui donne six personnes différentes.

La personne et le nombre sont indiqués dans les tableaux de conjugaison par les pronoms personnels sujets : *je, tu, il/elle/on, nous, vous, ils/elles*. Ils peuvent aussi être marqués par les désinences verbales, de façon différente à l'oral et à l'écrit :

Au présent du verbe *crier* : *je crie, tu cries*, etc.
– l'écrit distingue cinq personnes différentes : *-e, -es, -e, -ons, -ez, -ent*,
– l'oral trois seulement : *zéro*, [ɔ̃], [e].

4 Les conjugaisons des verbes

1 Radical et terminaisons

● **Une forme verbale simple s'analyse en deux éléments :** **[radical + terminaison].**

radical   terminaison

dans- → Le radical porte le sens lexical du verbe.
-ai- (imparfait de l'indicatif) + *-t* (3e personne du singulier)
→ La terminaison peut porter des indications grammaticales de mode, temps, aspect, personne et nombre.

● **Une forme verbale composée s'analyse aussi en deux éléments :** **[auxiliaire + verbe au participe passé].**

a + *dansé*   *est* + *allée*
a → auxiliaire avoir   *est* → auxiliaire être
dansé → pp. du verbe danser   *allée* → pp. du verbe aller (*féminin singulier*)

LE VERBE 5

2 Les terminaisons verbales

Tableau des finales verbales aux temps simples

	Verbes en -er /e/			Autres verbes /ʀ/		
INDICATIF						
Présent	-e	-es	-e	-s	-s	-t
	-ons		-ez	-ent		
Imparfait	-ais		-ais	-ait		
	-ions		-iez	-aient		
Passé simple	-ai	-as	-a	-is	-is	-it
	-âmes	-âtes	-èrent	-îmes	-îtes	-irent
				-us	-us	-ut
				-ûmes	-ûtes	-urent
				-ins	-ins	-int
				-înmes	-întes	-inrent
Futur	-erai	-eras	-era	-rai	-ras	-ra
	-erons	-erez	-eront	-rons	-rez	-ront
Conditionnel[5] présent	-erais	-erais	-erait	-rais	-rais	-rait
	-erions	-eriez	-eraient	-rions	-riez	-raient
IMPÉRATIF						
Présent	-e	-ons	-ez	-s	-ons	-ez
SUBJONCTIF						
Présent	-e		-es	-e		
	-ions		-iez	-ent		
Imparfait	-sse		-sses	-ˆt		
	-ssions		-ssiez	-ssent		
INFINITIF						
Présent	-er			-ir	-re	-oir
PARTICIPE						
Présent	-ant					
Passé	-é			-i	-u	-s	-t

---

5. Le conditionnel est un temps de l'indicatif, symétrique du futur (morphologiquement et sémantiquement).

Tableaux de conjugaison (Annexe 4 p. 400)

En règle générale, les marques de personne et de nombre suivent les marques de temps et de mode.

● Personne et nombre

– Au présent de l'indicatif, on distingue à l'écrit deux séries de terminaisons (**-e**, **-es**, **-e** et **-s**, **-s**, **-t**), auxquelles il faut ajouter une sous-série limitée au singulier en **-x, -x, -t.**

pouvoir, valoir, vouloir → je peux, tu peux, il peut

Les verbes en **-dre** ne prennent pas le **-t** à la 3ᵉ personne du singulier (le **-d** final fait partie du radical).

il apprend / coud / perd / répand / tond / tord

– Au futur, au passé simple et à son correspondant, l'imparfait du subjonctif, les terminaisons de personne et de nombre sont particulières. À l'oral, les finales du futur **-ons** et **-ont** sont identiques, de même que les finales **-a** et **-as.**

– Aux autres temps, les finales sont régulières.
On retrouve, au singulier, les séries **-s, -s, -t** à l'imparfait, au conditionnel et au passé simple des verbes autres qu'en **-er.**

il venait / viendrait / vint – il finissait / finirait / finit

– À tous les temps, sauf au passé simple, les 1ʳᵉ et 2ᵉ personnes du pluriel ont les finales les plus régulières : **-ons** et **-ez.** Elles sont nettement distinguées à l'oral.

● Temps et mode

– Le présent de l'indicatif n'a pas de marques spécifiques.

– Le présent du subjonctif s'en distingue aux deux 1ʳᵉˢ personnes du pluriel (identiques à celles de l'imparfait de l'indicatif).

que nous chantions / nous chantions – que vous chantiez / vous chantiez

– Le présent de l'impératif des verbes en **-er** ne prend pas de **-s** à la 2ᵉ personne du singulier : *chante.*

– L'imparfait de l'indicatif se caractérise par les marques **-ai-** et **-i-** aux 1ʳᵉ et 2ᵉ personnes du pluriel.

il chant-ai-t / nous chant-i-ons – il ven-ai-t / nous ven-i-ons

– Le passé simple et l'imparfait du subjonctif comportent quatre sortes de voyelles spécifiques : **-a-, -i-, -in-** et **-u-.**
En dehors des verbes en **-er**, nettement analysables (*il chant-a, qu'il chant-ât*), on ne peut généralement pas séparer le radical de la terminaison : la voyelle spécifique fait tantôt partie du radical (*il vi-t, qu'il vî-t*) ; tantôt de la terminaison (*il cour-u-t*). Dans le premier cas, le radical et la marque du temps sont amalgamés (*il eu-t, qu'il eû-t ; il fu-t, qu'il fû-t ; il fini-t, qu'il finî-t*).

Comment trouver l'imparfait du subjonctif ?

L'imparfait du subjonctif est formé comme le passé simple.
On peut trouver l'imparfait du subjonctif en partant de la 3ᵉ personne du singulier du passé simple, qui se prononce de la même façon (mais s'écrit différemment).

il chanta → qu'il chantât – il finit → qu'il finît – il mourut → qu'il mourût

Une fois identifiée la base temporelle, on peut ajouter la marque de personne-nombre qui convient.

– Le futur simple et le conditionnel présent partagent la marque *-r-*, éventuellement précédée d'une voyelle (*-er, -ir*).

il chant-er-a, il fini-r-a, il part-ir-a, il viend-r-a

À cette marque du futur, le conditionnel ajoute celles de l'imparfait de l'indicatif.

il chant-er-ai-t, il fini-r-ai-t, il viend-r-ai-t

Les modes nettement marqués sont l'infinitif et le participe.

– L'infinitif peut avoir quatre terminaisons à l'écrit : *-er, -ir, -oir, -re* ; la voyelle de la désinence *-ir* peut être amalgamée au radical (*finir*) ou isolée de lui (*part-ir, ven-ir*).

– Le participe présent a une seule terminaison : *-ant*.

– Le participe passé peut avoir plusieurs terminaisons, certaines amalgamées au radical (*eu, vu, fini*).

3 Les auxiliaires

Les auxiliaires sont des verbes dépourvus de sens lexical qui sont associés à un verbe pour apporter des indications temporelles, aspectuelles ou modales.

● **Les auxiliaires *avoir* et *être* servent à former les temps composés des verbes.**

▶ *Avoir, être* (Annexe **4** p. 400)

– L'auxiliaire *avoir* est le plus fréquent : *il a chanté/fini/vu*.
– L'auxiliaire *être* s'emploie pour former les temps composés de certains verbes, notamment des verbes de mouvement (*il est arrivé/parti/venu*), et aussi des verbes pronominaux et des constructions pronominales (*il s'est lavé, elle s'est coiffée*).

Le choix de l'auxiliaire peut exprimer une différence de sens du verbe.

Il est tombé. → *intransitif* (= Il a chuté.)
On a tombé la veste. → *transitif* (= On a enlevé...)

Il est descendu. → *intransitif* (= mouvement)
Il a descendu les poubelles. → *transitif* (= action)

● **Quelques verbes sont auxiliaires quand, suivis d'un infinitif, ils apportent différentes indications.**

Auxiliaire	Apport de sens	Exemple
aller	futur proche	*Quelqu'un qui va partir ne le dit pas.* (A. Monnier)
venir (de)	passé proche	*Mon télégramme venait de partir.* (Proust)
pouvoir	possibilité	*Je peux le faire.* (P. Dac)
devoir	obligation ou probabilité	*Un prince doit venir.* (P. Lepère)
commencer (à)	début de l'action	*Il commence à neiger.* (J. Giono)
finir (de)	fin de l'action	*T'as pas fini de tourner.* (M. Audiard)
faire	le sujet fait réaliser l'action par un tiers	*L'amour fait se rencontrer et se heurter deux plaisirs essentiels mais contraires.* (J. Salomé)

4 Le radical verbal

À part les verbes en *-er*, globalement réguliers, de nombreux verbes connaissent une variation de leur radical.

On appelle bases* les différentes formes que peut prendre le radical du verbe en fonction des modes, des temps et des personnes.
Le présent de l'indicatif peut posséder deux ou trois bases différentes :

il fini-t / ils finiss-ent → deux bases
il doi-t / nous dev-ons / ils doiv-ent → trois bases

À l'oral, c'est souvent la variation du radical qui permet d'identifier la personne.

Comment trouver la base verbale à un temps donné ?

1. Quand un verbe a plusieurs bases, on peut considérer que la forme principale du radical n'est pas donnée par l'infinitif, mais par le participe présent : *finiss-ant, dev-ant, ven-ant*.
Cette base se retrouve à l'imparfait de l'indicatif (*finiss-ait, dev-ait, ven-ait*) et aux 1re et 2e personnes du pluriel de l'indicatif présent (*finiss-ons, dev-ons, ven-ons*) et du subjonctif présent (*finiss-i-ons, dev-i-ons, ven-i-ons*).

2. Le futur simple et le conditionnel présent partagent le plus souvent la même base que l'infinitif : *chanter : il chantera/chanterait ; finir : il finira/finirait*.
Mais pas toujours : *savoir : il saura/saurait ; venir : il viendra/viendrait ; vouloir : il voudra/voudrait*.

3. L'impératif présent est formé sur les bases de l'indicatif présent, sauf pour quelques verbes qui sont formés sur celles du subjonctif : *aie, sache, sois, veuille.*

4. Comme on l'a vu, le passé simple et l'imparfait du subjonctif sont formés sur la même base : *il **fut**/qu'il **fût** ; il **chant**a/qu'il **chant**ât ; il **fin**it/qu'il **fin**ît ; il **sut**/qu'il **sût** ; il **vin**t/qu'il **vîn**t.*

> supra 4.2 (p. 151)

5. Quand on connaît le participe passé, on peut former les temps composés : *il a chanté/fini/couru/vu.*

5 Le classement des verbes

Pour donner des règles générales de formation des temps du verbe, on a constitué des groupes de verbes. Les groupes de la tradition scolaire s'inspirent de ceux de la grammaire latine (quatre conjugaisons, plus une mixte : *amare, delere, legere, audire + capere*).

● **Depuis la nomenclature grammaticale de 1910, on distingue trois groupes de verbes.**

1ᵉʳ groupe	verbes en *-er*	*chanter*	90 % des verbes ; environ 4 000
2ᵉ groupe	verbes en *-ir*	*finir*	environ 300 verbes
3ᵉ groupe	autres verbes : en *-ir* en *-oir* en *-re*	*partir* *savoir* *prendre*	

Ces trois groupes sont hétérogènes : les deux premiers contiennent des verbes réguliers ; le troisième mêle toutes sortes de verbes, des plus réguliers (*offrir*) aux plus irréguliers[6] (*être*).

Les verbes en *-ir* sont répartis en deux groupes, sur la base du participe présent (*finissant, partant*) ; bien que celui-ci ait une terminaison unique *-ant*, la distinction des deux groupes repose en réalité sur l'opposition entre une base longue du verbe (*finiss-ant*) et une base courte (*part-ant, ven-ant*).

Certains linguistes (Jean Dubois) ont proposé un classement en fonction des variations orales du radical du verbe, qui va des verbes à base unique (*chant-er, cueill-ir*) aux verbes à cinq bases (*vouloir*) ; le plus variable, le verbe *être*, possède sept bases différentes.

---

6. Un *verbe irrégulier* est un verbe dont les différentes bases ne sont pas prévisibles. Ce sont souvent les verbes les plus fréquents : *être, avoir, faire, aller, dire, voir, savoir, pouvoir, vouloir, falloir, venir*. Ce n'est pas un hasard, car leurs nombreuses bases aident à différencier les personnes, notamment à l'oral.

• Pour simplifier les choses, on pourrait se contenter d'opposer deux classes de verbes, en tenant compte de l'infinitif et de la variation au singulier du présent de l'indicatif.

1re classe	verbes en -er [e]	chanter	terminaisons -e, -es, -e au singulier du présent
2e classe	verbes en -ir	venir, finir	– infinitif toujours terminé par un -r prononcé [R]
	verbes en -oir	devoir (vouloir)	– terminaisons -s, -s, -t au singulier du présent (avec la variante -x, -x, -t)
	verbes en -re	mettre	

➤ Tableaux de conjugaison (Annexe 4 p. 400)

5 L'emploi des temps et des modes du verbe

1 Temps de l'indicatif

supra 3.3 ◄ (p. 147)

L'indicatif est le mode de l'actualisation de l'action verbale, qu'il peut situer dans l'une des trois époques (passé, présent, avenir). C'est le mode qui comporte le plus grand nombre de temps verbaux.

Temps simples	Temps composés
– présent	– passé composé
– imparfait	– plus-que-parfait
– passé simple	– passé antérieur
– futur simple	– futur antérieur
– conditionnel présent	– conditionnel passé

On observe une symétrie entre ces temps verbaux : à chaque temps simple correspond un temps composé, qui exprime l'accompli ou l'antériorité par rapport au temps simple.

Remarque : certaines grammaires ajoutent une série de formes surcomposées comportant un double auxiliaire. Dans l'usage réel, seul le passé surcomposé est vraiment employé, en corrélation avec le passé composé ou l'imparfait pour indiquer une action antérieure.

*Le silence était complet dans la salle quand elle **a eu fini**.* (Camus)

*Aussitôt que j'**ai eu envoyé** mon paquet, j'ai appris, ma bonne, une triste nouvelle.* (Mme de Sévigné)

En français, les temps du passé sont nombreux : ces cinq temps ont des valeurs qui ne sont pas toutes strictement temporelles. Seul l'indicatif possède des temps indiquant l'avenir. Ces temps, le futur et le

LE VERBE 5

conditionnel, sont parallèles ; ils possèdent chacun des valeurs temporelles et des valeurs modales.

● **Le temps du présent**

Le présent de l'indicatif est le temps le plus employé à l'oral et à l'écrit ; il peut prendre des valeurs très variées. Ce temps grammatical ne possède pas de marques spécifiques, contrairement aux temps du passé et du futur. C'est tout l'énoncé où il est employé qui prend une valeur temporelle en fonction de la situation d'énonciation ou du contexte.

a. Un intervalle temporel étroit ou large
Un énoncé au présent, sauf indications contraires, est situé dans l'époque présente.

> *Et maintenant il **est** trop tard.* (S. Beckett)

Il peut occuper un intervalle de temps plus ou moins large.
– Présent étroit : un énoncé performatif*, qui sert à accomplir un acte de langage, coïncide avec le moment de l'énonciation.

> *Je te **félicite** pour ta promotion.*
> Le locuteur accomplit, par cet énoncé à la première personne du singulier, un acte de félicitation s'adressant directement à son interlocuteur.

– Présent large : suivant le sens du verbe ou les indications temporelles, un énoncé au présent peut occuper un espace temporel plus large.

> *Est-ce que c'**est** un travail pour un homme, celui que tu **fais** là ?*
> (M. Condé, *Traversée de la Mangrove*)
>
> *Dès qu'on **raconte**, on **truque**. On **transpose**, on **dispose**. On **pose**.*
> (S. Doubrovsky, *Le Livre brisé*)

Un complément peut indiquer le début ou la fin de l'action.

> *Ce magasin **est ouvert** de 10 heures à 19 heures.* – *Je l'**attends** jusqu'à minuit.*

– Le « présent d'habitude » indique une action qui se répète (aspect itératif, indiqué par un complément de temps).

> *Elle **va** à la piscine souvent/tous les jours.*

– Un énoncé au présent permanent occupe un espace temporel très vaste, englobant le passé et l'avenir. C'est le cas des faits d'expérience (*L'eau **bout** à 100 °C.*), des définitions (*L'aurore **est** une lueur rosée qui suit l'aube et précède le lever du soleil.*), des proverbes ou des maximes (*Le soleil ni la mort ne se **peuvent** regarder fixement.* (La Rochefoucauld) ; *Pierre qui **roule** n'amasse pas mousse.*). On parle de présent « omnitemporel ».
– Des expressions figées au présent, comme *est-ce que, n'importe, on ne sait qui* sont situées à n'importe quelle époque indiquée par le verbe de la phrase.

> *Est-ce qu'il a couru/court/courra ?*

157

b. Passé ou futur
Un énoncé au présent peut se situer dans le futur ou dans le passé.
– Lorsque le verbe est accompagné d'un complément de temps, l'action peut se situer dans le futur (*Il revient demain du Pérou.*). La réalisation de cette action est plus assurée qu'avec le futur, qui indique la simple probabilité (*Il reviendra.*).
– L'action peut aussi se situer dans le passé, généralement proche, indiqué par le sens du verbe qui exprime souvent un mouvement.

*Virginie **quitte** Paul à l'instant.*

– Dans une subordonnée de condition introduite par *si*, le présent situe l'action verbale dans l'avenir, en corrélation avec le futur de la principale.

*S'il **revient** du Pérou, il nous **présentera** les photos de son voyage.*

– Dans un récit, le « présent historique », aussi dit de narration, évoque des faits passés.

*Un jour deux Pèlerins sur le sable **rencontrent**
Une Huître que le flot y venait d'apporter :
Ils l'**avalent** des yeux, du doigt ils se la **montrent** ;
À l'égard de la dent il fallut contester.* (J. de La Fontaine, *Fables*, IX, 9)

Dans le contexte passé, l'emploi du présent donne l'impression que l'action se déroule actuellement.

● **Les temps du passé**

1. Le passé composé indique surtout un évènement passé par rapport au présent, au moment où l'on parle, et un fait de premier plan, par opposition à l'imparfait qui indique un fait secondaire.

*Lorsque j'**ai commencé** à passer mes après-midi dans la salle de bain, je ne comptais pas m'y installer.* (J.-Ph. Toussaint, *La Salle de bain*)

Le passé composé marque la succession chronologique des actions.

*Quand ils **ont aperçu** M. le sous-préfet avec sa belle culotte et sa serviette en chagrin gaufré, les oiseaux **ont eu** peur et **se sont arrêtés** de chanter.* (A. Daudet)

Avec cette valeur, le passé composé remplace le passé simple, notamment à l'oral mais aussi à l'écrit, Albert Camus a popularisé cet emploi dans *L'Étranger*.

*Aujourd'hui j'**ai** beaucoup **travaillé** au bureau. Le patron **a été** aimable. Il m'a demandé si je n'étais pas trop fatigué et il **a voulu** savoir aussi l'âge de maman.*

Remarque : le passé composé ne présente pas l'évènement passé de la même manière que le passé simple.
– Grâce à son auxiliaire au présent, le passé composé marque un lien vivant entre cet évènement et le moment présent où il est évoqué.

*J'**ai pris** le train pour Paris.*
L'évènement est relié au temps de l'énonciation (ou au moment où l'on parle).

– Le passé simple, au contraire, présente des faits passés qui sont coupés de la situation d'énonciation et qui peuvent être situés dans un passé lointain.

> *En passant dans un bois, elle **rencontra** compère le Loup.* **(Perrault)**

Approfondissement

Le passé composé peut avoir deux autres valeurs.

a. Accompli du présent

– Sur le plan aspectuel, le passé composé exprime l'accompli du présent.

> *Dans la phrase L'hiver **est arrivé**, c'est l'achèvement de l'action qui compte au moment où je parle (= L'hiver est là.).*

Cette valeur d'accompli est particulièrement marquée pour les verbes employés avec l'auxiliaire *être*, qui mettent davantage en valeur le résultat présent que l'action passée.

> *C'est signe de grand hiver. […] la tortue s'**est** déjà enterrée.* **(Colette)**

– Avec un complément de temps approprié, le passé composé peut présenter, à la place du futur antérieur, une action future comme si elle était accomplie.

> *J'**ai fini** de travailler dans cinq minutes.* (au lieu de : *J'aurai fini de travailler…*)

b. Antérieur du présent

Le passé composé peut aussi exprimer un fait antérieur au présent, surtout dans une phrase complexe où il est employé en corrélation avec le présent.

> *Quand l'hiver **est arrivé**, on sort les anoraks.*
> Le passé composé *est arrivé* indique une action antérieure au présent *sort*.

Remarque : une forme verbale comprenant *être* + participe passé n'est pas toujours un passé composé.

> *L'hiver **est arrivé**.*
> → passé composé qu'on peut remplacer par une forme simple : *L'hiver arrive.*

> *Le malade **est soigné** par le médecin.*
> → phrase passive : *est soigné* est le présent passif du verbe soigner, comme le prouve le retour à la phrase active : *Le médecin soigne le malade.*

▶ La forme passive (**4.4**,3 p. 266)

Cette confusion est également possible avec les autres temps composés, comme le plus-que-parfait (*être* à l'imparfait + participe passé) : *L'hiver **était arrivé**. – Le malade **était soigné** par le médecin.*

2. L'imparfait de l'indicatif s'oppose au passé simple ou au passé composé, pour des raisons non pas chronologiques, mais aspectuelles : l'imparfait n'envisage pas les limites de l'action verbale, qu'il présente sans début ni fin ; cela lui permet de s'accorder avec l'expression de la durée, si le sens du verbe le permet.

> *Ils **marchaient** depuis la première aube, sans s'arrêter, la fatigue et la soif les **enveloppaient** comme une gangue.* (J.M.G. Le Clézio, *Désert*)
> Une borne initiale est donnée à cette marche, mais aucune limite finale ne lui est assignée.

En l'absence de limite finale, l'action verbale à l'imparfait peut être interrompue par une action verbale au passé simple.

> Nous **allions**, côte à côte, Karl et moi, le dos courbé, les mains dans nos poches et le fusil sous le bras. [...] Tout à coup, au détour d'une des allées, j'**aperçus** la hutte de glace qu'on avait construite pour nous mettre à l'abri. J'y **entrai**... (Maupassant)

a. L'« imparfait d'habitude », associé ou non à un complément approprié, peut exprimer la répétition d'une action passée.

> À chaque repas, il **racontait** avec enthousiasme ses promenades. (Maupassant)
> Assis près de la fenêtre, dans son grand fauteuil, il **lisait** du matin au soir. (A. France)

b. L'imparfait permet de faire voir, comme dans un tableau continu, plusieurs actions se déroulant ensemble dans le passé. Dans un récit, il convient pour exprimer des faits d'arrière-plan (commentaires, descriptions, etc.), par rapport aux évènements exprimés par le passé simple ou le passé composé.

> Charge (= beaucoup) de nègres du Quartier **délaissaient** leur jardin. Du mardi au vendredi, ils **allaient** travailler aux chaudières de l'Usine ou à d'autres machines. Le reste de leur temps **se consacrait** aux rêves amoindris des hauteurs. (P. Chamoiseau, Texaco)

c. Dans le discours indirect, l'imparfait est employé dans la subordonnée pour transposer le présent du discours direct après un verbe principal au passé.

> Mme de Villeparis me demandait pourquoi j'**avais** l'air rêveur. (Proust)
> Le discours direct serait : « Pourquoi avez-vous l'air rêveur ? »

L'imparfait exprime la simultanéité par rapport au temps passé du verbe principal. Il a la même valeur dans le style indirect libre.

> Ici, un passage de monologue intérieur.
> **Fallait**-il croire qu'ils venaient d'années déjà si lointaines de ma vie que le paysage qui les entourait avait été entièrement aboli de ma mémoire [...] ? (Proust)

d. Tout en étant un temps du passé, l'imparfait de l'indicatif possède différentes valeurs modales[7], qui ne portent pas toutes sur une action passée.

– Dans une subordonnée de condition introduite par *si*, en corrélation avec le conditionnel présent de la principale, l'imparfait exprime un fait hypothétique présent ou futur, possible ou impossible selon le contexte ou la situation.

---

7. On ne présente ici que trois valeurs modales, sachant que l'imparfait exprime bien d'autres valeurs.

> *Les querelles ne <u>dureraient</u> pas si longtemps, <u>si</u> les torts n'**étaient** que d'un côté.* (La Rochefoucauld)

– L'imparfait, associé à un complément circonstanciel indiquant le plus souvent une cause empêchante, présente un fait contraire à la réalité passée. Il est dit contrefactuel et équivaut à un conditionnel passé.

> *Pons comprit alors à quel saint dévouement, à quelle puissance d'amitié cette résurrection était due. « <u>Sans toi</u>, je **mourais** ! » dit-il en se sentant le visage doucement baigné par les larmes du bon Allemand, qui riait et qui pleurait tout à la fois.* (= sans toi, je serais mort) (Balzac)

– Dans une proposition principale ou indépendante, l'imparfait peut exprimer une demande polie, dont la force est atténuée parce qu'elle est fictivement rejetée dans le passé.

> *Je **voulais/venais** vous demander l'autorisation de quitter le bureau à 15 heures.*

3. **Le passé simple** est principalement un temps de l'écrit, en particulier du récit littéraire. Il situe l'action verbale dans le passé, mais il diffère de l'imparfait par son aspect. Le passé simple donne une vision globale de l'action verbale, qu'il présente comme nettement délimitée dans son déroulement, avec une borne finale.

> *Dans ils **voyagèrent**, l'action de se déplacer est nettement délimitée par le passé simple, qui implique un terme final ; alors qu'à l'imparfait ils voyageaient, l'action n'a pas de fin assignée, ce qui donne une impression de durée indéterminée.*

> *Elles **couchèrent** un soir dans le dortoir d'un couvent (ou d'un collège de filles) où les lits étaient séparés par des rideaux de toile blanche pendant à des tringles.* (Cl. Simon, *L'Acacia*)

Le passé simple est le temps du récit littéraire : « le fameux passé défini, "historique", qui ne sert à rien dans la vie courante mais qui est la règle dans ce roman-là » (A. Robbe-Grillet, *Le Miroir qui revient*).
Comme il présente l'action bien délimitée, le passé simple permet de faire voir plusieurs actions dans leur succession et de faire apparaitre la progression des évènements. C'est pourquoi il convient particulièrement à la narration de faits passés de premier plan, des évènements qui engagent la suite du récit.

> *Quatre personnes attendaient l'autobus qui **parut** aussitôt. Il était horriblement plein et le conducteur **passa** dédaigneusement devant l'arrêt sans même ralentir ; puis il **alla** s'arrêter au feu rouge trente mètres plus loin.* (J. Roubaud, *La Belle Hortense*)

4. **Le plus-que-parfait** est la forme composée qui correspond à l'imparfait. Comme tout temps composé, il exprime l'accompli ou l'antériorité et, comme l'imparfait, il n'assigne pas de borne initiale à l'action.

a. Il exprime l'accompli : l'action verbale est achevée au moment passé.

> Ce texte, je l'<u>ai perdu</u>. Cinq pages que j'**avais dactylographiées** sur la machine que m'**avait prêtée** Zacharias, un client du Condé. J'**avais écrit** en dédicace : Pour Louki des zones neutres.
> (P. Modiano, *Dans le café de la jeunesse perdue*)

b. Il marque l'antériorité par rapport à un repère passé, surtout dans un système principale-subordonnée, en corrélation avec un verbe à un temps du passé (imparfait, passé simple ou passé composé).

> Quand on **avait grimpé** un peu plus d'une heure dans la forêt, on <u>arrivait</u> à une sorte de plateau où la végétation <u>commençait</u> à changer. (Aragon)
> Joss <u>vit</u> clairement que quelque chose **s'était produit**.
> (F. Vargas, *Pars vite et reviens tard*)

Cependant, ces deux valeurs, aspectuelle et temporelle, sont souvent indissociables.

c. Le plus-que-parfait possède aussi des emplois symétriques à ceux de l'imparfait, entre autres :
– dans une subordonnée de condition introduite par *si*, le plus-que-parfait s'emploie, en corrélation avec le conditionnel passé de la principale, pour exprimer un fait irréel dans le passé.

> <u>Si</u> j'**avais gagné** au loto, j'<u>aurais acheté</u> un voilier de 42 pieds.

– dans une formule de politesse, il sert aussi à atténuer une assertion, en la rejetant dans le passé.

> J'**étais venu** vous demander la main de votre fille.

5. Le passé antérieur est un temps composé de l'écrit, qui correspond au passé simple et dont les emplois sont limités : *il eut chanté, il fut parti*.

a. Il exprime le plus souvent l'antériorité dans un système principale-subordonnée, placé généralement dans une subordonnée de temps, en corrélation avec le passé simple ou avec l'imparfait.

> Quand j'**eus fait** assez de faux pas clopin-clopant, je <u>vis</u> à ma main gauche une porte. (Daudet)

b. Il exprime l'accompli dans le passé, en proposition indépendante (emploi rare).

> Enfin l'écureuil **eut mangé**. (M. Genevoix).

● **Les temps du futur**

1. Le futur simple

a. Valeur temporelle

Comme son nom l'indique, le futur simple situe l'action verbale dans l'avenir par rapport au moment de l'énonciation, seul (1) ou accompagné d'un complément de temps (2).

LE VERBE 5

*Je **partirai**.* (1)
Demain, dès l'aube, à l'heure où blanchit la campagne,
*Je **partirai**.* (Hugo) (2)

Des verbes au futur qui se suivent peuvent indiquer le plus souvent la succession des actions verbales.

*J'**irai** par la forêt, j'**irai** par la montagne.* (Hugo)

Dans l'expression de l'avenir, le futur simple est concurrencé par :
– le présent de l'indicatif ;
– l'auxiliaire *aller* au présent suivi de l'infinitif du verbe : *Roland, tu **vas mourir**, rends-toi, criait le More.* (Vigny) Dans ce cas, *aller* + infinitif présente l'action verbale à venir comme imminente (« futur proche »). Comparer : *Le train de Toulouse **partira** à 7 h 48.* et *Le train de Toulouse **va partir**.* ;
– par les auxiliaires *pouvoir* et *devoir* au présent qui expriment respectivement la possibilité et la probabilité : *Il **peut** venir.* – *Il **doit** venir.*

> supra 1b (p. 158)

b. Valeurs modales
Le futur simple peut exprimer différentes valeurs modales associées à l'avenir, selon la situation dans laquelle la phrase est employée.
– Futur injonctif : une phrase au futur, qui a un sujet à la 2ᵉ personne, peut exprimer un ordre moins pressant que l'impératif.

*Vous me **verserez** un acompte de 30 % pour valider votre commande.*

– Futur de promesse : en employant *je*, le locuteur s'engage à accomplir une action dans l'avenir.

*Je **ferai** reculer le chômage.*

– Futur d'atténuation : le futur employé au lieu du présent peut atténuer une affirmation, souvent à la 1ʳᵉ personne.

*« Mon frère, dit-elle, je vous **prierai** de sortir avec moi. »* (Mérimée)

2. Le futur antérieur, comme tout temps composé, exprime l'accompli ou l'antériorité.

a. Il peut présenter une action verbale accomplie dans l'avenir, généralement associée à un complément de temps qui donne le repère temporel.

*En 2031, une nouvelle ère glaciaire aura détruit toute vie sur Terre, à l'exception de quelques personnes qui **seront montées** dans le train Snowpiercer (Transperceneige).*

b. Il marque l'antériorité, en corrélation avec un futur simple, dans une phrase complexe.

*Une fois que vous m'**aurez écouté**, vous **pourrez** voir, si vous voulez, de quel côté se tient la vérité.* (M. Genevoix)

c. Il peut parfois exprimer une supposition portant sur le passé, et non sur l'avenir.

*Je pense que vous **aurez appris** par la radio cette triste nouvelle.*

● **Les temps du conditionnel**
On ne traite plus le conditionnel comme un mode, mais comme un temps de l'indicatif : les deux formes du conditionnel (*parlerait, aurait parlé*) sont symétriques des deux formes correspondantes du futur (*parlera, aura parlé*), dont elles partagent la marque *-r-*. Elles s'y opposent par leurs valeurs temporelles et modales.

1. Le conditionnel présent

a. Valeur modale

Le conditionnel présent possède une valeur modale fondamentale qui s'oppose à celle du futur. Ces deux temps n'envisagent pas l'avenir de la même façon : le conditionnel présent envisage l'action à venir avec une forte incertitude (hypothétique), alors que le futur simple l'envisage comme probable.

> Je **partirais** demain.   →   *incertain, imaginaire (conditionnel présent)*
> Je **partirai** demain.   →   *probable (futur simple)*

Le conditionnel envisage la réalisation imaginaire de l'action : au mieux, elle est possible ; souvent, elle est impossible.

> Devant le tribunal, elle **invoquerait** l'infortune d'avoir été toute sa vie embarrassée de parents mal policés. Elle ne **purgerait** que trois ans de prison au cours desquels elle **se musclerait** dans la salle de sport, **perdrait** trois kilos en modérant sa ration, et **apprendrait** à jouer de l'harmonium à la chapelle. (R. Jauffret, *Univers univers*)

◄ La concordance des temps (**5.5**,1 p. 318)

Cette valeur du conditionnel présent se manifeste nettement dans les systèmes hypothétiques. En corrélation avec l'imparfait de la subordonnée introduite par *si*, le conditionnel de la principale présente une action possible (1) ou impossible (2).

> *Si je* **rencontrais** *une opportunité, je* **changerais** *de métier.* (1)
>
> *Tout pesé, si j'*avais *à recommencer ma vie, avec le droit d'y faire des ratures, je n'y* **changerais** *rien.* (E. Renan) (2)

La phrase (1) peut exprimer, selon le contexte ou la situation :
– un fait possible dans l'avenir, si la condition est satisfaite
(= *je rencontrerai une opportunité*) ;
– un fait impossible dans le présent, si la condition n'est pas réalisée au moment où je parle (= *je n'ai pas rencontré d'opportunité*).
La tradition parle de « potentiel » dans le premier cas et d'« irréel du présent » dans le second.
On peut aussi rencontrer le conditionnel dans deux propositions juxtaposées, la première exprimant la condition.

> Je **rencontrerais** *une opportunité, je* **changerais** *de métier.*

Approfondissement

En dehors des systèmes hypothétiques, le conditionnel, malgré son nom, n'indique pas forcément que la réalisation d'une action est soumise à une condition.
– Le conditionnel peut atténuer une demande, un souhait ou un conseil.

> J'**aimerais** faire le tour du monde.
>
> Je m'présente, je m'appelle Henri, J'**voudrais** bien réussir ma vie, être aimé…
> (D. Balavoine)

– La presse emploie le conditionnel pour une information incertaine, précisant qu'elle est donnée… « au conditionnel ».

> Le prix du gazole **augmenterait** de 10 centimes et celui de l'essence SP 95 **baisserait** d'autant.
>
> On **pourrait** survivre seul sur Mars.

b. Valeur temporelle

Le conditionnel présent peut avoir aussi une valeur temporelle : il situe un fait futur par rapport à un moment passé.

> Ariane pensait que Thésée sortirait du labyrinthe. (1)
>
> Ariane pense que Thésée sortira du labyrinthe. (2)

En (1), le conditionnel présent sortirait, employé dans une subordonnée complétive, indique le futur par rapport à l'imparfait pensait de la principale.
En (2), le futur simple sortira indique le futur par rapport au présent pense de la principale.

> Quand Georges Duroy se retrouva dans la rue, il hésita sur ce qu'il **ferait**.
> (Maupassant)
>
> Elle dit *(passé simple)* qu'elle **se rappellerait** l'adresse, demain trois heures.
> (J. Echenoz, *Cherokee*)

Cette règle de concordance des temps s'applique au style indirect libre, fréquent dans la littérature.   ▶ Le discours (**6.5**, 3 p. 383)

> Thésée sortirait du labyrinthe grâce à son fil, se disait Ariane.

Remarques :
a. Dans ces emplois temporels, la valeur modale du conditionnel est souvent présente en filigrane : l'action au conditionnel peut aussi être sentie comme possible ou incertaine.
b. Le conditionnel présent est concurrencé dans cet emploi temporel par le verbe *aller* à l'imparfait suivi de l'infinitif : *Ariane pensait que Thésée* **allait sortir** *du labyrinthe.* On dit qu'*aller* + infinitif exprime le prospectif.

2. Le conditionnel passé

Les emplois du conditionnel passé sont parallèles à ceux du conditionnel présent.

a. Valeurs modales

Le conditionnel passé situe un fait dans le passé, alors que le conditionnel présent le situe dans le présent ou dans l'avenir.

> *Moi, j'**aurais aimé** aider ma mère à débarrasser la table de la cuisine après le dîner. Sur la table, il y **aurait eu** une toile cirée à petits carreaux bleus.*
> (G. Pérec, *W ou le Souvenir d'enfance*)

– Dans les systèmes hypothétiques, en corrélation avec une subordonnée au plus-que-parfait introduite par *si*, le conditionnel passé de la principale présente une action qui ne s'est pas réalisée dans le passé : on parle d'« irréel du passé ».

> *Si M. de Sens avait été à Sens, je l'**aurais vu**.* (Mme de Sévigné)

– Avec le conditionnel passé, l'atténuation de la demande est plus forte qu'avec le conditionnel présent, car elle est fictivement rejetée dans un passé hypothétique.

> *J'**aurais voulu** rencontrer le directeur.*

– Le conditionnel passé situe dans le passé une information incertaine.

> *L'avion avait explosé en vol. Il n'y **aurait eu** aucun survivant.*

b. Valeur temporelle

Dans une phrase complexe, comme tout temps composé, le conditionnel passé peut exprimer l'antériorité par rapport au conditionnel présent.

> *Alvin disait qu'il reviendrait quand/une fois qu'/dès qu'Annie l'**aurait appelé**.*

supra 1b ◄ (p. 165)

Comme le conditionnel présent transpose le futur simple après un verbe principal au passé, le conditionnel passé transpose le futur antérieur, exprimant en quelque sorte un « futur antérieur du passé[8] ».

> *Céladon ne sait pas encore ce qu'Astrée **aura répondu** à sa lettre.*
> verbe de la principale au présent → verbe de la subordonnée au futur antérieur
>
> *Céladon ne savait pas encore ce qu'Astrée **aurait répondu** à sa lettre.*
> verbe de la principale au passé → verbe de la subordonnée au conditionnel passé
> = « futur antérieur du passé »

2 Les temps du subjonctif

Le subjonctif exprime une action qui est envisagée dans la pensée, avec un sentiment particulier (souhait, volonté, etc.), par le locuteur, qu'elle soit réelle (1) ou non (2).

> *Je regrette qu'il **soit venu**.* (1)
> *Il est impossible qu'il **ait compris**.* (2)

C'est un mode personnel, qui ne permet pas de situer précisément l'action verbale dans la chronologie. Il comprend quatre temps dans les tableaux de conjugaison, où il est marqué par *que*.

---

8. Terme de M. Grevisse.

Formes simples	présent	*qu'il chante*
	imparfait	*qu'il chantât*
Formes composées	passé	*qu'il ait chanté*
	plus-que-parfait	*qu'il eût chanté*

En français courant, on emploie principalement le présent et le passé. L'imparfait et le plus-que-parfait, courants en français classique, s'emploient aujourd'hui dans un registre recherché ou littéraire.

Sur le plan syntaxique, le subjonctif, qui s'emploie surtout en proposition subordonnée, se présente comme un mode de la dépendance. Mais il connaît aussi des emplois en proposition indépendante. On classe donc les emplois du subjonctif suivant la structure syntaxique de la phrase, indépendante (ou principale) et subordonnée.

1. Les emplois du subjonctif
L'emploi du subjonctif s'oppose généralement à celui de l'indicatif.

● **Le subjonctif, en proposition indépendante ou principale, a différentes valeurs.**

a. Le subjonctif s'emploie, le plus souvent, dans une phrase injonctive pour exprimer un ordre, un conseil ou, négativement, une défense.

*Allons ! Qu'on me **selle** le cheval gris.* (Mérimée)
*Qu'elle ne **se présente** plus devant moi.*

Obligatoirement précédé de *que* en français moderne, le subjonctif présent complète l'impératif présent aux personnes qui lui manquent, surtout la 3e personne du singulier (*qu'il vienne*) ou du pluriel (*qu'ils viennent*), plus rarement la 1re personne du singulier, quand le locuteur se donne un ordre à lui-même (*que je la revoie avant de partir*).

b. Le subjonctif s'emploie pour exprimer un souhait : *Qu'elle **revienne** !*
Il se rencontre aussi sans *que* dans des expressions figées : *Vive la France ! Vivent les vacances !*

c. Dans une phrase exclamative, le subjonctif peut exprimer l'indignation : *Moi, Seigneur, que je **fuie** !* (Racine)

d. Des phrases qui expriment la supposition ont leur verbe au subjonctif :
– des énoncés de problèmes (1) ;
– des phrases juxtaposées dont la première, au subjonctif, équivaut à une subordonnée hypothétique introduite par *si* (2).

***Soit** un cercle de diamètre...* (1)

*Qu'on **dise** quelque chose ou qu'on ne **dise** rien,*
J'en veux faire à ma tête. (La Fontaine) (2)

e. Le subjonctif exprime une affirmation atténuée dans :
– les expressions négatives *je ne sache pas, je ne sache rien, je ne sache personne.*

> *Je ne sache pas que ce travail **ait paru**.* (F. Brunot)
> *On ne sache pas qu'elle **ait** jamais **protesté** autrement.* (A. Billy)

– les expressions *que je sache, qu'on sache, que nous sachions* (en phrase négative), *que tu saches, que vous sachiez* (en phrase interrogative, sans négation).

> *Il n'a point été à la campagne, **que je sache**.* (Littré)
> *Est-il venu quelqu'un **que vous sachiez**, **que tu saches** ?* (Id.)

● **L'emploi du subjonctif dans une proposition subordonnée est déterminé par un élément de la principale.** Cet emploi est, selon les cas, obligatoire ou optionnel.

La PS complétive (**5.3**,2 p. 296)

a. Le subjonctif en proposition subordonnée complétive conjonctive
– Dans les subordonnées complétives compléments d'objet introduites par *que*, c'est le verbe principal, exprimant le plus souvent une volonté ou un sentiment, qui demande l'emploi du subjonctif.

> *Je veux/demande/crains/souhaite/regrette que Camille **vienne**.*
> *Il faut que vous m'**instruisiez** de tout ce qui se passe chez Mme de Tourvel.* (Choderlos de Laclos)

– La complétive peut aussi être complément d'un nom ou d'un adjectif.

> *Notre souhait que Linda **réussisse** est optimiste.*
> *Hugues est content que le printemps **revienne**.*

– Une complétive sujet est généralement au subjonctif.

> *Que ses amis le **méconnussent** le remplissait d'amertume.* (R. Rolland)
> *Qu'Andréa **fasse** une conférence originale me surprendrait.*

Dans tous ces cas, l'emploi du subjonctif est obligatoire.

Comment choisir entre l'indicatif et le subjonctif ?

Il est possible de choisir entre l'indicatif et le subjonctif après certains verbes de la principale :
– des verbes dont le sens change selon le mode de la complétive ;

> *J'ai dit qu'il **vienne**.* → *ordre (subjonctif)*
> *J'ai dit qu'il **viendra**.* → *affirmation (indicatif)*

– des verbes d'opinion (*croire, penser*) employés dans une phrase principale interrogative ou négative ;

> *Crois-tu ?/Je ne crois pas que le réchauffement climatique **soit**/**sera** contrôlé.*

– des verbes comme *imaginer, supposer.*

> *Imagine qu'elle **soit**/**sera** élue présidente des États-Unis.*

Le choix de l'indicatif ou du subjonctif donne une vision différente de l'action subordonnée :
– avec le subjonctif, cette action est perçue à partir d'une interprétation subjective ;
– avec l'indicatif, elle est envisagée en tant que telle (l'accent est mis sur la probabilité de sa réalisation).
La nuance de sens apportée par le mode explique que la norme demande le subjonctif après *souhaiter* (action possible, voulue) et l'indicatif après *espérer* (action probable).

> *Elle souhaite que les baleines à bosse **reviennent** en mai au large de la Réunion.* / *Elle espère que les baleines à bosse **reviendront** en mai au large de la Réunion.*

b. Le subjonctif en proposition subordonnée circonstancielle

▶ La PS circonstancielle (**5.4** p. 304)

Le choix du mode est fixé de manière obligatoire dans les subordonnées circonstancielles par leur sens ou par celui de la conjonction de subordination.
– La plupart des subordonnées temporelles (*quand, lorsque,* etc.) sont à l'indicatif, y compris celles introduites par *après que*.

> *Le train pour Briançon partira après que le TER de Nice **sera arrivé**.*

Elles sont au subjonctif quand elles sont introduites par *avant que, en attendant que, jusqu'à ce que*, qui présentent une action à venir possible.

> *Et, avant que les armes **eussent été rechargées**, ils avaient disparu.* (Balzac)

– Les subordonnées de but, qui expriment une intention (*pour que, afin que, de peur que,* etc.), sont au subjonctif.

> *La police bloque la circulation pour que les secours **puissent** passer.*

– Les subordonnées concessives, qui expriment souvent une cause possible mais inopérante (*bien que, quoique,* etc. ; la norme condamne *malgré que*), sont au subjonctif.

> *Bien que les vacances ne **soient** pas terminées, des examens sont prévus.*
>
> *[...] une région où il se rendait rarement, bien qu'elle lui **appartînt** comme héritier d'une famille de riche et bonne bourgeoisie...* (Proust)

– Les subordonnées conditionnelles (ou hypothétiques) introduites par *si* sont à l'indicatif, alors que celles introduites par *à moins que, pourvu que, pour peu que* sont au subjonctif.

> *Le rêve est bon et utile, pourvu qu'on le **tienne** pour ce qu'il est.* (E. Renan)

c. Le subjonctif en proposition subordonnée relative

▶ La PS relative (**5.2** p. 289)

Dans les subordonnées relatives déterminatives, une restriction exprimée dans la principale implique souvent l'emploi du subjonctif :
– quand l'antécédent contient un superlatif relatif (*le plus* + adjectif) ou un adjectif de valeur analogue (*dernier, premier, seul,* etc.).

> *Cet accident aérien est le plus grave qu'on **ait vu** depuis 10 ans.*

– quand la phrase principale est négative.
> On n'a trouvé aucune voiture qui **aille** à Paris.

– quand le verbe principal exprime une intention ou une évaluation.
> Elle cherche un hôtel qui **soit** au centre ville.
> Est-il un trésor qui **vaille** le sommeil ? (A. France)

L'indicatif n'est pas totalement exclu, mais le subjonctif est habituellement préféré.

Tableau récapitulatif des emplois principaux du subjonctif		
Cadre syntaxique	**Contexte, valeurs**	**Exemples**
Principale ou indépendante	injonction	Qu'il **vienne**.
	supposition	**Soit** un cercle de diamètre...
Subordonnée complétive	COD d'un verbe de volonté ou de sentiment	Je veux/crains/regrette que Camille **vienne**.
	sujet	Qu'elle **vienne** m'étonnerait.
Subordonnée circonstancielle	temporelle	Il arrive avant que la nuit **vienne**.
	de but	La circulation est bloquée pour que les secours **puissent** passer.
	de concession	Il part skier bien qu'il n'**ait** pas **fini** ses révisions.
	de condition	Je viendrai à moins que cela ne vous **déplaise**.
Subordonnée relative	après un superlatif	C'est le plus beau paysage que j'**aie vu**.
	après une négation	On n'a trouvé aucune voiture qui **aille** à Paris.
	avec une intention	Elle cherche un hôtel qui **soit** au centre ville.

2. Subjonctif présent et subjonctif passé

Ces deux temps s'opposent notamment dans les subordonnées. Dans le modèle classique de la concordance des temps, le présent et le passé du subjonctif s'emploient en corrélation avec un verbe principal au présent ou au futur.

◀ La concordance des temps (**5.5**,2 p. 315)

> Je ne *crois* pas qu'il **vienne**/**soit venu**.
>   *indicatif présent*   *subjonctif*

– Le subjonctif présent indique une action simultanée ou postérieure à l'action principale.

– Le subjonctif passé indique une action accomplie ou antérieure à l'action principale.

> *Taisez-vous ; je crois que le voici... Je crains qu'il ne vous **ait entendu**.*
> (Lesage)
>
> *Tu ne bougeras pas d'ici que (= avant que) tu n'**aies demandé** pardon.* (G. Sand)

Dans l'usage courant, le présent et le passé du subjonctif s'emploient aussi, avec ces valeurs temporelles, en corrélation avec un verbe principal à un temps du passé, notamment au passé composé ; ils remplacent alors l'imparfait et le plus-que-parfait.

3. Subjonctif imparfait et subjonctif plus-que-parfait

Ces deux temps, très employés dans la langue classique, n'appartiennent plus à la langue courante d'aujourd'hui. Après avoir longtemps fonctionné comme les deux temps latins correspondants, ils ont été progressivement supplantés par le présent et le passé du subjonctif, qui se sont chargés de leurs valeurs temporelles, et par le conditionnel, qui exprime leurs valeurs modales (potentiel ou irréel). En français moderne, ils se rencontrent dans un usage recherché ou littéraire. Dans une perspective historique plus vaste, il convient cependant de savoir dans quel cas l'imparfait et le plus-que-parfait du subjonctif peuvent se rencontrer.

a. Le subjonctif en proposition indépendante ou principale

L'imparfait et le plus-que-parfait du subjonctif se rencontrent surtout dans des expressions figées, avec des valeurs modales. L'imparfait *plût* exprime le regret, par opposition au présent *plaise* qui marque un souhait.

> ***Plût** à Dieu qu'on **réglât** ainsi tous les procès !* (La Fontaine)

Dans la langue classique, l'imparfait (*il chantât*) et le plus-que-parfait (*il eût chanté*) exprimaient l'éventualité, en particulier dans un système hypothétique ; ils sont remplacés aujourd'hui par le conditionnel présent (*il chanterait*) et passé (*il aurait chanté*).

▶ *infra* 3c (p. 172)

Le plus-que-parfait sert aussi à asserter, comme le conditionnel passé, une impression imaginaire.

> CHIMÈNE. — *Rodrigue, qui l'**eût cru** ?*
> RODRIGUE. — *Chimène, qui l'**eût dit** ?* (Corneille)

Il peut également marquer le regret d'un fait non réalisé dans le passé :

> *Me **fussé-je mis** une pierre au cou !* (Beaumarchais)

b. Le subjonctif en proposition subordonnée

Selon la concordance classique, l'imparfait et le plus-que-parfait du subjonctif s'emploient en corrélation avec un verbe principal à un temps du passé. D'une manière symétrique au présent et au passé du subjonctif :

▶ La concordance des temps (**5.5**, 2 p. 315)

– l'imparfait indique une action simultanée ou postérieure au fait exprimé par le verbe principal.

> Je souffrais de ce que mes frères **fussent** seuls à cueillir des lauriers. (J. Roy)

– le plus-que-parfait marque l'antériorité par rapport au verbe principal ou indique l'aspect accompli.

> Quelques-uns ont pris l'intérêt de Narcisse, et se sont plaints que j'en **eusse fait** un très méchant homme. (Racine)

De nos jours, le français courant emploie, à la place de l'imparfait et du plus-que-parfait, respectivement le présent et le passé du subjonctif.

c. Le subjonctif dans les systèmes hypothétiques
L'imparfait et le plus-que-parfait du subjonctif étaient couramment employés en ancien français dans les systèmes hypothétiques, sur le modèle du latin. Ils ont été progressivement remplacés par le conditionnel dans la principale, associé à des temps de l'indicatif dans la subordonnée. L'imparfait du subjonctif n'a plus été employé dans les systèmes hypothétiques complets au XVIe siècle. Le plus-que-parfait du subjonctif a toutefois continué d'être employé, en français classique et dans la langue soutenue[9]. Dans un système hypothétique avec *si*, il peut figurer dans la principale et dans la subordonnée ou, le plus souvent, dans une seule de ces propositions, pour exprimer l'irréel du passé.

> Elle (sc. ma grand-mère) **eût aimé** que j'eusse dans ma chambre des photographies des monuments ou des paysages les plus beaux. (Proust)
>
> On l'**eût** bien **surpris** en lui démontrant qu'il risquait la prison. (J. Cocteau)
>
> Cette vie des nuages animait l'obscurité, tantôt plus légère et tantôt intense, comme si d'immenses ombres **fussent venues** parfois approfondir la nuit. (A. Malraux)

3 Les temps de l'impératif

L'impératif est le mode de l'injonction. Des deux temps de l'impératif, le présent (*chante*) est le plus employé. On décrit ses valeurs possibles, avant de le confronter au passé (*aie chanté*).

a. Valeurs modales
L'impératif vise à orienter la conduite du (ou des) destinataire(s). Selon la situation, il exprime un ordre, une suggestion, un conseil, etc.

> **Lève**-toi, voyons, tu vas attraper froid. (Beckett)
>
> **Ressaisissez**-vous, tous. Du calme dans cette cour, du calme. (D. Danis)

---

9. Cet usage explique l'appellation *conditionnel passé 2e forme* (*il eût chanté*) qui lui était donnée naguère, pour l'opposer au *conditionnel passé 1re forme* (*il aurait chanté*). Complication inutile, puisqu'il s'agit d'un emploi particulier du subjonctif plus-que-parfait, et non d'une forme verbale spécifique.

L'impératif ne possède que trois personnes.
– La valeur directive de l'impératif explique que la 2ᵉ personne (du singulier et du pluriel) soit la plus employée, pour agir sur le comportement du destinataire. L'ordre à la 1ʳᵉ personne du pluriel s'adresse à l'interlocuteur, tout en incluant le locuteur.

> *Rome a sauvé ma gloire en me donnant sa voix ;*
> ***Sauvons**-lui, vous et moi, la gloire de ses lois.* (Corneille)

Pour exprimer une injonction aux autres personnes, on emploie le subjonctif présent. ▶ *supra* 5.2 (p. 170)

– Dans une phrase négative, l'impératif exprime la défense.

> *Ne **craignez** rien : mon cœur, de votre honneur jaloux,*
> *Ne fera point rougir un père tel que vous.* (Racine)

– La phrase à l'impératif peut aussi exprimer une demande polie, qui est souvent manifestée au moyen de *veuillez*.

> *Monsieur, **veuillez** poursuivre maintenant, dit l'avoué.* (Balzac)

– Dans une phrase complexe comportant deux propositions juxtaposées ou coordonnées, la proposition à l'impératif prend une valeur particulière, selon la relation logique qu'elle entretient avec l'autre proposition, qui contient un verbe à l'indicatif.

> ***Rendez** votre élève attentif aux phénomènes de la nature,*
> *bientôt vous le rendrez curieux.* (Rousseau)
> → *Si vous rendez votre élève attentif aux phénomènes de la nature,*
> *vous le rendrez curieux.*

La proposition à l'impératif correspond à une subordonnée hypothétique introduite par *si* : l'impératif est apte à exprimer une hypothèse portant sur l'avenir, dont dépend l'autre proposition. Le subjonctif peut avoir la même valeur. ▶ *supra* 5.2 (p. 170)

b. Valeurs temporelles
– **L'impératif présent** situe l'action verbale dans l'avenir, qui peut être immédiat ou plus lointain.

> ***Voyons**, **soyez** raisonnable. **Essayez** de rester seulement huit jours.* (Maupassant)
> Vladimir. — ***Allons**-nous-en.*
> Estragon. — ***Attends**, il y a ma ceinture.* (Beckett)

L'impératif peut aussi exprimer un conseil valable de tout temps, notamment dans les proverbes.

> *Ne **remettez** pas à demain ce que vous pouvez faire après-demain.* (A. Allais)

– **L'impératif passé** est peu employé. Il exprime une action achevée à un moment futur, qui est souvent indiqué explicitement par un complément circonstanciel.

> ***Sois rentrée** avant minuit.*

4 Les temps de l'infinitif

L'infinitif est un mode non personnel : il ne porte de marques ni de personne ni de nombre. Il exprime purement et simplement l'idée de l'action, et c'est le contexte qui situe chronologiquement l'action à l'infinitif. On distingue l'infinitif présent (*finir*), le plus usité, et l'infinitif passé (*avoir fini*).

supra 4.5 ◄
(p. 155)

La tradition scolaire accorde une place importante à l'infinitif, en distinguant trois groupes de verbes, en grande partie par la forme de leur infinitif (*chanter, finir, autres verbes*). Et dans les articles de dictionnaires, c'est l'infinitif qui constitue l'entrée du verbe.

Compte tenu de ses emplois, **l'infinitif est considéré comme la forme nominale du verbe** : il a des emplois verbaux et il peut aussi être le noyau d'un groupe ayant les fonctions d'un groupe nominal (sujet, COD, etc.), mais sans recevoir la détermination du nom, sauf quand il est substantivé (*les rires*).

Le classement des emplois de l'infinitif repose sur la distinction entre fonctionnements verbaux et fonctionnements nominaux. C'est en fait un continuum, allant des emplois pleinement verbaux aux emplois totalement nominaux, avec des degrés intermédiaires.

1. Les emplois verbaux de l'infinitif

L'infinitif constitue le noyau verbal d'une phrase, soit seul, soit associé à un auxiliaire. C'est le verbe à l'infinitif qui sélectionne les compléments et régit les compatibilités sémantiques avec ceux-ci et avec le sujet.

Les types ◄
de phrases
(**4.3** p. 254)

a. L'infinitif, en proposition indépendante ou principale, s'emploie dans les quatre types de phrases.

– Infinitif injonctif : sans sujet exprimé, l'infinitif remplace l'impératif pour exprimer un ordre général, dans les recettes, les avis au public, etc.

Fermer la porte en partant. – Ne pas fumer dans l'enceinte de la gare.

– Infinitif exclamatif : la phrase exclamative exprime un sentiment vif (*ici, une protestation*). Il peut avoir un sujet, de forme tonique (*moi*), ou s'employer sans sujet.

Hé quoi ! charger ainsi cette pauvre bourrique ! (La Fontaine)

– Infinitif délibératif : le sujet non exprimé peut être le locuteur ou un agent général indéfini.

Que faire ? – Où aller ? – Comment écrire un roman ?
(Ch. Chawaf, *Le Manteau noir*)

– Infinitif de narration : cet emploi de l'infinitif dans des textes narratifs est lié au contexte. Il doit avoir un sujet propre et s'insérer dans une série d'actions. La phrase est le plus souvent reliée à la précédente par *et*. La forme *de*, obligatoire, sert d'introducteur à l'infinitif (à distinguer de la préposition *de*) ; elle joue le même rôle que *to* en anglais et *zu* en allemand (*to see* ; *zu gehen*).

> Et <u>de</u> **rire** plus fort, <u>de</u> **lâcher** de vilains mots qui les faisaient se tordre. (Zola)

b. L'infinitif en proposition subordonnée

– Une proposition subordonnée relative (1) ou interrogative indirecte (2) peut comporter un verbe à l'infinitif.

> *Elle cherche un ami à qui* **se confier**. (1)
> *Il ne sait quoi* **dire**. (2)

Le sujet non exprimé de l'infinitif est celui du verbe principal. Ce peut être aussi un sujet général indéfini.
La subordonnée à l'infinitif exprime en outre l'idée d'éventualité.
→ *Elle cherche un ami à qui elle* <u>puisse</u> **se confier**.

> *Les Axelrod lui ayant offert de quoi* **installer** *un bureau dans un réduit à l'hôtel Blackstone, Gregor va s'efforcer d'y vendre par correspondance quelques projets de nouvelles machines.* (J. Echenoz, *Des éclairs*)

– La tradition grammaticale a inventé la « proposition subordonnée infinitive », qui répond à trois conditions précises :
1) Elle est complément d'objet direct d'un verbe de perception : *entendre, voir, sentir,* etc.
2) Elle doit avoir un sujet propre, distinct de celui du verbe principal.

> *J'entends* [<u>**siffler**</u> <u>le train</u>]. – *Elle envoie* [<u>Régis</u> **acheter** *des oranges*].
>   sujet   sujet

> *Je vis* <u>les arbres</u> **s'éloigner** *en agitant leurs bras désespérés...* (Proust)

> *Tous regardaient, chaque matin,* <u>le soleil</u> **apparaître** *au-dessus des collines après la prière...* (J.M.G. Le Clézio, *Étoile errante*)

3) Elle équivaut à une subordonnée complétive conjonctive :

> *J'entends* [*que le train siffle.*]

c. L'infinitif en corrélation avec un auxiliaire

Associé à un auxiliaire, l'infinitif constitue le noyau verbal d'une phrase. Il exprime le sens lexical et sélectionne le sujet et les compléments. L'auxiliaire porte les désinences de temps, personne, nombre et peut indiquer :

▶ supra 4.3 (p. 153)

– l'aspect

> *il* <u>commence</u> <u>à</u> **pleuvoir** *(inchoatif)*
> *il* <u>va</u> **parler** *(imminence de l'action verbale)*
> *il* <u>finit de</u> **chanter** *(terminatif)*

– la modalité avec *devoir* (obligation ou probabilité), *pouvoir* (possibilité, permission)

> *Je* <u>dois</u> *continuer à* **travailler** *dit-il, que je le veuille ou non.* (R. Pinget, *Le Harnais*)
> *Comment est-ce qu'on* <u>peut</u> **écrire** *tout cela.* (S. Doubrovsky, *Le Livre brisé*)

– la causation de l'action verbale à l'infinitif

> *César fait **construire** un pont.*
> *Il laisse **parler** son avocat.*
> *Le sujet est la cause de l'action verbale à l'infinitif, qui peut avoir son propre sujet (son avocat).*

Ne pas confondre

On ne confondra pas les constructions de l'infinitif avec un auxiliaire (*Il doit partir.*) et les emplois de l'infinitif comme COD d'un verbe transitif (*Elle souhaite prendre des vacances.*). Dans ce cas, le verbe principal n'est pas un auxiliaire : il garde son sens lexical plein et sélectionne son sujet et son complément.

2. Les emplois nominaux de l'infinitif

a. Fonctions nominales

L'infinitif peut être le centre d'un groupe exerçant les fonctions syntaxiques du groupe nominal (sujet, objet, etc.). Cependant, à l'intérieur de ce groupe, il garde des propriétés verbales : compléments du verbe, négation, mise au passif, expression de l'aspect, etc. On peut globalement remplacer tout le groupe par un groupe nominal ou un pronom : *Maria aime **chanter**/le chant/cela.*

Sujet	***Souffler** n'est pas **jouer**.* ***Mourir** n'est pas **mourir**, mes amis, c'est **changer** !* (Lamartine) ***Construire** doit être lent, difficile.* (J.-L. Trassard, *Dormance*)
Attribut du sujet	*Vouloir, c'est **pouvoir**. – **Dire**, c'est **faire**.* ***Mourir** n'est pas **mourir**, mes amis, c'est **changer** !* L'infinitif sujet doit être repris par *c'* devant le verbe *être*.
Complément du verbe COD, COI	*Nous souhaitons **prendre** des vacances.* *Il apprend à **nager**. – Charlotte propose d'**aller** à la plage.* *Il me somme de m'**expliquer**, de lui **expliquer**.* (É. Chevillard, *Du hérisson*) – Le complément du verbe peut être construit directement (COD) ou indirectement (avec les prépositions *à* ou *de*). – La construction de l'infinitif peut être identique à celle d'un groupe nominal : *Nous souhaitons des vacances.* – Dans certains cas, l'infinitif est en construction indirecte (*apprendre à*, *proposer de*), alors que le groupe nominal (ou le pronom) est en construction directe (*apprendre quelque chose*, *proposer quelque chose*).

Complément de verbe impersonnel	*Il faudrait encore une fois **lever** une troupe et l'**armer**.* (P. Deville, *Kampuchéa*)
Complément circonstanciel introduit par une préposition	*Partons sans **attendre**. – Sonnez avant d'**entrer**.* *Olga marche quotidiennement pour **rester** en forme.*
Complément du nom	*La fureur de **vivre** – L'art d'**écrire***
Complément d'adjectif	*Cet élève est capable de **réussir**.* *Je suis curieuse de **voir** Marseille.*

b. L'infinitif substantivé a le statut d'un nom véritable, bénéficiant d'une entrée séparée dans les dictionnaires : *l'être, l'avoir, le pouvoir, le devoir, le savoir, etc.* Il devient le noyau d'un groupe nominal et il peut varier en nombre : *des êtres étranges.*

5 Le participe

Le participe est, comme l'infinitif, un mode impersonnel du verbe. Il « participe » à la fois de la nature du verbe et de la nature de l'adjectif : il est la forme adjective du verbe.
On distingue globalement le participe présent (*chantant*) et le participe passé (*chanté, ayant chanté*).

● **Le participe présent et l'adjectif verbal**
Il convient de distinguer le participe présent de l'adjectif verbal :
– le participe présent, invariable, a des emplois de verbe et d'adjectif.

> *La lumière continua à se répandre, **surgissant** de partout.* (R. Sabatier)

– l'adjectif verbal est un vrai adjectif, variable en genre et en nombre.

> *Glissez, glissez, brises **errantes**,*
> *Changez en cordes **murmurantes***
> *La feuille et la fibre des bois.* (Lamartine)

● **Le gérondif**[10], qui a la même désinence ***-ant*** et qui est toujours précédé de *en* dans l'usage moderne, joue le rôle d'un complément circonstanciel.

> ***En sortant** de la chambre de mon grand-père, où la scène s'était passée, […] j'étais d'une humeur noire.* (Stendhal)

● **Le participe passé** possède des emplois verbaux, notamment dans les formes composées du verbe (*il a fini*), et des emplois adjectivaux (*des guêpes **affolées***).

---

10. Certains grammairiens considèrent que le gérondif est une forme totalement indépendante du participe présent, un mode à part. Si le latin distingue par leur forme le participe présent (*amans, amantis*) et le gérondif (*amando*), ils sont confondus en français, où le gérondif précédé de *en* est une simple variante combinatoire du participe présent.

1. Participe présent et adjectif verbal

Ces deux formes représentent deux degrés de l'adjectivisation du verbe. Le participe présent garde des propriétés verbales (compléments du verbe, négation par *ne ... pas*), alors que l'adjectif verbal constitue une sous-classe des adjectifs qualificatifs. Tous les verbes (sauf les verbes impersonnels) ont un participe présent, alors que certains seulement ont un adjectif verbal qui leur correspond (☹ *mangeante*, ☹ *évaporante*, etc.).

Comment distinguer le participe présent et l'adjectif verbal ?

1. Forme
– Le participe présent est toujours invariable (sauf dans des expressions anciennes comme *les ayants-droit*) ;
– L'adjectif verbal s'accorde en genre et en nombre avec le nom auquel il se rapporte. L'orthographe de certains adjectifs verbaux diffère de celle du participe présent correspondant.

Participe présent -ant	Adjectif verbal -ent	Participe présent -quant	Adjectif verbal -cant
adhérant	adhérent	communiquant	communicant
affluant	affluent	convainquant	convaincant
coïncidant	coïncident	provoquant	provocant
confluant	confluent	suffoquant	suffocant
convergeant	convergent	vaquant	vacant
déférant	déférent	**Participe présent -guant**	**Adjectif verbal -gant**
détergeant	détergent	déléguant	délégant
différant	différent	extravaguant	extravagant
divergeant	divergent	intriguant	intrigant
émergeant	émergent	fatiguant	fatigant
équivalant	équivalent	naviguant	navigant
excellant	excellent	zigzaguant	zigzagant
expédiant	expédient		
influant	influent		
précédant	précédent		
violant	violent		

À noter que les noms dérivés de ces adjectifs verbaux en -*ent* se terminent par -*ence* : *différence*, *divergence*, *équivalence*, *etc*. Mais ces convergences ne sont pas générales : on écrit *exigeant(e)*, *existant(e)* les adjectifs correspondant aux noms *exigence*, *existence*.

2. Syntaxe

Sur le plan syntaxique, le participe présent et l'adjectif verbal peuvent exercer l'un et l'autre les fonctions de l'adjectif qualificatif : épithète (1), apposé (2) ou attribut du complément d'objet direct (3).

> *Arsène aiguisait sa faux lorsqu'il aperçut à quelques pas de lui une vipère* **glissant** *dans l'herbe rase.* (M. Aymé) (1)
>
> *Alors,* **quittant** *cette musique de pleurer-pour-rire, vous n'avez plus qu'à suivre le vent tout au long des glycérias et des filaos.* (É. Glissant, *Tout-monde*) (2)
>
> *Je vois Patrick* **courant** *sur la plage.* (3)

a. La forme en *-ant* est un participe présent qui garde des propriétés verbales :
– dans la proposition participiale où il y a un sujet propre.

> [*La nature* **aidant**,] *nous le guérirons.*
>
> [*Et quand la voiture* **ayant bifurqué**,] *je leur tournai le dos et cessai de les voir...* (Proust)

▶ La concordance des temps (**5.5** p. 313)

– quand elle a un complément d'objet direct.

> *La lumière s'attarde sur la terre,*
> **Ouvrant** *ses mains d'orage et donatrices, dont*
> *La paume est notre lieu et d'angoisse et d'espoir.* (Y. Bonnefoy)

– quand elle a un complément d'objet indirect ou un complément circonstanciel, pourvu qu'on exprime l'action.

> *Des discours* **plaisant** *à chacun.*
>
> *Des chouettes* **voletant** *d'une tour à l'autre,* **passant** *et* **repassant** *entre la lune et moi, dessinaient sur mes rideaux l'ombre mobile de leurs ailes.* (Chateaubriand)

– quand elle est précédée de la négation *ne*.

> *Ils restaient interdits,* **ne protestant** *que pour la forme.*

– ordinairement, quand elle est suivie d'un adverbe qui la modifie.

> *Ce sont des enfants très agréables,* **riant** *et* **chantant** *toujours.*

– quand elle appartient à un verbe pronominal.

> *Au fond du couloir, elle aperçut des élèves* **se bousculant** *et* **se battant** *même.*

b. La forme en *-ant* est adjectif verbal quand on peut la remplacer par un autre adjectif qualificatif, et notamment :
– quand elle est attribut du sujet.

> *La forêt était* **riante**. → *agréable* – *Ce livre est* **passionnant**. → *instructif*

– ordinairement, quand elle est précédée d'un adverbe modifieur (comme *très*).

> *Ce travail est très* **éprouvant**. = *Ce travail est très difficile.*

3. Sens

– Le participe présent envisage l'action en cours de déroulement (aspect inaccompli). Il reçoit sa valeur temporelle du verbe à un mode personnel de la phrase où il figure, et il marque une relation de simultanéité avec l'action verbale principale, quelle que soit l'époque.

– L'adjectif verbal, comme tout adjectif qualificatif, exprime un état (*une chaussée glissante*) ou une propriété (*un ton cassant*). Il peut, comme son homologue latin, avoir un sens passif (*une place payante*). Il peut avoir une signification spécifique (*une soirée dansante*). L'antéposition de l'adjectif verbal épithète parachève l'adjectivisation : *Il y avait dans ce temps-là de grands hivers, de brûlants étés.* (Colette) Dans les dictionnaires, on trouve l'adjectif verbal sous une entrée séparée du verbe.

2. Le gérondif

– Le gérondif a les mêmes caractéristiques verbales que le participe présent : il est invariable, il se termine toujours par *-ant* et il peut recevoir les compléments du verbe. Le gérondif a également les mêmes valeurs aspectuelle et temporelle que le participe présent : il indique une action verbale en cours de réalisation (*Il travaille en chantant.*).

– Le gérondif se différencie du participe présent par l'emploi obligatoire, en français moderne, de *en*. Sur le plan syntaxique, de même que le participe est la forme adjective du verbe, le gérondif en est la forme adverbiale. Il équivaut à un adverbe et assume la fonction d'un complément circonstanciel de manière, de moyen, de temps, de cause, de condition ou d'opposition, selon sa relation avec le reste de la phrase.

L'adverbe 3.6 ◀ (p. 188)

> *Je me souviens que j'éprouvais une drôle de sensation en longeant le mur de l'hôpital Lariboisière, puis en passant au-dessus des voies ferrées.* (P. Modiano, *Dora Bruder*)

> *En passant devant l'église, il regarde la tête navrée des deux saints peints à même le mur de la façade.* (Ch. Gailly, *Be-Bop*)

L'adverbe *tout* peut renforcer *en*, notamment quand le gérondif exprime une opposition : *Tout en étant dévot, on n'en est pas moins homme.*

3. Le participe passé

Comme forme adjective du verbe, le participe passé possède des valeurs spécifiques, verbales et adjectivales. À la différence du participe présent, il est variable en genre et en nombre ; les règles qui gouvernent son accord avec le nom sont particulièrement complexes lorsqu'il est employé avec l'auxiliaire *avoir*. Il possède une forme simple (*chanté*, *venu*) et une forme composée (*ayant chanté*, *étant venu*).

● **La forme simple du participe passé**

a. Valeurs verbales

supra 4.3 ◀ (p. 153)

– Le participe passé sert à former, avec les auxiliaires *avoir* ou *être*, les temps composés des verbes.

> *Elle a couru. Il était sorti. Elle se serait perdue.*

Le temps composé ainsi formé exprime l'aspect accompli ou marque une antériorité.

– Le participe passé est associé à l'auxiliaire *être* pour former le passif des verbes transitifs.

▶ *supra* 4.3 (p. 153)

> Je me presse de rire de tout, de peur d'être **obligé** d'en pleurer. (Beaumarchais)

– Comme le participe présent, le participe passé ayant un sujet propre peut constituer le centre du groupe verbal d'une proposition subordonnée participiale. Employé sans auxiliaire, le participe passé peut alors correspondre à une forme active (1) ou passive (2). Il exprime l'antériorité par rapport au verbe principal ou simplement l'aspect accompli, comme dans *le moment venu*.

▶ Les PS participiales (**5.4**,8 p. 312)

> Le père **mort**, les fils vous retournent le champ. (La Fontaine) (1)
> À Prades, le concert **terminé**, les spectateurs discutent avec les musiciens. (2)

b. Valeur adjectivale

Le participe passé employé sans auxiliaire peut jouer le rôle d'un adjectif qualificatif. Il peut être épithète du nom (1), apposé (2), attribut du sujet (3) ou du complément d'objet direct (4).

▶ L'adjectif qualificatif (**3.3**,1 p. 103)

> Toute parole, tout geste **tenté** vers l'autre me semblait une violence.
> (B. Leclair, *L'Invraisemblable Histoire de Geoges Pessant*) (1)
>
> Ils restaient autour des huttes, **assis** dans la poussière.
> (J.M.G. Le Clézio, *Étoile errante*) (2)
>
> Et tout semblait **engourdi** par le désœuvrement du dimanche
> et la tristesse des jours d'été. (Flaubert) (3)
>
> Vous me voyez enfin **établi** dans Séville. (Beaumarchais) (4)

On peut distinguer deux degrés dans la valeur adjectivale du participe passé, en observant son environnement immédiat. Quand il possède des compléments verbaux (complément d'objet, complément circonstanciel ou complément d'agent au passif), il garde une double valeur, comme le participe présent : il joue le rôle d'un verbe par rapport à ces compléments et celui d'un adjectif par la fonction qu'il exerce par rapport au nom. Mais lorsqu'il est employé sans compléments verbaux ou avec des compléments de l'adjectif (qui peut alors le remplacer), il joue, comme l'adjectif verbal, le rôle d'un véritable adjectif ; comme lui, il exprime l'état, en perdant partiellement ou totalement sa valeur temporelle.

> Et ça, ce sont les peurs **avouées**, les peurs **articulées**, les peurs **imaginables**.
> (M. Winckler, *La Maladie de Sachs*)

● **La forme composée du participe passé**

Elle est constituée de l'auxiliaire *avoir* ou *être* au participe présent, suivi de la forme simple du participe passé.

> ayant **couru**, ayant **fini**, étant **venu**, étant **parti**

Le participe passé composé s'emploie comme centre verbal d'une subordonnée participiale (1) ou en fonction d'épithète (2).

*Le centre équestre ayant **été mis** en cessation de paiement, il faut convoquer une assemblée générale.* (1)

*Le coureur ayant **subi** un contrôle antidopage positif a été/est/sera éliminé.* (2)

Dans tous les cas, il garde un statut verbal qui détermine ses valeurs sémantiques. À l'actif, il exprime l'accompli ; au passif, il exprime plutôt l'état résultant de l'achèvement de l'action verbale ; dans les deux cas, il marque l'antériorité par rapport au verbe principal, quel que soit le temps de celui-ci (présent, passé ou futur).

4. La construction du participe et du gérondif

La clarté demande que le participe (présent ou passé) placé au début d'une phrase ou d'un membre de phrase se rapporte au sujet du verbe base de la phrase.

***Connaissant** votre générosité, j'espère que vous ne repousserez pas ma demande.*

***Ayant** bien **récité** ma leçon, j'ai obtenu la meilleure note.*

***En attendant** votre réponse, je vous prie de croire à mes sentiments les meilleurs.*

On considère comme incorrectes, aujourd'hui, les tournures suivantes :

☹ *Connaissant votre générosité, ma demande ne saurait être mal reçue.*

☹ *Ayant bien récité ma leçon, le professeur m'a attribué la meilleure note.*

☹ *En attendant votre réponse, veuillez croire à mes sentiments les meilleurs.*

<u>Remarque</u> : la langue classique reliait librement le participe ou le gérondif au reste de la phrase.

*Vous m'êtes, **en dormant**, un peu triste apparu.* (La Fontaine)
Le sujet de dormant est le complément m', et non vous, sujet du verbe êtes.

*L'appétit vient **en mangeant**.*

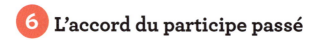 L'accord du participe passé

1 Règles générales

● Le participe passé employé sans auxiliaire s'accorde en genre et en nombre avec le mot auquel il se rapporte.

On devrait recueillir tous les chiens abandonnés.

● Le participe passé conjugué avec l'auxiliaire *être* s'accorde en genre et en nombre avec le sujet du verbe.

Vos raisons seront admises.

La même règle s'applique au participe passé employé soit comme attribut du sujet avec des verbes analogues au verbe *être* (verbes d'état) (1), soit comme attribut du complément d'objet direct (2).

*Ils paraissent **charmés**.* (1)
*Elles demeurent **déconcertées**.* (1)
*Certains hommes de génie meurent **ignorés** (1) ; la postérité les laisse parfois **ensevelis** dans l'oubli.* (2)

● **Le participe passé conjugué avec l'auxiliaire *avoir* s'accorde en genre et en nombre avec son complément d'objet direct (COD) s'il en est précédé** (1). **Il reste invariable s'il en est suivi** (2) **ou s'il n'a pas de complément d'objet direct** (3).

*Les efforts que nous avons **faits** ont été inutiles.* (1)
*Toutes ces revendications, je les avais **prévues**.* (1)
*Nous avons **fait** des efforts.* (2)
*J'avais **prévu** ces demandes nouvelles.* (2)
*Elles ont toujours **espéré** ; jamais elles n'ont **douté** du succès.* (3)

Remarques :
a. Dans les temps surcomposés, seul le dernier participe peut varier.

*Ils sont partis dès que je les ai eu **avertis**.*

b. La règle d'accord du participe passé conjugué avec l'auxiliaire *avoir* reste applicable lorsque le complément d'objet direct a un attribut.

*Certains musiciens que leurs contemporains avaient **crus** grands sont aujourd'hui tombés dans l'oubli.*
*Ces fleurs, je les ai **trouvées** fanées.*

2 Règles particulières

● ***Attendu, non compris*, etc.**
– Placés devant le nom ou le pronom, *attendu, non compris, y compris, entendu, excepté, ôté, ouï, passé, supposé* et *vu* s'emploient comme prépositions et restent invariables.

*Tout a été détruit, **excepté** cette maison.*

– Quand ces participes sont placés après le nom ou le pronom, ou qu'ils le précèdent par apposition, ils varient, car ils ont un emploi d'adjectif.

*Tout a été détruit, cette maison **exceptée**.*
***Exceptée** de la destruction générale, cette maison reste debout.*

Remarques :
a. *Ci-annexé, ci-joint, ci-inclus* suivent les mêmes règles précédentes.

*Vous trouverez **ci-inclus** une lettre de votre père.* (Académie)
*Veuillez trouver **ci-joint** copie de la lettre.*

*La note **ci-incluse** vous éclairera.*
*Les pièces que vous trouverez **ci-jointes** sont importantes.*

b. *Étant donné,* devant le nom, peut rester invariable ou s'accorder avec ce nom.

__Étant donné__ sa stupidité, on ne pouvait attendre autre chose de lui.
(Académie)

__Étant données__ les circonstances, sa conversation pourra être instructive.
(R. Martin du Gard)

● **Participe passé de certains verbes intransitifs ou autres**

◀ Les compléments liés au verbe (**4.2**,3 p. 230)

– Des verbes comme *couter, valoir, peser, mesurer, marcher, courir, vivre, dormir, régner, etc.* peuvent être accompagnés d'un complément essentiel qui n'a pas les propriétés d'un complément d'objet direct. Le participe passé de ces verbes reste invariable.

*Les trois mille euros que ce meuble m'a **coûté**.* (Académie)
*Ce cheval ne vaut plus la somme qu'il a **valu**.* (Id.)
*Les vingt minutes que j'ai **marché/couru**.*
*Les vingt ans qu'elle a **vécu/régné**.*

– Certains de ces verbes peuvent être précédés d'un vrai COD. Leur participe passé est alors variable.

couter	= *causer, occasionner*	*Les efforts que ce travail m'a **coûtés**.* (Académie)
valoir	= *procurer*	*La gloire que cette action lui a **value**.* (Id.)
peser	= *constater le poids, examiner*	*Les paquets que j'ai **pesés**.*
courir	= *poursuivre en courant, s'exposer à, parcourir, etc.*	*Les dangers que nous avons **courus**.*

● **Participe passé des verbes impersonnels**

Le participe passé des verbes impersonnels, ou pris impersonnellement, est toujours invariable.

*Les sommes qu'il a **fallu** ont paru énormes.*
*Les chaleurs qu'il a **fait** ont été torrides.*

● ***Cru, dit, dû, pu, su, etc.***

Les participes *cru, dit, dû, pu, su, voulu* et autres semblables, restent invariables lorsqu'ils ont pour COD un infinitif ou une proposition à sous-entendre après eux.

*J'ai fait tous les efforts que j'ai **pu**.* (...faire)
*Elle m'a donné tous les renseignements qu'elle avait **dit**.* (...qu'elle me donnerait)

● **Participe passé précédé du pronom *l'***

Le participe passé est invariable lorsqu'il a pour COD le pronom neutre *l'* représentant une proposition et signifiant *cela*.

Cette intervention est moins difficile que je ne l'avais estimé.
→ *... que je n'avais estimé cela ; c'est-à-dire qu'elle était difficile.*

- **Participe passé précédé d'un collectif**

Lorsque le participe passé est précédé d'un COD renvoyant à un collectif suivi de son complément, l'accord est commandé par le collectif ou par son complément, selon le sens.

Il y avait là une bande de voleurs que la police eut bientôt cernée.
Il y avait là une bande de voleurs que la police eut bientôt ligotés.

- **Participe passé suivi d'un infinitif**

Le participe passé conjugué avec l'auxiliaire *avoir* et suivi d'un infinitif s'accorde avec le COD qui précède lorsque ce complément se rapporte au participe.

▶ La PS relative
(**5.2** p. 289)

Les violonistes que j'ai entendus jouer étaient habiles.
Qui est-ce que j'ai entendu (qui jouait) ? → *les violonistes*, représentés par *que*.

Mais le participe reste invariable si le COD est celui de l'infinitif.

Les airs que j'ai entendu jouer étaient charmants.
Qu'est-ce que j'ai entendu jouer ? → *les airs*, représentés par *que*.

Comment accorder le participe passé suivi d'un infinitif ?

1. Poser les questions précédentes :
   – *Qui est-ce que j'ai entendu ?*
   – *Qu'est-ce que j'ai entendu jouer ?*

2. Quand l'être ou l'objet désigné par le COD fait l'action exprimée par l'infinitif, le participe s'accorde.

   Les comédiens qu'on a encouragés à jouer cette pièce...
   → *Ce sont les comédiens qui jouent cette pièce.*

   Mais *La pièce qu'on a demandé aux comédiens de jouer.*
   → *pas d'accord*

3. Quand un complément d'agent introduit par la préposition *par* suit l'infinitif, ou est sous-entendu, le participe est invariable.

   Ces arbres que j'avais vus grandir, je les ai vu abattre.
   → *... abattre par le bûcheron. C'est le bûcheron qui fait l'action d'abattre (pas les arbres).*

Remarques :

a. Les participes *fait* et *laissé* suivis d'un infinitif sont invariables.

Ces personnes, je les ai fait venir. – Je les ai laissé partir.

b. *Eu* et *donné* suivis d'un infinitif introduit par *à* peuvent, dans la plupart des cas, s'accorder ou rester invariables, parce qu'il est indifférent de faire rapporter le COD au participe ou à l'infinitif.

*Les affronts qu'il a **eu(s)** à subir.*
→ *Il a eu des affronts à subir. / Il a eu à subir des affronts.*

*Les problèmes qu'on m'a **donné(s)** à résoudre.*

● **Participe passé précédé de *en***

Le participe passé précédé du pronom COD *en* est généralement invariable : *en* représentant un complément incluant *de (du, de la, des)* est perçu, à tort, comme introduisant un complément indirect (dans *Il en vient.*, *en* = *de Paris*).

*Voyez ces fleurs, en avez-vous **cueilli** ?* → *Avez-vous cueilli de ces fleurs ?*

*Des difficultés, certes, j'en ai **éprouvé** !*
*De l'aspirine, il en a **vendu** !*

Les tolérances de 1976[11] autorisent l'accord avec *en* représentant un complément introduit par *de*.

*J'ai laissé sur l'arbre plus de cerises que je n'en ai **cueilli(es)**.*

Toutefois, la règle du non accord reste d'application lorsque le pronom *en* est accompagné d'un adverbe de quantité qui suit le verbe.

*Tu m'as dit que les romans te choquent ; j'en ai beaucoup **lu**.* (Musset)
*J'en ai tant **vu**, des rois.* (Hugo)

Dans des phrases où le pronom *en* (qui n'est pas complément d'objet) n'a rien à voir avec l'accord du participe, celui-ci s'accorde avec son vrai COD *que*.

*Ce sont de vrais amis ; je n'oublierai pas les services que j'en ai **reçus**.*
→ *J'ai reçu les services de ces amis.*

● **Participe passé des verbes pronominaux**

> **Comment accorder le participe passé des verbes pronominaux ?**

1. Dans la question que l'on pose pour trouver le COD d'un verbe pronominal, on remplace l'auxiliaire *être* par l'auxiliaire *avoir*. On applique alors, à l'accord du participe passé des verbes pronominaux, la règle d'accord avec l'auxiliaire *avoir*.

*Ils se sont **imposé** des sacrifices.*
Qu'est-ce qu'ils ont imposé ? → *des sacrifices*.

supra 3.2 ◀ 2. Bien se rappeler la classification des verbes pronominaux.
(p. 145) – Le participe passé des verbes pronominaux réfléchis ou réciproques s'accorde avec le pronom réfléchi quand celui-ci est COD.

*Elle s'est **coupée** au doigt.* → *Elle a coupé elle-même.*
                                              COD

---

11. *Tolérances grammaticales ou orthographiques*, Arrêté du 28 décembre 1976.

*Pierre et Raphaël se sont **battus**.* → *Ils ont battu eux-mêmes.*
                                                          COD

*Elle s'est **coupé** le doigt.* → *Elle a coupé le doigt à elle-même.*
*Pierre et Raphaël se sont **dit** des injures.* → *Ils ont dit des injures à eux-mêmes.*

Remarques :

a. À côté du pronom réfléchi complément d'objet indirect, on peut avoir un pronom complément d'objet direct qui commande l'accord.

*Les sacrifices qu'elle s'est **imposés**.*
→ *Elle a imposé les sacrifices (qu') à elle-même.*

b. Certains verbes n'ont jamais de COD ; leur participe passé est invariable : *se convenir, se nuire, se mentir, s'en vouloir, se parler, se ressembler, se sourire, se succéder, se suffire, se survivre*.

*Ils se sont **nui**. – Les rois se sont **succédé**. – Ils se sont **plu** l'un à l'autre.*

c. Le participe passé des verbes pronominaux, passifs, autonomes et intrinsèques s'accorde avec le sujet. ➤ supra 3.2 (p. 145)

*La bataille s'est **livrée** ici.*
*Ils se sont **tus**.*
*Elles se sont **évanouies**.*
*Nous nous sommes **joués** de la difficulté.*

Exceptions : non accord avec le sujet		
se rire	= se moquer	*Ils se sont **ri** de nos menaces.*
se plaire	= trouver du plaisir	*Ils se sont **plu** à me tourmenter.*
se déplaire	= ne pas se trouver bien	*Elles se sont **déplu/plu** dans ce lieu.*
se complaire	= trouver sa satisfaction	*Ils se sont **complu** dans leur erreur.*

CHAPITRE 6

L'adverbe

1. Définition 188
2. Morphologie de l'adverbe 189
3. Syntaxe de l'adverbe 191
4. Sémantique de l'adverbe 194

1 Définition

Les adverbes constituent une classe grammaticale hétérogène, qui regroupe des termes ayant des fonctionnements syntaxiques très différents et des valeurs sémantiques variées.
Les adverbes partagent plusieurs propriétés.

1. Invariabilité : l'adverbe fait partie des mots invariables.

Attention : *tout* (au sens de « très »),

– ne s'accorde pas :

> *Gaspard est **tout** étonné. – Il voit des nuages **tout** noirs.*
> *Camille est **tout** étonnée, **tout** habillée.*

– mais il s'accorde devant un adjectif au féminin commençant par une consonne ou un *h* aspiré.

> *Camille est **toute** petite, **toute** heureuse. – Elles sont **toutes** surprises*[1]*.*

2. Dépendance : l'adverbe dépend d'un terme qu'il modifie.
Selon la tradition scolaire, l'adverbe dépend d'un verbe (*il marche vite*), d'un adjectif (*elle est très grande*) ou d'un autre adverbe (*il marche très vite*). Il peut aussi dépendre d'une phrase (*Hier, il a plu.*), etc[2].

3. Intransitivité : l'adverbe, en principe, ne reçoit pas de complément, contrairement à la préposition (*le quai de la fosse*).

La préposition ◂
(**3.7** p. 198)

La conversion ◂
(**2.1**,3 p. 59)

1. Dans cette phrase, *tout* a deux analyses possibles : adverbiale (« totalement ») *vs* pronominale (la totalité, « toutes autant qu'elles sont »). Dans l'analyse pronominale (= *Toutes, elles sont surprises.*), le pronom s'accorde normalement.
2. L'adverbe peut dépendre d'un nom : *Une femme bien*. Dans cet emploi, *bien*, invariable, est adjectif par conversion.

Cependant, quelques adverbes, le plus souvent en *-ment*, peuvent être suivis d'un complément :
– un groupe prépositionnel commençant par *à* ou *de*.

> *Il a agi **conformément/contrairement** à votre avis.*
> *Le chemin est tracé **parallèlement** à la rivière.*

On peut analyser ces constructions comme des locutions prépositives, équivalentes d'une préposition simple (*conformément à votre avis* = *selon/suivant votre avis*).
– une subordonnée complétive introduite par *que*.

> ***Heureusement** que tous les dimanches ne sont pas pareils.* (R. Queneau)

Mais la conjonction, facultative, peut être supprimée.

> ***Heureusement**, tous les dimanches ne sont pas pareils.*

4. Suppression : l'adverbe est souvent considéré comme un constituant facultatif d'un groupe ou de la phrase.
C'est vrai dans les trois dépendances traditionnelles (d'un verbe, d'un adjectif, d'un autre adverbe), ainsi que dans la position de complément de phrase. Mais certains adverbes ne peuvent pas être supprimés.

▶ *infra* 3 (p. 191)

> *C'est déjà demain.* → ☹ *C'est.*

Comment distinguer un adverbe et une préposition ?

Par définition, les deux classes sont nettement distinctes. L'adverbe est un terme dépendant, souvent facultatif ; alors que la préposition est un terme de relation, indispensable. Mais les deux classes peuvent se recouper : une préposition peut avoir un emploi adverbial (*Il est arrivé **après**. – Il a voté **pour**.*).

▶ La préposition (**3.7** p. 198)

Test 1 :
– supprimer la préposition est impossible : *le quai **de** la fosse* → ☹ *le quai la fosse* ;
– supprimer la plupart des adverbes est possible : *Il marche **vite**.* → *Il marche.*
Test 2 : remplacer un adverbe par un autre adverbe est possible, en particulier un adverbe en *–ment* : *Il marche **vite/rapidement**.*

② Morphologie de l'adverbe

Les adverbes du français peuvent se ranger en deux groupes :
– les adverbes venus du latin
– les adverbes et locutions adverbiales créés par dérivation, composition et conversion.

● **Les adverbes simples, hérités du latin** (environ une trentaine)

> *ainsi, aussi, bien, comme, dehors, encore, ensemble, hier, là, loin, plus, souvent,* etc.

L'adjectif
qualificatif
(**3.3** p. 103)

● **Les adverbes dérivés par suffixation en *-ment***
Règle générale : on forme les adverbes en *-ment* en ajoutant le suffixe *-ment* au féminin de l'adjectif.

grand → *grande* → *grandement* – *doux* → *douce* → *doucement*

Beaucoup d'adjectifs n'ont pas donné naissance à des adverbes en *-ment* : *charmant, fâché, content, vexé, mobile, tremblant, familial,* etc.

Règles particulières :

– Dans les adverbes en *-ment* correspondant à des adjectifs terminés au masculin par les voyelles *-é, -i, -u*, l'e féminin a disparu.

aisé > *aisément ; vrai* > *vraiment ; poli* > *poliment ; éperdu* > *éperdument*

Rectifications
(Annexe **2** p. 393)

Remarque : les Rectifications de 1990 ont supprimé l'accent circonflexe sur l'*u*, qui marquait la chute de l'*e* féminin : *assidument, congrument,* etc.

– On a *-ément* au lieu de *-ement* dans certains adverbes tels que : *confusément, énormément, expressément, précisément, profondément,* etc.

– *Gentil* donne *gentiment, impuni* donne *impunément*.

– Aux adjectifs en *-ant* et *-ent* correspondent des adverbes en *-amment* et *-emment : vaillant* > *vaillamment* ; *prudent* > *prudemment*.
Exceptions : *lent* > *lentement* ; *présent* > *présentement* ; *véhément* > *véhémentement*.

– Quelques adverbes en *-ment* sont tirés de noms, d'adjectifs indéfinis ou d'adverbes : *bêtement, diablement, vachement* (*familier*), *tellement, comment*.

● **Les adverbes et locutions adverbiales formés par composition**
1. Des formes composées en ancien français sont aujourd'hui perçues comme des formes simples, comme en atteste la soudure.

beaucoup < *beau* + *coup*   *bientôt* < *bien* + *tôt*   *déjà* < *des* + *ja*
davantage < *de* + *avantage*   *jamais* < *ja* + *mais*   *toujours* < *tous* + *jours*
plutôt < *plus* + *tôt* (« *plus exactement, de préférence* » à distinguer de *plus tôt*, en deux mots, qui s'oppose à *plus tard*)
quelquefois < *quelque* + *fois* (« *parfois* » à ne pas confondre avec *quelques fois*, en deux mots, « *un petit nombre de fois* »)
cependant < *ce* + *pendant* (construction absolue à valeur temporelle = « *cela étant pendant* », i.e. « *cela étant suspendu, en suspens* »).
Mais *aujourd'hui* ne s'est pas soudé.

2. De nombreuses locutions adverbiales* se rencontrent en français.

d'ores et déjà, çà et là, en vain, tout de suite, etc.

Le premier élément d'une locution adverbiale, généralement non soudé, est souvent une préposition (1), parfois renforcée par *tout* (2).

à/de nouveau, en général, au contraire, au/du moins, par/d' ailleurs. (1)
tout à coup « *soudainement* »/*tout d'un coup* « *en une seule fois* » (2)

D'autres formes sont liées par un trait d'union : *au-delà, ci-dessus, avant-hier, peut-être, pêle-mêle, à touche-touche, à la va-vite.*

- **Les adverbes formés par conversion**

C'est le cas notamment des adverbes de négation, dont certains sont à l'origine des noms (*pas, point*) ; de même que *pile* (nom) ou *grave* (adjectif) dans la langue actuelle (*Il assure grave.*). *Soudain* est à la fois adjectif et adverbe, comme *fort* et *même*.

▶ La conversion (**2.1**,3 p. 59)

3 Syntaxe de l'adverbe

1 Fonctions et place des adverbes

L'adverbe peut se rapporter à un mot, à un groupe de mots, à la phrase. Il peut aussi jouer un rôle de connecteur dans le texte. Certains adverbes ont une seule fonction, d'autres plusieurs. La place des adverbes varie selon le terme dont ils dépendent.

▶ Les connecteurs textuels (**6.2**,3 p. 331)

- **Adverbes dépendant d'un constituant de la phrase (mot ou groupe de mots)**

1. L'adverbe modifiant un verbe :
– **à un temps simple**, l'adverbe se place généralement après le verbe (selon le sens même du terme *adverbe*).

> *L'air bouge doucement, on flotte un peu.* (L. Kaplan, *L'Excès-L'usine*)
>
> *Reprendre joyeusement l'affreux harnais écrit monsieur Songe.* (R. Pinget, *Le Harnais*)
>
> *Car le cœur bat déjà trop vite.* (A. Fleischer, *La Hache et le Violon*)
> Ici, *déjà* modifie *trop* qui modifie *vite* qui modifie *bat*.

– **à un temps composé**, l'adverbe se place à peu près indifféremment entre l'auxiliaire et le participe, ou après le participe.

> *Il a beaucoup travaillé. – J'ai presque atteint le but.*
> *J'ai travaillé assidument. – Il a trouvé facilement son chemin.*

– **à l'infinitif**, l'adverbe se place tantôt avant lui, tantôt après lui ; en général, c'est l'euphonie et le rythme qui décident.

> *Trop parler est souvent nuisible ; il vaut mieux parler peu et parler sagement.*
> *Il fait bon vivre ici. – Il cherche à vivre ailleurs. – On ne peut pas toujours vivre dangereusement.*

2. L'adverbe modifiant un adjectif qu'il précède sert souvent à construire le comparatif ou le superlatif de l'adjectif, mais il peut aussi être un simple modifieur de l'adjectif.

▶ L'adjectif qualificatif (**3.3** p. 103)

> [...] je ne souffre plus que d'une seule douleur, celle de cette langue dont je sais la beauté **trop** <u>dure</u> déjà pour moi-même, **trop** <u>forte</u> pour moi. (P. Guyotat, *Coma*)
>
> Alors le soleil montait chaque matin sur une terre encore **plus** <u>âpre</u>, **plus** <u>rouge</u>. (J.M.G. Le Clézio, *Étoile errante*)

3. L'adverbe modifiant un autre adverbe le précède.

> Car le cœur bat déjà **trop** <u>vite</u>. (A. Fleischer, *La Hache et le Violon*)
>
> Et **très** <u>peu</u> plus tard, après cet assène d'originalité, ça devient plus dur. (C. Prigent, *Commencement*)

4. L'adverbe modifiant un déterminant (souvent numéral) se place avant.

> Ce smartphone coute **environ/presque/à peine** <u>six-cents</u> euros.
>
> Sur ces vingt-neuf ans, il y avait quatre années, **presque** <u>cinq</u> années de guerre. (G. Duhamel)

5. L'adverbe modifiant un nom, un groupe nominal ou un pronom se place avant.

> [...] ce qui a suivi la guerre, ces semaines et ces quelques mois, **notamment** <u>les derniers</u> [...] (P. Claudel, *Le Rapport de Brodeck*)
>
> ... **Même** <u>l'homme robuste</u> faiblit, et **même** <u>l'homme jeune</u> chancelle. (A. Gide)

6. L'adverbe modifiant une préposition ou une conjonction se place avant.

> Il me hurla **tout** <u>contre</u> l'oreille. (O.V.L. Milosz)
>
> Parmi ces hommes qui ne pourraient pas se montrer justes, **même** <u>s'ils</u> le voulaient. (A. France)

◀ Les déterminants composés (**3.2**,4 p. 100)

7. L'adverbe formant un déterminant complexe du nom, associé à la préposition *de*, se place avant.

> J'ai **plus de** souvenirs que si j'avais mille ans (Baudelaire)
>
> Cela donnait **un peu de** cohérence et de hauteur à ses actions. (A. Kourouma, *En attendant le vote des bêtes sauvages*)

● **Adverbes dépendant de la phrase**

◀ Le complément circonstanciel (**4.2**,4 p. 239)

1. Des compléments circonstanciels mobiles, non liés au verbe, peuvent se placer en tête de phrase, notamment les adverbes de temps et de lieu.

> **Maintenant** je vois que très jeune, à dix-huit ans, à quinze ans, j'ai eu ce visage prémonitoire [...] (M. Duras, *L'Amant*)
>
> Et **très peu plus tard,** après cet assène d'originalité (= jugement de valeur), ça devient plus dur. (Ch. Prigent, *Commencement*).
> → *plus tard*, complément circonstanciel, est modifié par *très peu*.
>
> **Ici**, tu t'asseyais, c'était **ici** ta place. (Aragon)

◀ La forme négative (**4.4**,2 p. 263)

2. Les adverbes de négation : dans la phrase canonique, l'adverbe *ne* est associé à un autre adverbe : *pas, plus, jamais,* etc.

*Il **ne** parlait **jamais** de ses états d'âme.* (A. Maalouf, *Les Échelles du Levant*)

● **Adverbes introduisant une phrase interrogative ou exclamative**

1. Les adverbes introduisent une interrogation partielle portant sur les circonstances et complètent la liste des pronoms interrogatifs.

▶ Le type interrogatif (**4.3**,3 p. 255)
▶ Les pronoms interrogatifs (**3.4**,6 p. 135)

***Comment** franchir le mur entre le cimetière et la forêt où sautent les bêtes ?* (P. Guyotat, *Coma*) *(ici, la manière)*

2. Dans la phrase exclamative, l'adverbe marque l'exclamation, mais il dépend d'un adjectif ou d'un verbe.

▶ Le type exclamatif (**4.3**,5 p. 260)

*Ah ! ma chère Lisette, **que** je souffre !* (Marivaux)

Ces adverbes sont placés en tête de phrase dans un usage standard.

***Où** sont-ils partis ? – **Comme** il fait noir dans la vallée !* (Musset)

● **Adverbes équivalant à une phrase ou une proposition**

1. Mots-phrases employés dans la réponse à une question.

— *Tout s'explique.*
— ***Oui**, tu vois comme c'est simple.* (F. Vargas, *Pars vite et reviens tard*)
Perdican. — *Vous êtes fâchée de cela ? Oh ! que **non**.*
Camille. — ***Si**, j'en suis vraiment fâchée pour vous.* (Musset)

2. Dans la réponse à une question, certains adverbes peuvent s'employer seuls, par ellipse du reste de la phrase.

*Viendras-tu demain ? – **Probablement**./**Certainement**.*

● **Adverbes jouant le rôle de connecteurs**

Certains adverbes assurent la liaison entre les phrases d'un texte en indiquant les relations sémantiques entre elles.

▶ Les connecteurs textuels (**6.2**,3 p. 331)

***Puis** le ciel s'apaisa [...], il se mit à tomber une pluie régulière et lente.* (M. Houellebecq, *Les Particules élémentaires*)

***Alors** encore vous entendez ces langages du monde qui se rencontrent sur la vague le mont.* (É. Glissant, *Tout-monde*)

*Peut-être, **d'ailleurs**, me disais-je parfois, est-ce pour cette raison qu'elle (sc. ma serviette) est vide.* (C. Oster, *Mon grand appartement*)

***Certes**, j'aurais pu me dire qu'à Paris, si Albertine avait ces goûts, elle trouverait bien d'autres personnes avec qui les assouvir.* (Proust)

2 Degrés des adverbes

Certains adverbes varient en degré, comme les adjectifs :
– *loin, près, longtemps, souvent, tôt, tard.*

▶ Les degrés de l'adjectif (**3.3**,6 p. 116)

*C'est un peu **loin**, très **loin**, plus **loin**, etc. – Trop **tard** !*

> La baronne de Richtoffen l'a admirablement soigné pendant trois mois. Depuis ce temps, il lui a écrit très **souvent** et elle lui écrit très **souvent** aussi. (Gyp)

– les adjectifs pris adverbialement, modifiant un verbe : *bas, bon, cher*, etc.

> Parle plus **bas** (chanson française du film *Le Parrain*)

– *beaucoup, peu, bien, mal.*
– certaines locutions adverbiales : *à regret, à propos*, etc.
– la plupart des adverbes en *-ment* : *lentement, rapidement, soudainement, cruellement*, etc.

> *moins doucement, aussi doucement, très doucement, plus doucement, le plus doucement*, etc.

 Sémantique de l'adverbe

On distingue traditionnellement plusieurs classes sémantiques d'adverbes, qui désignent le temps, le lieu, la manière, la quantité (et l'intensité), la négation.

● **Adverbes de temps**

alors	déjà	jadis	sitôt
après-demain	demain	jamais	soudain
aujourd'hui	désormais	longtemps	souvent
auparavant	dorénavant	maintenant	tantôt
aussitôt	encore	naguère	tard
autrefois	enfin	parfois	tôt
avant-hier	ensuite	puis	toujours
bientôt	hier	quelquefois	etc.

On joint à cette liste un certain nombre de locutions adverbiales : *à présent, (tout) de suite, tout à coup, tout à l'heure*, etc.

> [...] que les domestiques parleront **encore longtemps** à la troisième personne.
> (R. Camus, *Roman furieux*)

> **Brusquement**, ma mère nous faisait taire.
> (P. Quignard, *Le Nom sur le bout de la langue*)

● **Adverbes de lieu**

ailleurs	céans (*vieux*)	dessus	outre
alentour	ci	devant	partout
arrière	dedans	ici	près
autour	dehors	là	etc.
avant	derrière	loin	
çà	dessous	où	

L'ADVERBE 6

À cette liste, il faut ajouter un certain nombre de locutions adverbiales.

| au-dedans | ci-après | en arrière | là-bas | quelque part |
| au-dehors | ci-contre | en avant | là-dedans | etc. |

● **Adverbes de manière**

ainsi	debout	gratis	plutôt
bien	ensemble	mal	quasi
comme	exprès	mieux	vite
comment	franco	pis	volontiers
			etc.

Il faut ajouter un très grand nombre d'adverbes en *-ment* **(1)** et quantité de locutions adverbiales **(2)** :
amicalement, joliment, fièrement, etc. **(1)**
à l'envi, à dessein, à tort, à loisir, à propos, cahincaha, etc. **(2)**

● **Adverbes de quantité et d'intensité**

assez	comment (= *à quel point*)	(ne) pas autrement (= *guère*)	si (*rapide*)
aussi	davantage	pas mal	tant
autant	environ (*un an*)	**peu**	**tout** (*fier*)
autrement	fort	**plus**	tout à fait
beaucoup	guère	presque	tellement
bien (*aise*)	mais (*n'en pouvoir mais*)	quasi	**très**
combien	**moins**	que (*que de craintes !*)	**trop**
comme (*comme il est fort !*)		quelque (*dix ans*)	etc.

Certains de ces adverbes (en **gras**) indiquent les variations d'intensité ou les degrés de comparaison des adjectifs ou d'autres adverbes. Quand ces adverbes indiquent un degré de comparaison, ils peuvent être associés à un complément introduit par *que* (GN ou proposition).

▶ Les degrés de l'adjectif (**3.3**,6 p. 116)

▶ *supra* 3 (p. 191)

> Elle est **très** petite. = intensité élevée
> Il est **plus**/**aussi**/**moins** grand que Nicolas.
> = comparatif de supériorité/d'égalité/d'infériorité
>
> Car la vie posthume est **aussi** mal assurée que la première.
> (G. Macé, *Vies antérieures*)
>
> L'homme disparut **plus** mystérieusement encore qu'il n'était apparu.
> (K. Yacine, *Nedjma*)

Il faut ajouter certains adverbes en *-ment* exprimant la quantité, l'intensité :
abondamment, complètement, énormément, extrêmement, grandement, immensément, etc.

– **Si, aussi** se joignent à des adjectifs, à des participes-adjectifs et à des adverbes.
> Une femme **si** sage, **si** estimée, qui parle **si** bien.
> Une femme **aussi** sage, **aussi** estimée qu'elle, qui parle **aussi** bien que personne.

– **Tant, autant** s'emploient avec des verbes et aussi avec des noms introduits par *de*.
> Il a **tant** de courage, il travaille **tant** !
> Il a **autant** de courage que vous, il travaille **autant** que nous.

– **Si, tant** marquent l'intensité.
> Elle est **si** faible qu'elle peut à peine marcher.
> Elle a **tant** marché qu'elle est épuisée. – Il mangea **tant** qu'il se rendit malade.

– **Aussi, autant** marquent la comparaison, l'égalité et appellent un complément introduit par la conjonction *que*.
> Il est **aussi** sportif que son frère. – Il s'entraine **autant** que son frère.

Remarques :

a. *Si, tant* peuvent remplacer *aussi, autant* dans les phrases négatives ou interrogatives.
> Rien ne pèse **tant** qu'un secret. (La Fontaine)
> Mais Rodrigue ira-t-il **si** loin que vous allez ? (Corneille)

b. *Aussi* signifiant « pareillement » s'emploie dans une phrase affirmative.
> Vous le voulez, et moi **aussi**.

Avec la négation, on doit dire *non plus* : *Vous ne le voulez pas, ni moi **non plus**.*

c. *Tant* s'emploie pour exprimer une quantité indéterminée qu'on ne veut ou ne peut préciser.
> Cette employée gagne **tant** par jour.

d. *Beaucoup* doit être précédé de la préposition *de* après un comparatif (1), un verbe d'excellence (2), ou avec un superlatif (3).
> Vous êtes plus savant **de beaucoup**. (Académie) (1)
> L'emporter **de beaucoup** sur un autre. (Id.) (2)
> Il est **de beaucoup** le plus savant. (3)

Beaucoup peut être précédé de la préposition *de* avant un comparatif.
> Il est **beaucoup/de beaucoup** plus savant que son frère.

● **Adverbes de négation**

La forme négative
(**4.3**,4 p. 263)

Les adverbes de négation sont hérités du latin (*non* forme tonique et *ne* forme atone) ou du francique (*guère*), ou encore formés en français (*nullemement, jamais*).

L'ADVERBE

● **Adverbes ayant un rôle sémantique dans la phrase**

1. Adverbes de commentaire phrastique
Certains adverbes manifestent le point de vue du locuteur : *apparemment, peut-être, probablement, sans doute, vraisemblablement,* etc.

> ***Peut-être*** *ferais-je mieux d'attendre que sa maladie et sa mort soient fondues dans le cours passé de ma vie.* (A. Ernaux, *Une femme*)

> ***Sans doute*** *c'est seulement par la pensée qu'on possède des choses et on ne possède pas un tableau parce qu'on l'a dans sa salle à manger si on ne sait pas le comprendre.* (Proust)

D'autres adverbes, généralement placés en tête de phrase, commentent le dire du locuteur.

> ***Franchement****, il est bon à mettre au cabinet.* (Molière)
> (= *pour parler franchement*)
> ***Simplement****, je ne vois plus l'Algérie.* (A. Djebar, *Le Blanc de l'Algérie*)
> (= *pour parler simplement*)

2. Adverbes indiquant le type de la phrase
Adverbes interrogatifs : *pourquoi, quand, comment, combien, où.*
Adverbes exclamatifs : *combien, comme, que.*

▶ Les types de phrases (**4.3** p. 254)

3. Adverbes jouant le rôle de connecteurs
Les adverbes peuvent indiquer différentes relations sémantiques dans un texte, en rapport souvent avec le type du texte concerné. On peut distinguer deux groupes de connecteurs :
– les repères spatiaux et temporels, qui ordonnent la réalité référentielle.

▶ Les connecteurs textuels (**6.2**,3 p. 331)

> ***Alors*** *on entendit un remue-ménage à l'intérieur du bateau.* (A. Dhôtel)

– les connecteurs logiques qui marquent les articulations du raisonnement (argumentatifs, énumératifs, etc.).

> ***Pourtant*** *les villes sont paisibles, de blanc matin en blanc coucher.* (J. Brel)

> *Pleurs, soupirs, tout en fut :* ***bref****, il n'oublia rien.* (La Fontaine)

197

CHAPITRE 7

La préposition

1. Définition 198
2. L'emploi des prépositions 200
3. La répétition des prépositions 202

1 Définition

La préposition est un mot de relation qui établit un rapport de dépendance entre l'élément (mot ou groupe de mots) qu'elle introduit et un élément précédent. On ne peut pas la supprimer.
La préposition fait partie des mots invariables.

*le chat **de** la voisine – **Avant** l'aube, elle part **pour** Marseille.*

infra 2.1 ◄
(p. 200)

- **L'ensemble formé de la préposition et du groupe nominal (GN)** (ou un équivalent) **est appelé groupe prépositionnel** : GPrép. = prép. + GN.

*Il se promène **sur** les quais.*
prép. + GN
GPrép.

- On distingue :
- **les prépositions simples,** constituées d'un seul mot : *à, de, dans,* etc. ;
- **les locutions prépositives,** constituées de plusieurs mots, qui équivalent à une préposition simple : *au milieu de* = *dans*.

- **Les principales prépositions simples**

à	de	entre	par	sans
après	depuis	envers	parmi	sauf
avant	derrière	excepté	pendant	selon
avec	dès	hors	plein	sous
chez	devant	jusque(s)	pour	suivant
contre	durant	malgré	près	sur
dans	en	outre	proche	vers

LA PRÉPOSITION 7

● **Les principales locutions prépositives**

à cause de	afin de	auprès de	faute de
à côté de	au lieu de	autour de	grâce à
à force de	au milieu de	aux dépens de	hors de
à l'égard de	au travers de	de façon à	jusqu'à, jusque
à l'encontre de	au-dedans de	de peur de	loin de
à l'exception de	au-dehors de	du côté de	par rapport à
à l'insu de	au-delà de	en dépit de	près de
à la faveur de	au-dessous de	en face de	quant à
à la merci de	au-dessus de	en faveur de	vis-à-vis de
à moins de	au-devant de	face à	etc.

1 La préposition et l'adverbe

▶ L'adverbe
(**3.6** p. 188)

La préposition et l'adverbe sont invariables. Mais la préposition est transitive : elle introduit un terme, alors que l'adverbe n'introduit rien.

Le voilier avance <u>silencieusement</u> <u>sur</u> la mer.
                adv.   prép.

Comment distinguer la préposition et l'adverbe ?

Test 1 : supprimer pour vérifier la transitivité.

☹ *Le voilier avance sur./Le voilier avance la mer.*
On ne peut supprimer ni le complément *la mer* introduit par la préposition, ni la préposition *sur*, car ces deux éléments sont liés entre eux. On peut supprimer l'adverbe *silencieusement*.

Test 2 : substituer par un autre adverbe pour vérifier qu'il s'agit bien d'un adverbe.

*Le voilier avance **silencieusement/doucement/tranquillement** sur la mer.*

Attention : dans certains cas, les prépositions ne sont suivies d'aucun terme.
*Je suis **pour**. – Je vote **contre**. – Elle part **avant**. – Il revient **après**. – Tu viens **avec** ?*
Le terme introduit par la préposition est effacé et peut être récupéré à partir du contexte ou de la situation. On parle d'*emploi adverbial* de la préposition.

2 La préposition et la conjonction de coordination

▶ Les conjonctions de coordination
(**3.8**, 2 p. 204)

La préposition et la conjonction sont des mots de relation invariables.

● **La préposition marque une relation de dépendance entre le mot ou le groupe de mots qu'elle introduit et un autre élément de la phrase.** On ne peut supprimer ni le complément introduit ni la préposition, car ces deux éléments sont liés entre eux.

Le voilier avance <u>sur la mer</u>.
Le GN *la mer* est relié au verbe *avance* par la préposition *sur*.

● **La conjonction de coordination relie des mots, des groupes de mots, mais aussi des propositions, qui ont entre eux une relation** d'indépendance réciproque : on peut supprimer l'un (mot, groupe de mots ou proposition) et garder l'autre. On peut aussi supprimer la conjonction de coordination sans modifier le lien, qui devient implicite.

*Le temps s'était rétabli, **et**, ce matin là, il s'annonçait magnifique.* (J. Romains)
Le test de la suppression permet de distinguer la conjonction de la préposition.

2 L'emploi des prépositions

1 Syntaxe

Les fonctions grammaticales (**4.2** p. 221)

● **Le groupe prépositionnel, formé de la préposition et du terme qu'elle introduit, exerce une fonction dans la phrase, notamment :**
– **complément circonstanciel**

***Dans** les deux années qui suivirent, il se produisit d'autres événements que je ne rapporte pas.* (A. Dhôtel)
La préposition *dans* introduit un complément circonstanciel de temps.

***Au-dessus des** têtes, **parmi** le hérissement des barres de fer, une hache passa, portée toute droite.* (Zola)
Les deux prépositions introduisent un complément circonstanciel de lieu.

– **complément du verbe**

*Je me souviens **des** jours anciens et je pleure.* (Verlaine)
La préposition *de* (contractée avec l'article *les* : de + les = *des*) introduit le COI de *se souvenir*.

– **complément du nom**

*Le long des vieux troncs morts **à** l'écorce moussue.* (Leconte de Lisle)
La préposition *à* introduit *l'écorce moussue*, complément du nom *troncs*.

– **complément de l'adjectif**

*L'utile revenu du rasoir est préférable **aux** vains honneurs de la plume.* (Beaumarchais)
La préposition *à* (amalgamée avec l'article *les* : à + les = *aux*) introduit le complément de l'adjectif *préférable*.

Remarque : on peut rencontrer des séquences de groupes prépositionnels, où chacun s'inclut dans le précédent.

*une carabine **à** pierre **au** long canon **de** bronze noirci* (Le Clézio, Désert)
Le GPrép. *au long canon de bronze noirci*, qui inclut lui-même un Gprép. *de bronze noirci*, complète *carabine à pierre*, où *carabine* est complété par *à pierre*.

LA PRÉPOSITION   7

- **La préposition introduit un terme qui peut être :**
- **un nom ou un groupe nominal,** le plus souvent. Dans le cas du complément du nom, l'emploi ou non d'un déterminant dépend de la préposition ou du contenu du groupe nominal.

> supra
> Exemples

les gens de lettres – les vains honneurs de la plume

- **un pronom**

Un soir que je rentrais chez moi, je me suis arrêté devant ma porte.
(Ch. Oster, Mon grand appartement)

- **un infinitif ou un groupe infinitif.**

Elle courut sur le grand escalier pour lire ce billet à la lueur de la lampe. (Stendhal)

2 Sémantique

Les prépositions ont une charge sémantique propre, qui s'associe au sens des termes qu'elles relient. On donne ici quelques indications générales. On peut répartir les prépositions en deux groupes.

1. Prépositions à valeur complexe : *à, de, en, par, pour*
Ces prépositions ont de nombreuses valeurs sémantiques, qui dépendent de la construction où elles sont employées et de la relation entre les termes qu'elles relient. Il est parfois difficile de leur assigner un sens précis, la relation grammaticale primant, notamment quand elles introduisent un complément du verbe.

- **Les prépositions les plus fréquentes,** *à* et *de,* tiennent leur sens de base de leur origine latine opposée (*à* < *ad,* direction ; *de* < *de,* origine). La préposition *à* indique une situation locale ou temporelle (*à Paris, à minuit*), la destination (*un verre à vin*), divers rapports de caractérisation (*l'homme à barbe rousse,* A. Dhôtel), etc.
La préposition *de* indique l'origine (*le piment d'Espelette*), la cause (*il est mort de soif*), le rapport du contenant au contenu (*un verre de vin*), la matière (*un chapeau de paille*), etc.
Ces deux prépositions, susceptibles de bien d'autres valeurs, ont parfois une valeur purement grammaticale (*il continue à/de chanter*).

- **La préposition** *en,* le plus souvent suivie d'un nom sans déterminant, peut introduire un complément de lieu (*en ville*), de temps (*en été*), de manière (*en silence*), de matière (*une valise en carton*), etc.

- **La préposition** *par* peut indiquer la cause (*Il a été blessé par erreur.*), l'agent du verbe au passif (*Les voyageurs sont contrôlés par la police aux frontières.*), le lieu par où l'on passe (*Le voleur est entré par le soupirail.*), etc.

- **La préposition** *pour* peut indiquer la réciprocité, l'échange (*Prendre des vessies pour des lanternes. – Laisser la proie pour l'ombre.*), la destination, le but (*Pour faire le portrait d'un oiseau,* J. Prévert), la cause (*Jean Valjean a été condamné pour avoir volé un pain.*), etc.

201

2. Prépositions à valeur simple

Ces prépositions ont une valeur circonstancielle générale, certaines peuvent avoir plusieurs valeurs :
- la manière : *avec, sans, etc.*
- le lieu : *chez, dans, devant, parmi, sur, sous, vers, etc.*
- le temps : *avant, après, vers, entre, depuis, pendant, etc.*
- le but : *pour, envers, etc.*
- l'union, la conformité : *avec, selon, d'après, suivant, etc.*
- l'opposition : *contre, malgré, etc.*
- l'exception : *sauf, excepté, etc.*
- etc.

Remarque :
À *travers* ne se construit jamais avec *de* ; *au travers* veut toujours *de*.

> les grands lézards [...]/Dont la fuite étincelle **à travers** l'herbe rousse. (Leconte de Lisle)

> Puis il avait longtemps marché **au travers de** la ville. (Gide)

③ La répétition des prépositions

● **Les prépositions *à, de, en* se répètent ordinairement devant chaque complément.**

> Elle écrit **à** Pierre et **à** Nicolas.
> Elle a voyagé **en** Grèce et **en** Italie.
> On découvrait une clairière emplie **de** fleurs rouges et **de** myosotis. (A. Dhôtel)
> La parole nous apparaît comme l'instrument majeur **de** la pensée, **de** l'émotion et **de** l'action. (L.S. Senghor)

● **Les prépositions *à, de, en* ne se répètent pas :**
- quand les éléments du complément forment une locution.

> Chevalier **des** arts et lettres. – Il aime **à** aller et venir. (Littré)
> Il a perdu son temps **en** allées et venues. (Académie)

- quand ces membres désignent un groupe ou une idée unique.

> Les adresses **des** amis et connaissances.
> Il importe **de** bien mâcher et broyer les aliments. (Littré)

● **D'une manière générale, les prépositions autres que *à, de, en* ne se répètent pas,** surtout lorsque les différents membres du complément sont intimement unis par le sens ou lorsqu'ils sont à peu près synonymes.

> **Dans** les peines et les douleurs, gardez l'espoir.

CHAPITRE 8

La conjonction

1. Définition 203
2. Les conjonctions de coordination 204
3. Les conjonctions de subordination 207

1 Définition

La conjonction est un mot invariable qui sert, comme la préposition, à joindre et à mettre en rapport deux termes. On distingue traditionnellement :

▸ La préposition (**3.7** p. 198)

– **les conjonctions de coordination :**
mais, ou, et, donc, or, ni, car ;
– **les conjonctions de subordination :**
que, si, quand, bien que, pour que, etc.

● **Bien que ces deux types de conjonctions soient des mots de relation, leur emploi est différent.**
– Une conjonction de subordination relie généralement des propositions, et une conjonction de coordination relie non seulement des propositions, mais aussi des mots ou des groupes de mots (sauf *car, or*) ;
– Une conjonction de subordination marque une relation d'inégalité entre les deux propositions qu'elle relie : la proposition subordonnée qu'elle introduit dépend de la proposition principale.

> [*Bob espère*] [*que le bateau viendra*].
> La proposition complétive introduite par la conjonction *que* dépend du verbe *espère* de la principale.

– Une conjonction de coordination relie deux termes qui ne dépendent pas syntaxiquement l'un de l'autre.

> [*Je regardais Marie*], **et** [*je voyais bien que je n'étais plus là*].
> (J.-Ph. Toussaint, *La Vérité sur Marie*)
> Les deux propositions étant indépendantes, on peut supprimer l'une et garder l'autre.

2 Les conjonctions de coordination

• **Les conjonctions de coordination servent à joindre deux éléments de même statut :** deux phrases ou deux propositions, deux mots ou deux groupes de mots dans une proposition. Les éléments joints peuvent être de classes différentes, mais ils ont toujours la même fonction.

[*Nos mains sont à proximité*] **mais** [*l'électricité qui les attire a l'effet inverse de les retenir à distance*]. (H. Guibert, *Mes parents*)
mais relie deux propositions.

Ton prince **et** *ton pays* ont besoin de ton bras. (Corneille)
et relie deux groupes nominaux sujets.

Wallas introduit son jeton dans la fente **et** *appuie un bouton*. (A. Robbe-Grillet)
et relie deux groupes verbaux.

Un souriceau **tout jeune**, **et** [*qui n'avait rien vu*],
Fut presque pris au dépourvu. (La Fontaine)
et relie un groupe adjectival et une subordonnée relative,
tous deux épithètes de souriceau.

Mais on ne peut pas coordonner n'importe quels termes entre eux, sauf humour et création poétique (zeugme*).

Alors elle va s'manger une pizza
☹ *au jambon* **et** *au centre commercial*. (Renaud, *Le retour de la Pepette*)

• Les conjonctions de coordination :
– se placent entre les termes qu'elles unissent ; elles peuvent être répétées devant chacun ;
– n'ont pas de fonction syntaxique dans la phrase ;
– ne peuvent pas, en principe, se combiner entre elles.

• On donne ici la liste traditionnelle[1] établie au XIXe siècle, suivant la formule mnémotechnique habituelle : *mais, ou, et, donc, or, ni, car*.
Chaque conjonction exprime un rapport logique spécifique :
addition (*et, ni*), disjonction (*ou*), opposition (*mais, or*), cause (*car*), conclusion (*donc*).

1. *Et*, très fréquent, constitue le modèle des conjonctions de coordination ; il se place ordinairement devant le dernier terme coordonné. Si, globalement, il exprime une addition, il peut exprimer une relation spécifique en fonction des termes qu'il relie : succession, opposition, conséquence, etc.
– Quand il coordonne deux termes simples (mots ou groupes de mots), *et* marque simplement la réunion de deux ensembles (groupes

L'adverbe ◀
(**3.6**, 3 p. 191)

---
1. Les adverbes de liaison jouent le même rôle que les conjonctions de coordination : *puis, ensuite ; cependant, pourtant* ; etc.

nominaux) (1), de deux qualités (adjectifs) (2), ou la succession de deux actions (groupes verbaux) (3).

> Le mal de tête et la fièvre ça serait pas la méningite ?
> (M. Winckler, La Maladie de Sachs) (1)

> La Terre n'était plus cette uniforme et magnifique boule bleue que l'on admire du fond de l'univers. (J. Rouaud, Les Champs d'honneur) (2)

> Akira remonte et reprend pied. (S. Audeguy, La Théorie des nuages) (3)

– Quand il coordonne deux propositions, *et* exprime des relations variables qui dépendent des termes conjoints.

> [Du rivage, on croit assister au drame], et [c'est nous-mêmes qui nous faisons des signes désespérés]. (R. Camus, Roman furieux)
> *et* exprime une relation d'opposition (= mais).

Et peut être répété, pour créer un effet expressif, devant chacun des termes coordonnés, à l'exception du premier quand il y a plus de deux termes.

> Voyez le ciel et les champs, et les arbres, et les paysans surtout dans ce qu'ils ont de bon et de vrai. (G. Sand)

2. Ni, peu employé à l'oral, marque une liaison négative (= *et ne … pas*). Il peut coordonner n'importe quel type de constituant, y compris des propositions subordonnées. Mais il ne peut pas se répéter devant deux propositions indépendantes car *ni* s'emploie en liaison avec une première construction négative.

▶ La forme négative (**4.4**, 2 p. 263)

> ☹ Ni Buster Keaton rit, ni il pleure.
> Buster Keaton ne rit ni ne pleure.

Quand *ni* relie deux termes dans une phrase négative, il est associé à *ne*.

> La maison ni les champs ne sont à vendre.

> La pièce de quinze sous tomba dans l'eau. Cosette ne la vit ni ne l'entendit tomber. (Hugo)

Ni est souvent répété devant chaque terme coordonné, sauf le verbe.

> Elle n'a ni toit ni loi.

> Je porte le nom de Beaune-la-Rolande, ni un nom de famille, ni un lieu de naissance, ni une adresse. (C. Wajsbrot, Beaune-la-Rolande)

Mais il peut ne pas être répété après un premier élément comportant la négation complète *ne … pas*.

> Elle ne sortait pas pour jouer avec eux, elle n'en avait pas le droit, ni l'envie,…
> (M.-H. Lafon, Les Derniers Indiens)

3. Ou est ambigu. Il peut exprimer :
– une disjonction exclusive, c'est-à-dire une alternative : un terme exclut l'autre.

> *Cette ambiguïté est le ressort comique dans* Le Mariage de Figaro *(scène III, 15) où ce dernier s'oppose à Marceline : dans la reconnaissance de dette qu'il lui a signée, il soutient* que c'est la conjonction alternative **ou** qui sépare lesdits membres : Je paierai la donzelle, **ou** je l'épouserai.
> *Figaro utilise le renforcement avec* bien **(ou bien)** qui impose l'interprétation exclusive, et il ajoute un exemple plaisant : **ou** la maladie vous tuera, **ou** ce sera le médecin ; **ou bien** le médecin ; c'est incontestable.

Et quand *ou* est répété devant chaque terme, l'interprétation exclusive s'impose : *Ou tu sors, ou tu te tais.* Elle l'est aussi quand le second terme est interprété comme la conséquence de la non réalisation du premier : *Finis ce travail, ou tu seras privé de sortie ce soir.*

– une disjonction inclusive, c'est-à-dire additive : les deux termes sont possibles. C'est le cas quand un cinéma annonce des réductions de tarifs pour les étudiants *ou* les moins de 25 ans, les lundis *ou* les mardis. Certains, dans ce cas, emploient la conjonction cumulée *et/ou*.

◀ *supra* Exemples

La conjonction *ou* peut relier des propositions ou des groupes de mots.

> *Il se demande si cette tempête est un grand courroux des éléments **ou** un éclat de rire du ciel.* (L. Gaudé, *Ouragan*)

Comme *et*, *ou* peut être répété pour un effet expressif *(ici, l'hésitation sur le terme).*

> *... je ne sais pas comment dire, disons l'événement, **ou** le drame, **ou** l'incident.* (P. Claudel, *Le Rapport de Brodeck*)

◀ Le type argumentatif (**6.4**, 4 p. 365)

4. Mais exprime une opposition. Il ne peut pas coordonner plus de deux termes ni être répété.

Il coordonne un terme négatif avec un antonyme positif.

> *Ludovic n'est pas calme, **mais** (au contraire) (il est) coléreux.*

Il indique que le deuxième terme est un argument plus fort qui oriente vers une conclusion opposée aux attentes suscitées par le premier.

> *Je fis cette déclaration, **mais** d'une voix faible et timide...* (Stendhal)

> *Son visage était sombre, noirci par le soleil, **mais** ses yeux brillaient, et la lumière de son regard était presque surnaturelle.* (J.M.G. Le Clézio, *Désert*)

◀ Les connecteurs (**6.2**, 3 p. 336)

Avec la même valeur d'opposition, *mais* est associé à *certes* dans le distinguo : *certes* introduit un premier argument que *mais* contredit.

> *Certes nous ignorons la sensibilité particulière de chaque être, **mais** d'habitude nous ne savons même pas que nous l'ignorons.* (Proust)

◀ Idem (p. 336)

5. Or ne peut coordonner que des propositions. Il introduit une nouvelle donnée qui va se révéler décisive pour la suite des évènements (dans un récit) ou du raisonnement (dans un enchainement argumentatif). On l'emploie en particulier pour introduire le deuxième terme d'un syllogisme.

> *Tout homme est mortel. **Or** Socrate est un homme. Donc Socrate est mortel.*

LA CONJONCTION

Dans la fable *Le Cochet, le Chat et le Souriceau* (livre VI, 5), après la description de l'animal qui a effrayé le souriceau, La Fontaine ajoute :

> *Or, c'était un Cochet, dont notre Souriceau*
> *Fit à sa mère le tableau,*
> *Comme d'un animal venu de l'Amérique.*

Dans cet exemple, *or* a autant un rôle logique que narratif : il introduit la résolution de l'énigme.

6. *Car* ne relie en principe que deux propositions, la seconde étant présentée comme une cause, une explication ou une justification de la première. Au plan de la coordination, *car* équivaut aux conjonctions de subordination *parce que* (cause) et *puisque* (justification).

> *Certes, j'avais quelques remords d'être aussi irritant à l'égard d'Albertine, et je me disais : « Si je ne l'aimais pas, elle m'aurait plus de gratitude, **car** je ne serais pas méchant avec elle ; mais non, cela se compenserait, **car** je serais aussi moins gentil. »* (Proust)

> *Sans beauté, la jeune fille est malheureuse, **car** elle perd toute chance d'être aimée.* (M. Houellebecq, *Les Particules élémentaires*)

7. *Donc* exprime la conséquence, la conclusion de ce qui précède.

> *[…] cette vérité : je pense, **donc** je suis, était si ferme et si assurée que toutes les plus extravagantes suppositions des sceptiques n'étaient pas capables de l'ébranler.* (Descartes)

Son statut de conjonction de coordination est contesté : comme un adverbe, *donc* peut s'employer avec *et*, alors que le cumul des conjonctions de coordination est en principe impossible.

▶ L'adverbe (**3.6** p. 188)

> *Je sais que les demoiselles sont bien plus à craindre que les dames, étant nécessairement plus spontanées, <u>et</u> **donc** plus moqueuses.* (Valéry)

La valeur adverbiale de *donc* est nette quand il sert à renforcer une assertion, une injonction, souvent dans une phrase exclamative.

> *Allons **donc**. – Dites **donc**, vous ! – Donnez-moi **donc** cela.* (Académie)

3 Les conjonctions de subordination

Les conjonctions de subordination relient des termes inégaux : celui qu'elles introduisent dépend de celui qui précède, autrement dit, la proposition subordonnée dépend de la principale. Elles marquent le début de la proposition subordonnée, où elles n'ont aucune fonction grammaticale, contrairement aux pronoms relatifs.
On peut classer les conjonctions de subordination par leur forme.

▶ La PS relative (**5.2** p. 289)

● **Conjonctions simples et locutions conjonctives**

Les conjonctions simples sont peu nombreuses : *que, quand, comme, si,* etc.

Les locutions conjonctives, très nombreuses, comportent en général la conjonction *que* après un autre élément :

– adverbe + *que* : *bien **que**, alors **que**,* etc.
– préposition + *que* : *avant **que**, pour **que**,* etc.
– groupe prépositionnel ou groupe nominal + *que* : *au lieu **que**, à condition **que**,* etc.

Ces locutions ne sont pas soudées, sauf *quoique* et *puisque*.

La PS ◄ circonstancielle (**5.4** p. 304)

Elles introduisent toutes une proposition subordonnée circonstancielle.

● **Emploi des conjonctions de subordination**

La PS ◄ complétive (**5.3** p. 296)

1. La conjonction *que* est la conjonction de subordination modèle. Elle est un pur marqueur de subordination qui introduit des propositions subordonnées dites complétives.

> J'en étais même arrivé à me persuader [*que* les choses ne se présentaient pas sous un si mauvais jour]. (A. Maalouf, *Les Échelles du Levant*)

– *Que* forme, avec les prépositions *à, de, en* et *sur* + *ce*, les locutions *à/de/en/sur ce que* qui introduisent des subordonnées complétives construites indirectement.

> Elle s'inquiétait [*de ce qu*'il allait nous manquer]. (M. Aymé)

> On dira peut-être que cela tenait *à ce que* la simplicité du Swann élégant n'avait été chez lui qu'une forme plus raffinée de la vanité. (Proust)

Dans ce cas, *ce que* est une simple variante de *que* après la préposition, qu'il est impossible d'analyser séparément.

– La conjonction *que* est aussi employée pour introduire une proposition subordonnée circonstancielle coordonnée.

> Et comme le ciel était d'une intensité presque insupportable [et *que* la barrière des sapins formait une ligne très noire et rigoureusement découpée], [...] elle se sentit soudain habitée par l'image d'une autre vierge...
> (Cl. Louis-Combet, *Blesse, ronce noire*)

Les PS ◄ interrogatives indirectes (**5.3** p. 299)

2. La conjonction *si* est l'équivalent interrogatif de *que*. Elle marque la subordination et introduit une subordonnée interrogative indirecte ; elle correspond à *est-ce que* dans l'interrogation directe.

> Je me demande [*si* elle reviendra]. = Est-ce qu'elle reviendra ?

> Souvent son mari, remarquant sa pâleur, lui demandait [*si* elle ne se trouvait point malade]. (Flaubert)

La PS de ◄ condition (**5.4**,6 p. 309)

Remarque : la conjonction *si* peut indiquer l'interrogation (indirecte) (1) ou la condition (2).

LA CONJONCTION 8

*Je me demande **si** les élèves ont compris la leçon. (1)*
***Si** les élèves ont compris la leçon, nous pourrons passer aux exercices. (2)*

On reconnaît l'interrogation directe en rétablissant deux phrases indépendantes.

Je me demande cela : est-ce que les élèves ont compris la leçon ? (1)

Le conditionnel n'est pas admis avec *si* exprimant la condition, mais il est possible, avec sa valeur temporelle, après le *si* interrogatif.

☹ ***Si** les élèves auraient compris la leçon, nous aurions pu passer aux exercices.*
*Je me demandais **si** les élèves auraient compris la leçon.*

3. Les propositions subordonnées circonstancielles sont introduites par des conjonctions simples (*quand, comme, si*) ou des locutions conjonctives qui indiquent à la fois leur caractère subordonné et leur rapport sémantique avec le reste de la phrase.

▶ La PS circonstancielle (**5.4** p. 304)

*Et **pendant que** M. Seurel écrit au tableau l'énoncé des problèmes, un silence imparfait s'établit, mêlé de conversations à voix basse. (A. Fournier)*

*Çà et là des arbrisseaux et quelques gros arbres noircis par le feu et entièrement dépouillés de leurs feuilles se tenaient debout, **bien qu'**ils eussent cessé de vivre. (P. Mérimée)*

On rencontre aussi *que* en corrélation avec un élément de la principale, généralement un adverbe (*si*, etc.).

*La soirée qui suivit cette journée champêtre fut **si** belle et **si** parfaitement limpide, **qu'**on aurait pu se croire encore au milieu de l'été. (Fromentin)*

Les conjonctions introduisant des subordonnées circonstancielles indiquent différents rapports sémantiques. Une même conjonction peut avoir plusieurs valeurs :

– **but :** *afin que, pour que, de peur que, etc.*
– **cause :** *comme, parce que, puisque, attendu que, vu que, étant donné que, etc.*
– **comparaison :** *comme, de même que, ainsi que, selon que, etc.*
– **concession, opposition :** *bien que, quoique, alors que, tandis que, etc.*
– **condition, supposition :** *si, au cas où, à condition que, pourvu que, à moins que, etc.*
– **conséquence :** *que, de sorte que, en sorte que, de façon que, de manière que, etc.*
– **temps :** *quand, lorsque, comme, avant que, après que, alors que, dès lors que, tandis que, depuis que, etc.*

CHAPITRE 9

L'interjection

1. Définition 210
2. Les formes de l'interjection 211

1 Définition

L'interjection est un mot invariable qui exprime un sentiment ou un ordre. Elle est librement insérée dans une phrase, ou bien elle peut constituer une phrase à elle seule : c'est un *mot-phrase* d'ordre subjectif qui équivaut à une phrase exclamative.

● **L'interjection ne joue aucun rôle grammatical dans la structure syntaxique de la phrase.**

> *Un ours !* **Ah** *! l'atroce bête.* (A. Jarry)
>
> **Ah** *! vraiment, je te trouve magnifique !* (Proust)
>
> *[...] les maisons, les routes, les avenues, sont fugitives,* **hélas** *! comme les années.* (Proust)
>
> *Ah ça !* (F. Billetdoux)

● **L'interjection constitue une expression élémentaire de la subjectivité,** par rapport à l'exclamation qui en est une forme structurée. Elle est souvent suivie d'un point d'exclamation (non suivi d'une majuscule, mais d'une minuscule), d'une virgule, voire d'un point d'interrogation.

◀ Le type exclamatif (**4.3**,5 p. 260)

> *Oh ! très bien ! Tu sais tout.* (F. Arrabal)
>
> *Ah bon ?*

Le sens de l'interjection s'identifie en situation, marqué à l'oral par l'intonation : elle peut exprimer une sensation, un sentiment, une émotion[1] ou bien un appel, un ordre.

> *Eh ! juste ciel ! le pauvre garçon, de quoi s'avise-t-il ?* (Marivaux)
>
> *Surtout que vous aimez mieux ça,* **hein** *?* (J. Genet)
>
> *Dites... Vous ne m'aimiez pas ?* (J. Audiberti)

---

1. La fonction* émotive de R. Jakobson, *Essais de linguistique générale*, Paris, 1963.

Ah[2] peut exprimer la douleur, l'indignation, l'impatience (1) ; le bonheur, le plaisir, la joie (2) ; la surprise, l'admiration, l'enthousiasme (3), etc.

***Ah** ! c'est atroce, mon Dieu !* (Flaubert)
Parti comme cela, sans m'attendre ! ***Ah*** *! quel mufle !* (Montherlant) (1)

Ah *! quel bonheur !* (E. de Guérin) (2)

Vous ne savez pas danser !... fit le bonhomme. ***Ah*** *! ciel ! c'est prodigieux... mais moi, j'ai su danser avant de savoir lire.* (H. Murger) (3)

Remarque : une *onomatopée* n'est pas une interjection. C'est une reproduction codée de cris (*meuh, miaou, coincoin,* etc.) ou de bruits (*tictac, boum, ding dong,* etc.). Elle n'est pas impliquée, comme l'interjection, dans une situation d'interlocution mettant en jeu la relation entre le locuteur et l'interlocuteur.

2 Les formes de l'interjection

Les interjections sont généralement des formes courtes et figées, dont le sens peut être unique ou varier selon les situations. Elles peuvent être des monosyllabes, en particulier vocaliques, ou des unités lexicales figées, certaines obtenues par conversion.

▶ La conversion (**2.1**, 3 p. 59)

● On distingue :
- des monosyllabes vocaliques ou consonantiques : *Ah ! Eh ! Hé ! Euh ! Oh ! Ho ! Aïe ! Bah ! Chut ! Ouf ! Zut ! Pf ! Pst ! Oups !*
- des noms seuls ou avec un déterminant : *Attention ! Ciel ! Diable ! Mon Dieu ! Minute ! Ma parole ! Par exemple ! La barbe !*
- des adjectifs : *Bon ! Mince ! Tout doux ! Bravo !*
- des adverbes : *Bien ! Eh bien !*
- des verbes, surtout à l'impératif : *Allons ! Gare ! Tiens ! Voyons !*

● Quelques interjections peuvent avoir un complément.

***Gare** à vous ! **Adieu** pour toujours !*

Bien que l'interjection soit généralement invariable, on rencontre quelques noms au pluriel (1) et quelques verbes s'emploient à différentes personnes (2).

Mille tonnerres ! (1)
Va ! Allons ! Allez ! Tiens ! Tenez ! Dis donc ! Dites donc ! (2)

---

2. Début du classement et exemples de l'article *AH, AHA, AHAH* du TLFi (Trésor de la Langue Française informatisé).

Les principales interjections

À la bonne heure !	Eh !	Hum !	Pif !
Adieu !	Eh bien ! (Eh quoi !)	Jour de Dieu !	Pouah !
Ah !	Euh !	Là ! (Là ! là !)	Pst !
Ahi !	Fi !	Las ! *(vieux)*	Quoi ! (Quoi donc !)
Aïe !	Fichtre !	Ma foi !	Sacristi !
Allo !	Gare !	Mince !	Saperlipopette !
Bah !	Grand Dieu !	Mon Dieu !	Saperlotte !
Basta !	Ha !	Motus !	Sapristi !
Bernique ! *(famil.)*	Hardi !	Ô !	St !
Bonté divine !	Hé ! (Hé bien ! Hé quoi !)	Oh !	Stop !
Bravo !	Hein !	Ohé !	Sus !
Bye, bye !	Hélas !	Or çà !	Ta ta ta ! (Taratata !)
Çà !	Hem !	Ouais ! Ouaich ! Ouaip !	Tout beau !
Chiche !	Ho ! (Ho ! ho !)	Ouf !	Tout doux !
Chut !	Holà !	Ouiche ! *(famil.)*	Vivat !
Ciao ! [tʃao]	Hosanna !	Oui-da !	Zut ! *(famil.)*
Crac !	Hourra !	Oups !	
Dame !	Hue !	Ouste ! *(famil.)*	
Dia !		Patatras !	

● Chaque région de France ou pays francophone a ses interjections.
On dit *Peuchère ! Fan de lune ! Fan de chicourle !* dans le Sud-Est, souvent au bord des terrains de pétanque ; ou bien *Hopla ! Yo !* en Alsace, même si on n'est pas natif.

En Belgique, on dira *Hé ! Zoo !* pour marquer l'étonnement et *Une fois !* sans raison particulière.

Le sacre, synonyme de juron, est une marque d'identité du Québec : *Calvaire qu'elle parle bien Judith. – Tabarnak ! Encore une défaite !*

La phrase ◄
non verbale
(**4.1**,3 p. 219)

Approfondissement : distinction entre les interjections et les phrases non verbales à un élément

La frontière est parfois difficile à tracer : *Misérable ! Silence !* (Beaumarchais) et *Au secours !* peuvent être traités comme des interjections ou comme des phrases non verbales.

Les dictionnaires peuvent aider à trancher, car ils enregistrent comme telles les interjections.

PARTIE 4

La phrase simple

1. La phrase verbale, la phrase non verbale 214
2. Les fonctions grammaticales 221
3. Les types de phrases 254
4. Les formes de phrases 262
5. Grammaire et orthographe :
   les chaines d'accord 273

CHAPITRE 1

La phrase verbale, la phrase non verbale

1. Définition de la phrase 214
2. La phrase verbale ; la phrase minimale et la phrase étendue ; les schémas de phrase 216
3. La phrase non verbale 219

1 Définition de la phrase

Dans la diversité des énoncés, on dégage une unité de rang supérieur, cadre et objet de l'analyse linguistique, la phrase.

La phrase est l'unité fondamentale de la langue dans laquelle s'organisent les relations entre les mots. On peut la définir de trois points de vue.

- **Du point de vue syntaxique* : la phrase est une structure complète et autonome.** Elle n'est ni un « tas de mots », ni une simple suite linéaire de mots, mais un ensemble hiérarchisé de constituants de natures diverses. On analyse généralement la phrase en deux groupes : le Groupe Nominal (GN) et le Groupe Verbal (GV).

infra 2 (p. 216) ◄

[*L'année*] [*poursuivait son cours*]. (M. Yourcenar, *Quoi ? L'Éternité*)
    GN   GV

- **Du point de vue sémantique* : la phrase canonique (phrase modèle) est constituée d'un thème* et d'un prédicat.***
Le prédicat apporte une information, « dit quelque chose » du thème.

[*L'écrivain*] [*regarde son jardin clos*]. (M. Cordier, *Dans le secret des Dix*)
   thème   prédicat

Thème ◄
et prédicat
(**6.3**,1 p. 338)

Le thème correspond souvent au sujet de la phrase, mais ce n'est pas toujours le cas.

LA PHRASE VERBALE, LA PHRASE NON VERBALE   1

● **Du point de vue pragmatique*** : toute phrase sert à accomplir un acte de langage, qui correspond aux trois comportements communicatifs fondamentaux.

▶ Les types de phrases (**4.3** p. 254)

– La phrase déclarative sert à accomplir un acte de déclaration (ou d'assertion).
   La guerre fait partie de l'histoire de cet univers. (G. Klein)
– La phrase interrogative sert à accomplir un acte d'interrogation, de questionnement.
   [...] quand donc disparaîtra ce nuage, que le soleil puisse nous chauffer nous aussi ? (B.-M. Koltès, *Le Récit d'Alboury*)
– La phrase injonctive sert à demander la réalisation ou la non-réalisation d'un acte (ordre, demande, conseil, prière).
   Sois sage, Ô ma Douleur, et tiens-toi plus tranquille. (Baudelaire)

Comment reconnaitre la phrase ?

Critère formel (typographique) :
Selon la tradition scolaire, « Une phrase commence par une majuscule et s'achève par un point. » Cette définition, qui passe sous silence d'autres signes possibles, ne concerne que l'écrit. Elle est souvent inopérante, en particulier dans les textes surponctués ou non ponctués, surtout en poésie moderne.

> *Les rideaux déchirés se balancent*
> *C'est le vent qui joue*
> *Il court sur la main entre par la fenêtre*
> *Ressort et s'en va mourir n'importe où*
> *Le vent lugubre et fort emporte tout*
> (P. Reverdy, *La Lucarne ovale*)

> *Il a dit Mais bon quand vous couriez dans cette tranchée de chemin de fer comme vous l'avez raconté ou quand vous vous escrimiez à faire sauter ce ruisseau par cette jument et que ce que vous appelez des petites boules de coton sortaient par-ci par-là de ce pré tout de même vous aviez peur, non ?* (Cl. Simon, *Le Jardin des plantes*)

Ce critère formel n'est pas suffisant pour identifier une phrase.

Critère syntaxique :
Une phrase verbale comporte généralement deux constituants obligatoires : un Groupe Nominal sujet et un Groupe Verbal. Autrement dit, on identifie la phrase verbale par la présence d'un sujet et d'un verbe reliés entre eux par une relation de dépendance réciproque, chacun appelant l'autre.

▶ *infra* 2.1 (p. 216)

   [*Fama et ses deux femmes*] [*occupaient la petite pièce avec un seul lit*
       GNS   GV
   de bambou]. (A. Kourouma)

Remarques :

a. Dans le cas d'une phrase à l'impératif, le sujet est absent.

> ***Donnez**-moi le temps de réfléchir, professeur. N'**agissez** pas sur un coup de tête.*
> ***Consultez** vos collègues avant de prendre une décision.*
> (Copi, *Une visite inopportune*)

La phrase ◄ **b.** Quand une phrase comporte plusieurs sujets et plusieurs verbes, il s'agit d'une
complexe phrase complexe.
(**5** p. 280)

❷ La phrase verbale ; la phrase minimale et la phrase étendue ; les schémas de phrase

🔢 La phrase verbale

Dans la diversité des phrases possibles, on privilégie la phrase organisée autour d'un verbe conjugué à un mode personnel. Comme son nom l'indique, **la phrase verbale se construit autour d'un verbe, considéré comme son noyau central**[1]. Les analyses les plus courantes aujourd'hui font apparaitre deux constituants de la phrase verbale canonique (phrase modèle) : le Groupe Nominal (GN) sujet et le Groupe Verbal (GV). Ce dernier peut être constitué du verbe seul (1) ou du verbe et d'un (ou plusieurs) complément(s) (2).

> [*L'horloge*] [*a sonné*]. (P. Claudel) (1)
>   GN sujet   GV contenant le verbe seul
>
> [*Fama et ses deux femmes*] [*occupaient la petite pièce*]. (A. Kourouma) (2)
>   GN sujet   GV contenant le verbe et un COD

Pour faire apparaitre ces deux groupes fondamentaux, on applique le test syntaxique (formel) de la substitution : un groupe d'éléments solidaires peut être remplacé par un terme unique, sans que le sens soit pris en considération. Ces deux constituants peuvent être remplacés respectivement par un pronom et par un verbe sans complément.

> ***Elle** a sonné.* (1) – ***Ils** dormaient.* (2)

Implicitement, dans les grammaires, le modèle canonique de la phrase est la phrase verbale déclarative écrite. Les autres types de phrases sont certes pris en compte, mais l'écrit reste le cadre de définition. En effet, la phrase a une réalité moins évidente à l'oral (des phrases incomplètes, inachevées, des ruptures de construction, et même des structures spécifiques de l'oral irréductibles au modèle canonique écrit).

---

1. On évoque ici la *phrase simple*, qu'on distingue traditionnellement de la *phrase complexe* (**5.5** p. 313).

LA PHRASE VERBALE, LA PHRASE NON VERBALE   1

2 La phrase minimale et la phrase étendue

La phrase est un ensemble hiérarchisé de constituants. Certains, indispensables, s'assemblent pour établir le fondement de toute phrase, son squelette ; d'autres, facultatifs, peuvent être ajoutés à ce fondement, pour lui donner chair. Le test formel de l'effacement* fait disparaître les éléments facultatifs ; les éléments qui restent, non effaçables, constituent le fondement de la phrase.

> *En hiver, tous les dimanches, à 15 h 15, des nageurs intrépides, appelés les Canards givrés, qui aiment la mer et ne craignent pas l'eau froide, se baignent régulièrement à La Baule en chantant leur hymne.*
> Cette phrase peut être réduite, par suppression de ses éléments facultatifs, à : *Des nageurs se baignent.*
> On distingue ainsi deux niveaux de complexité de la phrase verbale, selon la présence ou l'absence d'éléments facultatifs.

● **La phrase minimale (ou phrase de base) est constituée d'un Groupe Nominal (GN) et d'un Groupe Verbal (GV) réduits à leurs constituants essentiels,** après effacement de ses éléments facultatifs.

> *La soif revint.* (P. Claudel)
> Tous les éléments sont nécessaires à la phrase.

● **La phrase étendue ajoute à la phrase minimale des éléments facultatifs** qui dépendent d'un constituant de la phrase ou de la phrase elle-même. Ces éléments ajoutés constituent des expansions (liste non exhaustive) :

– de la phrase
compléments circonstanciels de temps
 → *En hiver, tous les dimanches, à 15 h 15*
complément circonstanciel de lieu → *à La Baule*

– du Groupe Nominal (GN)
adjectif épithète → *intrépides*
participe apposé → *appelés les Canards givrés*
proposition subordonnée relative
 → *qui aiment la mer et ne craignent pas l'eau froide*

– du Groupe Verbal (GV)
adverbe → *régulièrement*
gérondif → *en chantant leur hymne*

3 Les schémas de phrase

On peut réduire la diversité des phrases verbales à huit schémas fondamentaux de la phrase minimale, distingués en fonction des constructions des verbes.

1. [**GN** sujet] — [**V** intransitif]
   [Tout] [dort]. (Voltaire)

2. [**GN** sujet] — [**V** transitif] –+– [**GN** COD]
   [M. de Nemours] [ne perdait pas + une parole de cette conversation]. (Mme de Lafayette)

3. [**GN** sujet] — [**V** transitif] –+– [**GPrép.** COI]
   [Elle] [pensa + au loup]. (Daudet)

4. [**GN** sujet] — [**V** transitif] –+– [**GN** COD] –+– [**GPrép.** COS]
   [J'] [attribuai + le calme que je sentais renaître en moi + aux agréments de cette variété]. (d'ap. Rousseau)

5. [**GN** sujet] — [**V** transitif] –+– [**GPrép.** COI] –+– [**GPrép.** COS]
   [Le marin] [parle + de ses navigations + aux enfants ébahis].

6. [**GN** sujet] — [**V** d'état] –+– [**Adj.** attribut du sujet]
   [Le ciel, tout l'univers] [est + plein de mes aïeux]. (Racine)

7. [**GN** sujet] — [**V** d'état] –+– [**GN** attribut du sujet]
   [L'homme] [n'est qu'+ un roseau]... (Pascal)

8. [**GN** sujet] — [**V** d'état] –+– [**GPrép.** attribut du sujet]
   Qu'[il] [soit + dans ton repos], qu'[il] [soit + dans tes orages]. (Lamartine)

◄ Les chaines d'accord (**4.5** p. 273)

Ces huit schémas de phrase peuvent être répartis en deux groupes, qui correspondent aux deux chaines d'accord dans la phrase :

I. **sujet + verbe ordinaire,** dont le complément ne s'accorde jamais avec le sujet.

II. **sujet + verbe être + attribut ;** avec les verbes « poreux » (*être* et les verbes d'état), les marques du sujet passent sur l'attribut.

3 La phrase non verbale

Bien que la phrase verbale soit le modèle de référence, on rencontre, à l'oral et à l'écrit, des phrases non verbales dont on doit aussi rendre compte.
La phrase non verbale se caractérise par l'absence de verbe conjugué.

La phrase non verbale est-elle une phrase ?

La phrase non verbale est une phrase si elle répond à deux critères.
Critère sémantique : elle comporte un thème et un prédicat.
Critère pragmatique : elle sert à accomplir un acte de langage.

Mon héroïsme, quelle farce ! […] Cette ville, ma face de boue. (A. Césaire)

Ces phrases non verbales, qui comportent deux éléments :
– s'analysent en thème (*Mon héroïsme* – *Cette ville*) et prédicat (*quelle farce* – *ma face de boue*) → propriété sémantique vérifiée ;
– servent à accomplir un acte de déclaration, appuyé par l'exclamation (!) de la première phrase → propriété pragmatique vérifiée.

Pour faire apparaître l'analogie entre cette phrase non verbale et la phrase verbale, on peut parfois rajouter le verbe *être* à la phrase non verbale pour expliciter le lien entre le thème et le prédicat.

*Mon héroïsme **est** une farce ! – Cette ville **est** ma face de boue.*

- **La phrase non verbale à deux éléments**

Le thème est le plus souvent un Groupe Nominal ; le prédicat est varié : groupe nominal, adjectival, prépositionnel, etc. Les deux éléments se présentent dans deux ordres possibles :

– ordre prédicat[2]-thème (cet ordre est fréquent à l'oral)

Incroyable, cette histoire !
Le prédicat est un adjectif, suivi d'un groupe nominal sujet.

Une affaire, cette voiture.
Le prédicat et le thème sont des groupes nominaux.

– ordre thème-prédicat

Le réchauffement climatique, une certitude scientifique.
Le prédicat et le thème sont des groupes nominaux.

La mairie, à droite, puis à gauche.
Le thème est un groupe nominal ; le prédicat est constitué de deux groupes prépositionnels.

---

2. Dans les exemples, le prédicat est souligné.

Comment reconnaitre le prédicat ?

Seul le prédicat peut être nié : on ajoute une négation.

> *Le réchauffement climatique, **pas** une certitude scientifique.*
> *La mairie, **pas** à droite.*

Nier le thème est impossible.

> ☹ *Une affaire, pas cette voiture. –* ☹ *Pas la mairie, à droite.*

● **La phrase non verbale à un élément**

L'élément unique est le prédicat, qui apporte un commentaire sur un thème implicite, souvent identifiable dans la situation de discours. Ce peut être :

– un adjectif ou un groupe adjectival
> *Parfait. – Lamentable. – Bizarre. – Pas plus difficile que ça.* (Beckett)

– un groupe nominal ou pronominal
> *Excellent film ! – Rien à ajouter ?*
> *Tu as bien travaillé. Mes compliments.* (J. Genet)

– un groupe prépositionnel
> *À votre guise. – Sans façons. – Avec plaisir.*

Approfondissement

a. Une phrase non verbale peut comporter un verbe !

> *Étrange, cette étoile qui brille intensément.*
> Cette phrase comporte une proposition subordonnée relative.
> Elle est néanmoins non verbale, car le verbe brille ne fait pas partie du
> noyau de la phrase, mais de la relative enchâssée, qui peut être supprimée.
> *Étrange, cette étoile.*

b. Il ne suffit pas qu'un mot soit encadré par une ponctuation forte pour qu'il constitue une phrase. Dans le cas de textes surponctués, le point sépare des mots, non des phrases.

> JOSEPH. — *Elle était dure, la mère. Terrible. Invivable.* [...]
> SUZANNE. — *Pleine d'amour. Mère de tous. Mère de tout. Criante. Hurlante. Dure. Terrible. Invivable.* (M. Duras, *L'Eden Cinéma*)

Dans ces répliques, les séries d'adjectifs et de groupes nominaux ne sont pas autonomes, mais ont le même statut d'attributs du sujet que *dure*. Sur le plan syntaxique, l'ensemble constitue une seule phrase verbale, ou deux si l'on considère que la réplique de Suzanne commence aussi par *Elle était* non répété.

L'ellipse ◄
(**6.2**, 2 p. 330)

c. Voir aussi les cas d'ellipse* où l'on ne peut pas parler de phrase non verbale.

CHAPITRE 2

Les fonctions grammaticales

1. Définition et présentation des fonctions grammaticales . . 221
2. Le sujet. 227
3. Les compléments liés au verbe 230
4. Les compléments de phrase : les compléments circonstanciels . . 239
5. Autour du nom : l'épithète, le complément du nom, l'apposition. . 241
6. Autour de l'adjectif et de l'adverbe : les compléments 248
7. Les autres fonctions : les compléments d'agent du verbe passif, du présentatif ; l'apostrophe. 251

1 Définition et présentation des fonctions grammaticales

La fonction grammaticale est le rôle qu'un mot ou groupe de mots joue au sein de la phrase ou de l'un de ses constituants.

● **On distingue deux grands types de fonctions dans la phrase :**
– **la fonction sujet,** au sens grammatical, renvoie à l'élément qui régit l'accord du verbe ;
– **la fonction complément** désigne les éléments qui dépendent d'un autre mot lexical (verbe, nom, adjectif, adverbe) ou de la phrase.

● **La fonction, qui dépend du mode d'organisation de la phrase, est toujours définie relativement à un autre élément :** sujet d'un verbe, complément d'un adjectif/verbe/adverbe/etc., épithète d'un nom, attribut du sujet/de l'objet, apposé à, etc.

➤ La phrase (**4.1** p. 214)

> *J'arrivais, je poussais la grille, j'approchais du feu mes bottes rougies par l'averse.* (G. Bernanos, *Les Grands Cimetières sous la lune*)
> *J', je = sujets des verbes arrivais, poussais et approchais.*

la grille, *du feu*, *mes bottes rougies par l'averse* = cplt des verbes *poussais* et *approchais*.
rougies par l'averse = complément du nom *bottes*.
par l'averse = cplt du participe passé en emploi adjectival *rougies*.

Approfondissement

1. Qu'est-ce qui détermine la fonction d'un mot ou d'un groupe de mots ?
– **Les places qu'il occupe** ou est susceptible d'occuper.
Le sujet est placé normalement avant le verbe.
Mais le jour est venu quand je rentre chez moi. (Boileau)
La plupart des compléments ont une place fixe, le plus souvent après l'élément dont ils dépendent.
Pierre monte à Paris. – Le dormeur du val (Rimbaud)
Les compléments circonstanciels sont mobiles dans la phrase.
Pierre se repose à midi. = *À midi, Pierre se repose.*

– **La relation de dépendance qu'il entretient ou non avec un autre élément syntaxique.**
La bave du crapaud n'atteint pas la blanche colombe.
Le GPrép. *du crapaud* dépend du nom *bave*. L'adjectif *blanche* qualifie le nom *colombe*.
La bave du crapaud et *la blanche colombe* fonctionnent comme deux blocs ayant deux fonctions distinctes : chacun peut être remplacé par un seul pronom. *Elle* ne *l'atteint pas*.

◄ Les chaînes d'accord (**4.5** p. 273)

Les chaînes d'accord révèlent les liens de dépendance entre :
– le sujet et le verbe : sujet singulier → terminaison du verbe -*t* (ou pluriel -ent) ;
– le nom et l'adjectif qualificatif épithète : nom singulier → terminaison de l'adjectif -*e* (ou pluriel -es).

2. Comment déterminer la fonction d'un mot ou d'un groupe de mots ?
La nuit, tous les chats sont gris.

Test 1 : l'élément est-il mobile ou non ? → **déplacement** (ou permutation).
Tous les chats sont gris, la nuit. ☺ *La nuit, sont gris tous les chats.*

Test 2 : l'élément est-il obligatoire ou facultatif ? → **effacement**.
Tous les chats sont gris. ☺ *La nuit, tous les chats sont.*

Test 3 : l'élément peut-il être modifié ou séparé d'un autre élément ? → **ajout**.
La nuit, tous les chats sont **vraiment** *gris.* ☺ *La* **très** *nuit, tous les chats sont gris.*

Test 4 : l'élément fonctionne-t-il comme une seule unité syntaxique ?
→ **substitution**.
L'absurde dépend autant de l'homme que du monde. (Camus)
→ *Il en dépend autant que du monde.*
La pronominalisation montre que le GN sujet et le GNPrép. COI constituent chacun une unité syntaxique.

Tableau des fonctions grammaticales

LE SUJET

> Voir p. 227

GN, nom propre, pronom	*La cloche de la chapelle* lance ses notes méditatives déformées par le vent. (J. Rouaud, *Les Champs d'honneur*) *Fernand* pouvait dormir tranquille : *il* n'avait jamais été trahi […] par l'enfant misérable qui n'avait su que marquer des points, que parer des coups. (Mauriac)
Infinitif	*Lire* permet d'accéder au fonds secret de l'autre. (P. Drevet, *Huit petites études sur le désir de voir*)
PS relative	[*Qui vit sans folie*] n'est pas si sage qu'il croit. (La Rochefoucauld)
PS conjonctive complétive	[*Qu'il arrive systématiquement en retard*] me dérange beaucoup.

LES COMPLÉMENTS LIÉS AU VERBE

1. Les compléments du verbe transitif

Le complément d'objet direct (COD)

> Voir p. 230

GN, nom propre, pronom	Heureux Figaro ! tu vas voir *ma Rosine* ! tu vas *la* voir ! (Beaumarchais)
Infinitif, GInfinitif	La vanité est si ancrée dans le cœur de l'homme, qu'un soldat, un goujat, un cuisinier, un crocheteur se vante et veut *avoir ses admirateurs*. (Pascal)
PS relative substantive	Suivez [*qui vous voulez*].
PS conjonctive complétive	Quand le roi apprit [*que l'enseigne de Saint-Denis était à terre*], il traversa son vaisseau à grandes enjambées. (Joinville)
PS infinitive	Et je sentais [*couler dans mon cœur comme des ruisseaux d'une larve ardente*]. (Chateaubriand)
PS interrogative indirecte	Assis devant cette table, je fais la conversation avec elle. Je lui demande [*si je dois mettre mon pardessus pour sortir*]. (A. Cohen, *Le livre de ma mère*)

> Suite

Suite ▶ Tableau des fonctions grammaticales

Voir ◀ p. 232

Le complément d'objet indirect (COI), construit généralement avec une préposition	
GN, nom propre, pronom	*Vous aimez mieux être soumis* **à un prince***, et obéir* **à ses lois***.* (Montesquieu) *Vous aimez mieux* **lui** *être soumis. –* *On* **me** *nuit.*
Infinitif, GInfinitif	*On l'encourage* **à se battre***.* *Toute la Hollande s'attendait* **à passer sous le joug***, dès que le roi serait au-delà du Rhin.* (Voltaire)
PS relative	*Nous pardonnons souvent [***à ceux qui nous ennuient***] ; mais nous ne pouvons pardonner [***à ceux que nous ennuyons***].* (La Rochefoucauld)
PS conjonctive complétive	*Je consens volontiers [***à ce qu'il vienne avec nous***]…* (Mérimée)

Voir ◀ p. 233

Le complément d'objet second (COS)	
GPrép., pronom	*Personne ne dormait vraiment, sauf Lasalle, sans doute, qui préférait la vie des bivouacs* **à celle des salons***.* (P. Rambaud, *La Bataille*) *Lasalle* **lui** *préférait la vie des bivouacs.*

Voir ◀ p. 233

2. Les compléments essentiels de lieu, temps, prix, mesure, poids, etc.	
GN ou GPrép. de lieu	*La jeune personne habite* **une chambre** *dont une porte donne* **sur le corridor***.* (Choderlos de Laclos) *Il loge* **à la grand place***, et sort tous les jours déguisé.* (Beaumarchais)
GN de temps	*L'attaque de goutte fut prolongée par les grands froids de l'hiver et dura* **plusieurs mois***.* (Stendhal)
GN de prix	*Monsieur Aronnax, un navire en fer coûte* **onze cent vingt-cinq francs** *par tonneau.* (Verne)

3. L'attribut

Voir ◀ p. 235

L'attribut du sujet	
GN, nom, pronom	*La coquetterie est* **le fond de l'humeur des femmes***.* (La Rochefoucauld) *Nul n'est* **prophète** *en son pays.* (Proverbe) *Il est* **lui***, tout simplement.*
GPrép.	*Il est* **en colère***.*
Adjectif, GAdj.	*Découvrir des rats dans l'ascenseur d'un hôtel honorable lui paraît* **inconcevable***.* (Camus) *Je suis* **capable de tout***, hors de renoncer à toi.* (Rousseau)

▶

LES FONCTIONS GRAMMATICALES

Infinitif, GInfinitif	Tuer n'est pas **jouer** (film James Bond) Le plaisir de l'amour est **d'aimer**. (La Rochefoucauld)	
PS relative	Vous êtes [celle que j'ai choisie].	
PS conjonctive complétive	Mon avis est [qu'il se trompe].	
L'attribut de l'objet		▶ Voir p. 238
Nom, GN, pronom	On l'a nommé **ambassadeur**.	
Adjectif, GAdj.	On la dit **sévère**. Voyant la nuit **si pure**, et vous voyant **si belle**, J'ai dit aux astres d'or : « Versez le ciel sur elle ! » (Hugo)	
GPrép.	Arnoux le reconnut **pour un ancien modèle**. (Flaubert)	
PS relative	Régine le voit [qui se cache le visage dans les mains]. (H. Bordeaux)	

LES COMPLÉMENTS DE PHRASE : LES CIRCONSTANCIELS de lieu, temps, accompagnement, etc.

▶ Voir p. 239

GPrép. de lieu	Notre aigle aperçut, d'aventure, **Dans les coins d'une roche dure**, Ou **dans les trous d'une masure** [...] De petits monstres fort hideux. (La Fontaine, *L'Aigle et le Hibou*)
GPrép. de temps	Nous irons à Paris **dans trois jours**.
GPrép. d'accompagnement	Il visite la montagne **avec un guide**.

AUTOUR DU NOM

1. Les modifieurs du nom

L'épithète du nom		▶ Voir p. 243
Adjectif, GAdj.	Que l'homme maintenant s'estime son prix. Qu'il aime, car il y a en lui une nature **capable de bien**. (Pascal)	
GN, Nom	Un film **tout public** Un soin **visage**	
Le complément du nom		▶ Voir p. 245
GPrép.	La gloire **de mon père**	
PS relative	Il est heureux comme un eunuque [qu'on vient de rembourser]. (F. Dard)	
PS conjonctive complétive	La crainte [que le ciel leur tombe sur la tête].	
GInfinitif	L'envie [de rentrer].	▶ *Suite*

Suite ▶ Tableau des fonctions grammaticales

Voir ◀ p. 246

2. Le modifieur du GN : l'apposition	
GN, nom, pronom	Lucile, **la quatrième de mes sœurs**, avait deux ans de plus que moi. (Chateaubriand)
Adjectif, GAdj.	En mangeant, j'écoutais l'horloge, – **heureux** et **coi**. (Rimbaud)
	Cette salle, **entièrement boisée**, fut jadis peinte en une couleur indistincte aujourd'hui. (Balzac)
	[...] la provision des bois, **pareille à la moisson d'une forêt fauchée**. (Zola)
PS relative	Dans la salle à manger brune, [que parfumait Une odeur de vernis et de fruits], à mon aise Je ramassais un plat de je ne sais quel met Belge, et je m'épatais dans mon immense chaise. (Rimbaud)

AUTOUR DE L'ADJECTIF ET DE L'ADVERBE

Voir ◀ p. 248

1. Le complément de l'adjectif	
GPrép.	[...] peut-être nous reviendrez-vous, tout simplement, content **de votre voyage**, blasé **des imprévus** ?... Vous reprendrez alors, tout naturellement, votre place à notre tête... Fier **de vos acquis récents**... (Céline)
	Je suis bien heureux **de ce que vous venez de dire**. (Balzac)
	[...] et c'était une rude fourchette que mon oncle, un vrai curé normand, capable **de manger douze heures de suite**. (Maupassant)
Pronom personnel	M. de Charlus aurait dû changer de tactique. Mais qui **en** est capable ? (Proust)
PS conjonctive complétive	Mais, moi, je suis content [**que ça soit fait comme ça**]. (J. Giono)
Cas particuliers : complément du comparatif et du superlatif	Elle est plus gentille **que les autres enfants**. Elle est la plus adorable **des enfants**.

Voir ◀ p. 250

2. Le complément de l'adverbe	
GPrép.	[...] cet homme pouvait à son gré tout modifier relativement **à l'humanité**, même les lois absolues de la nature. (Balzac)
	Le flanc du navire continuait à se déplacer parallèlement **au bord de la rampe**. (A. Robbe-Grillet)

LES FONCTIONS GRAMMATICALES

LES AUTRES FONCTIONS

1. Les compléments d'agent du verbe passif

GPrép.	*Shakespeare est autant admiré **par le peuple** en Angleterre que **par la classe supérieure**.* (Mme de Staël)
	*Je suis aimé **de la plus belle**, Qui soit vivant dessous les cieux.* (Marot)
Pronom relatif, pronom personnel	*Tremblant il se soulève, et d'un œil égaré Parcourt tous les objets **dont** il est entouré !* (Racine)
	*Il **en** est entouré.*

2. Les compléments du présentatif

GN, pronom, nom	*Il y a **des pays où le ridicule et la considération se touchent de si près, qu'il semble que l'on ne puisse mieux parvenir à l'une, qu'en se livrant plus à l'autre**.* (M. de Crébillon)
	*Il avait peine à identifier la figure de chair ou de bristol avec le trouble douloureux et constant qui habitait en lui. Il se disait presque avec étonnement : « C'est **elle** »* (Proust)
PS infinitive	*Fuiez peuple, qu'on me laisse, Voici **venir la déesse**.* (Ronsard)
PS conjonctive complétive	*[...] et comme il parlait encore, voilà **[que le bâtard, nommé Goliath, Philistin de Geth, vint recommencer ses bravades]**.* (Voltaire)

3. L'apostrophe

GN, nom	***Ruines ! ma famille ! ô cerveaux congénères !** Je vous fais chaque soir un solennel adieu !* (Baudelaire)
Pronom personnel	***Toi**, de quel bois est la guillotine ?* (J. Giraudoux)

Le sujet

1. Définition
Le sujet est, avec le groupe verbal, un des deux constituants obligatoires de la phrase.
– **Sur le plan morphologique**, le sujet régit l'accord du verbe en personne, en nombre et éventuellement en genre (participe passé). Certains accords sont soumis à des règles particulières.

> *Quand **elle** était à la maison, **maman** passait son temps à me suivre des yeux en silence.* (Camus)

▶ La phrase verbale (**4.1**,1 p. 214)

▶ L'accord sujet-verbe (**4.5**,2 p. 275)

– **Sur le plan syntaxique,** le sujet est l'un des deux constituants obligatoires de la phrase verbale déclarative. On ne peut pas le supprimer.

☹ *Quand était à la maison, passait son temps à me suivre des yeux en silence.*

– **Sur le plan sémantique,** le sujet correspond parfois à l'agent (celui qui fait l'action) : dans la répartition de l'information, le sujet occupe la place du thème et le GV celle du prédicat.

elle/maman = *thème* ; *était.../passait...* = *prédicat*

Thème ◄
et prédicat
(**6.3**,1 p. 338)

Dans la forme impersonnelle, le sujet a un statut particulier.

La forme ◄
impersonnelle
(**4.4**,4 p. 267)

Comment repérer la fonction sujet ?

L'enfant d'Emma dormait à terre, dans un berceau d'osier. (Flaubert)

Les pronoms ◄
personnels
(**3.4**,2 p. 123)

Test 1 : pronominaliser → remplacer le sujet par un pronom personnel sujet *il(s)*, *elle(s)*.

Il dormait à terre, dans un berceau d'osier.

Test 2 : poser la question *qui/qu'est-ce qui* + verbe ? → le sujet répond à la question *qui est-ce qui* (être animé) ou *qu'est-ce qui* (être non animé).

Qui est-ce qui dormait à terre, dans un berceau d'osier ? l'enfant d'Emma

Les pronoms ◄
démonstratifs
(**3.4**,4 p. 129)

Test 3 : ajouter *c'est ... qui* → le sujet est extrait au moyen de *c'est ... qui*.

C'est l'enfant d'Emma qui dormait à terre, dans un berceau d'osier.

2. Le sujet peut être :

– un groupe nominal, un nom propre ou un pronom ;

Rosine. — *L'ennui me tue.*

Figaro. — *Je le crois, il n'engraisse que les sots.* (Beaumarchais)

– un verbe à l'infinitif ;

Lire permet d'accéder au fonds secret de l'autre.
(P. Drevet, *Huit petites études sur le désir de voir*)

Les PSR ◄
substantives
(**5.2**,3 p. 293)

– une proposition relative substantive ;

Qui vit sans folie n'est pas si sage qu'il croit. (La Rochefoucauld)

La PS ◄
complétive
(**5.3** p. 298)

– une proposition subordonnée complétive.

Qu'il arrive systématiquement en retard me dérange beaucoup.

3. La place du sujet

● **Dans la phrase canonique,** le sujet précède généralement le verbe dont il peut être séparé par des compléments circonstanciels.

Les figures ◄
de style
(garde arrière)

● **Mais le sujet peut aussi suivre le verbe :**

a. L'inversion du sujet est liée à l'antéposition d'un autre terme de la phrase : un adverbe (1), un adjectif attribut (2) ou un complément (3).

Ici aimait à travailler le chercheur qui entretenait une correspondance suivie avec les sociétés savantes du monde entier. (S. Bemba) (1)

> Rude est **la couche** et lente l'ombre au soleil cru du sang versé. (H. Juin) (2)
> Au front bas et sec s'attachait **un nez long, étroit, effilé**. (Zola) (3)

b. Les propositions introduites par les adverbes de modalité : *à peine, aussi, aussi bien, ainsi, au moins, du moins, en vain, vainement, peut-être, sans doute, à plus forte raison.*

> Ce libéral montrait le latin au fils Sorel, et lui a laissé cette quantité de livres qu'il avait apportés avec lui. Aussi n'aurais-**je** jamais songé à mettre le fils du charpentier auprès de nos enfants. (Stendhal)

> Ainsi parlait **Zarathoustra**. (Nietzsche)

Remarque : on a tendance à postposer les sujets longs, et/ou à pratiquer l'inversion pour rapprocher un anaphorique de son antécédent.

> *Des cascades de pétunias, des bouquets de lavande, quelques buis inaltérables, une glycine ancestrale au fronton de la maison : de ce fouillis orchestré se dégageait* **le meilleur d'elle-même**. *(M. Barbery, Une Gourmandise)*

c. Le sujet est inversé dans certains types de phrases :
– les propositions incises ;   ▶ L'insertion (**5.1**, 3 p. 286)

> Tu te décides ? siffla **Belgenza** entre ses dents. (J. Gracq)

– les propositions infinitives, quand l'infinitif n'a pas de COD et que son sujet n'est pas un pronom personnel ou relatif ;   ▶ La PS infinitive (**5.3**, 4 p. 302)

> J'entends le chien aboyer. / J'entends aboyer le chien.

– les interrogatives directes, si la question porte sur le verbe et que le sujet est un pronom personnel ou *ce* (1), si la question commence par un mot interrogatif attribut ou COD (2) ;

> Comprends-**tu** ? – Part-**on** ? – Est-**ce** possible ? (1)
> **Quel** est cet enfant ? – **Que** dis-tu ? – **Que** pense ton frère de mon idée ? (2)

– dans certaines phrases exclamatives.   ▶ Le type exclamatif (**4.3**, 5 p. 260)

> Ce paysage n'est-**il** pas superbe !

d. Le sujet peut être inversé dans certaines subordonnées :
– les subordonnées relatives introduites par un pronom complément ;

> Sans doute le Swann que connurent à la même époque **tant de clubmen** était bien différent de celui que créait **ma grand'tante**. (Proust)

– les subordonnées temporelles introduites par *quand, lorsque* et *avant/dès/après/aussitôt que* ;

> Il viendra, quand viendront **les dernières ténèbres**. (Hugo)

– les subordonnées de but introduites par *pour que, afin que*, etc. ;

> Il est des lieux où meurt l'esprit pour que naisse **une vérité qui est sa négation même**. (Camus)

– les subordonnées concessives et oppositives introduites par les systèmes corrélatifs *tout … que, aussi … que, quel que*, etc.

> *Quel que soit **le genre d'amours d'un homme**, on se trompe toujours sur le nombre des personnes avec qui il a des liaisons, parce qu'on interprète faussement des amitiés comme des liaisons.* (Proust)

4. Les cas d'absence du sujet

Le sujet n'est pas exprimé, mais il peut être restitué à partir de la situation d'énonciation ou du texte :
– au mode impératif : *Venez ici !*
– à l'oral, dans les tournures impersonnelles ;

> « Ce garçon-là, c'est un anarchiste, on va donc le fusiller, c'est le moment, et tout de suite, <u>y a</u> pas à hésiter, <u>faut</u> pas lanterner, puisque c'est la guerre !.. »
> (Céline)

– pour des raisons stylistiques, quand il s'agit de sujets coréférents juxtaposés ou coordonnés :

> Il <u>prit</u> une cartouche, la <u>déchira</u> avec ses dents, <u>versa</u> la poudre dans le canon chaud, <u>bourra</u> avec la baguette, <u>glissa</u> la balle [...].
> (Rambaud, *La Bataille*)

– pour éviter de répéter un énoncé adjacent, le sujet peut disparaitre avec le verbe et d'autres fragments de phrase ;

◄ L'ellipse
(**6.2**, 2 p. 330)

> Hamm. — *Comment vont tes yeux ?*
> Clov. — *Mal.* (= <u>Mes yeux</u> *vont mal.*)
> Hamm. — *Mais tu vois ?*
> Clov. — *Suffisamment.* (= <u>Je vois</u> *suffisamment.*) (Beckett)

– plus généralement quand le référent sujet est identifiable à partir de la situation d'énonciation.

> *Que dire de plus ?* (= *Que puis-<u>je</u> dire de plus ?*)
> Phrase interrogative prononcée au terme d'une réunion.

③ Les compléments liés au verbe

◄ Les constructions des verbes
(**3.5**, 2 p. 142)

◄ Le verbe représente le noyau de la phrase verbale minimale ; il appelle (ou sélectionne) des compléments qui font partie de sa construction syntaxique. L'ensemble constitué du verbe et de ses compléments forme le Groupe Verbal (GV).

1 Les compléments du verbe transitif : COD, COI, COS

◄ Les verbes transitifs
(**3.5**, 2 p. 142)

◄ Le verbe transitif peut sélectionner trois types de compléments :
– un complément d'objet direct (**COD**) : *Le bucheron abat **un arbre**.*
– un ou plusieurs compléments d'objet construits indirectement (**COI** ou **COS**) : *Sophie parle **de ses malheurs**. – Sophie parle de ses malheurs **à ses amis**.*

LES FONCTIONS GRAMMATICALES

1. Le Complément d'Objet Direct (COD) est le mot ou groupe de mots joint directement (sans préposition) au verbe transitif dont il complète le sens.

▶ Les VT directs (**3.5**, 2 p. 142)

Je coupe les ficelles la plupart du temps au lieu de dénouer les nœuds. (Colette)

Remarque : certains COD peuvent être introduits par des déterminants partitifs (*Buvez encore du vin. Je mange des épinards*) ou indéfini pluriel (*Je t'apporte de bonnes nouvelles.*) à ne pas confondre avec des prépositions.

Comment reconnaitre un COD ?

Il rinça soigneusement le riz thaïlandais dans une petite passoire argentée. (M. Barbery, *Une gourmandise*)

Test 1 : pronominaliser → remplacer le COD par les pronoms personnels objets *le, la, les*.

Il le rinça soigneusement dans une petite passoire argentée.

Test 2 : poser la question *qui/qu'est-ce que ?* ou *quoi ?* → la réponse donne le COD.

Qu'est-ce qu'il rinça soigneusement dans une petite passoire argentée ?
Il rinça soigneusement quoi ? → *le riz thaïlandais*

Test 3 : extraire → le COD est extrait par *c'est… que*

C'est le riz thaïlandais qu'il rinça soigneusement dans une petite passoire argentée.

Test 4 : transformer → le COD devient le sujet de la phrase passive.

Le riz thaïlandais fut soigneusement rincé par lui dans une petite passoire argentée.

Le COD peut être :

– un groupe nominal, un nom propre ou un pronom (ou groupe pronominal) ;

Heureux Figaro ! tu vas voir ma Rosine ! tu vas la voir ! (Beaumarchais)

– un infinitif ou un groupe infinitif ;

La vanité est si ancrée dans le cœur de l'homme, qu'un soldat, un goujat, un cuisinier, un crocheteur se vante et veut avoir ses admirateurs. (Pascal)

– une subordonnée relative substantive (1), complétive (2), infinitive (3) ou interrogative indirecte (4).

Suivez qui vous voulez. (1)
Quand le roi apprit que l'enseigne de Saint-Denis était à terre, il traversa son vaisseau à grandes enjambées. (Joinville) (2)
Et je sentais couler dans mon cœur comme des ruisseaux d'une larve ardente. (Chateaubriand) (3)
Assis devant cette table, je fais la conversation avec elle. Je lui demande si je dois mettre mon pardessus pour sortir. (A. Cohen, *Le livre de ma mère*) (4)

2. **Le Complément d'Objet Indirect (COI) est le mot ou groupe de mots relié par une préposition** (le plus souvent *à* ou *de*) **au verbe transitif indirect dont il complète le sens.**

Les VT indirects
(**3.5**,2 p. 143)

*Un homme qui lit, ou qui pense, ou qui calcule, appartient **à l'espèce** et non au sexe ; dans ses meilleurs moments il échappe même **à l'humain**.*
(M. Yourcenar)

Comment reconnaitre un COI ?

*Les soldats s'emparèrent **de leur proie**.* (P. Rambaud, *La Bataille*)

Test 1 : pronominaliser → remplacer le COI par *lui, y, en*
*Les soldats s'**en** emparèrent.*

Test 2 : poser la question *à/de qui/quoi est-ce que ?* ou *à/de qui/quoi ?* → la réponse donne le COI.
***De quoi est-ce que** les soldats s'emparèrent ?*
*Les soldats s'emparèrent **de quoi** ?* → *de leur proie*

Le COI peut être :

– un groupe nominal, un nom ou un pronom (ou un groupe pronominal) généralement précédé d'une préposition ;

*Il parla **de l'alphabet, des syllabes, des parties du discours, de l'accord du sujet et du verbe, de celui de l'adjectif et du substantif**.*
(Érasme, *Éloge de la folie*)

*Il m'arrive souvent de sourire aimablement **à quelqu'une de ces enfants**.*
(P. Léautaud)

Remarque : les pronoms personnels COI *me, te, se* (avant le verbe), *moi, toi* (après un impératif) et *nous, vous, lui, leur* (avant ou après le verbe) se présentent sans préposition : *On **te** nuit. – Obéis-**moi**. – On **lui** obéit. Obéissez-**nous**.*

– un infinitif ou un groupe infinitif précédé d'une préposition ;

*Toute la Hollande s'attendait **à passer sous le joug**, dès que le roi serait au-delà du Rhin.* (Voltaire)

La PSR périphrastique
(**5.2**,3 p. 293)

– une proposition subordonnée relative périphrastique* précédée d'une préposition ;

*L'être que je serai après la mort n'a pas plus de raisons de se souvenir de l'homme que je suis depuis ma naissance que ce dernier ne se souvient **de ce que j'ai été avant elle**.* (Proust)

– une proposition subordonnée complétive.

*Je consens volontiers **à ce qu'il vienne avec nous**...* (Mérimée)

La place du COD et du COI : les compléments d'objet sont généralement postposés au verbe qu'ils complètent.

Camille. — *Connaissez-vous **le cœur des femmes**, Perdican ?* (Musset)

> —Je pense à cet enfant, dit Matelot. Qui aurait dit ?...
> —Moi j'aurais dit, dit Antonio. Souviens-toi de cette affaire du loup. (J. Giono)

Mais les pronoms personnels conjoints, les pronoms relatifs et les pronoms interrogatifs (ou exclamatifs) compléments précèdent obligatoirement le verbe.

➤ Les pronoms (**3.4** p. 120)

> Je vins m'asseoir près d'elle en lui prenant pour la baiser sa main que je sentis brûlante et desséchée. Elle devina ma douloureuse surprise dans l'effort même que je fis pour la déguiser. (Balzac)

> —Eh bien ! qu'est-ce qu'on dirait de moi ?
> —Que veux-tu qu'on dise ? on sait bien que je suis vieux et que je ne peux pas t'épouser. (G. Sand)

3. Le Complément d'Objet Second (COS) est le deuxième complément d'un verbe à deux compléments (bitransitif).
Les verbes à deux compléments appellent :
– un COD suivi d'un complément construit indirectement : *préférer, donner, enseigner, écrire, accorder, etc. quelque chose à quelqu'un* (1) ;
– parfois deux compléments construits indirectement : *parler, s'entretenir, s'enquérir de quelque chose à/avec/auprès de quelqu'un* (2).

> Personne ne dormait vraiment, sauf Lasalle, sans doute, qui préférait [la vie des bivouacs] [à celle des salons]. (1)
>   COD   COS
> (P. Rambaud, *La Bataille*)

> Elle a du chagrin, tu comprends, cette femme-là, et du moment alors qu'on [lui] parle [de son fils], elle est contente... (Céline) (2)
>   COS   COI
> *parler de quelque chose* (COI) 1 *à quelqu'un* (COS) 2

Remarque : la grammaire traditionnelle considère le COS introduit par *à* comme un « complément d'attribution », qui désigne la personne ou la chose à laquelle est destinée l'action : *Je rapporte le journal à nos voisins*. Cette étiquette ne rend pas compte de l'ensemble des COS avec *à*, qui peuvent même prendre un sens opposé selon le verbe (*confisquer, ôter*) : *Mais une invincible timidité ôte au dauphin l'emploi de ses facultés.* (Chateaubriand)

2 Les compléments essentiels de lieu, temps, prix, poids, mesure

Certains verbes sélectionnent des compléments essentiels qui expriment le lieu (*Josy va à Bruxelles. – Le comédien monte sur les planches.*)**, le prix** (*Cela coute dix euros.*)**, le poids** (*Ce sac pèse une tonne !*)**, la mesure** (*Il mesure dix mètres.*)**, le temps** (*La trêve des confiseurs dure plusieurs jours.*)**.**

Ces groupes de mots reliés directement ou indirectement au verbe apportent une information liée à la circonstance. Ces compléments appelés par le sémantisme du verbe peuvent indiquer une localisation (*habiter, loger quelque part*), un mouvement (*se diriger vers, aller, monter* quelque part, sortir, émerger, longer, etc.*), une durée ou une date (*durer, dater*), ou renvoyer à une unité de mesure (*peser, mesurer, couter, valoir quelque chose*), etc.

> Il loge à la grand' place, et sort tous les jours déguisé. (Beaumarchais)

> L'attaque de goutte fut prolongée par les grands froids de l'hiver et dura plusieurs mois. (Stendhal)

> Elle (sc. ma grand-mère) pesait **plus de cent kilos**, avait de la moustache, riait comme un homme, et glapissait après nous, quand nous nous aventurions dans la cuisine, avec une grâce de camionneur. (M. Barbery, *Une gourmandise*)

Remarque : avant la *Terminologie grammaticale* de 1997, ces compléments essentiels de lieu, prix, poids, etc. étaient considérés comme des compléments circonstanciels.

◀ *infra* 4 (p. 239)

Comment reconnaitre le complément essentiel de lieu ?

Le complément de lieu combine en partie les critères de reconnaissance des compléments essentiels du verbe et ceux des compléments circonstanciels.

> Tous les chemins mènent à Rome.

Test 1 : comme les compléments essentiels, il est généralement obligatoire (non effaçable), non déplaçable, et peut parfois être pronominalisé par *y* et *en*.
– Effacer → ☹ *Tous les chemins mènent.*
– Déplacer → ☹ *À Rome tous les chemins mènent.*
– Pronominaliser → *Tous les chemins y mènent.*

Test 2 : comme les compléments circonstanciels, il apporte une information en lien avec la circonstance du procès exprimé par le verbe, et répond le plus souvent à la question *(d') où ?*
– Poser la question *où ?* → *Tous les chemins mènent où ?*
La réponse donne le complément essentiel de lieu : *à Rome.*

Remarque : un même verbe peut sélectionner différents types de compléments essentiels.

> Pierre est au régime : il pèse **tous ses aliments**.
> → *Il les pèse.* (COD)
> Pierre est au régime : il pèse **cent kilos**.
> → *Il pèse combien ?* (complément essentiel de poids)

Le complément essentiel peut être : un groupe nominal et ses équivalents fonctionnels (1) ou un groupe prépositionnel (2).

> Monsieur Aronnax, un navire en fer coûte **onze cent vingt-cinq francs** par tonneau (1). Or, le Nautilus en jauge **quinze cents** (1). Il revient donc à seize cent quatre-vingt-sept mille francs. (2) (Verne)

> La jeune personne habite **une chambre** (1) dont une porte donne **sur le corridor**. (2) (Choderlos de Laclos)

3 L'attribut : attribut du sujet et attribut de l'objet

L'attribut fournit une information sur le sujet ou sur l'objet par l'intermédiaire d'un verbe attributif.
On distingue :

▶ Les verbes attributifs (**3.5**,2 p. 144)

– l'attribut du sujet ;

> *Il était jeune et, pour ainsi dire, indomptable.* (P. Quignard, *Les Désarçonnés*)
> *Notre personnalité sociale est une création de la pensée des autres.* (Proust)

– l'attribut de l'objet.

> *Si je trouve le temps long, je relirai mes plaidoiries.* (Sartre)

1. L'attribut du sujet « attribue », exprime une propriété ou une caractéristique au sujet de la phrase. Il fait partie du groupe verbal : il se place après le verbe et ne peut pas être supprimé.

– L'attribut peut qualifier le sujet, généralement au moyen de l'adjectif qualificatif, qui exprime la qualité, la nature, l'état.

> *La vie est belle.*

– L'attribut peut classifier le sujet au sein d'une catégorie générale. Il prend la forme d'un GN précédé d'un déterminant indéfini ou partitif.

> *La vie est une comédie en trois actes* (la vie est classée parmi les comédies).

– L'attribut peut instaurer une relation d'équivalence avec le sujet. Il prend la forme d'un GN précédé d'un article défini, d'un nom propre ou d'un pronom.

> *La vie est le début de la mort.* (Novalis) *(la vie = début de la mort)*

Comment reconnaitre un attribut du sujet ?

> *La vie est belle.*

Test 1 : effacer → l'attribut du sujet ne peut pas être effacé.
> ☹ *La vie est.*

Test 2 : accorder → l'attribut du sujet s'accorde avec le sujet de la phrase.
> *Nos vies sont belles.*

▶ L'accord des adjectifs (**3.3**,4 p. 112)

Test 3 : pronominaliser → pour certains verbes d'état (*être*, *paraitre*, ...), remplacer l'attribut du sujet par *le/l'*.
> *La vie l'est.*

Test 4 : substituer → remplacer l'attribut du sujet par un autre adjectif.
> *La vie est formidable.*

- **L'attribut du sujet peut être relié au sujet directement ou indirectement par un verbe essentiellement ou occasionnellement attributif.**

Les principaux verbes attributifs	
Construction directe	être (verbe le plus fréquent)
	Verbes d'état – idée d'apparence : paraitre, sembler, se montrer, s'affirmer, s'avérer, avoir l'air, être réputé – idée de continuité : demeurer, rester – idée de transformation : devenir, se trouver, se faire – idée d'appellation : s'appeler, se nommer, être appelé, être dit – idée de désignation : être fait, être élu, être créé, être proclamé – idée d'accident : se trouver (*Il se trouva ruiné tout d'un coup*)
	Certains verbes d'action implicitement associés à **être** : aller, courir, fuir, partir, sortir, s'en aller, dormir, marcher, passer, tomber, s'arrêter, s'éloigner, mourir, régner, venir, arriver, entrer, naitre, se retirer, vivre, etc.
Construction indirecte (avec préposition)	passer pour, être considéré comme, être choisi pour, être pris pour, être désigné pour, être regardé comme, être tenu pour, être traité de, etc.

- **L'attribut du sujet peut être :**
– un adjectif ou un groupe adjectival ;

> *Découvrir des rats dans l'ascenseur d'un hôtel honorable lui paraît inconcevable.* (Camus)
> *Je suis capable de tout, hors de renoncer à toi.* (Rousseau)

– un groupe nominal, un nom ou un pronom ;

> *La coquetterie est le fond de l'humeur des femmes.* (La Rochefoucauld)
> *Nul n'est prophète en son pays.* (Proverbe)
> *Il est lui, tout simplement. – Ce portable est le mien.*

– un groupe prépositionnel ;

> *Le roi est en colère.*

– un infinitif ou un groupe infinitif ;

> *Tuer n'est pas jouer.* (film, James Bond)
> *Le plaisir de l'amour est d'aimer.* (La Rochefoucauld)

– une proposition subordonnée relative ou complétive.

> *Vous êtes celle que j'ai choisie.*
> *Mon avis est qu'il se trompe.*

2. L'attribut de l'objet (ou attribut du COD) « attribue » une propriété ou une caractéristique au complément d'objet de la phrase par l'intermédiaire du verbe attributif.

L'attribut de l'objet fait partie du GV, au sein duquel il entretient avec l'objet le même rapport que l'attribut du sujet avec le sujet.

Je trouve cette loi injuste. *Cette loi est injuste.*
COD   attribut du COD   sujet   attribut du sujet
GV   GV

On distingue différents types de constructions attributives.

– L'attribut de l'objet et son COD fonctionnent comme une proposition complétive, avec laquelle ils peuvent commuter.

Je trouve cet enfant sage. → *Je trouve [que cet enfant est sage].*
COD   att. objet

– L'attribut de l'objet suit le COD d'un verbe transitif qui n'admet pas de proposition complétive.

Je laisse cet enfant seul. → ☹ *Je laisse [que cet enfant est seul].*

– L'attribut de l'objet est construit avec le verbe *avoir* quand le COD représente une partie du sujet : *Ce jeune loup a la dent dure.* → le nom COD *dent* représente une partie du sujet *loup*.

Comment reconnaitre un attribut de l'objet ?

Je trouve cette loi injuste.

Test 1 : effacer → l'attribut de l'objet n'est pas effaçable.
☹ *Je trouve cette loi. (changement de sens)*

Test 2 : accorder → l'attribut de l'objet s'accorde avec l'objet de la phrase.
Je trouve ces lois injustes.

▶ L'accord des adjectifs (**3.3**, 4 p. 112)

Test 3 : substituer → l'attribut de l'objet peut être remplacé par un autre adjectif.
Je trouve cette loi incohérente.

Comment distinguer la fonction épithète de la fonction attribut de l'objet ?

Contrairement à l'adjectif épithète, l'adjectif attribut de l'objet :
– ne disparait pas en cas de pronominalisation ;
– ne change pas de place dans le cas d'une passivation de la phrase.

Adjectif épithète	Adjectif attribut de l'objet
*Le facteur trouve une lettre **perdue**.*	*Le médecin juge sa patiente **perdue**.*
Test 1 : pronominaliser l'objet	
→ l'adjectif disparait *Le facteur la trouve.*	→ l'adjectif ne disparait pas *Le médecin la juge **perdue**.*
Test 2 : mettre la phrase à la forme passive	
→ l'adjectif appartient au GN devenu sujet *Une lettre **perdue** est trouvée par le facteur.*	→ l'adjectif ne change pas de place *La patiente est jugée **perdue** par le médecin.*

● **L'attribut de l'objet est relié à l'objet directement ou indirectement par un verbe.**

Les principaux verbes attributifs	
Construction directe	affirmer, appeler, consacrer, créer, croire, déclarer, désirer, dire, donner, élire, estimer, établir, exiger, faire, imaginer, instituer, juger, laisser, nommer, préférer, présumer, proclamer, rendre, réputer, retenir, savoir, sentir, souhaiter, supposer, trouver, voir, vouloir, etc.
Construction indirecte (avec préposition)	accepter pour, accueillir en, admettre comme, choisir pour, considérer comme, désigner pour, ériger en, prendre pour, reconnaitre pour, regarder comme, tenir pour, traiter de, traiter en, etc.

● **L'attribut de l'objet peut être :**
– un nom, un groupe nominal ou un pronom ;
> *On l'a nommé **ambassadeur**.*

– un adjectif ou un groupe adjectival ;
> *Voyant la nuit **si pure**, et vous voyant **si belle**,*
> *J'ai dit aux astres d'or : « Versez le ciel sur elle ! »* (Hugo)

– un groupe prépositionnel ;
> *Arnoux le reconnut **pour un ancien modèle**.* (Flaubert)

Les PSR ◀ prédicatives (**5.2**,2 p. 292)
– une proposition subordonnée relative prédicative.
> *Régine le voit **qui se cache le visage dans les mains**.* (H. Bordeaux)
> *Vite en bas de mon lit de camp, me voici **qui attends le jour**.* (R. Dorgelès)

● **La place de l'attribut de l'objet :** il se place après l'objet (*Il déclare la séance ouverte.*), mais pour des raisons stylistiques, quand l'attribut est plus court que l'objet, il peut lui être antéposé.
> *Il trouve **inadmissible** sa décision de partir sans prévenir.*

infra 4 (p. 239) ◀
À noter :
À côté des compléments liés au verbe, il existe des compléments facultatifs qui, certes indiquent les circonstances liées à l'action verbale, mais ne dépendent pas du verbe. Ce sont des compléments circonstanciels qui fonctionnent comme des compléments de la phrase entière.

> *La soprano préserve sa voix entre chaque récital.*
> GN sujet   cplt du verbe complément de phrase
>   GV

– Le verbe *préserver* est transitif, il sélectionne le complément *sa voix*, avec lequel il forme un GV → *sa voix* est un complément d'objet direct lié au verbe.
– Le groupe prépositionnel *entre chaque récital* exprime la circonstance temporelle de la phrase (GN+GV) → c'est un complément de phrase facultatif.

LES FONCTIONS GRAMMATICALES 2

4 Les compléments de phrase : les compléments circonstanciels

● **La phrase minimale**, qui est constituée d'un Groupe Nominal (GN) et d'un Groupe Verbal (GV), peut être enrichie d'un ou plusieurs complément(s) circonstanciel(s), facultatif(s), pour former une phrase à trois constituants.

En septembre 1972, Michel entra en seconde au lycée de Meaux. (M. Houellebecq)
CC de temps   *CC de lieu*

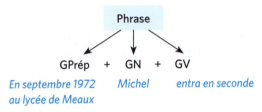

Comment reconnaitre le complément circonstanciel ?

a. On considère généralement que le complément circonstanciel est mobile et effaçable. Or, seule la mobilité est la propriété caractéristique des CC car bien d'autres éléments de la phrase peuvent être effacés. Elle permet notamment au CC d'être placé en tête de phrase, ce qui n'est pas possible, en principe, pour les compléments du verbe (sauf structures particulières).

En septembre 1972, Michel entra en seconde au lycée de Meaux.
Les deux CC sont mobiles et effaçables.

Test 1 : déplacement
→ Au lycée de Meaux, Michel entra en seconde en septembre 1972.
→ Michel entra, en septembre 1972, en seconde au lycée de Meaux.

Test 2 : suppression
→ Michel entra en seconde.

b. On peut ajouter **d'autres compléments** du même genre, qui se cumulent.

En septembre 1972,/à huit heures du matin, Michel entra en seconde au lycée de Meaux,/par une belle matinée d'automne.

À Paris,/le premier jour du mois de janvier 1613,/alors que les pluies qui nous tourmentent depuis si longtemps duraient encore,/ un gentilhomme revenant chez lui après dîner trouva /dans la petite allée qui menait à sa porte/une demoiselle en robe de taffetas. **(F. Delay,** *Trois désobéissances***)**

c. Ces compléments ne sont pas appelés par le verbe, comme les compléments du verbe (COD, COI, etc.), mais peuvent se rencontrer avec n'importe quel verbe.

En septembre 1972, Pierre rencontra Marie/une tragédie sanglante eut lieu aux JO de Munich/l'Américain Bobby Fischer devint champion du monde d'échecs face au Russe Spassky/etc.

● **Les compléments circonstanciels indiquent les circonstances qui accompagnent l'action verbale,** le plus souvent le temps et le lieu.

Tous les samedis, vers les dix heures du matin, la femme à Séraphin Poudrier lavait le plancher de la cuisine, dans le bas-côté. (Cl.-H. Gagnon)
Sur le détroit de Gibraltar, y'a un jeune Noir qui pleure un rêve qui prendra vie. (Abd Al Malik, *Gibraltar*)

De très nombreuses circonstances sont possibles, certaines liées au sens apporté par une préposition introduisant le complément.
– cause : *Il a manqué son train par étourderie.*
– manière : *Elle combat la maladie avec courage.*
– but : *Il travaille pour la gloire.*
– instrument : *Luke a tué Dark Vador avec son sabre laser.*
– accompagnement : *Elle se promène avec sa fille.*
– privation : *Il ne sort jamais sans parapluie.*
– opposition : *Elle a choisi de devenir comédienne malgré/contre l'avis de ses parents.*
– etc.

supra ◀ ● **Le complément circonstanciel est le plus souvent un groupe prépositionnel, il peut aussi être :**
Exemples
– un groupe nominal simple :

Le chien a aboyé toute la nuit.
Toute sa vie, George Sand se cramponne à un « têteau de saules ». (P. Quignard)

– un adverbe[1] :

Demain, il fera beau. – Heureusement, les pompiers sont arrivés à temps.

Les temps ◀ – un groupe infinitif prépositionnel :
de l'infinitif
(**3.5**, 5 p. 174)
Il est venu spécialement de Toulouse pour voir la finale du Top 14.

– un gérondif :

En entrant dans la maison, il a réveillé tout le monde.

La PS ◀ – une proposition subordonnée circonstancielle :
circonstancielle
(**5.4** p. 307)
Pour que la pollution aux particules fines diminue, il faudrait limiter la circulation des camions et des voitures diesel.

---

1. Certains grammairiens, comme M. Grevisse, parlent de *complément adverbial* (12e éd., 1986, § 299), « qui est un adverbe ou qui peut être remplacé par un adverbe », car l'adverbe apparait comme la catégorie modèle de ce type de compléments.

LES FONCTIONS GRAMMATICALES

Approfondissement : des circonstances problématiques

Le complément circonstanciel a été inventé par la grammaire scolaire au XIXe siècle. À l'origine, il était identifié par la réponse à quatre questions : *Où ?* (lieu), *Quand ?* (temps), *Pourquoi ?* (cause), *Comment ?* (manière). Ensuite, cette grammaire n'a eu de cesse d'en inventer de nouveaux. Dans l'édition de 1964 du *Bon usage*, M. Grevisse donne une liste de 32 circonstances « principales » (§ 200). Le critère de la question, qui permet certes d'identifier certaines de ces circonstances, empêche de faire la différence entre les compléments liés au verbe et les autres.

> Dans *Je vais à Paris.*, le complément *à Paris* est analysé comme un complément circonstanciel de lieu (*Où vais-je ?*), alors qu'il est un complément obligatoire du verbe *aller* qui détermine sa construction (avec la préposition *à*) et son sens (on ne peut pas aller n'importe où). Ce complément n'indique pas une circonstance accessoire, mais l'application de l'action verbale. Il ne peut pas être déplacé (☹ *À Paris je vais.*). Il faut l'analyser comme complément essentiel du verbe.

▶ supra
3.2 p. 233

C'est pourquoi la linguistique restreint les compléments circonstanciels aux seuls compléments mobiles, effaçables, non appelés par le verbe, par opposition aux compléments de verbe. Ce choix est intégré dans la *Terminologie grammaticale* de 1997[2], qui insiste sur la mobilité et l'effacement possible des compléments circonstanciels (*Pierre a offert à Marie un cadeau pour son anniversaire.*).

5 Autour du nom : l'épithète, le complément du nom, l'apposition

1 Les modifieurs du nom et du groupe nominal

Le nom et le Groupe Nominal (GN) peuvent être modifiés par des mots ou des groupes de mots avec lesquels ils forment un groupe nominal étendu. Ces modifieurs sont généralement facultatifs et peuvent se cumuler.
Sauf cas particuliers, leur suppression (opération d'effacement) ne rend pas la structure du GN agrammaticale.

---

2. *Terminologie grammaticale*, 1re édition établie en 1997 (*Bulletin officiel de l'Éducation nationale*, n° 29 du 31 juillet 1997, p. 16). Pour éviter la confusion liée au terme « circonstanciel » traditionnel, les programmes de 2015 préfèrent le « complément de phrase », qui s'oppose clairement au « complément du verbe » : au cycle 4, les élèves doivent maitriser l'« Analyse des constituants de la phrase simple en constituants obligatoires (sujet, prédicat) et facultatifs (complément de phrase) » (*BOEN Spécial*, n° 11 du 26 novembre 2015, p. 239). Nous gardons le terme de complément circonstanciel, plus répandu et mieux compris (voir aussi les réserves sur le complément de phrase dans *Le Bon usage*, 14e éd., 2007, § 312b).

[*La petite maison dans la prairie, rustique et isolée,*]
　　　　　　　GN étendu
héberge [*une famille que l'on pourrait qualifier de nombreuse*].
　　　　　　　　　　　　GN étendu
= [*La maison*] héberge [*une famille*].
　　GN　　　　　　　　*GN*

● **Les modifieurs du nom ou du groupe nominal peuvent être :**
– un adjectif qualificatif ou un participe en emploi adjectival : *le grand pardon, le sportif épuisé* ;
– un nom ou un groupe nominal : *mettre son téléphone en mode avion* ; *Molière, l'auteur de l'Avare* ;
– un groupe prépositionnel : *la vie de bohème, le plat du jour* ;
– une proposition subordonnée relative : *La fleur que tu m'avais jetée.* (Bizet), ou complétive : *la peur qu'il lui arrive quelque chose de grave* ;
– un groupe infinitif : *la peur de rester seul.*

Remarque : les modifieurs peuvent aussi modifier des pronoms.
L'Arthur ! dit le père.
Ce grand là ? Celui de Félicie ?
Celui qui savait si bien enter la vigne ? (Giono)
Lui, fatigué, a passé la journée au lit.

● **Les modifieurs du nom sont liés au nom dont ils dépendent syntaxiquement** et avec lequel ils forment un nom expansé. Ils fonctionnent comme des **expansions du nom épithètes ou compléments du nom.**

L'église de Balbec a une architecture romane.
　　　　　GPrép. cplt du nom　　　　　*adjectif épithète*
　　GN étendu par expansion　　　*GN étendu par expansion*

Le GPrép. *de Balbec* et l'adjectif relationnel *romane* sont des expansions des noms *église* et *architecture*.
Le GPrép. *de Balbec* est complément du nom *église* ; l'adjectif est épithète du nom *architecture*.

◀ Les adjectifs relationnels (**3.3**,1 p. 104)

● **Les modifieurs du groupe nominal sont apposés au GN** qu'ils modifient, détachés par un signe de ponctuation à l'écrit (le plus souvent une virgule) et une pause à l'oral.

Les étudiants de l'Université Paris X, révoltés, manifesteront ce lundi.
　　　　　　　　GN
　　　GN étendu par apposition

● **Rôle sémantique :** les modifieurs déterminatifs et les modifieurs explicatifs entretiennent deux types de relations sémantiques avec le nom ou le GN.
– **Les modifieurs déterminatifs** (ou restrictifs) sont nécessaires à l'identification du référent dénoté par le GN : leur suppression entraine un

changement de sens important dans le GN, qui ne renvoie plus à un référent précis.

> Il est venu par la route nationale 7/qui longe la nationale 7.
> → Il est venu par la route.

– Les modifieurs explicatifs (ou descriptifs) ne sont pas nécessaires à l'identification du référent : ils apportent des informations accessoires qui peuvent être supprimées sans modifier le contenu référentiel du GN.

> Il est venu par la **célèbre** route nationale 7.
> Il est venu par la route nationale 7, **qui est célèbre**.
> → Il est venu par la route nationale 7.

2 L'épithète du nom : adjectif et nom

Historiquement, la fonction épithète désigne les éléments linguistiques qui sont « adjoint[s] à un nom, ou pronom pour le qualifier[3] ». L'épithète est généralement accolée ou liée au nom qu'elle modifie.

> Paris, la ville **lumière** ;
> une ville **magnifique**, pleine de surprises, dont j'adore arpenter les ruelles.

• **L'épithète entretient une relation étroite avec le nom** dont elle ne peut généralement être séparée par aucun autre type d'expansion (GPrép., proposition subordonnée relative ou complétive).

> Le mouvement **cubiste** du siècle dernier.
>   *expansion épithète*   *expansion GPrép.*
> Le mouvement **cubiste** qui a émergé au début du XXe siècle.
>   *expansion épithète*   *expansion PSR*
> ☹ Le mouvement du siècle dernier/qui a émergé au début du XXe siècle **cubiste**.

Remarque : quand le nom modifié est un nom composé avec un GPrép., l'adjectif épithète se place après le GPrép. : *Dans la salle à manger brune, que parfumait une odeur de vernis et de fruits.* (Rimbaud)

▶ La composition (**2.1**,2 p. 55)

• **La fonction épithète** est le plus souvent occupée par des adjectifs qualificatifs ou un participe en emploi adjectival (*un long fleuve tranquille, Le temps retrouvé, Des querelles incessantes*), parfois par des noms (*une commode Louis Philippe, une tarte maison*).

1. L'adjectif épithète est directement lié au nom qu'il précède ou qu'il suit au sein du groupe nominal étendu.

> Les hommes vont à pied sous leurs armes **luisantes**
> [...] Promenant sur le ciel des yeux **appesantis**
> Par le morne regret des chimères **absentes**. (Baudelaire, *Bohémiens en voyage*)
> Les participes passé **appesantis** et présent **luisantes** peuvent être employés comme épithètes.

▶ La morphologie de l'adjectif (**3.3**,1 p. 106)

---

3. TLFi, notice étymologique *épithète*.

L'adjectif épithète peut être juxtaposé (1) ou coordonné à d'autres adjectifs épithètes et se combiner à d'autres expansions du nom, comme les GPrép. et les propositions subordonnées relatives (2).

> Mme de Cambremer me dit, dans cette première lettre, qu'elle avait vu Saint-Loup et avait encore plus apprécié que jamais ses qualités « **uniques – rares – réelles** ». (Proust) (1)
> Les vainqueurs **espagnols, portugais,** puis **français** et **anglo-saxons** [qui ont assujetti l'immensité du continent **américain**] ne sont pas seulement responsables de la destruction des croyances, de l'art et des vertus **morales** des peuples [qu'ils ont capturés.] (J.M.G. Le Clézio) (2)

Remarque : quand il y a plusieurs adjectifs dans un même GN, l'adjectif le plus éloigné du nom qualifie le groupe le plus étroit : dans *le grand livre rouge*, *grand* qualifie le nom expansé *livre rouge* ; *rouge* qualifie *livre*.

L'adjectif épithète peut lui-même être modifié par un adverbe (1) **ou complété par un GPrépositionnel** (2), **et devenir le noyau d'un groupe adjectival épithète.**

> Les Monty Python mettent en scène un lapin <u>fort</u> **vorace**. (1)
>   adv.   adj. épithète
>   GAdj.
>
> Guidé par ton odeur vers de charmants climats,
> Je vois un port [**rempli** de voiles et de mâts]. (Baudelaire, Parfum exotique) (2)

◄ La syntaxe de l'adjectif (**3.3**,1 p. 103)

Attention : ne pas confondre l'épithète (*Il m'a rendu un* **grand** *service.*) et l'attribut de l'objet (*Le Mistral rend les Marseillais* **nerveux**.).

2. Le nom épithète, employé sans déterminant, est directement post-posé au nom qu'il modifie, dans une structure de type [$N_1 + N_2$].

> couleur **café**, style **empire**, mode **avion**, effet **papillon**, regard **fauve**, etc.

Le nom épithète peut :
– exprimer une qualité ou une spécification de N_1 : *image* **choc**, *poupée* **gigogne**, *information* **spectacle**, *mode* **avion**, etc.
– instaurer un rapport logique avec N_1 : le but (*pause* **café** = *pause pour prendre le* **café**), la cause (*arrêt* **maladie** = *arrêt pour cause de* **maladie**), la provenance (*dessert* **maison** = *dessert fait à la* **maison**), etc.
– apporter une précision au terme générique N_1 : *planète* **Terre**, *maison* **mère**, *chien* **loup**, *western* **spaghetti**, etc.
– représenter avec N_1 un couple [$N_1 + N_2$] : *relations* **parents-professeurs**, *lien* **mère-fille**, *chaine* **Public Sénat**, etc. La construction [$N_1 + N_2$] peut aussi résulter d'une ellipse de préposition : *soin* (du) *visage*, *bilan* (de) *compétences*, etc. Mais la norme n'aime guère les constructions directes, auxquelles elle préfère le complément du nom.

◄ Les noms composés (**3.1**,4 p. 85)

Attention : ne pas confondre ces constructions avec les noms composés.

LES FONCTIONS GRAMMATICALES

3 Le complément du nom

Les compléments du nom suivent le nom qu'ils modifient et dont ils dépendent au sein du GN étendu. Ils peuvent prendre la forme d'un groupe prépositionnel avec GN, d'un groupe infinitif ou d'une proposition subordonnée relative ou complétive.

1. Le Groupe Prépositionnel (GPrép.) complément du nom est formé d'un GN (dét.+nom, nom ou pronom) introduit par une préposition. Sauf licence poétique, le groupe prépositionnel est toujours postposé au nom qu'il complète (N_1) suivant une construction du type N_1 [préposition + GN_2].

▶ Le GPrép. (**3.7**, 2 p. 200)

Le Barbier de Séville (Beaumarchais)
N_1 — prép. GN_2 — GPrép. cplt du nom

La gloire de mon père (M. Pagnol)   *La lettre à Élise* (Beethoven)

Les prépositions (*à, de, dans, par, pour, en, vers, etc.*) ou locutions prépositives* (*à côté de, d'après, au bout de, etc.*) instaurent entre les éléments lexicaux qu'elles relient différents types de relations sémantiques :
– la possession : *Le château de ma mère* (Pagnol)
– la matière : *Un vieillard en or/Avec une montre en deuil* (Prévert)
– la qualité : *L'Homme sans qualités* (R. Musil)
– l'origine ou la provenance : *les calissons d'Aix, le vin de Bordeaux*
– l'accompagnement : *la vie avec lui*
– la destination : *le départ vers la Grèce.*

▶ Les prépositions (**3.7** p. 198)

Remarques :
a. Dans les structures qualitatives de type [dét. + N_1 de N_2] (*son soldat de mari, cette cruche de garçon*), le nom complété (*soldat, cruche*) permet de ranger le nom complément (*mari, garçon*) dans une catégorie (*son mari est un soldat, ce garçon est une cruche*). On peut aussi trouver en position de N_1 des termes évaluatifs ou affectifs, notamment des jurons : *Putain de camion* (Renaud), *saloperie de virus.*
b. Les éléments qui suivent le nom qu'ils complètent peuvent se cumuler par emboitements successifs : *C'est le chien de la voisine du collègue de la fac de Lettres de Lyon...*

Attention : un GPrép. postposé à un nom n'est pas toujours un complément du nom. Il peut s'agir : d'un complément circonstanciel (*Il verse du vin dans la cruche.* = CC → *Il en verse dans la cruche.* ≠ *Il boit du vin de Champagne.* = cplt N → *Il en boit.*) ou d'un complément du verbe, avec une ambigüité sémantique parfois (*Il importe du vin de Bordeaux.* → *Il en importe.* = cplt N ou *Il en importe de Bordeaux.* = cplt V) ; d'une locution prépositive (*à cause de son départ* → *à/dès son départ*) ou d'un déterminant (*un ensemble de personne, un tas de chiffres, une foule de données*).

2. Le groupe infinitif complément du nom est formé d'un verbe infinitif renvoyant à une action et introduit par la préposition *à* : *une affaire à saisir, une maison à vendre, un plat à emporter, un lièvre à lever.*

L'infinitif ◀ (**3.5**, 5 p. 174)

3. Les propositions subordonnées compléments

La PS ◀ relative (**5.2** p. 289)

– La proposition subordonnée relative remplit un double rôle fonctionnel : elle complète un antécédent nominal représenté par le pronom relatif, et occupe la même place qu'un adjectif épithète avec lequel elle commute. La subordonnée relative peut donc être considérée à la fois comme complément de l'antécédent nominal ou comme épithète.

Il a l'air du gars [qui a porté son cerveau au mont-de-piété et qui a perdu le récépissé.] (F. Dard)
La subordonnée intègre le GN étendu (pronominalisation). → *Il en a l'air.*
Elle occupe la place de l'adjectif épithète (substitution). → *Il a l'air du gars naïf.*
Elle complète l'antécédent nominal *gars*, représenté par le pronom relatif *qui*.

La PS ◀ complétive (**5.3** p. 295)

– La proposition subordonnée complétive, employée avec des noms provenant de verbes ou d'adjectifs (*crainte, peur, envie, espoir, conviction, volonté, etc.*) ou d'autres termes en lien avec un groupe verbal (*avoir l'idée que, faire l'hypothèse que, etc.*), fonctionne comme un complément du nom.

L'idée [que Poil de Carotte est quelquefois distingué] amuse la famille. (J. Renard)

4 L'apposition au GN

L'apposition est détachée du GN par une virgule à l'écrit, une pause à l'oral. Elle dépend du GN étendu.

supra 4 (p. 241) ◀

Le gouffre de tes yeux, plein d'horribles pensées,
Exhale le vertige (Baudelaire)

● **L'apposition constitue une prédication seconde :** elle apporte une information supplémentaire à la phrase qui comprend ainsi deux prédications.

Prédication de base : Le gouffre de tes yeux exhale le vertige.
Prédication seconde : Le gouffre de tes yeux est plein d'horribles pensées.

Ce statut prédicatif confère à l'apposition une mobilité et des valeurs circonstancielles, surtout pour les participes.

Son cheval, effrayé, tournoyait en reniflant. (Flaubert)
→ *Effrayé, son cheval tournoyait en reniflant.*
→ *Son cheval tournoyait en reniflant, effrayé. (valeur causale)*

Approfondissement

L'apposition est une fonction héritée de la grammaire latine. Elle désignait les noms directement *posés à côté du* nom, avec lequel ils étaient coréférents : *urbs Roma* → *la ville de Rome* (ville = Rome), *flumen Rhodanus* → *le fleuve du Rhône* ; *Cicero consul* → Cicéron consul.
S'inspirant de ces structures latines, certaines grammaires considèrent les GPrép. coréférents comme des appositions : *le mois **de mai*** (*mai* = *mois*), *la ville **de Marseille***. Ce type d'apposition indirecte est réservée à quelques occurrences (*mois de, jour de, ville de, fleuve de*). On considère aujourd'hui ces constructions prépositionnelles comme des cas particuliers de compléments du nom, au même titre que les constructions comme *ce fripon de valet*, où le premier nom qualifie le second qui porte l'essentiel du sens.
Sur ce modèle, on a introduit les adjectifs apposés, comme eux détachés : *Chaque officier, **civil** ou **militaire**, détient son titre dans l'Empire.* (V. Segalen). Certaines grammaires les appellent aussi *épithètes détachées*, ce qui n'est qu'une variante terminologique.

- **Peuvent être apposés à un GN :**

– un autre GN qui renvoie au même référent et qui peut être construit avec un déterminant (1) ou sans (2).
Le premier suit obligatoirement le GN qu'il modifie et se prête à une construction attributive de type [GN$_1$ (est) GN$_2$].

> *Henri Dunant, **le fondateur de la Croix-Rouge**, est né à Genève.* (1)
> → *Henri Dunant est le fondateur de la Croix-Rouge.*
> ☹ *Le fondateur de la Croix-Rouge, Henri Dunant est né à Genève.*

Le second, très courant, peut suivre ou précéder le GN de rattachement, mais ne se prête pas à une structure attributive.

> *Le temps, **vieillard souffrant de multiples entorses**,*
> *Peut gémir : le matin est neuf, neuf est le soir.* (Desnos, Demain) (2)
> → *Vieillard souffrant de multiples entorses, le temps*
> *Peut gémir...*
> ☹ *Le temps est vieillard souffrant de multiples entorses.*

– un adjectif (3) ou un GAdj. (4) qui précède ou suit le GN dont il qualifie le référent et qui est parfois appelés *épithète détachée* ;

> *Angèle était sur le canapé, à côté de sa belle-mère, **heureuse**, regardant la table avec l'étonnement d'une grosse mangeuse qui n'avait jamais vu autant de plats à la fois.* (Zola) (3)

> *Sur un plat d'argent à l'achat duquel trois générations ont contribué, le saumon arrive, **glacé dans sa forme native**. **Habillé de noir**, **ganté de blanc**, un homme le porte.* (M. Duras) (4)

▶ *supra* Approfondissement

La PSR explicative (**5.2**,2 p. 291)

La PS complétive (**5.3** p. 295)

– une proposition subordonnée relative explicative (5) ou complétive (6) qui suit le GN modifié.

Dans la salle à manger brune, [*que parfumait Une odeur de vernis et de fruits*]*, à mon aise Je ramassais un plat de je ne sais quel met Belge, et je m'épatais dans mon immense chaise* (Rimbaud, *La Maline*) (5)

Elle n'a qu'une envie : [*qu'il revienne vite.*] (6)

Un pronom peut être modifié par une apposition.

Cela me dérange, [*qu'il vienne si tard*]*.*

6 Autour de l'adjectif et de l'adverbe : les compléments

L'adjectif qualificatif (**3.3** p. 110)

L'adverbe (**3.6** p. 188)

L'adjectif qualificatif et l'adverbe peuvent appeler des compléments avec lesquels ils forment respectivement un Groupe Adjectival (GAdj.) ou un Groupe Adverbial (GAdv.).

1 Le complément de l'adjectif

L'adjectif qualificatif est le noyau du groupe adjectival, dans lequel il peut être suivi par un complément.

Le GAdj. (**3.3**,1 p. 103)

● Au comparatif (1) et au superlatif (2), l'adjectif a obligatoirement un complément introduit par *que* ou une préposition.

Les degrés de l'Adj. (**3.3**,6 p. 116)

Elle est plus gentille que les autres enfants. (1)
Elle est la plus adorable des enfants. (2)

La préposition (**3.7** p. 198)

● Dans les autres cas, le complément est relié par une préposition à l'adjectif qualificatif dont il dépend syntaxiquement.

Emma Bovary est [*encline à la mélancolie*]*.*

Comment reconnaitre un complément de l'adjectif ?

Emma Bovary est encline à la mélancolie.

Test 1 : pronominaliser → le complément de l'adjectif peut être remplacé par *en* ou *y*.

Emma Bovary y est encline.

Test 2 : déplacer → le complément ne peut pas être déplacé et suit obligatoirement l'adjectif (sauf effet stylistique).

☹ *Emma Bovary est à la mélancolie encline.*

LES FONCTIONS GRAMMATICALES

● **Les compléments de l'adjectif sont essentiels** (1) **ou facultatifs** (2). Les premiers, rares, ne sont pas effaçables (1), alors que les seconds peuvent être supprimés (2).

> *Emma Bovary est <u>férue</u> de romans.* (1)
> ☹ *Emma Bovary est <u>férue</u>.*
> *Cette personne paraît <u>ravie</u> (de le voir/d'être ici).* (2)

La suppression du complément entraîne parfois un changement de sens de l'adjectif.

> *Ce sportif est **fier** de sa performance.*
> *Ce sportif est **fier**. (qualité morale)*

<u>Remarque</u> : certains adjectifs ne peuvent pas être suivis d'un complément prépositionnel, comme les adjectifs relationnels ou quelques adjectifs qualificatifs (*rond, perplexe, mou, etc.*).

➤ L'adjectif relationnel (**3.3**,1 p. 104)

● **Les adjectifs fonctionnent avec un complément introduit par une préposition.**

Préposition	Adjectifs
à	*apte, cher, conforme, contraire, enclin, identique, opposé, parallèle, propre, réfractaire, semblable, similaire, etc.*
de	*avide, capable, content, différent, fier, fou, heureux, (in)digne, jaloux, plein, sûr, susceptible, etc.*
pour	*bienveillant, content, doué, mûr, taillé, etc.*
avec	*agréable, doux, gentil, odieux, violent, etc.*
en, contre, envers	*cruel, doué, fort, furieux, généreux remonté, etc.*

● **Le complément de l'adjectif peut être :**
– un groupe prépositionnel constitué d'un GN (dét. + N, nom propre ou pronom) ;

> *[...] peut-être nous reviendrez-vous, tout simplement, <u>content</u> **de votre voyage**, <u>blasé</u> **des imprévus** ?... Vous reprendrez alors, tout naturellement, votre place à notre tête... <u>Fier</u> **de vos acquis récents**...* (Céline)

– un pronom personnel ;

> *M. de Charlus aurait dû changer de tactique. Mais qui **en** est <u>capable</u> ?* (Proust)

– une relative substantive ou un groupe infinitif ;

> *Je suis bien <u>heureux</u> **[de ce que vous venez de dire]**.* (Balzac)
> *[...] et c'était une rude fourchette que mon oncle, un vrai curé normand <u>capable</u> **de manger** douze heures de suite.* (Maupassant)

– une proposition subordonnée complétive.

> *Mais, moi, je suis <u>content</u> **[que ça soit fait comme ça]**.* (J. Giono)

249

L'adverbe ◄
(**3.6** p. 188)

La préposition ◄
(**3.7** p. 198)

2 Le complément de l'adverbe

L'adverbe est le noyau du groupe adverbial, dans lequel il est suivi par un complément. Ce complément est relié à l'adverbe par une préposition dont il dépend syntaxiquement.

Il a agi [conformément à la loi].

Comment reconnaitre un complément de l'adverbe ?

Le complément et l'adverbe sont solidaires.

Il a agi conformément à la loi.

Test 1 : substituer → le complément et l'adverbe forment un bloc syntaxique. On peut leur substituer un seul mot.

Il a agi ainsi.

Test 2 : supprimer → le complément des adverbes *relativement, conformément, contrairement* est essentiel. Il ne peut pas être supprimé.

☹ *Il a agi conformément.*

Test 3 : déplacer → le complément suit obligatoirement l'adverbe.

☹ *Il a agi à la loi conformément.*

● **Les compléments de l'adverbe sont essentiels ou facultatifs.** Les premiers (*relativement, conformément, contrairement*), nécessaires à l'adverbe qui ne peut fonctionner sans eux, ne sont pas effaçables (1), alors que les seconds (*parallèlement, différemment*) admettent les deux constructions (avec ou sans complément) (2).

Le style efficace, c'est celui qui s'individualise conformément à l'auteur et se particularise conformément à l'auditeur. (Lanson) (1)

Le flanc du navire continuait à se déplacer parallèlement au bord de la rampe. (A. Robbe-Grillet) (2)

La vie de la duchesse ne laissait pas d'ailleurs d'être très malheureuse et pour une raison qui par ailleurs avait pour effet de déclasser parallèlement la société que fréquentait M. de Guermantes. (Proust) (2)

● **Le complément de l'adverbe prend toujours la forme d'un groupe prépositionnel introduit par *à* ou *de*.** Il fonctionne avec un nombre limité d'adverbes comme *conformément, relativement, parallèlement, indépendamment*, etc.

nous sommes, en un certain sens, obligés de considérer l'écriture d'un film indépendamment de ce qu'elle exprime. (Cl. Mauriac, *Bergère ô tour Eiffel*)

Remarque : on peut aussi considérer que l'adverbe et la préposition fonctionnent comme une seule unité et forment une locution* adverbiale.

Il a agi conformément à la loi. → *Il a agi selon/suivant la loi.*

LES FONCTIONS GRAMMATICALES 2

7 Les autres fonctions : les compléments d'agent du verbe passif, du présentatif ; l'apostrophe

D'autres fonctions doivent être abordées relativement à la phrase :
- soit elles sont liées à un type ou une forme de phrase, comme la phrase passive ou la phrase à présentatif ;
- soit elles s'inscrivent en dehors de la phrase canonique, comme l'apostrophe.

▶ La forme passive (**4.4**,3 p. 266)

▶ Les phrases à présentatif (**4.4**,6 p. 272)

1 Le complément d'agent du verbe passif

Le complément d'agent du verbe passif désigne le groupe de mots relié par une préposition au verbe d'une phrase à la forme passive. Il représente le sujet de la phrase active, dont il conserve le rôle sémantique dans la phrase passive.

Forme passive : Des voitures ont été brulées **par les manifestants en colère.**
                                                    complément d'agent

Forme active : **Les manifestants en colère** ont brulé des voitures.
                  sujet

● **Le complément d'agent est facultatif :** il peut être effacé quand l'information qu'il véhicule n'est pas jugée importante par le locuteur ou qu'elle est implicite.

Des voitures ont été brulées cette nuit. (peu importe par qui)
François Hollande a été élu Président de la République française.
(implicite : par les Français)

● Quand il est présent, **le complément d'agent se place après le verbe passif.**

Chaque abri est construit par la mère pour son mari et ses enfants. (J.-W. Page)

● **Le complément d'agent peut être :**
– un groupe prépositionnel, le plus souvent introduit par la préposition *par*, parfois *de* après les verbes exprimant un sentiment (*être aimé/ apprécié/ détesté/ estimé de*), une opération mentale (*être (in)connu/ oublié/ accepté de*) ou l'idée de lieu (*être précédé/ suivi/ devancé/ entouré/ cerné de*) ;

Shakespeare est autant admiré par le peuple en Angleterre que par la classe supérieure. (Mme de Staël)

Je suis aimé de la plus belle
Qui soit vivant dessous les cieux. (Marot)

251

Remarque : le complément d'agent est introduit par *à* (*aux*) dans de rares locutions figées comme *(être) mangé aux mites* ou *piqué aux vers* : *C'est un fichu cache-nez que les siècles* **ont mangé aux mites**. (Aragon)

– un pronom relatif *dont* ou personnel *en* substitut.

> *Tremblant il se soulève, et d'un œil égaré*
> *Parcourt tous les objets* **dont** *il* est entouré. (Racine)
> *Il* **en** est entouré.

2 Le complément du présentatif

Les phrases à présentatif (**4.4**, 6 p. 272)

Le complément du présentatif désigne le mot ou groupe de mots introduit par les présentatifs *c'est, il est, il y a, voici, voilà*. Il représente l'élément présenté.

> *Il y a* des pays où les gens au creux des lits font des rêves.
> (M. Druon & J. Kessel)

> « *Voici* le dernier jour du monde. », s'écriait Candide. (Voltaire)

● **Le complément du présentatif est obligatoire avec *c'est*, *il est* et *il y a*.** Il se place après le présentatif.

> *Il y a* des pays où les gens au creux des lits font des rêves. (Druon et Kessel)
> ☹ *Il y a.*
> ☹ *Des pays où les gens au creux des lits font des rêves il y a.*

Mais *voici* et *voilà* sont précédés par un pronom personnel conjoint (1) et peuvent ne pas être suivis d'un complément (2).

> *Les* voilà ! ; *Ah ! te* voici *!* (1)
> — *Il y a quelqu'un ?*
> — *Voilà, voilà, on vient.* (2)

● **Le complément du présentatif peut être :**
– un groupe nominal, un nom propre ou un pronom ;

> *D'abord il y a* l'ainé *[...]*
> *Et puis il y a* la toute vieille *[...]*
> *Et puis il y a* Frida (J. Brel, *Ces gens-là*)

> *Il avait peine à identifier la figure de chair ou de bristol avec le trouble douloureux et constant qui habitait en lui. Il se disait [...] : « C'est* elle. *»* (Proust)

– une proposition infinitive ;

> *Fuiez peuple, qu'on me laisse,*
> *Voici* venir la déesse. (Ronsard)

– une proposition complétive.

> *C'est* [*que tu connois bien, quand je souffre à mon tour,*
> *Qu'un nouveau mal efface une playe ancienne,*
> *Et qu'il n'est point de haine esgale à mon amour*].
> (G. Colletet, *La Guérison d'amour*)

La complétive a généralement une valeur explicative.
[…] *et comme il parlait encore,* voilà [*que le bâtard, nommé Goliath, Philistin de Geth, vint recommencer ses bravades*]. (Voltaire)
La complétive indique la survenance d'un évènement.

La construction [*c'est* + GN + *qui/que* relative] : complément du présentatif ou phrase clivée ?

▶ La forme emphatique (**4.4**,5 p. 269)

C'est l'histoire d'un mec qui a fait rire la France entière. (Coluche)
C'est + GN complément du présentatif → La relative fait partie du GN.

C'est ce mec qui a fait rire la France entière.
Extraction de *ce mec* au moyen de *c'est … qui*.
→ On peut supprimer *c'est … qui* : *Ce mec a fait rire la France entière.*

3 L'apostrophe

L'apostrophe désigne le mot ou groupe de mots par lequel le locuteur interpelle ou « apostrophe » quelqu'un, en principe un être humain ou anthropomorphe. L'apostrophe permet d'identifier le destinataire du message. Elle peut être employée seule (1) ou dans une phrase (2), où elle entretient une relation de coréférence avec un autre constituant.

NICOLE. — *Ôte-toi de là.*   COVIELLE. — **Nicole** !
CLÉONTE. — **Lucile** !   NICOLE. — *Point.*   (Molière) (1)
LUCILE. — *Non.*

Je viens vous *voir et causer avec* vous, **ma chère Ourika**. (Mme de Duras) (2)

● **L'apostrophe est un constituant périphérique de la phrase :** elle est mobile, effaçable et généralement isolée par des virgules ou un point d'exclamation à l'écrit, une pause à l'oral.

Je préfère tes fruits, **Automne***,*
Aux fleurs banales du Printemps ! (Baudelaire)

Elle peut apparaitre dans différents types de phrases : interrogative, injonctive, etc.

Vous me semblez toute mélancolique : qu'avez-vous, **madame Jourdain** *?* (Molière)

Ohé, **saboteur**, *attention à ton fardeau : dynamite…*
(M. Druon & J. Kessel, *Le chant des partisans*)

● **L'apostrophe peut être :**
– un groupe nominal, un nom ;

Ruines *!* **ma famille** *!* **ô cerveaux congénères** *!*
Je vous fais chaque soir un solennel adieu ! (Baudelaire)

– un pronom personnel.

Toi, *de quel bois est la guillotine ?* (J. Giraudoux)

CHAPITRE 3

Les types de phrases

1. Définition 254
2. Le type déclaratif 255
3. Le type interrogatif 255
4. Le type injonctif 259
5. Le type exclamatif 260

1 Définition

Pour rendre compte de la diversité des phrases possibles, on distingue quatre types de phrases :
– **trois types fondamentaux qui servent à accomplir un acte de langage : les types déclaratif, interrogatif, injonctif ;**
– **un type expressif : le type exclamatif.**

• **Ces types de phrases se caractérisent par :**
– **une visée énonciative particulière :** asserter pour le type déclaratif, poser une question pour le type interrogatif, ordonner pour le type injonctif. Le type exclamatif exprime une émotion, un sentiment du locuteur ;
– **une ou plusieurs intonations spécifiques,** qui correspondent en partie à des signes de ponctuation : le point d'interrogation est réservé uniquement à la phrase interrogative ; le point et le point d'exclamation sont polyvalents ;
– **un matériau morphologique et syntaxique spécifique :** mots grammaticaux, constituants de la phrase, ordre des mots.

◂ La ponctuation (**1.2**,4 p. 39)

• **En principe, ces quatre types sont obligatoires et mutuellement exclusifs :** une phrase ne peut pas être à la fois déclarative et interrogative, interrogative et injonctive, etc. Cependant, le type exclamatif peut se cumuler avec les autres : le type injonctif (*Ne me laissez pas seul !*), le type interrogatif (*Comment as-tu pu accepter cela !*) et même, finalement, le type déclaratif (*C'est incroyable !*).

LES TYPES DE PHRASES 3

❷ Le type déclaratif

La phrase déclarative constitue le modèle « par défaut » de la phrase. Les autres types se définissent par leurs spécificités d'après ce modèle. Elle sert à accomplir un acte de déclaration ou d'assertion. À l'oral, son intonation suit deux versants, montant puis descendant, qui correspondent souvent au découpage sémantique en thème* et prédicat*. À l'écrit, elle commence par une majuscule et se termine par un point.

> *Les vieilles nuits reviennent avec la nuit. L'instant enferme la somme des instants.* (P. Bergounioux, *Un peu de bleu dans le paysage*)
>
> *L'Anglais est appelé ainsi à cause de ses traits anguleux.*
> (P. Desproges, *Les étrangers sont nuls*)

❸ Le type interrogatif

La phrase interrogative sert à accomplir un acte d'interrogation ou de questionnement. À l'oral, elle possède deux courbes intonatives, qui correspondent au point d'interrogation à l'écrit. On distingue[1] :
– l'interrogation totale (ou globale), qui porte sur l'ensemble de la phrase ;
– l'interrogation partielle, qui porte sur une partie de la phrase.

❶ Interrogation totale

● L'interrogation totale porte sur la totalité de la phrase et appelle une réponse par *oui*, par *non* ou par *si* (en cas d'interrogation négative). Dans tous les cas, elle se caractérise à l'oral par une courbe interrogative montante, qui reste en suspens, dans l'attente de la réponse.

● L'interrogation totale s'exprime au moyen de trois structures différentes.

1. La seule intonation montante à l'oral et le point d'interrogation à l'écrit, sans modification de la structure de la phrase déclarative. Cet usage est très courant à l'oral.

> *Tu pars bientôt ? – Le bus 87 est déjà passé ?*
>
> *« Vous avez compris, m'a-t-il demandé, ce que son avocat est en train d'essayer ? »* (E. Carrère, *L'Adversaire*)

2. La locution *est-ce que* en tête de phrase, associée à l'intonation et au point d'interrogation, sans modification de la structure syntaxique.

> *Est-ce que tu pars bientôt ? – Est-ce que le bus 87 est déjà passé ?*
>
> *Mais est-ce qu'il le penserait ?* (Sartre)

➤ Les PS interrogatives indirectes (**5.3**, 3 p. 299)

---

1. On présente ici l'*interrogation directe*. L'*interrogation indirecte* est une forme particulière de subordonnée, qui est traitée avec les propositions subordonnées complétives.

3. L'inversion du sujet, associée à l'intonation montante et au point d'interrogation, est surtout utilisée à l'écrit, de deux manières :
– l'inversion simple du sujet avec les pronoms personnels et *ce*.

> *Pars-tu bientôt ? – Est-elle revenue ? – Est-ce une bonne idée ?*
>
> *Es-tu bête ? [...] Préfères-tu les dindes surgelées dans les magasins ?*
> (M. Condé, *Traversée de la Mangrove*)
>
> *Songé-je encore vraiment à trouver le mot, seul dans ma maison ?*
> (Cl. Ollier, *Missing*)

– l'inversion complexe avec un groupe nominal sujet ou un nom propre.

> *Le bus 87 est-il déjà passé ? – Maurice a-t-il téléphoné ?*

En fait d'inversion, le groupe nominal sujet (*Le bus 87 – Maurice*) garde sa place devant le verbe et il est repris par un pronom personnel (*il*) placé après celui-ci, ce qui explique l'appellation *inversion complexe*.

2 Interrogation partielle

Le déterminant ◄ (**3.2** p. 89)
Le pronom ◄ (**3.4** p. 120)
L'adverbe ◄ (**3.6** p. 188)

● **L'interrogation partielle porte sur une partie de la phrase, signalée par un mot interrogatif** : déterminant (*quel*), pronom (*qui, que, quoi, lequel*) ou adverbe (*où, quand, comment, pourquoi*). L'intonation part d'un niveau élevé mis sur le mot interrogatif, puis elle descend progressivement.

● **L'interrogation peut porter sur le sujet, l'attribut ou un complément du verbe.**

1. L'interrogation avec un terme simple
– **L'interrogation qui porte sur le sujet** est formulée au moyen de *qui, que, quel* + nom, ou *lequel* placés en début de phrase. *Qui* désigne un être humain. *Que* s'emploie dans des expressions figées. *Quel* demande une caractéristique du sujet. *Lequel* demande un choix.

> *Qui a sonné ? – Que vous importe ?*
>
> *Quelle mouche l'a piqué ? – Lequel a répondu ?*
>
> *Quels usages prudents te serviront de guide ?* (M. Noël)
>
> *Qui parle de destin ?* (N. Bouraoui, *La Voyeuse interdite*)

– **L'interrogation qui porte sur l'attribut** est formulée au moyen de *qui, que, quel* ou *lequel* placés en début de phrase. L'inversion du sujet est obligatoire.

> *Qui es-tu ? – Quel est votre avis ? – Laquelle est sa voiture ?*
>
> *Que deviennent les poissons dans le noir ?* (O. Cadiot, *Le Colonel des Zouaves*)

– **L'interrogation qui porte sur le complément d'objet direct** est formulée au moyen de *qui, que, lequel,* ou *quel* + nom.
Quand le sujet est un pronom personnel, il est obligatoirement placé après le verbe.

Qui regardes-tu ? – *Que* fait-elle ? – **Laquel**le de ces chemises préfères-tu ?

Et *que* dévisagez-vous dans ce patatras où vous drivez comme dans un pain perdu ? (É. Glissant, *Tout-monde*)

Quelle image d'elle-même et du monde cherchait-elle... ?
(Cl. Louis-Combet, *Mère des croyants*)

Quand le sujet est un groupe nominal ou un pronom non personnel, et que le COD est *que*, il doit être simplement placé avec le verbe.

Que fait la police ? – *Que* dit cet avocat ?

Avec les autres COD, le groupe nominal sujet est soit placé après le verbe (1), soit maintenu avant lui et repris par un pronom personnel postposé (inversion complexe) (2).

Quels films a récompensés le jury des Oscars ? (1)

Quels films le jury des Oscars a-t-il récompensés ? (2)

– **L'interrogation qui porte sur un complément prépositionnel du verbe** (COI, COS, etc.) est formulée avec *qui*, *quoi*, *quel* + nom précédés d'une préposition (*à*, *de*, etc.). Les règles de placement du sujet sont les mêmes que pour l'interrogation portant sur le COD. ➤ *supra*

À *qui* penses-tu/pense Pierre/Pierre pense-t-il ?
À *quoi* sert la grammaire/la grammaire sert-elle ?
De *quoi* se plaint-elle/se plaint Emma/Emma se plaint-elle ?

2. L'interrogation avec l'expression *qui/qu'est-ce qui/que*

Dans cette expression, les pronoms interrogatifs figurent en tête et les pronoms relatifs en fin ; la forme *ce* assure le passage des uns aux autres. Les pronoms interrogatifs opèrent une distinction sémantique (*qui* = humain *vs que* = non catégorisé), les pronoms relatifs une distinction syntaxique (*qui* = sujet *vs que* = objet ou attribut) ; chaque pronom présélectionne le terme sur lequel porte l'interrogation. Quatre configurations sont possibles :

Qui est-ce qui	= question sur un sujet humain	*Qui est-ce qui* est venu ?
Qui est-ce que	= question sur un objet humain	*Qui est-ce que* tu attends ?
Qu'est-ce qui	= question sur un sujet non catégorisé	*Qu'est-ce qui* se passe ?
Qu'est-ce que	= question sur un objet non catégorisé	*Qu'est-ce que* vous cherchez ? (J. Genet)

Cette expression permet d'éviter toute inversion du sujet et de formuler la question dans des cas où l'interrogation avec un terme simple est impossible (1) ou peut être ambiguë (2).

☹ *Que* se passe ? – *Qu'est-ce qui* se passe ? (1)

Qui attend cet homme ? (2) → *Qui* peut être sujet ou objet

> *Qui est-ce qui attend cet homme ? (sujet)*
> *Qui est-ce que cet homme attend ? (COD)*

- **L'interrogation porte sur une circonstance.**

Cette interrogation se formule au moyen des adverbes *où, quand, comment* et *pourquoi*, avec l'inversion du sujet dans les mêmes conditions que l'interrogation portant sur l'objet.

supra 3.1 ◄
(p. 256)

> ***Quand*** *reviendras-tu ?* ***Quand*** *remonte la mer/la mer remonte-t-elle ?*
> ESTRAGON. — ***Où*** *irons-nous ?* (Beckett)
> ***Comment*** *en est-on arrivé là ?* (Th. Beinstingel, *Retour aux mots sauvages*)
> *Sérieusement, François (sc. Béranger), mon petit lapin,* ***pourquoi*** *ne faites-vous pas de la peinture ?* (P. Desproges)

Mais avec *pourquoi*, seule l'inversion complexe du groupe nominal est possible.

> ***Pourquoi*** *la voiture a-t-elle disparu ?*
> ☹ ***Pourquoi*** *a disparu la voiture ?*

La phrase interrogative peut comporter un verbe à l'infinitif, sans sujet exprimé.

> ***Comment*** *décrire ?* ***comment*** *raconter ?* ***comment*** *regarder ?*
> (R. Bober & G. Pérec, *Récits d'Ellis Island*)

Approfondissement

a. On peut rencontrer un troisième type d'interrogation, l'interrogation alternative, intermédiaire entre l'interrogation totale et l'interrogation partielle. Elle se formule dans une phrase en deux parties coordonnées par la conjonction *ou*.

Ou ◄
(**3.8**,2 p. 205)

> *Préférez-vous la mer* ***ou*** *la montagne/Adele* ***ou*** *Lady Gaga ?*
> *Prendrez-vous le train* ***ou*** *l'avion pour aller à Paris ?*
> *Prendrez-vous le train* ***ou*** *non ?*

Le locuteur propose un choix entre deux termes alternatifs, attendant une réponse limitée à un seul terme.

Préliminaires ◄
(**2**,6 p. 19)

b. L'interrogation varie selon les niveaux de langue. En particulier, diverses formes d'interrogation partielle se rencontrent à l'oral ou dans le niveau familier ;
– interrogation avec le terme interrogatif complément placé en fin de phrase ;

> *Tu regardes* ***qui*** *? – Tu fais* ***quoi*** *?*
> *Tu pars* ***où*** *? – Tu reviens* ***quand*** *?*

– structure emphatique, complète (*c'est … que*) ou réduite (*que*), encadrant le terme interrogatif.

> *C'est* ***quand*** *que tu reviens ? – (C'est)* ***Où*** *que tu vas ?*

c. La phrase interrogative est associée directement à un acte de questionnement. Dans certains cas, elle peut être associée indirectement à un autre acte de langage : l'interrogation oratoire (ou question rhétorique) exprime une assertion renforcée.

> HERMIONE. — *Ah ! fallait-il en croire une amante insensée ?*
> *Ne devais-tu pas lire au fond de ma pensée ?* (Racine)
> *Dans ce reproche d'Hermione à Oreste, la forme affirmative nie (= Il ne fallait pas croire...), la forme négative affirme(= Tu devais lire ...).*

4 Le type injonctif

● **La phrase injonctive sert à accomplir un acte d'ordonner au sens large, de l'ordre strict à la simple demande.** À l'oral, l'intonation est toujours descendante. À l'écrit, la phrase se termine par un point ou par un point d'exclamation quand l'ordre est appuyé.

> *Ferme le sucrier, ça va attirer les mouches.* (= Tais-toi !)
> « *Écrivez donc ça, un jour, un dictionnaire de l'angoisse...* (F. Bon, *Daewoo*)

À la forme négative, on exprime une défense.

> « *Ne dis donc pas de bêtises* » (N. Sarraute, *Enfance*)

● **L'injonction s'exprime au moyen de trois structures mettant en jeu trois modes différents : l'impératif, le subjonctif, l'infinitif.**

1. Structure à l'impératif
▶ L'impératif (**3.5**,5 p. 172)

L'impératif est le mode de l'injonction par excellence. Il ne comporte que trois personnes : 2ᵉ pers. du singulier et du pluriel, 1ᵉ pers. du pluriel.

> AUGUSTE. — ***Prends*** *un siège, Cinna,* ***prends****, et sur toute chose*
> ***Observe*** *exactement la loi que je t'impose.* (Corneille)
> ***Sachons*** *distinguer une gardienne d'immeuble d'un oléoduc.* (P. Desproges)

La phrase injonctive à l'impératif se caractérise par l'absence de sujet. Le placement des pronoms personnels compléments diffère de la phrase déclarative : ils se placent après le verbe, reliés à lui par un trait d'union, et ils prennent la forme tonique.

▶ Les pronoms personnels (**3.4**,2 p. 123)

Phrase déclarative	→	Phrase injonctive à l'impératif
Tu te laves les mains.	→	*Lave-**toi** les mains.*
Nous le lui rendons.	→	*Rendons-**le-lui**.* (*le* = *son livre*)

*Passe-**moi** le coton.* (Y. Ravey, *Cutter*)

Mais si la phrase impérative est négative, les pronoms, qu'ils soient réfléchis ou compléments, reprennent leur place habituelle.

> *Tu ne m'abandonnes pas.* → *Ne m'abandonne pas.*
> LE PROFESSEUR : *Mais ne nous attardons pas dans les généralités...* (Ionesco)

Le subjonctif ◀
(**3.5**,5 p. 166)

2. Structure au subjonctif
La phrase injonctive a la structure *que* + GN sujet + verbe au subjonctif présent.

> *Qu'elle vienne. – Qu'ils se rendent.*
>
> *Que la cour me pardonne mon emportement, monsieur le président.*
> (P. Desproges)

La structure au subjonctif vient compléter la structure à l'impératif avec les 1re et 3e personnes du singulier et la 3e du pluriel. Cependant, la 1re personne est rare (cas de l'ordre qu'on se donne à soit même : *Que je sois puni si je me trompe.*).

L'infinitif ◀
(**3.5**,5 p. 174)

3. Structure à l'infinitif
L'injonction peut également s'exprimer dans une phrase à l'infinitif. L'agent, non exprimé, est anonyme. C'est le cas dans les recettes, modes d'emploi, ou dans des interdictions.

> *Couper tous les légumes en petits dés de même taille. Faire chauffer l'huile puis y faire revenir l'ail et l'oignon. Lorsqu'ils sont tendres, ajouter l'aubergine. Au bout de 2 minutes, ajouter les poivrons. Compter à nouveau 2 minutes de cuisson et ajouter les courgettes. Au bout de 2 minutes, ajouter les tomates.*
> (Marmiton, Ratatouille rapide)
>
> *Ne pas fumer devant la porte. – Ne pas cracher par terre.*

Le type exclamatif

● **La phrase exclamative sert à exprimer l'affectivité du locuteur : une émotion ou un sentiment** (surprise, joie, colère, etc.). À l'oral, l'exclamation se caractérise par des intonations spécifiques, avec des modulations importantes. À l'écrit, elle est marquée par le point d'exclamation, qui ne lui est pas exclusivement réservé : il peut se placer à la fin d'une phrase injonctive, qui se teinte de subjectivité, ou bien après une interjection. C'est la situation ou le contexte linguistique qui permettent de comprendre l'émotion ou le sentiment exprimés.

L'interjection ◀
(**3.9** p. 210)

● **Sur le plan syntaxique, l'exclamation peut s'exprimer avec ou sans marqueur exclamatif.**

1. L'exclamation avec un marqueur exclamatif
Deux sortes de marqueurs sont employés dans une phrase complète (avec ou sans inversion du sujet) ou réduite à un groupe nominal : les adverbes *comme, que, combien* (avec ou sans *de*) et le déterminant *quel*.

> *Comme elle court vite ! – Comme il est triste ! – Comme elle skie !*
> *Que d'eau ! Qu'il est beau ! – Combien cela est éprouvant !*

JUPITER. — ***Quelle*** *belle chambre !* (J. Giraudoux)
Ah, ***que*** *d'illusions ! Ma pauvre nièce,* ***comme*** *tu nous as pitoyablement singés !* (M. Ndiaye, *En famille*)

Ces marqueurs exclamatifs expriment le haut degré de la qualité ou de la quantité.

Comme *elle court vite !* (= *Elle court très vite.* → *intensité élevée*)
Que *d'eau !* (= *Il y a beaucoup d'eau.* → *quantité élevée ; phrase non verbale*)

2. L'exclamation sans marqueur exclamatif

– L'exclamation est seulement marquée par l'intonation ou le point d'exclamation, sans modification de la structure de la phrase.

L'OM a battu le PSG !
« Ma chère, j'irai te voir ! C'est promis, c'est promis ! »
(M. Kundera, *L'ignorance*)

– Certaines structures, qui ne sont pas acceptables dans le type déclaratif, le deviennent dans le type exclamatif.

Tu m'as fait ***une*** *peur /* ***une*** *de ces peurs !* (1)
Dans la phrase déclarative, on ne peut pas employer l'article indéfini un(e) avec un nom abstrait.
Elle est ***si*** *délicate !* (2)
L'adverbe si n'est pas associé à une subordonnée, obligatoire en phrase déclarative.

– Certaines structures conviennent bien à l'exclamation, même si elles ne lui sont pas exclusivement réservées : la phrase non verbale (1), l'inversion du sujet (2) et les structures emphatiques (3).

Insupportables, ces attentats ! – Horreur ! (1)
Ah cette folle expédition à Rouen ! (M. Tournier, *Gilles et Jeanne*) (1)
Est-ce beau ! (2) *– Il est relou, ce type !* (3)

CHAPITRE 4

Les formes de phrases

1. Définition 262
2. La forme logique : affirmative ou négative 263
3. La forme passive 266
4. La forme impersonnelle 267
5. La forme emphatique 269
6. Les phrases à présentatif 272

1 Définition

*Les types de phrases (**4.3** p. 254)*

Toute phrase appartenant à l'un des quatre types de phrases peut prendre une forme logique : affirmative (positive) ou négative.
À cette forme logique, s'ajoutent trois autres formes facultatives : les formes passive, emphatique et impersonnelle.
Ces quatre formes sont :
– **facultatives** car une phrase peut n'en comporter aucune[1] (*Le vent souffle.*) ;
– **cumulables** car, contrairement aux types de phrases, on peut rencontrer plusieurs formes dans une même phrase (en fait, trois au maximum).

> *Ce n'est pas par Zlatan que le but décisif a été marqué.*
> Cette phrase cumule les formes négative (*n'... pas*), passive (*a été marqué par Zlatan*) et emphatique (*Ce ... est ... que*).

*Thème et prédicat (**6.3**,1 p. 338)*

Ces formes de phrases ne correspondent pas à un acte de langage, mais servent à configurer le contenu informatif de la phrase, notamment la répartition de l'information entre thème et prédicat. Elles ne sont associées ni à une intonation ni à une ponctuation spécifiques.

---

1. Dans une phrase, on n'indique que la présence de ces formes marquées. On ne dira pas que la phrase *Le vent souffle.* est affirmative, active, personnelle et neutre. On dira seulement qu'elle est du type déclaratif.

2 La forme logique : affirmative ou négative

Toute phrase peut connaitre une forme affirmative ou négative.

Le flux et le reflux me font « marée ». (R. Devos) → contenu envisagé positivement
Le flux et le reflux ne me font pas « marée ». → contenu envisagé négativement

La phrase négative sert à nier ou à réfuter l'énoncé affirmatif correspondant[2]. La forme négative utilise :
- **des adverbes ou locutions adverbiales :** *ne, non, guère, jamais, plus, nulle part* (ancien groupe nominal), *pas, point,* etc. ;
- **des pronoms :** *personne, rien* ;
- **des déterminants :** *nul, aucun.*

▶ L'adverbe (**3.6** p. 188)
▶ Le pronom (**3.4** p. 120)
▶ Le déterminant (**3.2** p. 89)

1 Place des mots négatifs

● **En français standard, deux termes en corrélation servent à la forme négative ; ils constituent une locution négative :** *ne ... pas, ne ... jamais, aucun* + nom *... ne, personne ... ne/ne ... personne ...*
Les deux termes négatifs encadrent :
- la forme conjuguée du verbe à un temps simple : *Argus ne dort pas.*
- l'auxiliaire du verbe à un temps composé : *Marguerite n'a pas chanté.*
Quand la négation porte sur un verbe à l'infinitif, les deux termes négatifs précèdent le verbe : *Ne pas parler au conducteur.*

● **Emplois d'un seul terme négatif**
- Dans la langue courante, surtout à l'oral, *ne* est souvent omis.

  Je peux pas venir. – C'est pas moi.

- Inversement, certaines expressions ne conservent que le *ne* (héritage de l'ancien français où seul *ne* portait la négation avant d'être renforcé par un nom devenu adverbe comme *mie, goutte, point, pas,* qui a pris sa coloration négative).

  je ne saurais vous dire ; je ne puis venir ; je n'ose vous demander
  Je n'ose parler d'amour. (N. Bouraoui, *La Voyeuse interdite*)

Remarque : *ne* seul n'a pas toujours un sens négatif. Dans un style littéraire ou recherché, on emploie dans certaines subordonnées un *ne* dit explétif, toujours facultatif, qui laisse un sens positif.

  Je crains qu'il ne parte. = *Je crains qu'il parte.*
  La négation est Je crains qu'il ne parte pas.

---

2. La négation s'exprime aussi avec des moyens lexicaux (*ignorer/savoir*), en particulier des mots dérivés ou composés : adjectifs (*incroyable, amoral*), verbes (*décomposer, désinstaller*), noms (*impossibilité, non-intervention, non-assistance*). Et la préposition *sans*, de sens négatif, s'oppose à *avec* + nom (*file sans billet/avec billet*).

▶ L'antonymie (**2.2**, 3 p. 68)

2 Trois portées de la négation

Sur le plan sémantique, on distingue, suivant la portée de la négation : la négation totale, la négation partielle et la négation restrictive.

● **La négation totale porte sur l'ensemble de la phrase.** Elle est généralement marquée par la présence des termes négatifs *ne ... pas* qui encadrent le verbe (*Argus ne dort pas.*). L'adverbe *point* est archaïque ou régional (*Je ne comprends point.*).

> *Je **ne** sais **pas** écrire.* (B. Noël, *La Langue d'Anna*)
> *Je **ne** suis **pas** de votre espèce, non jamais !* (L.-R. des Forêts, *Ostinato*)

● **La négation partielle porte sur un constituant de la phrase.** Si ce constituant est un groupe nominal, le mot négatif est un déterminant (*nul, aucun*) ou un pronom (*personne, rien*) ; si ce constituant est un groupe adverbial, le mot négatif exprime le temps (*jamais*), le lieu (*nulle part*).

Les termes de la négation partielle		
Terme	Nature	Antonyme
personne	pronom qui implique un être humain	quelqu'un
	*Autour d'elle, il n'y avait **personne**.* (L. Bassmann/A. Volodine, *Danse avec Nathan Golshem*)	
rien	pronom négatif qui implique le « non humain »	quelque chose
	*Il n'y avait **rien** d'autre sur la terre, rien, ni personne.* (J.M.G. Le Clézio, *Désert*)	
aucun	pronom ou déterminant	
	*Visité les nouveaux bâtiments dont **aucun** n'est beau.* (J. Green) ***Aucun** indice ne me permettait d'en identifier l'expéditeur.* (J.-B. Puech, *Jordane revisité*)	
nul	pronom ou déterminant (un peu ancien)	
	*Pour nous en tenir aux poètes, **nul**, en cet ordre second, **nul**, pas même le noble Schiller, n'est plus grand que Corneille.* (Sainte-Beuve) ***Nulle** feuille ne tremble à la voûte des bois.* (Lamartine)	
guère	adverbe qui marque une exclusion partielle (*pas beaucoup*). Mais il tend à devenir un simple équivalent de *pas* et, par conséquent, à marquer une négation totale.	
	*Que ne lui ai-je promis ! les promesses alors ne me coûtaient **guère** !* (Mauriac)	

LES FORMES DE PHRASES 4

Les termes de la négation partielle		
Terme	Nature	Antonyme
jamais	adverbe qui exprime une négation temporelle	toujours
	On n'est *jamais* à la hauteur d'une mort. (S. Doubrovsky, *Le Livre brisé*)	
plus	adverbe qui marque une interruption dans la continuité temporelle	encore
	Je voyais bien que je n'étais *plus* là (= mais j'étais là avant), que ce n'était *plus* moi maintenant qui étais avec elle. (J.-Ph. Toussaint, *La Vérité sur Marie*)	
nulle part	locution adverbiale qui porte sur le lieu	quelque part
	Nulle part le bonheur ne m'attend. (Lamartine)	

Remarque : la combinaison de la négation totale et de la négation partielle est en principe impossible.

> De **pas**, mis avec **rien**, tu fais la récidive,
> Et c'est, comme on t'a dit, trop d'une négative.
> (Molière, *faisant allusion à Vaugelas*)

Le cumul de deux négations conduit normalement à leur annulation. Ainsi, on entend fréquemment à tort.

> Vous n'êtes pas sans ignorer... *au lieu de* Vous n'êtes pas sans savoir...
> (= Vous savez, bien évidemment...)

Mais le cumul des négations partielles est possible, chacune gardant sa portée.

> Il **n'**y avait **jamais rien** eu qui ressemblât à ma grand-mère. (Proust)

● **La négation restrictive (ou exclusive) ne ... que** n'est pas une vraie négation. Elle se fait en deux temps : on nie d'abord l'objet, puis on introduit une exception après *que* équivalant à *sauf, seulement*.

> Stéphanie **ne** lit **que** des romans policiers.
> → *sens positif :*
> Stéphanie **ne** lit rien, sauf des romans policiers./Stéphanie lit seulement...

> Car on **ne** parle, n'est-ce pas, **que** pour se taire...
> (R. Millet, *La Gloire des Pythre*)
> → *sens positif :* On parle seulement pour se taire...

Remarques :

a. *Non* peut représenter à lui seul une phrase négative, ou bien renforcer une phrase négative.

> De temps en temps elle me demandait : « Est-ce que je suis grise ?
> — Non, **pas** encore ». Et elle buvait de nouveau. (Maupassant)
> — On sait tellement bien ce que vous allez faire.

— Non, dit Anne, je **ne** vais **pas** vous embrasser si vous ne voulez pas.
(B. Vian, *L'Automne à Pékin*)

Ni ◄
(**3.8**, 2 p. 205)

b. La coordination négative s'exprime avec la conjonction de coordination *ni*, répétée ou non, qui permet de relier le plus souvent deux termes niés occupant les mêmes positions syntaxiques.

Le père n'a jamais parlé de ma constitution, **ni** de ma formation.
(M. Redonnet, *Forever Valley*)

Ne me parlez **ni** de ma folie, **ni** de mon imprudence ; je ne défends rien ; je paie de ma vie d'avoir osé l'aimer ! (Mme de Duras, *Édouard*)

3 La forme passive

Appelée traditionnellement la *voix* passive, elle constitue le réarrangement ou le renversement de la phrase active.

Forme active : Castres **bat** Toulon à la finale du Top 14.
                sujet   indicatif COD
                        présent

Forme passive : Toulon **est battu** par Castres à la finale du Top 14.
                 sujet   aux. être complément d'agent
                            + part. passé

La phrase passive présente plusieurs caractéristiques :
– le sujet (*Toulon*) correspond à l'objet (COD) de la phrase active ;
– le verbe est au participe passé et se conjugue avec l'auxiliaire *être* (*est battu*) ; il se met au même temps et au même mode que la forme conjuguée du verbe actif (*bat*, indicatif présent) ;
– le complément prépositionnel (dit *complément d'agent*) introduit par les prépositions *par* ou *de* (*par Castres*) correspond au sujet de la phrase active ;
– les rôles sémantiques sont inversés par rapport à la phrase active : le sujet passif (*Toulon*) est le thème de la phrase et le complément d'agent (*par Castres*) est rejeté dans le prédicat ; alors que le sujet actif (*Castres*) était le thème* et que l'objet actif (*Toulon*) faisait partie du prédicat*.

Les constructions ◄
des verbes
(**3.5**, 2 p. 142)

● **Les verbes pouvant être mis au passif :** en règle générale, seuls les verbes transitifs directs (appelant un COD) peuvent être mis au passif. C'est impossible pour quelques verbes comme *avoir, posséder, comporter, valoir*, ainsi que pour des locutions verbales comme *prendre l'air, donner le change*. Inversement, les verbes transitifs indirects comm e *(dés)obéir à* et *pardonner à* (anciennement transitifs directs), peuvent être mis au passif dans la langue littéraire et soutenue : *Les parents ne sont pas toujours **obéis** de leurs enfants.*

LES FORMES DE PHRASES   4

- **Le complément d'agent est introduit le plus souvent par *par*, parfois *de*.**

   *Ce candidat est élu **par le Parlement européen**.*
   (UE, Accord de stabilisation et d'association)

   *Les lits étaient séparés **par des rideaux de toile blanche pendant à des tringles**. (Cl. Simon, L'Acacia)*

– Lorsque le complément d'agent introduit par *de* est employé après des verbes dénotant des sentiments, des opérations intellectuelles, des localisations, il n'est pas perçu comme un véritable agent.

   *Victor Hugo est connu/estimé **de tous**. – La conférence sera suivie **d'un débat**.*

   *Dans la maison où je suis né, bâtie au XVIIIᵉ siècle, les murs sont tapissés à l'intérieur d'**une boue argileuse collée contre la pierre de grain**.*
   (J.-Loup Trassard, Dormance)

– On rencontre très rarement un pronom personnel complément d'agent.

   *Mon ordinateur a été réparé **par lui**.*

– La plupart des phrases passives n'ont pas de complément d'agent.

   Mon ordinateur a été réparé.

   Elle n'avait pas été autorisée à passer dans la salle des Registres où s'accomplissaient les procédures d'admission. (S. Germain, Tobie des marais)

Cette absence de complément donne souvent une interprétation résultative, surtout au présent.

   Ça y est, mon ordinateur est réparé. (= il est en état de marche.)

   Les ordres n'arrivaient pas. Les lignes étaient coupées.
   (N. Caligaris, La Scie patriotique)

Dans certains discours (administratifs, juridiques), cette absence de complément permet de garder l'agent anonyme : *Votre candidature n'a pas été retenue. – La décision autorisant une coopération renforcée est adoptée. (UE, Accord de stabilisation et d'association)*

Remarque : le passif peut aussi s'exprimer au moyen de la construction pronominale passive. *Les feuilles mortes **se ramassent** à la pelle. (Y. Montand)*

▶ Pronominal passif (**3.5**,3 p. 146)

 La forme impersonnelle

La phrase à la forme impersonnelle se caractérise par la présence d'un pronom *il* impersonnel et le groupe sujet de la phrase personnelle est déplacé après le verbe.

▶ Les pronoms personnels (**3.4**,2 p. 123)

   Plusieurs invités arrivent à l'Élysée. → Il arrive plusieurs invités à l'Élysée.

267

Les différents rôles joués par le sujet personnel sont répartis entre deux termes :
– le pronom impersonnel précède le verbe et commande son accord au singulier ;
– le groupe déplacé après le verbe apporte l'information sémantique.
Pour rendre compte de cette répartition des rôles, la tradition grammaticale distingue le sujet grammatical (ou apparent) *Il*, **et le sujet logique** (ou réel), le groupe qui suit le verbe *plusieurs invités*. Les linguistes parlent de *séquence de l'impersonnel*.

Remarque : en français, le pronom *il* est la marque de l'impersonnel. Forme vide invariable, non substituable, *il* régit seulement l'accord du verbe en personne et en nombre (3e personne du singulier), sans avoir les propriétés sémantiques d'un sujet personnel (ni agent ni siège du procès). Comme *il* est un élément vide, il est incapable de jouer le rôle de thème de la phrase : la phrase impersonnelle est une phrase sans thème*, comportant seulement un prédicat* (le verbe et la séquence postverbale).

Thème ◄
et prédicat
(**6.3**,1 p. 338)

● **Verbes impersonnels et constructions impersonnelles**
On distingue les verbes impersonnels et les constructions impersonnelles. Celles-ci sont suivies obligatoirement d'une séquence impersonnelle : un groupe nominal (1) ou une subordonnée (2). On parle de transformation impersonnelle d'une phrase personnelle.

Les verbes ◄
particuliers
(**3.5**,2 p. 144)

Il arrive plusieurs invités. (1) – *Il arrive que je me trompe.* (2)

● **Restrictions à la transformation impersonnelle**
La séquence impersonnelle est le plus souvent indéfinie (*un/des invités*), car le GN ne peut pas avoir de lien défini avec le contexte antérieur (☹ *Il arrive les invités*).
– En principe, un verbe transitif direct est exclu, puisque la position postverbale est déjà (ou peut être) occupée par son objet (COD). On emploie donc des verbes intransitifs (*Il arrive des invités.*), des verbes pronominaux (*Il se passe des choses bizarres.*) ou des séquences formées de *être* + adjectif (*Il est nécessaire que vous veniez demain.*).
– Le choix du verbe est soumis à une limitation sémantique : le verbe de la construction impersonnelle doit être sémantiquement vide (verbe d'existence, comme *exister*) ou avoir un sens évènementiel (*Il est tombé un lampadaire dans la rue de Truman.*).

● **Structures impersonnelles**
On distingue plusieurs types de constructions impersonnelles : avec des groupes nominaux (1), des groupes infinitifs (2) ou des subordonnées complétives (3).

Il passe un tram toutes les cinq minutes place Broglie. (1)
Il lui (sc. La machine à écrire) arrive de se bloquer sans m'avertir, comme si elle se cabrait. (Ph. Claudel, *Le Rapport de Brodeck*) (2)

Il n'est pas possible que je lui pose cette question d'un air sérieux.
(N. Sarraute, *Enfance*) (3)

Le passif et l'impersonnel se confortent mutuellement.

Faute d'une définition plus complète de moi, il n'est même pas exagéré de dire que, inversement, ma serviette m'avait fait sien.
(Ch. Oster, *Mon grand appartement*)

5 La forme emphatique

La forme emphatique sert à mettre en relief un constituant de la phrase, au moyen de deux procédures :
– la dislocation : un constituant de la phrase est détaché en début ou en fin de phrase (avec une séparation marquée par une pause à l'oral, une virgule à l'écrit) et est représenté par un pronom.

Adele, elle a une belle voix. = *Elle a une belle voix, Adele.*

– l'extraction : un constituant est extrait de la phrase et placé au début, encadré par *c'est ... qui/que* (selon sa fonction).

C'est Leonardo di Caprio qui a reçu l'Oscar du meilleur acteur.

1 La dislocation de la phrase

La phrase est disloquée, ou segmentée, par suite du détachement d'un constituant hors du noyau de la phrase, à gauche ou à droite. L'élément ainsi détaché reçoit un accent d'insistance et se trouve séparé du reste de la phrase par une pause à l'oral, par une virgule à l'écrit. Le constituant détaché est repris ou annoncé par un pronom personnel ou démonstratif, qui reprend éventuellement ses déterminations morphologiques et lui confère une fonction dans la phrase proprement dite. La dislocation se traduit donc par un dédoublement, que la tradition expliquait en traitant le constituant détaché comme une apposition.

La Tétralogie, je la trouve sublime. – Je la trouve sublime, la Tétralogie.

Mes clients, eux, c'étaient des égoïstes, des pauvres... (F. Céline)

● **Sur le plan communicatif,** le constituant, détaché à gauche ou à droite, occupe la place du thème*, le reste de la phrase formant le prédicat*. Dans l'exemple de la Tétralogie, la dislocation permet de prendre comme thème de la phrase un autre élément que le sujet grammatical (le COD).

➤ La progression textuelle (**6.3** p. 338)

● **Peuvent être détachés, en tête ou en fin de phrase :**
– un groupe nominal, repris ou annoncé par un pronom personnel qui peut exercer toutes les fonctions primaires : sujet (1), COD (2), COI (3) ou COS (4) ; y compris celle d'attribut ou de complément du nom (5) ;

Je dis toujours, un homme il est attiré par les femmes... (D. Sallenave, *Viol*) (1)
Cécile, c'est une grande femme très élégante que Lorette a rencontrée... (Ch. Gailly, *Be-Bop*) (1)
Ça y est ça commence, l'effort. (H. Cixoux, *Osnabrück*) (1)
Ce texte, je l'ai perdu. (P. Modiano) (2)
Mon voyage en Iran, j'y pense souvent. (3)
Nicolas, on lui a fait un mauvais procès. (4)
De Strasbourg, il fréquente le plus les musées. (5)

Remarques :
a. Un groupe complément circonstanciel, en raison de sa mobilité, n'a pas besoin d'être associé à un pronom pour être détaché. Mais il n'en est pas moins séparé du reste de la phrase par une pause.

D'ici à peu, il y aurait peut-être un grand changement dans sa vie. (Flaubert)

◀ Les pronoms démonstratifs (**3.4**,4 p. 129)

b. Les pronoms démonstratifs *cela*, *ça* et *ce* concurrencent le pronom personnel pour reprendre ou annoncer un groupe nominal ou un pronom.

Et ça, ce sont les peurs avouées, les peurs articulées, les peurs imaginables. (M. Winckler, *La Maladie de Sachs*)

◀ Les pronoms personnels (**3.4**,2 p. 123)

– un pronom personnel disjoint ;

Moi, je ne faisais pas de commentaire. (A.-M. Garat, *Les mal famées*)

– un groupe infinitif ou une proposition subordonnée complétive, associés aux pronoms personnels ou démonstratifs.

C'était le rôle des femmes, aussi, dans les maisons, [de rendre aimable ce qui ne l'est pas encore]... (J.-P. Goux, *La Maison forte*)

[Continuer à se vouer au culte des nombres et inclure le zéro dans cette adoration], cela ne revenait-il pas tout simplement à adorer le néant ? (A. Nadaud, *Archéologie du zéro*)

[Qu'un mot puisse être perdu], cela veut dire : la langue n'est pas nous-mêmes. (P. Quignard, *Le Nom sur le bout de la langue*)

2 L'extraction d'un constituant de la phrase

L'extraction associe un présentatif (notamment *c'est*) **à *qui* ou *que* pour extraire un constituant de la phrase, et obtenir ainsi une phrase dite clivée*.**
L'extraction est possible avec les phrases déclaratives et interrogatives (*Est-ce Sarah qui a offert ce gâteau ?*), mais impossible avec une phrase à l'impératif en raison de l'absence de sujet.

LES FORMES DE PHRASES 4

- Sur le plan sémantique, l'information apportée par la phrase se dissocie en *présupposé* et *posé*.
- **La séquence qui suit *qui* ou *que* est *présupposée*** : elle n'est affectée ni par la négation (*Ce n'est pas Sarah qui a offert ce gâteau.*) ni par la question (*Est-ce Sarah qui a offert ce gâteau ?*).
- **L'élément extrait est *posé*** : c'est la seule information nouvelle apportée par la phrase clivée. Il s'identifie à la variable de la partie présupposée et la spécifie. Il s'oppose à un autre élément spécifique, qu'il exclut et que l'on peut expliciter : *C'est Sarah qui a offert ce gâteau, et non pas Sylvie.* L'élément extrait est appelé *focus* ou *foyer*, ce qui amène à traiter l'extraction comme une opération de focalisation* d'un constituant.

▶ Classes grammaticales (3 p. 74)

▶ Fonctions grammaticales (**4.2** p. 221)

- L'extraction peut affecter des constituants de classe et de fonction diverses dans la phrase.

Classe \ Fonction	
Sujet : avec *c'est ... qui*	
GN	Il comporte un nom propre (1), un nom commun (2) ou un pronom (les pronoms personnels prennent la forme tonique) (3). (1) *C'est Tintin qui a marché sur la Lune.* (2) *C'est la mort de Jeanne qui l'a désespéré ?* (M. Tournier, *Gilles et Jeanne*) (3) *[...] c'est elle qui convoque les grenouilles et les rats pour se faire entendre.* (G. Macé, *Vies antérieures*) (3) *[...] mais c'était moi qui le lui demandais.* (P. Michon, *Vies minuscules*)
Infinitif	*C'est voyager qui forme la jeunesse et qui déforme les pantalons.*
Objet : avec *c'est ... que*	
GN	*C'est le livre de Balzac que j'ai commandé.*
GPrép.	*C'est à la Comédie qu'on va.*
Pronom personnel	Il prend la forme tonique. *C'est lui que j'ai rencontré.*
Complément circonstanciel : avec *c'est ... que*	
GN ou GPrép.	*C'est au cours de ce voyage que l'image se serait détachée, qu'elle aurait été enlevée à la somme.* (M. Duras, *L'Amant*)
Adverbe	*C'est ainsi que Joseph vit se lever une aube olivâtre sur la plaine d'Ypres.* (J. Rouaud, *Les Champs d'honneur*)
Gérondif	*C'est en forgeant qu'on devient forgeron.*
Subordonnée circonstancielle	*Je renonce à vous exprimer le plaisir que m'a fait cette charmante toilette, c'est quand vous serez près de moi que je vous le dirai.* (Balzac)

● **Mais l'extraction est impossible** pour une expansion du groupe nominal (comme un adjectif épithète ou un complément du nom) et pour l'attribut du sujet (nominal ou adjectival) : *La vie est belle.* → ☹ *C'est belle que la vie est.*

Les phrases à présentatif

La liste des types et des formes de phrases ne donne pas les modèles sous-jacents de toutes les phrases françaises. On peut ajouter les phrases à présentatif, qui ont une structure particulière, construite à partir d'un présentatif : *c'est, il y a, voici, voilà.*

Voici/voilà/c'est le maire de Nantes. – Il y a quelqu'un ?

● **Les présentatifs servent à présenter un groupe nominal ou un constituant équivalent qui fonctionne comme leur complément.** L'ensemble [présentatif + GN] forme une phrase particulière.

Les compléments du présentatif (**4.2**,7 p. 252)

Voilà donc tout ce qu'il reste de quelqu'un, au bout de si peu de temps.
(A. Robbe-Grillet, *Le miroir qui revient*)

Il y avait des saisons. […] Il n'y avait ni commencement ni fin.
(G. Perec, *W ou le Souvenir d'enfance*)

● **Les présentatifs s'emploient aussi :**

supra 5.2 (p. 270)

– **dans des phrases emphatiques,** où ils contribuent à l'extraction d'un constituant ;
– **dans l'expression du temps,** où les présentatifs *voici, voilà* et *il y a* servent à introduire des compléments circonstanciels de temps ; ils jouent alors le rôle d'une préposition. Deux places sont possibles : en fin ou en début de phrase où le présentatif est associé à la conjonction *que.*

Il a déménagé voici/voilà/il y a cinq ans.
Voici/Voilà/Il y a cinq ans qu'il a déménagé.

Il y aura trois semaines demain que l'inhumation a eu lieu.
(A. Ernaux, *Une femme*)

Grammaire et orthographe : les chaines d'accord

CHAPITRE 5

1. Définition 273
2. L'accord sujet-verbe 275
3. L'accord sujet-verbe-attribut 277
4. L'accord dans le Groupe Nominal 277

1 Définition

L'accord est la redondance des marques grammaticales de genre (masculin ou féminin), **de nombre** (singulier ou pluriel), **de personne, portées par plusieurs mots variables dans la phrase.** Cette redondance rend perceptibles les relations syntaxiques et sémantiques entre ces mots.

● **Les marques grammaticales s'ajoutent à la finale des mots variables : déterminants, noms, pronoms, adjectifs, verbes.** Chaque catégorie grammaticale porte des marques spécifiques :
– les déterminants, les noms, les pronoms et les adjectifs varient en nombre et en genre ;
– les verbes varient en personne et en nombre.

● **L'accord est marqué très différemment en français à l'oral et à l'écrit,** car de nombreuses marques autrefois prononcées sont devenues muettes. L'écrit se caractérise par la redondance des marques grammaticales, alors que l'oral économise les marques.

> *Les gardes masquaient la lumière.* (A. Malraux)
> À l'écrit, on relève trois marques du pluriel : *Les gardes masquaient* ; et une marque de genre : *la*.
> À l'oral, seuls les déterminants *Les* [le] et *la* [la] indiquent le nombre et le genre.

Pour bien accorder les termes dans une phrase, il faut tenir compte des relations entre eux et choisir les marques grammaticales propres à chaque catégorie. On définit les relations particulières entre les termes en établissant des chaines d'accord*.

● **Les chaines d'accord sont des suites de mots qui entretiennent entre eux une relation morphologique solidaire.**

Froides d'abord, les eaux lui parurent tièdes quand il remonta. (Camus)

On distingue quatre chaines d'accord.

1. sujet + verbe :

<u>il</u>   <u>remonta</u>
pronom   verbe
sujet

Accord en personne et en nombre du verbe avec son sujet
→ relation entre les deux constituants fondamentaux de la phrase (GNs + GV).

La phrase ◄
verbale
(**4.1**,2 p. 216)

2. sujet + verbe + attribut du sujet :

<u>les eaux</u>   <u>parurent</u>   <u>tièdes</u>
GN sujet   verbe   adj. attribut du sujet
                    GV

Accord en nombre de l'adjectif attribut avec le sujet
→ relation entre les deux constituants fondamentaux de la phrase (GNs + GV), et entre le sujet et son attribut.

Le GN ◄
(**3.1**,2 p. 76)

3. Groupe Nominal (GN) = déterminant + nom (et ses expansions) :

<u>Froides</u> d'abord, <u>les</u> <u>eaux</u>
adj. apposé   dét. nom
           GN sujet

Accord en genre et en nombre du déterminant et de l'adjectif apposé avec le nom
→ cohésion du GN

L'accord du ◄
participe passé
(**3.5**,6 p. 182)

4. COD + participe passé employé avec l'auxiliaire *avoir* (dont les règles d'accord sont les plus compliquées) :

Les gentilles qualités <u>qu'il</u> <u>avait</u> <u>eues</u> Bébert. (Céline)
                        COD   aux.   p. passé

Remarque

Certains phénomènes perturbent la fluidité de la chaine d'accord :

– la position ;

Froides *d'abord, les eaux lui parurent tièdes quand il remonta.* (Camus)
Des semaines se succédèrent sans que **tombât** *une goutte d'eau.* (F. Mauriac)
L'adjectif apposé antéposé au nom *Froides* ou le sujet inversé *une goutte d'eau* peuvent contrarier la prise d'indice nécessaire à la marque de l'accord.

– **la rupture** : la chaine peut être interrompue par un élément perturbateur (adverbe, pronom relatif, complément du nom, etc.), qui peut avoir un effet désactivant ou distracteur.

Car chaque anxiété nouvelle *que nous éprouvons par eux* **enlève** *à nos yeux de leur personnalité.* (Proust)

Le sujet est séparé du verbe par une relative qui a un effet désactivant.
L'hosanna des forêts, des fleuves et des plaines,
S'élève gravement vers Dieu, père du jour; (Hugo)
Les trois compléments du nom ont un effet distracteur et peuvent provoquer un faux accord du verbe : ☹ *s'élèvent.*

2 L'accord sujet-verbe

Le verbe s'accorde en personne et en nombre avec le sujet.
Ce sujet peut être :

▶ La fonction sujet (**4.2**,1 p. 221)

- **un Groupe Nominal constitué autour d'un nom noyau**

Le GN sujet commande une marque de troisième personne du verbe, du singulier ou du pluriel, selon son nombre. Le déterminant, qui ouvre le plus souvent la chaine d'accord, porte généralement une marque écrite et orale de pluralité, mais le nombre est déterminé par la référence du GN (un ou plusieurs référents*).

Des semaines se succédèrent sans que tombât une goutte d'eau. (F. Mauriac)
GN sujet pluriel   GN sujet singulier

- **un pronom**

– Un pronom personnel donne sa marque de personne et de nombre au verbe.

tu arrives   La marque **-s** est une marque de *2ᵉ personne du singulier*.
ils arrivent   La marque **-nt** est une marque de *3ᵉ personne du pluriel*.

– Un autre pronom non personnel donne une marque de 3ᵉ personne au verbe (1). Sauf dans le cas du pronom relatif, où la personne dépend de l'antécédent (2).

▶ *infra* 4 (p. 278)

Personne ne comprend. (1)
Les gardes masquaient la lumière, qui les entourait d'une auréole trouble. (2)
                    antécédent   pronom
                              relatif sujet   (A. Malraux)

- **un groupe infinitif**

Lorsque le sujet est un groupe infinitif, le verbe prend, par défaut, une marque de 3ᵉ personne du singulier.

Bien dire fait rire, bien faire fait taire.
GInfinitif   GInfinitif
sujet   sujet

Approfondissement : cas délicats

a. Plusieurs sujets
Quand un verbe a plusieurs sujets au singulier, coordonnés ou juxtaposés, il se met normalement au pluriel.

Quand l'abricotier est en fleurs, le jour et la nuit sont d'une teneur. (G. Meurier)

Mais :
1. Le verbe qui a plusieurs sujets s'accorde avec le plus rapproché :
– sujets à peu près synonymes.

*La douceur, la bonté de cette femme **plait** à tous ceux qui la connaissent.*

– sujets résumés par un mot comme *tout, rien, chacun, nul,* etc.

*Ses paroles, sa voix, son sourire, tout **vint** à lui déplaire.* (Flaubert)

2. Le verbe qui a plusieurs sujets joints s'accorde différemment selon les cas :
– quant deux sujets sont joints par un terme ou une locution de comparaison (*ainsi que, comme, de même que, non moins que, non plus que,* etc.), le premier sujet règle l'accord si le terme garde toute sa valeur comparative.

*Son visage, aussi bien que son cœur, **avait** rajeuni de dix ans.* (Musset)
*L'alouette, comme l'hirondelle, au besoin, **nourrira** ses sœurs.* (Michelet)

– quand deux sujets sont joints par un terme qui a la valeur de *et*, le verbe s'accorde avec les deux.

*La santé comme la fortune **retirent** leurs faveurs à ceux qui en abusent.* (Saint-Évremond)

b. Sujet collectif
Le verbe qui a pour sujet un nom collectif suivi de son complément s'accorde avec celui des deux mots qui frappe le plus l'esprit :
– avec le collectif, si l'on considère *en bloc* (dans leur *totalité*) les êtres ou les objets dont il s'agit.

*Une foule de malades **accourait**.* (Maupassant)
*La foule des vivants **rit** et **suit** sa folie.* (Hugo)

– avec le complément, si l'on considère *en détail* (dans leur *pluralité*) les êtres ou les objets dont il s'agit.

*Une foule de gens vous **diront** qu'il n'en est rien.* (Académie)
*Un troupeau de cerfs nous **croisent**.* (Camus)

Remarques :
– Avec les noms de fractions, numériques (*la moitié, le tiers,* etc.) ou pas (*part, partie, fraction ; la majorité, la minorité, le reste*), les deux accords sont possibles.

*Je sais que la moitié des maux **provient** de nos remèdes.* (G. Duhamel)

– Avec les noms comme *douzaine, centaine, millier,* qui sont perçus comme des déterminants numéraux, l'accord se fait avec le complément.

*La cinquantaine d'ouvriers qui **travaillaient** dans la fabrique ne **chômeront** pas.* (Aragon)

– Après *la plupart,* le verbe s'accorde toujours avec le complément ; si ce complément est sous-entendu, il est censé être au pluriel.

*La plupart (des gens) ne **font** réflexion sur rien.* (Académie)

c. *C'est*

Les phrases à présentatif (**4.3**, 6 p. 272)

Le présentatif *c'est* introduit un groupe nominal au pluriel se met généralement au pluriel : *Ce **sont** des évènements tragiques.*

Mais le singulier :
- est souvent préféré à l'oral : *C'est déjà les vacances.*
- se rencontre à l'écrit : *Je crois que **c'est** elles qui m'ont porté secours.*
- est de règle avec *nous, vous* et avec certains compléments :
c'est nous ; *c'est* vous ; *c'est* six-cents euros.

❸ L'accord sujet-verbe-attribut

● **L'adjectif attribut du sujet** s'accorde en genre et en nombre avec le sujet.   ▶ L'attribut (**4.2**, 3 p. 235)

Elle est discrète, elle est légère : [...] Et comme sa morale est claire ! (Verlaine)
sujet   adj. attribut du sujet   sujet   adj. attribut du sujet
fém. sing.   fém. sing.

Tous les plans étaient irréguliers. (G. Simenon)
sujet masc. plur.   adj. attribut du sujet

● **Le participe passé employé avec *être*** s'accorde en genre et en nombre avec le sujet.   ▶ L'accord du participe passé (**3.5**, 6 p. 182)

Il était empoigné tout entier. (M. Genevoix) *(imparfait passif)*
sujet   p. passé
masc. sing.

Les bêtes sont rentrées à l'étable toutes seules. *(passé composé actif)*
sujet   p. passé
fém. plur.

❹ L'accord dans le Groupe Nominal

Le Groupe Nominal (GN) est formé de constituants obligatoires (déterminant et nom) **ou facultatifs** (expansions du nom). Les constituants variables du GN (déterminant et adjectif) s'accordent en genre avec le nom ; le choix du nombre dépend de la référence du GN à la singularité ou à la pluralité.   ▶ Le GN (**3.1**, 2 p. 76)

● **Le déterminant indique l'accord en genre et en nombre dans le GN :**   ▶ Le déterminant (**3.2** p. 89)

une auréole trouble (Malraux) *(genre = féminin ; nombre = singulier)*

Mais le déterminant pluriel neutralise l'opposition de genre : il faut alors mettre le GN au singulier pour connaitre son genre.

les/ces/mes livres/chaises   →   *le/ce/mon livre*
                                →   *la/cette/ma chaise*

● **Le nom a un genre inhérent**, mais le nombre dépend de la référence du GN.   ▶ Le genre et le nombre du nom (**3.1**, 3-4 p. 79-88)

L'accord de l'adjectif
(**3.3**,4 p. 112)

- **L'adjectif épithète prend le genre et le nombre du nom auquel il se rapporte :** Les Allumettes suédoises (R. Sabatier)

Le participe
(**3.5**,5 p. 177)

- **Les formes en -*ant* épithètes ou apposées :** le participe présent est invariable alors que l'adjectif verbal s'accorde en genre et en nombre avec le nom.

    un veilleur de nuit *dormant* le jour *(participe présent invariable)*
    des eaux *dormantes* *(adjectif verbal variable)*

L'accord du participe passé
(**3.5**,6 p. 182)

- **Le participe passé (sans auxiliaire) employé comme épithète ou apposition** s'accorde en genre et en nombre avec le nom, comme un adjectif : Les Illusions perdues (Balzac).

La PS relative
(**5.2** p. 289)

- **La proposition subordonnée relative :** le GN (antécédent), repris par le pronom relatif sujet *qui*, détermine la personne et le nombre du verbe de la subordonnée.

    Car, comme toutes les femmes [qui ont plusieurs choses dans leur existence], elle avait ce point d'appui [qui ne faiblit jamais : le doute et la jalousie].
    (Proust)

PARTIE 5

La phrase complexe

Définition et présentation de la phrase complexe – phrase et proposition 280

① Les propositions juxtaposées, coordonnées, subordonnées 282

② La proposition subordonnée relative 289

③ La proposition subordonnée complétive 295

④ La proposition subordonnée circonstancielle 304

⑤ La concordance des temps dans la phrase complexe 313

Définition et présentation de la phrase complexe – phrase et proposition

● Phrase simple, phrase complexe

*La phrase simple (**4.**1 p. 213)*

1. Du point de vue syntaxique, la phrase simple (verbale) ne comporte qu'un seul verbe conjugué : elle est constituée d'un Groupe Nominal Sujet (GNS) et d'un Groupe Verbal (GV).

<u>La mer</u> <u>monte</u>. *(phrase simple à 1 seul verbe conjugué)*
  GNS   GV

2. La phrase complexe comporte plusieurs verbes conjugués : chaque proposition est constituée d'un GNS et d'un GV. On compte autant de propositions que de verbes conjugués.

[*Quand la mer monte*], [*les bateaux quittent le port*].
    1 proposition   1 proposition

● Phrase et proposition

Dans l'analyse grammaticale de la phrase en propositions, on distingue la phrase simple, à une proposition, et la phrase complexe, qui comporte au moins deux propositions.
Au niveau de la phrase complexe, on distingue :
– **la proposition principale et la proposition subordonnée** dans le cas d'une relation de **subordination** ;
– **les propositions indépendantes** dans le cas d'une relation de **juxtaposition** ou de **coordination.**

<u>Histoire</u> : le terme de *proposition* remonte aux grammaires logiques (XVIIe et XVIIIe siècles). La proposition *La terre est ronde* exprime un jugement : le prédicat *est ronde* dit quelque chose du sujet *la terre*. Progressivement, la notion de *proposition* a perdu sa valeur logique et s'est confondue avec celle de *phrase* (dont le sens moderne date de la fin du XVIIIe siècle) pour désigner l'unité syntaxique combinant un sujet grammatical et un groupe verbal. Le terme *proposition* est employé depuis la fin du XIXe siècle pour désigner les sous-parties d'une phrase complexe.

1. On appelle proposition principale toute proposition dont dépend une autre proposition, dite subordonnée.

Quand la mer monte/*J'ai honte, j'ai honte.*
  1 proposition subordonnée   1 proposition principale (avec répétition)

Quand ell' descend/*Je l'attends.* (R. De Godewarsvelde)
  1 proposition subordonnée 1 proposition principale

On observe 2 phrases complexes successives composées chacune de 2 propositions.
Chaque proposition comporte un GNS et un GV.

2. Une proposition indépendante ne dépend pas d'une autre proposition et aucune autre proposition ne dépend d'elle. C'est le cas des propositions juxtaposées et coordonnées qui sont autonomes.

- **Modes de composition de la phrase complexe**

On distingue plusieurs types de phrases complexes selon leur mode de composition, c'est-à-dire selon les relations entre les propositions qui les constituent.

1. La juxtaposition. La phrase complexe est formée de deux ou plusieurs propositions qui sont autonomes, et n'ont aucun rapport de dépendance entre elles. Elles sont généralement séparées à l'oral par une pause et à l'écrit par un signe de ponctuation, mais leur rapport n'est pas explicitement marqué par un mot de relation.

[*Le vent souffle fort*], [*les chars à voile roulent à toute vitesse sur la plage*].

2. La coordination. La phrase complexe est formée de deux ou plusieurs propositions juxtaposées dont la dernière au moins est reliée aux autres par un mot de liaison : une conjonction de coordination ou un adverbe de liaison.

➤ La conjonction (**3.8** p. 203)
➤ L'adverbe (**3.6**,4 p. 197)

[*Les chars à voile roulent à toute vitesse sur la plage*] *car* [*le vent souffle fort*].

3. La subordination. La phrase complexe est formée de deux propositions qui sont en relation de dépendance : une proposition dite *subordonnée* dépend d'une proposition dite *principale* (la subordonnée dépend le plus souvent d'un constituant de la proposition principale).

[*Comme le vent souffle fort*], [*les chars à voile roulent à toute vitesse sur la plage*].
    proposition subordonnée   proposition principale

Les propositions subordonnées sont généralement introduites par des conjonctions de subordination (*que, quand, pour que, comme,* etc.), des pronoms relatifs ou des mots interrogatifs. Mais il existe des subordonnées sans terme introducteur.

➤ La conj. de subordination (**3.8**,3 p. 207)
➤ Les pronoms relatifs (**3.4**,7 p. 137)

[*Les cuisines mêlant leurs odeurs*], *on mangeait à la fois son propre repas et celui du voisin.* (Troyat)

CHAPITRE 1

Les propositions juxtaposées, coordonnées, subordonnées

1. Les propositions juxtaposées 283
2. Les propositions coordonnées 284
3. Les propositions subordonnées 285

On distingue plusieurs types de phrases complexes selon leur mode de composition, c'est-à-dire selon les relations entre les propositions qui constituent la phrase complexe. Suivant la tradition scolaire, le terme de *proposition* est employé pour identifier, dans les phrases complexes, les *phrases constituantes* : les propositions juxtaposées, coordonnées ou subordonnées.

● **La juxtaposition et la coordination s'opposent à la subordination :** les propositions juxtaposées ou coordonnées sont en relation d'égalité syntaxique et sont autonomes, alors que les propositions subordonnées dépendent d'une proposition principale.

● **La coordination se distingue de la juxtaposition** par la présence d'une conjonction entre les propositions associées.

1 Les propositions juxtaposées

● **Dans la phrase complexe, la juxtaposition associe deux ou plusieurs propositions sans terme de relation : elles sont autonomes, et n'ont aucun rapport de dépendance entre elles.** Si on supprime une des propositions, la phrase reste correcte. La démarcation entre les propositions juxtaposées est marquée :
– à l'oral, par des pauses associées à la variation de la courbe intonative ;
– à l'écrit, par la virgule principalement, parfois le point-virgule et les deux-points.

➤ La ponctuation (**1.2**, 4 p. 39)

Le lien entre les propositions juxtaposées est reconstitué par le destinataire, à partir d'informations contextuelles ou situationnelles. Il peut s'agir d'une simple addition, d'une successivité, d'un rapport de cause à conséquence (dans les deux sens), d'une opposition, etc.

> *Un petit arbre prend racine au pied du mur, je m'y engage, j'y grimpe, je tombe, je regrimpe, je retombe, je reste assis dans le clair de lune, [...]* (P. Guyotat, *Coma*)
> 7 propositions juxtaposées → successivité

> *Ton petit morceau ne tient pas devant la vie, j'en suis, moi, pour l'ordre établi.* (Céline)
> 2 propositions juxtaposées → relation d'opposition

> *Les riches sont bien généreux avec les intellectuels : ils nous laissent les joies de l'étude, l'honneur du travail, la sainte volupté du devoir accompli ; ils ne gardent pour eux que les plaisirs de second ordre, tels que caviar, salmis de perdrix, Rolls-Royce [...]* (Pagnol)
> Les deux dernières propositions juxtaposées apportent une explication de la première.

● **Dans certains cas, malgré l'absence de lien formel, les propositions juxtaposées peuvent entretenir entre elles un rapport de dépendance sémantique :**
– proposition injonctive ;

> *Apportez vos maillots de bain sur le catamaran, ça pourra toujours servir.*
> → cause, justification

– proposition au conditionnel ;

> *Il serait venu, je ne l'aurais pas reçu.*
> → hypothèse

– proposition avec inversion du sujet.

> *Venait-elle à l'improviste, on était toujours heureux de la recevoir.*
> → circonstance, cause

La première proposition est sémantiquement subordonnée à la seconde qui joue le rôle de proposition principale. **On parle dans ce cas de *subordination implicite* :** *Il serait venu, je ne l'aurais pas reçu.* = *S'il était venu, je ne l'aurais pas reçu.*

2 Les propositions coordonnées

<small>Les conjonctions de coordination (**3.8**,2 p. 204) L'adverbe (**3.6** p. 188)</small>

Dans la phrase complexe, deux ou plusieurs propositions sont coordonnées quand elles sont reliées par une conjonction de coordination (*mais, ou, et, donc, or, ni, car*) **ou, dans un sens plus large, par un adverbe de liaison** (*alors, puis, toutefois, etc.*).

La coordination diffère de la juxtaposition par la présence de ce terme de jonction. Quand trois propositions ou plus sont coordonnées, la conjonction se place le plus souvent devant la dernière seulement, les autres étant séparées par une virgule.

● **Sur le plan sémantique, le rapport entre les propositions est explicité par le terme coordonnant : addition, cause, conséquence, opposition, etc.**

> *cause* → [*Il y avait affluence dans les cafés et les boutiques*], *car* [*c'était dimanche*]. (L. Bertrand)
>
> *opposition* → [*Akira s'est tourné vers le camphrier*] *mais* [*le camphrier n'est plus là*]. (S. Audeguy, *La Théorie des nuages*)
>
> *alternative* → [*Cela vous suffit-il*] *ou* [*voulez-vous que je continue la liste*] ? (O. Rosenthal, *Puisque nous sommes vivants*)

● **La coordination peut comporter une corrélation marquée surtout par** *mais*, **entre les deux propositions, indiquant une addition ou un surenchérissement** (*non seulement ..., mais encore/aussi*), **une concession** (*sans doute/certes ..., mais*), etc.

> [*Certes nous ignorons la sensibilité particulière de chaque être*], *mais* [*d'habitude nous ne savons même pas que nous l'ignorons*]. (Proust)
>
> [*Et non seulement on ne retient pas tout de suite les œuvres vraiment rares*], *mais* [*même au sein de chacune de ces œuvres-là, et cela m'arriva pour la Sonate de Vinteuil, ce sont les parties les moins précieuses qu'on perçoit d'abord*]. (Proust)

3 Les propositions subordonnées

1 Les propositions subordonnées

Dans la phrase complexe, la subordination est une relation de dépendance entre une proposition dite *subordonnée* et une proposition dite *principale*, dans laquelle la subordonnée joue le rôle d'un constituant.

● **La subordonnée est le plus souvent reliée à la principale par un mot subordonnant comme *que*.**

> [*Fanny attend*] [*que Marius revienne*]./[*le retour de Marius*].
> La proposition subordonnée *que Marius revienne* joue le rôle du complément d'objet direct du verbe *attend*, au même titre que le groupe nominal *le retour de Marius*.

La proposition subordonnée n'est pas simplement placée à la suite de la principale : elle occupe la place d'un constituant de la principale dans laquelle elle est enchâssée (*dans l'exemple, l'objet suit le verbe*).

● **Plusieurs propositions subordonnées peuvent être enchâssées les unes dans les autres.**

> *Panisse ne comprend pas* [*que Fanny attende* [*que Marius revienne*]].

Mais l'accumulation des subordonnées, souvent pratiquée à l'écrit, n'est guère acceptable à l'oral, en raison des difficultés de compréhension qu'elle peut provoquer.

> *Je ne suis pas sûre que les spectateurs aperçoivent jamais le fond de l'affaire parce que les mots sont le feuillage bruissant où se dissimule la puissance, qui doit demeurer mon secret.* (B. Noël, *La Langue d'Anna*)

● **En principe, une proposition subordonnée est introduite par une conjonction de subordination (1), un pronom relatif (2) ou un mot interrogatif (3).**

> *Vous savez* [*que votre heure viendra*]. (1)
>
> *Elle écoute le bruit étrange* [*que fait le vent dans les structures métalliques*]. (J.M.G. Le Clézio) (2)
>
> *Je m'informe* [*si ses amis sont inscrits*]. (3)

Mais on rencontre aussi des propositions subordonnées à l'infinitif et au participe, sans mot subordonnant, qui comportent, comme toute proposition, un groupe nominal sujet et un groupe verbal.

> *J'entends* [*les oiseaux chanter*].
> [*L'ordre du jour étant épuisé*]*, le président lève la séance.*

Approfondissement

a. Parataxe* et hypotaxe*[1]

À la subordination (*hypotaxe*), on oppose la juxtaposition et la coordination (*parataxe*), dans lesquelles les propositions sont en relation d'indépendance réciproque et gardent leur autonomie syntaxique. Si l'une est supprimée, l'autre reste une phrase.

[[*J'entends la pluie*] [*qui* martèle le toit]] et [*je sens que*
                           subordination   coordination

ma vieille maison de négresse est sur le point de craquer]. (L. Gaudé, *Ouragan*)

b. Cumul des modes de composition

– Des propositions juxtaposées ou coordonnées peuvent elles-mêmes comporter des propositions subordonnées.

[*Ça se passait dans un lieu* [*qui* était loin]], [*mais* personne
      1ʳᵉ prop. principale   prop. sub. relative   2ᵉ prop. principale coordonnée par *mais*

n'aurait très exactement pu dire
[*d'où c'était, peut-être simplement loin de Villars-de-Lans*]].
           prop. sub. interrogative indirecte

(G. Perec, *W ou le Souvenir d'enfance*)

– Des propositions principales ou des propositions subordonnées peuvent elles-mêmes être associées, par juxtaposition ou par coordination, respectivement à des propositions principales ou subordonnées.

*Dans le port d'Amsterdam, y a des marins **qui** boivent, **et qui** boivent et reboivent, **et qui** reboivent encore [...]. **Enfin** ils boivent aux dames, **qui** leur donnent leur joli corps, **qui** leur donnent leur vertu* (J. Brel)

*...vous faites **comme s**'il n'était pas là, **ou comme si** ses mots n'étaient qu'une histoire incohérente racontée par un idiot...* (P. Jourde, *Le Maréchal absolu*)

c. L'insertion

Une proposition, nettement détachée par des pauses orales et des démarcations graphiques, est placée à l'intérieur d'une autre proposition. La proposition est dite :

▸ Les types de discours (**6.5**,3 p. 379)

– **incise*** si elle comporte un verbe déclaratif, qui indique qu'on rapporte des paroles ou des pensées (ce qui entraine en principe l'inversion de son sujet).

Celui que tu prends pour le larbin de Darnand, [*lui chuchotai-je avec une sorte de rage froide*]*, n'est autre que maître Échinard, huissier de son état.*
(L. Salvayre, *La Compagnie des spectres*)

Les maisons sont toujours les mêmes, [*ai-je pensé*]*, il n'y a de maison que la maison de mon père.* (J.-P. Goux, *La Maison forte*)

– **incidente*** si elle comporte un commentaire qui peut être suivi d'une subordonnée complétive.

---

1. La parataxe* (littéralement : « construction par juxtaposition », avec les éléments grecs *para*, « à côté de » et *taxis*, « placement »), s'oppose à l'hypotaxe* (littéralement : « construction par subordination », avec les éléments grecs *hypo*, « sous » et *taxis*, « placement »), relation de dépendance d'une proposition subordonnée par rapport à une proposition principale.

> Mon père savait, [j'en suis sûre], mais il n'en parlait pas.
> (L. Sebbar, *Je ne parle pas la langue de mon père*)
> → [Je suis sûre] que mon père savait.

L'insertion combine un mode de composition équivalant à la juxtaposition, mais la proposition insérée peut dépendre de celle où elle est placée, comme une subordonnée.

2 Les équivalences syntaxiques et le classement des subordonnées

● **Depuis le XIXe siècle, la grammaire scolaire a établi des équivalences fonctionnelles entre les propositions subordonnées et les classes de mots de la phrase simple. Ces équivalences sont le fondement de la trilogie des subordonnées.**

1. Les propositions subordonnées relatives sont considérées comme des propositions adjectives, puisqu'elles exercent les mêmes fonctions que les adjectifs épithètes, apposés ou attributs du complément d'objet direct.

▶ La PS relative (**5.2** p. 289)

> Anna a fait une rencontre qui l'a beaucoup surprise/étonnante.
> Claire, qui dormait/endormie, a manqué l'arrêt du train à Mulhouse.
> Clément voit le tram qui arrive/arrivant.

2. Les propositions subordonnées complétives fonctionnent comme des propositions substantives : elles peuvent occuper dans la phrase les fonctions du groupe nominal, en particulier celle de complément d'objet du verbe.

▶ La PS complétive (**5.3** p. 295)

> Cendrillon craint que minuit sonne./les douze coups de minuit.
> J'entends les oiseaux chanter./le chant des oiseaux.

3. Les propositions subordonnées circonstancielles jouent le rôle d'un complément circonstanciel exprimant le temps, la cause, etc.

▶ La PS circonstancielle (**5.4** p. 304)

> Il part avant que le soleil se lève./tôt.

● **Cependant, ces équivalences fonctionnelles ne sont pas complètes.**
– Certaines subordonnées relatives, justement appelées *substantives*, peuvent aussi jouer le rôle d'un groupe nominal.

> Qui vivra./Le survivant verra.

– Les catégories sémantiques des subordonnées circonstancielles ne correspondent pas toutes à celles des adverbes ou même des compléments circonstanciels : seules ces subordonnées peuvent être compléments de condition ou de conséquence.

> Il en vint à consulter *si* fréquemment l'horloge du préau […] [*qu*'il finit par demeurer là, se soutenant d'un poteau].
> (E. Cormann, *Le Testament de Vénus*)

Les modes de composition de la phrase complexe		
	Terme introducteur	**Type de relation entre les propositions**
juxtaposition	non	indépendance réciproque
Je faisais des signes de sémaphore, je roulais des yeux, je donnais des coups de menton… (A.-M. Garat, *Les mal famées*)		
coordination	oui	indépendance réciproque
La femme claqua des doigts et son visage se contracta dans une expression bourrue. (H. Troyat)		
subordination	oui ou non	+ dépendance
avec terme introducteur : *Dès que le petit était libre, il descendait jardiner avec mère et tante.* (Maupassant) sans terme introducteur : *Le père mort, les fils vous retournent le champ.* (La Fontaine)		
insertion	non	± dépendance
incise : *« Toi, tu sais écrire, m'ont-ils dit, tu as fait des études. »* (Ph. Claudel) incidente : *J'étais en panique, tu comprends, je ne voulais pas de toute cette nuit sans échappatoire.* (R. Jauffret, *Univers, univers*)		

CHAPITRE 2

La proposition subordonnée relative

1. Définition 289
2. Les subordonnées relatives adjectives 290
3. Les subordonnées relatives substantives 293

1 Définition

● **La proposition subordonnée relative est introduite par un pronom relatif** : *qui, que, quoi, dont, où, lequel* (et ses différentes formes, certaines obtenues par amalgame avec la préposition *à* ou *de* : *auquel, à laquelle, duquel, desquelles, etc.*).

● **La proposition relative dépend généralement d'un nom ou d'un pronom appartenant à une autre proposition et appelé** *antécédent**. **Étant une expansion du nom, elle est appelée** *relative adjective*.

● **Le pronom relatif occupe toujours une fonction dans la proposition relative** (sujet, COD, complément d'agent, etc.).

➤ Le pronom relatif (**3.4,** 7 p. 137)

[*Le jeune marquis allait épouser une femme*] [*qu'il adorait*] et [*dont il était aimé*].
  _____antécédent__ __p. relatif__   __p. relatif__
  ____proposition principale____   __2 prop. subordonnées relatives coordonnées__

(Voltaire)

→ Les deux propositions subordonnées relatives sont introduites par les pronoms relatifs *qu(e)* et *dont*, et ont pour antécédent *une femme*.
→ Le pronom relatif *qu(e)* est COD du verbe *adorait*, et le pronom relatif *dont* est complément d'agent du verbe passif *était aimé*.

● **La proposition relative peut aussi ne pas avoir d'antécédent et jouer le rôle d'un groupe nominal. Il s'agit dans ce cas d'une** *relative substantive*.

Envoyer chercher [*qui vous voudrez*]*, je ne paierai pas.* (Labiche)
→ La relative est COD de *chercher*.

② Les subordonnées relatives adjectives

① Sur le plan syntaxique

● Les propositions relatives adjectives, qui sont des expansions du nom, jouent le rôle d'un adjectif et ont les mêmes fonctions : épithète ou apposé[1].

J'aime les lilas [*qui* sont blancs]. = J'aime les lilas blancs.
     prop. relative épithète   adj. épithète

→ La proposition subordonnée relative *qui sont blancs* est épithète de l'antécédent les lilas.

Les lilas, [*qui* sont blancs], embaument le jardin.
           prop. relative apposée

→ La proposition subordonnée relative *qui sont blancs* est apposée à l'antécédent les lilas.

● Les propositions relatives adjectives (épithète ou apposé) sont compléments de leur antécédent qui peut être un groupe nominal déterminé (*les lilas*), ou un pronom personnel (*moi, toi, lui, elle, nous, vous, eux*), possessif (*le mien, le tien*, etc.), indéfini (*rien, quelqu'un*, etc.), etc.

Moi [*qui* l'aimais tant], Mon bel amour, mon amant de Saint-Jean, Il ne m'aime plus… (É. Piaf)
Harry est **quelqu'un** [*qui* vous veut du bien].

Le pronom relatif (**3.4**, 7 p. 137) ◄ ● Il ne faut pas confondre la fonction de la relative (complément de l'antécédent nominal) avec la fonction du pronom relatif. Ce dernier, à l'intérieur de la relative, peut être sujet (*qui*), complément d'objet direct ou attribut (*que*), etc.

L'existence du zéro, comme entité mathématique et après l'éblouissante démonstration [*qu*'en avait faite Abdul Ali Ashar], ne pouvait désormais plus être mise en doute. (A. Nadaud, *Archéologie du zéro*)
→ La proposition subordonnée relative est épithète, complément de l'antécédent l'éblouissante démonstration.
Le pronom relatif *qu'* est COD du verbe avait faite.

Cette expérience du mot [*qu'*on sait] et [*dont* on est sevré] est l'expérience [*où* l'oubli de l'humanité [*qui* est en nous] agresse].
(P. Quignard, *Le Nom sur le bout de la langue*)
→ *qu'on sait* et *dont on est sevré* sont compléments de l'antécédent du mot.
Le pronom relatif *qu'* est COD de sait et *dont* est complément de est sevré.

infra ◄
Approfondissement (p. 292)

1. Les relatives prédicatives sont attribut du COD.

→ *où l'oubli de l'humanité qui est en nous agresse* est complément de l'antécédent *l'expérience*.
Le pronom relatif *où* est complément circonstanciel de lieu (figuré).
→ *qui est en nous* est complément de l'antécédent *l'humanité*.
Le pronom relatif *qui* est sujet de *agresse*.

Remarque : la subordonnée qui suit un nom, relié par la forme et/ou le sens à un verbe (*certitude, conviction, crainte, espoir, fait, nouvelle, opinion, preuve, sentiment,* etc.), est une subordonnée complétive qui a pour fonction *complément du nom*. Le mot *qu(e)* qui l'introduit est la conjonction de subordination, et non le pronom relatif puisqu'il ne représente aucun nom.

> La PS complétive (**5.3** p. 295)

L'espoir [*qu'elle guérira*] *me soutient.* = J'espère qu'elle guérira.
On a donné la preuve [*que l'accusé est innocent*]. = On a prouvé que l'accusé est innocent.

2 Sur le plan sémantique

D'un point de vue sémantique, on distingue la proposition relative déterminative et la proposition relative explicative.

● **La proposition relative est déterminative (ou restrictive) quand elle est nécessaire pour identifier exactement son antécédent. Elle ne peut pas être supprimée sans que le sens de la phrase en soit altéré.** La relative déterminative est épithète et n'est jamais séparée de l'antécédent par une virgule.

J'entends les slogans des manifestants [*qui défilent sous ma fenêtre*].
→ La relative est déterminative car elle permet l'identification de l'antécédent *des manifestants* en restreignant son extension : non pas « tous les manifestants » (où qu'ils soient), mais seulement « ceux qui défilent sous ma fenêtre ».
→ Si on supprime cette relative, la phrase reste correcte *J'entends les slogans des manifestants.*, mais on modifie le sens de son antécédent : ce sont « tous les manifestants » (sans restriction).

Outre l'impossibilité de la suppression, on peut reconnaître la relative déterminative en reprenant son antécédent par un pronom démonstratif.

J'entends les slogans des manifestants, **ceux** *qui défilent sous ma fenêtre.*

● **La proposition relative est explicative (ou appositive) quand elle apporte simplement un commentaire, une explication, sans contribuer à l'identification de son antécédent. Elle peut être supprimée sans que cela modifie le sens de son antécédent.** La relative explicative est le plus souvent apposée, elle peut être séparée de l'antécédent par une virgule.

Il visite Marseille, [*où le MuCEM attire beaucoup de touristes*].
Elle retrouva son père, [*qu'elle avait perdu de vue depuis son enfance*].

– La détermination du nom est suffisante, sans la relative, avec un déterminant possessif ou un nom propre antécédent :

Elle retrouva son père. – Il visite Marseille.

– On peut aussi transformer la phrase complexe en deux phrases indépendantes juxtaposées.

Elle retrouva son père ; elle l'avait perdu de vue depuis son enfance.
Il visite Marseille ; le MuCEM attire beaucoup de touristes à Marseille.

– Souvent, la relative explicative porte différentes valeurs circonstancielles (temps, cause, condition, etc.), identifiées à partir de ses relations avec la proposition principale.

Approfondissement : les relatives prédicatives (ou attributives[2]).

Certaines relatives ne jouent cependant pas le rôle d'un adjectif épithète ou apposé. Elles ont la fonction d'un adjectif attribut de l'objet direct.

*Je l'ai vu [**qui** souriait]. = Je l'ai vu **content**.*

Ces relatives, introduites par le pronom relatif *qui*, ne peuvent pas être supprimées, elles apportent une information essentielle. On les rencontre :
– après des verbes de perception comme *voir, entendre, regarder, sentir* ou *trouver*.

*J'entends sa voiture [**qui** démarre].*

*En me réveillant le lendemain matin, j'entre dans la cuisine pieds nus et vois une chose que je n'ai encore jamais vue, mon père [**qui** pleure]. (N. Huston)*

– après les présentatifs *voici, voilà, c'est, il y a*.

*Voilà sa voiture [**qui** démarre]. – Il y a le rôti [**qui** brule].*

La distinction entre relatives adjectives épithètes ou apposées et relatives prédicatives est parfois difficile hors du contexte : *J'entends sa voiture [**qui** démarre]*. La relative peut être interprétée comme une épithète faisant partie du GN objet (*J'entends sa voiture ; celle-ci démarre*.) ou bien comme attribut, extérieure au GN COD, c'est-à-dire comme relative prédicative (*J'entends sa voiture démarrer/que sa voiture démarre*).

3 Le mode dans les relatives adjectives

supra Exemples ◄
L'emploi ◄
des modes
(**3.5**, 5 p. 156)

● **L'indicatif est le mode le plus courant mais le subjonctif peut se rencontrer dans certaines relatives adjectives déterminatives :**
– si l'antécédent comporte un superlatif ou un adjectif comme *seul, premier, dernier*.

*Federer est le plus grand champion [que je **connaisse**].*
*Je vais continuer d'écrire sur ma mère. Elle est la seule femme [qui **ait** vraiment **compté** pour moi]. (A. Ernaux)*

---

2. On appelle ces relatives *prédicatives*, parce qu'elles font partie du prédicat*, ou bien *attributives* à cause de leur fonction.

LA PROPOSITION SUBORDONNÉE RELATIVE

– si la proposition principale dont dépend la relative implique une idée de possibilité ou de doute.

> Je cherche un restaurant [qui **soit** végétarien].

- **L'infinitif est également utilisé après certains verbes** comme *chercher*, *avoir besoin de*, *falloir*, etc. si le sujet de la principale et celui de la subordonnée sont identiques. On peut généralement ajouter le verbe *pouvoir* dans la relative.

▶ L'emploi des modes (**3.5**,5 p. 174)

> Il cherchait une main à quoi **s'accrocher**. (Cl. Farrère)
> = Il cherchait une main à quoi il puisse s'accrocher.

3 Les subordonnées relatives substantives : sans antécédent

Les propositions subordonnées relatives substantives n'ont pas d'antécédent. Elles sont dites *substantives* parce qu'elles équivalent à un groupe nominal dont elles peuvent exercer toutes les fonctions.

- **Les relatives substantives simples introduites par le relatif seul :**
– le pronom relatif *qui* (ou sa variante *quiconque*), notamment dans les proverbes, les maximes.

> [*Qui* veut voyager loin] ménage sa monture.
> [*Qui* sauve le loup] tue les brebis. (V. Hugo)
> La proposition relative est sujet du verbe de la principale. Elle joue le rôle d'un groupe nominal (= le voyageur, le sauveur).

> Il ne s'agit pas pour lui de démontrer son innocence avec l'adresse de [*qui* s'adresse au monde]. (B. Leclair, *L'invraisemblable histoire de Georges Pessant*)
> La relative est complément du nom adresse, auquel elle est reliée par la préposition de.

– le pronom relatif *quoi* obligatoirement précédé d'une préposition.

> Voilà donc [à *quoi* me sert la médecine]. (G. Duhamel)
> La relative est complément du présentatif voilà. Le pronom quoi est COI de sert.

– le pronom relatif *où*.

> Va [*où* le vent te mène]. (A. Branduardi)
> La relative est complément essentiel du verbe va.

- **Les relatives périphrastiques* introduites par une locution constituée d'un pronom démonstratif simple ou d'un adverbe (*là*) + un pronom relatif (*que*, *qui*)** : ce qui, ce que, celui qui, celui que, celle qui, ceux que, là où, etc.

> Malheureusement notre complaisante obstination à ne pas voir le défaut de notre ami est surpassée par **celle qu'**il met à s'y adonner à cause de son aveuglement ou de **celui qu'**il prête aux autres. (Proust)

293

> *... **Ceux qui** sont vieux dans le pays le plus tôt sont levés.* (Saint-John Perse)
>
> *Le jeune Russe avait voulu être léger comme Dorat, **là où** il eût fallu être simple et intelligible.* (Stendhal)
>
> *On ne renonce pas à **ce qui** a fait de vous **ce que** vous êtes, sauf à renoncer à **ce qu'**on est, et ce n'est pas une pensée commode d'avoir à aimer **ce qu'**on est, quand **ce qu'**on est vous vient de **ce qu'**on n'aime pas tout entier.*
> (J.-P. Goux, *La Maison forte*)

Remarque : devant les relatives substantives introduites par le pronom relatif seul, on peut souvent ajouter un pronom démonstratif simple.

> [***Qui** sauve le loup*] *tue les brebis.* = ***Celui qui** sauve le loup...*

Approfondissement

a. Les relatives constituant une expression concessive

Les subordonnées de concession (**5.4**, 5 p. 308)

Certaines relatives, de sens concessif, se trouvent parfois confondues avec les subordonnées circonstancielles concessives. Ces propositions, qui sont toujours au subjonctif, sont introduites par le pronom *que* dans quelques structures :
– *quel + que* (1) ou *si, aussi, quelque, tout, pour* + [adverbe/adjectif] + *que* (2).

> *Ils contrôlent, la même peur se lit sur tous les visages et dans tous les pays,* [***quel que** soit le régime*], *quand la police demande les papiers.* (1)
> (C. Wajsbrot, *Beaune-la-Rolande*)
>
> [***Quelque** haut **qu'**on puisse remonter pour rechercher dans les histoires les exemples des grandes mutations*], *on trouve que jusques ici elles sont causées ou par la mollesse, ou par la violence des princes.* (2) (Bossuet)
>
> *Ce corps contre son corps,* [***aussi** léger **qu'**il fût*], *l'empêchait de respirer.* (2) (Mauriac)

– *quelque* (déterminant) + nom + *que*.

> [***Quelques** puissants appas **que**] possède Amarante,*
> *Je trouve qu'après tout ce n'est qu'une suivante ;* (Corneille)

– *quoi + que*, notamment avec les verbes comme *penser, dire* et *faire*.

> *Nous en étions là, à continuer* [***quoi qu'***il en soit*] *de vivre, seule réponse envisagée.* (M. Riboulet, *L'Amant des Morts*)

b. Les relatives imbriquées

Une complétive peut être enchâssée dans une relative.

```
                        PS relative adjective
                              PS complétive
[Nous allons voir un film] [dont je sais [que tu aimes l'actrice principale]].
                                          COD de sais
```

Le pronom relatif *dont* a une fonction non dans la relative qu'il introduit, mais dans la complétive (complément du nom *actrice* du GN COD de *aimes*) qui y est enchâssée et qui est COD du verbe *sais* de la relative.
= *Nous allons voir un film dont (je sais que) tu aimes l'actrice principale.*

CHAPITRE 3

La proposition subordonnée complétive

1. Définition 295
2. Les subordonnées complétives introduites
   par la conjonction *que* 296
3. Les subordonnées complétives interrogatives indirectes . . 299
4. Les constructions infinitives ; la proposition
   subordonnée infinitive 302

1 Définition

● **La proposition subordonnée complétive équivaut à un groupe nominal**, dont elle assure les différentes fonctions :
– principalement de **complément du verbe (COD, COI)** (d'où son nom de complétive) ;
– parfois de **sujet** ;
– plus rarement de **complément de nom ou d'adjectif**.
En général, on peut substituer un groupe nominal à une subordonnée complétive.

    Paul attend [*que Virginie revienne*]. = *Paul attend le retour de Virginie.*

Remarque : l'appellation de *complétive* n'est pas à prendre au pied de la lettre, puisque cette subordonnée n'assure pas seulement une fonction de complément, et que toute subordonnée complément n'est pas une complétive (une subordonnée circonstancielle par exemple).

● **Selon la structure de la subordonnée** (mot introducteur, mode, etc.), on distingue plusieurs sortes de complétives :
– les **subordonnées complétives conjonctives**, introduites par la conjonction *que* ;

– les subordonnées complétives interrogatives indirectes, introduites par des termes interrogatifs.
On ajoute les constructions infinitives, qui ne sont introduites par aucun mot subordonnant, mais qui présentent des équivalences avec les complétives.

❷ Les subordonnées complétives introduites par la conjonction *que*

● Les subordonnées complétives sont dites conjonctives parce qu'elles sont introduites par la conjonction *que* ou une variante prépositionnelle *à ce que, de ce que*.

La conjonction *que* n'a aucune fonction dans la complétive, contrairement au pronom relatif *que*.

La PS relative ◀
(5.2 p. 289)

> Je lui avais dit [*que* j'étais sûr [*que* ce type habitait la rue]].
> (P. Modiano, *Dans le café de la jeunesse perdue*)

Généralement, l'ordre des mots dans la complétive est l'ordre canonique de la phrase française : sujet-verbe-complément.

■ Les fonctions des subordonnées complétives

Les fonctions ◀
grammaticales
(4.2 p. 221)

Les subordonnées complétives peuvent exercer différentes fonctions dans la phrase complexe.

● **La fonction complément d'objet est la plus fréquente.**

> Tout le monde sait [*que* la Terre tourne autour du soleil].
> Je crains [*que* le voilier n'arrive pas au port avant la marée basse].

Les ◀
compléments
liés au verbe
(4.2,3 p. 231)

Le test du remplacement par le pronom personnel *le* permet de vérifier la fonction Complément d'Objet Direct : *Tout le monde le sait. – Je le crains.*

– **La complétive introduite par *que* est Complément d'Objet Direct (COD) du verbe de la principale** : verbe déclaratif (*dire, déclarer, raconter, etc.*) ou verbe exprimant un jugement ou une opinion (*penser, croire, juger, trouver, savoir, etc.*), un sentiment (*craindre, espérer, regretter, etc.*), une volonté (*vouloir, ordonner, désirer, etc.*).

> L'homme sait [*qu'*il n'est que l'homme]. (J. Rostand)
>
> Un homme ne veut pas croire [*qu'*il soit orgueilleux, ni lâche, ni paresseux, ni emporté] : il veut croire [*qu'*il a raison]. (Bossuet)

Tous les verbes suivis d'un GN objet ne peuvent pas être suivis d'une complétive (*parler, connaitre, chercher, etc.*).

LA PROPOSITION SUBORDONNÉE COMPLÉTIVE 3

– **La complétive introduite par (à) ce que, (de) ce que est Complément d'Objet Indirect (COI) du verbe de la principale.**

> *La vieille bonne [...] s'excusa [de ce que le dîner n'était pas prêt].*
> (G. Flaubert) *(PS complétive COI)*
> = *Elle s'excusa du retard du dîner. (GPrép. COI)*

> *Elle veille [à ce que son jardin soit bien entretenu]. (PS complétive COI)*
> = *Elle veille au bon entretien de son jardin. (GPrép. COI)*

On identifie la fonction COI en remplaçant la complétive par *en* ou *y*.

> *Elle s'en excusa. – Elle y veille.*

▶ Les compléments liés au verbe (**4.2**,3 p. 232)

Comment distinguer une subordonnée complétive introduite par *ce que* et une relative périphrastique ?

La locution **ce que** peut introduire une complétive (1) ou une relative périphrastique*. (2)

> *Je me réjouis [de ce qu'elle revienne]. (1)*
> *Je me réjouis [de ce qu'elle a dit]. (2)*

En (1), *qu'* n'a aucune fonction dans la proposition qu'il introduit et n'a pas d'antécédent dans la principale. Le verbe de la principale *réjouis* peut être remplacé par un verbe demandant un COD, faisant ainsi disparaitre *ce* devant *qu'* : *Je regrette qu'elle revienne.*
En (2), *qu'* a une fonction dans la proposition qu'il introduit : il est COD du verbe *a dit* et a pour antécédent *ce*.

▶ Les relatives périphrastiques (**5.2**,3 p. 293)

● **La fonction sujet de la complétive est plus rare.**

> [*Que des vérités si simples soient dites et répétées*] *n'est certainement pas inutile.* (G. Duhamel)

Le plus souvent, la subordonnée sujet placée en tête de la phrase est reprise par un des pronoms démonstratifs neutres *ce, cela*.

> *Cela n'est certainement pas inutile.*

▶ La forme emphatique (**4.4**,5 p. 269)

Remarque : les complétives peuvent être des suites de formes impersonnelles.
– Certaines complètent des verbes ou des locutions verbales impersonnelles (*il faut, il arrive, il semble, il est question, etc.*) : *Il faut* [*que je m'en aille*]. (G. Allwright)
– D'autres complètent la construction verbale *il est* + adjectif (*possible, probable, bon, mauvais, utile, nécessaire, juste, etc.*) :

▶ La forme impersonnelle (**4.4**,4 p. 267)

> [...] *il est vrai* [*que vers le soir les murs perdent de leur pesanteur*].
> (M. Desbiolles, *Le Petit col des loups*)

● **La complétive peut être complément de nom ou d'adjectif.**
– **Des noms** qui correspondent par la forme et/ou par le sens à des verbes (*idée, crainte, souhait, espoir, etc.*) ou à des adjectifs (*certitude, possibilité, etc.*) peuvent être suivis d'une complétive.

> *Elle garde l'espoir* [*que Luke reprendra le combat contre le premier ordre*].

297

Je n'aurais sans doute jamais dû me trouver là, la probabilité [*que* je me rende aux courses ce jour-là à Tokyo] était infime... (J.-Ph. Toussaint, *La Vérité sur Marie*)

– **Des adjectifs** exprimant un jugement ou un sentiment (*heureux, fier, content, triste, inquiet, etc.*) peuvent être suivis d'une complétive.

Je suis heureux [*que* Clément ait réussi le baccalauréat] et je suis sûr [*que* Julien le réussira aussi].

Mais quand même ils sont contents [*que* tout soit terminé].
(L. Mauvignier, *Des hommes*)

● **Plus rarement, la complétive peut être attribut du sujet** (ce dernier comporte des noms qui peuvent être aussi suivis d'une complétive).

Mon avis est [*que vous avez raison*]. – Mon souhait est [*que* vous réussissiez].

L'intention de mon père [...], était [*que* je parcourusse les pays les plus remarquables de l'Europe]. (Constant)

2 Le mode dans les subordonnées complétives

*Les emplois du subjonctif (**3.5**, 5 p. 166)*

Le verbe de la complétive étant à un mode personnel, le choix de l'indicatif ou du subjonctif dépend de la fonction de la subordonnée.

● **Dans la subordonnée complément d'objet (COD ou COI), le mode dépend du verbe de la principale.**

– **Au subjonctif :** après le verbe de la principale exprimant une volonté ou un sentiment, le verbe de la complétive se met au subjonctif.

Daniel se plaint [*que* cet enfant soit difficile]. (Martin du Gard)
Je veux/demande/crains/souhaite/regrette [*que* Camille vienne].

– **À l'indicatif :** après des verbes affirmant l'existence d'un fait comme *affirmer, déclarer, dire, penser, croire, espérer, décider, etc.*, le verbe de la complétive se met à l'indicatif.

Je pense, crois, espère [*qu'il* viendra].
Il se trouve [*que*, moi, je me tais depuis dix ans]. (Cocteau)

– **Les deux modes :** après le verbe *sembler*, les deux modes sont possibles, le subjonctif mettant l'accent sur l'interprétation de l'action subordonnée.

Il semblait bien [*que* c'était surtout la haine qui faisait parler Françoise]. (Proust)
Il semblait [*que* les forces révolutionnaires dussent triompher]. (Sartre)

*Les emplois du subjonctif (**3.5**, 5 p. 168)*

Le choix du mode peut aussi être déterminé par la structure de la proposition principale avec *croire* et *penser* (*Je ne pense pas que* ce petit ait jamais été puni. – A. Gide) ou par la polysémie* du verbe (*dire, écrire, demander, etc.*).

● **Dans la subordonnée complément d'un nom ou d'un adjectif, le mode dépend du sens du nom ou de l'adjectif.** Comme pour les verbes, les noms ou les adjectifs de la principale exprimant un sentiment ou une volonté appellent le subjonctif dans la subordonnée.

> Hugues est content [*que* le printemps <u>revienne</u>].

● **Dans la subordonnée complétive sujet, le mode est généralement le subjonctif.**

> [*Que* des vérités si simples <u>soient</u> dites et répétées], *n'est certainement pas inutile.* (G. Duhamel)

③ Les subordonnées interrogatives indirectes

● **La subordonnée interrogative indirecte correspond au type de phrase interrogative.** La subordination supprime l'intonation et la ponctuation spécifique de ce type de phrase.

▶ Les types de phrases (**4.3**,3 p. 255)

● **Cette subordonnée est complément d'objet direct d'un verbe** et constitue une sous-classe des complétives.

> Elle se demande [*si* demain il fera beau].

● **Cette subordonnée se caractérise par des mots introducteurs spécifiques,** qui sont en grande partie les mêmes que dans les phrases interrogatives. **Elle est introduite par la conjonction *si*, un pronom ou un adverbe interrogatif (*où, qui, quand, comment*, etc.) et elle est porteuse d'une interrogation implicite ou explicite selon le verbe dont elle dépend.**

> Cette fois, il maugréa et <u>se demanda</u> [*s*'il n'avait pas perdu la raison, tout du moins une partie]. (É. Faye, *Le Général Solitude*)
> <u>Dis</u>-moi [*qui* tu hantes], je te dirai qui tu es. (Rabelais)

● **Verbes principaux dont dépend la subordonnée interrogative indirecte**

Les verbes principaux (environ 80) signifient tous « l'incapacité où est le locuteur d'attribuer à cette proposition la valeur "vrai" ou la valeur "faux"[1] ». Ce sont :
– des verbes de connaissance affirmant l'ignorance ou l'impliquant (*ne pas savoir, ignorer, s'inquiéter, vérifier ; se demander, chercher à savoir ; hésiter, douter*).

---

1. TLFi, article *si*, conjonction, III. Les exemples signés des verbes qui suivent sont tirés de cet article.

> *Elle <u>ignore</u>/<u>ne sait pas</u>/<u>se demande</u> [si demain il fera beau].*
>
> *Il m'était impossible de <u>deviner</u>, entre tant d'autres paroles, [si sous celle-là un mensonge était caché]. (Proust)*
>
> *Longtemps j'ai pu <u>douter</u> [si Proust ne jouait pas un peu de sa maladie pour protéger son travail]. (Gide)*

Remarque : dans son sens déclaratif, *savoir* est suivi d'une complétive conjonctive (*Je sais que tu as raison.*) ; la négation suspend l'assertion et demande l'emploi d'une subordonnée interrogative (*Je ne sais pas si tu as raison*).

– des verbes exprimant une demande d'information : *demander, s'informer, dire.*

> *Le prince [...] lui <u>demanda</u> [comment allaient les affaires de la Hongrie, ce qu'entreprenait le roi, s'il était encore en paix avec les infidèles, ou si la guerre avait recommencé]. (Montalembert)*

– des verbes servant à interpeller l'interlocuteur pour le contredire : *regarder, voir.*

> LA TÊTE. — *Trop tard, Auguste !...*
> AUGUSTE. — *Tu vas voir si c'est trop tard, Ondine !* (J. Giraudoux)

● **Structures des interrogatives indirectes**

◄ Le type interrogatif (**4.3**,3 p. 256)

La subordonnée interrogative indirecte est la transposition d'une phrase interrogative directe qui devient complément d'objet d'un verbe principal. On retrouve la distinction entre l'interrogation totale et l'interrogation partielle, mais sans possibilité d'inversion du sujet (les constituants de la subordonnée suivent l'ordre de la phrase déclarative, sauf avec *où* et *quand*).

◄ Les subordonnées de condition (**5.4**,6 p. 309)

1. L'interrogation totale est obligatoirement introduite par *si* (distinct de *si* conditionnel), considéré comme une conjonction.

> *Mais je ne sais plus [si j'ai assisté à la scène], ou [si on me l'a seulement racontée]. (A. Robbe-Grillet, Le Miroir qui revient)*
>
> *Il se demande un instant [si cette tempête est un grand courroux des éléments ou un éclat de rire du ciel]. (L. Gaudé, Ouragan)*

2. L'interrogation partielle est introduite par les mêmes mots interrogatifs que l'interrogation directe, à une exception près (*que* devient *ce qui, ce que*).

> *Je ne sais pas, je ne saurai jamais s'il se demandait [ce que ses enfants auraient aimé entendre de l'autre histoire].*
> (L. Sebbar, *Je ne parle pas la langue de mon père*)
>
> *Il ne voit pas [pourquoi on les (sc. les saints) aurait comme ça fresqués de chaque côté de la porte, le portail]. (C. Gailly, Be-Bop)*

LA PROPOSITION SUBORDONNÉE COMPLÉTIVE

Interrogation partielle portant sur :	Mot interrogatif	Exemples : phrases interrogatives indirectes COD d'un verbe de la principale
le sujet, l'objet ou l'attribut (humains)	qui	*Je me demande [qui a cassé ce vase]. (sujet)* *Je me demande [qui tu es]. (attribut)* *Dis-moi [qui tu as rencontré]. (objet)*
le sujet, l'objet ou l'attribut (non animés)	ce qui	*J'ignore [ce qui s'est passé]. (pronom sujet)*
	ce que	*Je me demande [ce que tu fabriques]. (pronom objet)* *Je me demande [ce que tu deviens]. (pronom attribut)*
l'attribut	quel	*Dis-moi [quel est ton nom].*
les circonstances	quand	*Je ne sais pas [quand passera le prochain tram].*
	où	*J'ignore [où va ce train].*
	pourquoi	*Je me demande [pourquoi tu as fait cela].*
	comment	*Elle ne sait plus [comment elle s'appelle].*

Comment distinguer : *ce qui*/*ce que* introduisant une interrogative indirecte ou une relative périphrastique ?

Les termes *ce qui* et *ce que* sont les mêmes que ceux qui introduisent une relative périphrastique*. Quand la subordonnée est complément d'objet du verbe principal, il peut être difficile de distinguer la relative périphrastique et l'interrogation indirecte.

▶ Les relatives périphrastiques (**5.2**,3 p. 293)

J'admire [ce que tu fais]. ≠ *Je ne sais pas/Je me demande [ce que tu fais].*

Test 1 : examiner le sens du verbe principal. S'il implique une demande d'information (*Je me demande...*) ou une ignorance (*Je ne sais pas...*), il est suivi d'une interrogative indirecte.
Test 2 : rétablir deux phrases indépendantes. Si la seconde phrase est une interrogation directe, la subordonnée est une interrogative indirecte.

Je me demande cela : que fais-tu ?

● **Mode du verbe : la subordonnée interrogative indirecte est le plus souvent à l'indicatif, comme une phrase indépendante.** Dans certains cas, elle peut être à l'infinitif quand son sujet, non exprimé, est identique à celui de la principale et qu'elle exprime une éventualité.

Il ne savait [que dire à cette enfant désolée]. (Maupassant)

Approfondissement

La subordonnée exclamative indirecte, à distinguer de l'interrogative indirecte, est une phrase exclamative transposée en une subordonnée complément d'objet d'un verbe principal.

> *Regarde [**comme** ce coucher de soleil sur la mer est splendide].*

La liste des verbes qui introduisent une exclamative indirecte est très restreinte. On peut y ajouter des expressions attributives comme *c'est étonnant, effrayant* :

> *C'est étonnant [**comme** il est maigre].*

Les termes qui introduisent une subordonnée exclamative sont les mêmes que ceux de la phrase exclamative indépendante (*comme, combien, quel,* etc.), à l'exception de *que*.

> *Mais on verra [**combien** certaines impressions fugitives et fortuites ramènent bien mieux encore vers le passé].* (Proust)

> *Vous vous rappelez [**comme** notre inspecteur de la littérature scientifique avait son mot à dire sur la marche du monde].* (J. Rouaud, *L'Imitation du bonheur*)

Les constructions infinitives ; la proposition subordonnée infinitive

La tradition scolaire a inventé la proposition subordonnée infinitive en français, sur le modèle du latin où cette structure est très fréquente, sans mot subordonnant.

● **On parle de subordonnée infinitive à deux conditions :**
– la construction comportant un verbe à l'infinitif constitue une proposition complète, avec un groupe sujet et un groupe verbal ; l'infinitif a un sujet propre, différent de celui du verbe principal ;
– cette proposition est complément d'objet d'un verbe de perception (*sentir, voir, entendre,* etc.)[2].

> *Je vois [**mes honneurs croître**] et [**tomber mon crédit**].* (Racine)

> *Année après année, j'ai vu [**les bananiers partir** à l'assaut des immortels].* (M. Condé, *Traversée de la mangrove*)

> *[...] on vit on souffre on pleure, on voit [**ses enfants pleurer**], on voit [**ses enfants souffrir**], on voit [**ses parents vieillir tomber** ne plus **se relever** parce qu'ils n'en ont plus envie]...* (M. Winckler, *La Maladie de Sachs*)

Remarques :
a. **Place du sujet** : quand le verbe à l'infinitif n'a pas d'objet, son sujet peut se placer librement avant ou après.

Les auxiliaires ◄
(**3.5**,4 p. 154)

2. À cette liste de verbes, la tradition ajoutait *faire* et *laisser* : *Elle le fait chanter. – Il la laisse partir.* En fait, ces deux verbes sont des auxiliaires, au même titre que *pouvoir* et *devoir*.

LA PROPOSITION SUBORDONNÉE COMPLÉTIVE

*J'entends [**chanter** les oiseaux]. = J'entends les oiseaux **chanter**.*
*Je vois [des nuages **passer**]. = Je vois **passer** des nuages.*

b. Équivalences : les propositions subordonnées infinitives complément d'un verbe de perception peuvent être remplacées par des complétives conjonctives.

J'entends [que les oiseaux chantent]. – Je vois [que des nuages passent].

Cette structure est également concurrencée par les relatives prédicatives, qui sont attributs du groupe nominal COD, mettant en valeur la perception de son référent.

▶ Les relatives prédicatives (**5.2**, 2 p. 292)

J'entends [les oiseaux qui chantent]. – Je vois [des nuages qui passent].

Approfondissement

Les constructions infinitives, où l'infinitif n'a pas de sujet propre, ne sont pas des propositions, puisqu'elles ne contiennent qu'un seul groupe verbal. Dans beaucoup de cas, le groupe infinitif peut s'analyser comme la réduction d'une complétive conjonctive, par effacement du sujet, en particulier quand il est complément d'objet du verbe principal.

▶ Les temps de l'infinitif (**3.5**, 5 p. 174)

*J'espère/je pense **venir**. = J'espère/je pense que je viendrai.*

Avec beaucoup de verbes, quand le sujet de l'infinitif est le même que celui du verbe principal, la complétive conjonctive est interdite et seul l'infinitif est possible.

*Je souhaite/désire/veux **venir**. = ☹ Je souhaite/désire/veux que je vienne.*

Dans certains cas, le sujet de l'infinitif est complément du verbe principal.

*J'ai demandé à Pierre de **corriger** son devoir.*

Cette construction ne correspond pas non plus à une proposition, puisque le sujet de l'infinitif a une fonction dans la proposition principale.

CHAPITRE 4

La proposition subordonnée circonstancielle

1. Définition 304
2. Les subordonnées circonstancielles de temps 305
3. Les subordonnées circonstancielles de cause 307
4. Les subordonnées circonstancielles de but 307
5. Les subordonnées circonstancielles d'opposition, de concession. 308
6. Les subordonnées circonstancielles de condition 309
7. Les systèmes corrélatifs : conséquence, comparaison ... 310
8. Les autres subordonnées ; les subordonnées participiales .. 312

1 Définition

● **Les propositions subordonnées circonstancielles remplissent une fonction de complément circonstanciel** en apportant des précisions sur sept circonstances principales de l'action : le temps, la cause, le but, la conséquence, la concession, la condition, la comparaison. D'autres valeurs circonstancielles sont possibles.

La subordination ◄
(**5.1**,3 p. 285)

● **Elles sont introduites par une conjonction de subordination** (*quand, si, comme, etc.*) **ou une locution conjonctive** (*parce que, dès que, aussitôt que, bien que, etc.*). Ces conjonctions ou locutions n'ont pas de fonction dans la proposition subordonnée, mais elles possèdent un contenu sémantique. Syntaxiquement, ces subordonnées sont équivalentes à un groupe prépositionnel complément circonstanciel dans la phrase simple.

[*Quand nous rentrions*], *le soleil ne se couchait pas encore.* (Proust)
  prop. sub. circonstancielle   prop. principale

LA PROPOSITION SUBORDONNÉE CIRCONSTANCIELLE

- **Comme les compléments circonstanciels de la phrase simple, certaines subordonnées circonstancielles sont mobiles,** notamment des temporelles (*quand*), des causales (*parce que*), des subordonnées de but (*pour que*) et de concession (*bien que*).
Certaines ont une place fixe à la fin de la proposition principale, en particulier les subordonnées de conséquence et de comparaison, qui sont en corrélation* avec un terme de la principale.

> ▶ Le complément circonstanciel (**4.2**, 4 p. 239)

  Elle était si jolie [que je n'osais l'aimer]. (A. Barrière)

> ▶ *infra* 7 (p. 310)

- **Le choix du mode (indicatif ou subjonctif) est principalement déterminé par le sémantisme de la subordonnée.**

- **La subordonnée participiale, sans mot subordonnant, représente un type particulier** qui exprime diverses nuances circonstancielles, principalement le temps ou la cause.

> ▶ *infra* 8 (p. 312)

2 Les subordonnées circonstancielles de temps

- **La subordonnée de temps indique un rapport chronologique entre la principale et la subordonnée. Elle est introduite par des conjonctions** (*comme, quand*) **ou des locutions conjonctives** (*après que, avant que, depuis que, dès que, pendant que*).

– **Dans la subordonnée introduite par *quand* ou *lorsque*** : le jeu des temps du verbe précise le rapport chronologique entre la principale et la subordonnée.

  [*Quand je rentre à Saigon*], *je suis en voyage*, [*surtout quand je prends le car*]. (M. Duras, *L'Amant*)

  [*Quand elle désirait écrire, autrefois, dans sa chambre d'étudiante*], *elle espérait trouver un langage inconnu qui dévoilerait des choses mystérieuses, à la manière d'une voyante*. (A. Ernaux, *Les Années*)

  [*Lorsque j'ai commencé à passer mes après-midi dans la salle de bain*], *je ne comptais pas m'y installer ; …* (J.-Ph. Toussaint, *La Salle de bain*)

– **Simultanéité** : l'action de la subordonnée se déroule en même temps que celle de la principale. La subordonnée est introduite par *pendant que*. La conjonction peut prendre une nuance d'opposition (*alors que, tandis que*) ou de cause (*comme*), ou encore impliquer une durée (*tant que, aussi longtemps que*) ou une répétition (*chaque fois que, toutes les fois que*).

[*Et pendant que* M. Seurel écrit au tableau l'énoncé des problèmes], *un silence imparfait s'établit, mêlé de conversations à voix basse.* (Alain-Fournier)

[*Tandis qu*'ils s'avançaient dans la rue Ordener], *elle s'aperçut que la mine de l'enfant devenait soucieuse.* (J. Romains)

– **Succession** : l'action de la subordonnée se déroule avant ou après celle de la principale. La subordonnée est introduite par une locution conjonctive : *avant que, après que, dès que, aussitôt que, en attendant que, jusqu'à ce que,* etc.

Les bêlements, les lamentations des agneaux, l'aboi injurieux des chiens montent des bas-fonds vers le col, [*avant qu*'on ait vu le troupeau]. (H. Bosco)

On entendit la voix très calme, auguste même, de M. Nadaud, qui criait encore [*après que les rires enfin s'étaient tus*]. (A. Gide)

[*Dès que le petit était libre*], *il descendait jardiner avec mère et tante.* (Maupassant)

<u>Remarque</u> : la structure *à peine ... que* marque la subordination inverse, dans une succession rapide des actions. C'est un cas de discordance entre la syntaxe et la sémantique, car la proposition principale exprime la circonstance et la subordonnée introduite par *que* exprime le fait principal. On peut rétablir la concordance entre syntaxe et sémantique en renversant cette structure avec *dès que*, qui replace la circonstance dans une subordonnée, suivie de la principale.

[*À peine* avaient-ils déjeuné *qu*'] *ils avaient été pris par l'orage.* (Aragon)
= [*Dès qu*'ils avaient déjeuné], *ils avaient été pris...*

[*À peine* était-il sorti du lieu [...] *qu*'] *il aperçut, pas loin du pont de Saône, une demoiselle fort bien vêtue...* (F. Delay, *Trois désobéissances*)
= [*Dès qu*'il fut sorti du lieu], *il aperçut...*

● **Le mode des subordonnées de temps est l'indicatif** (y compris celles introduites par *après que*) (1), sauf pour celles qui expriment la postériorité et qui sont introduites par *avant que, jusqu'à ce que, en attendant que* qui sont au subjonctif (2).

[*Comme* il était à son échoppe], [*et que* quatre heures venaient de sonner à la cathédrale], *mon père s'aperçut qu'il n'avait plus un sou d'ouvrage.* (L. Guilloux) (1)

[*Dès que* Frédéric entrait], *elle montait debout sur un coussin.* (Flaubert) (1)

Je vous injurierai [*jusqu'à ce que* je vous aie guéri de votre paresse]. (Voltaire) (2)

LA PROPOSITION SUBORDONNÉE CIRCONSTANCIELLE 4

3 Les subordonnées circonstancielles de cause

● **La subordonnée de cause exprime la cause, la justification d'un fait ou d'une action** avec des nuances importantes selon la conjonction (*comme, puisque*) ou la locution (*parce que*) qui les introduit.

> [*Comme* il ne pouvait être à l'hôpital durant la journée], ses tours de garde la nuit revenaient plus souvent que ceux des autres. (Flaubert)
>
> J'aime fort les bonnes ménagères, [*vu que* j'ai la prétention d'en être une moi-même]. (Musset)

Les deux conjonctions les plus fréquentes, *parce que* et *puisque*, n'ont pas la même valeur sémantique : *parce que* exprime la cause objective du fait principal (1), alors que *puisque* apporte la justification de l'affirmation principale (2).

> On nous avait incarcérés [*parce que* nous avions rêvé trop fort et à trop haute voix, et souvent avec des armes], et aussi [*parce que* nous avions perdu successivement toutes les batailles sans en excepter une seule]. (A. Volodine, *Nuit blanche en Balkhyrie*) (1)
>
> Et rien n'était plus simple que de dire au capitaine de s'arrêter, [*puisqu'*il était convenu que nous disposions à notre gré du navire]. (Gide) (2)

● **Le mode des subordonnées de cause est l'indicatif.** Cependant, les expressions *non que* et *non pas que* au moyen desquelles on écarte une fausse cause, se construisent avec le subjonctif.

> Elle accepta avec joie, [*non qu'*il y eût entre vous beaucoup d'intimité], mais elle aimait nos enfants. (Mauriac).

4 Les subordonnées circonstancielles de but

La subordonnée de but, appelée aussi *finale*, indique une intention, l'objectif visé par l'action. Elle est introduite par une locution conjonctive : *pour que, afin que, de peur que, de crainte que*, les deux dernières locutions présentant un but négatif. S'agissant d'une intention, **l'emploi du subjonctif y est obligatoire**.

> Il est des lieux où meurt l'esprit [*pour que* naisse une vérité qui est sa négation même]. (Camus)
>
> [...] il faut que j'attende, qu'on ne vienne pas, [*pour qu'*on puisse revenir], j'en suis là. (J. Serena, *Basse ville*)

> *Il était comme un homme qui retient son souffle et craint de respirer, [**de peur que** l'illusion ne cesse]. (R. Rolland)*

5 Les subordonnées circonstancielles d'opposition, de concession

- **La subordonnée d'opposition « oppose » deux faits l'un à l'autre.** Elle est introduite par les locutions temporelles *alors que*, *tandis que* ; par *sans que*, qui indique l'exclusion du fait subordonné ; et par *au lieu que*, qui exclut une autre possibilité alternative.

> *Cependant on vous voit une morne tristesse,*
> *[**Alors que** dans vos yeux doit briller l'allégresse]. (Molière)*
>
> *Mais parfois les jeux deviennent réels, [**sans qu'**on le veuille].*
> *(M. Weitzmann, Chaos)*
>
> *Une paix injuste peut [...] produire des fruits utiles, [**au lieu qu'**une paix honteuse restera toujours par définition une paix stérile]. (G. Bernanos)*

- **La subordonnée de concession indique qu'une cause supposée admise par autrui est refusée ou présentée comme sans effet ou inopérante.** Elle est introduite par *bien que, encore que, quoique*.

> *[**Bien que** je sois encore assez éloigné de la vieillesse], ces souvenirs [...] me semblent venir d'un passé infiniment profond. (A. France)*
>
> *Nous résolûmes de nous remettre à la mer, [**quoique** le temps commençât à être fort gros et qu'il y eût même quelque péril à sortir la nuit de Porto Vecchio]. (Retz)*

Remarque : la locution *malgré que* est critiquée par les puristes. Selon Littré et l'Académie, *malgré que* ne s'emploie qu'avec *en avoir* = « *avoir mal (mauvais) gré de quelque chose, en dépit de lui* ».

> *[**Malgré qu'**il en ait], nous savons son secret. (Académie)*

Cependant *malgré que*, au sens de *bien que*, est de plus en plus courant.

> *De mes quatre chevaux, il en était un qu'on nommait encore « le poulain »,*
> *[**malgré qu'**il eût trois ans passés]. (Gide)*

supra Exemples ◄

- **Le mode des subordonnées d'opposition est l'indicatif, alors que celui des subordonnées de concession est le subjonctif.**

Les PS relatives concessives (**5.2**, p. 294) ◄

Remarque : même si elles ont un sens très proche, on distingue les circonstancielles concessives des propositions relatives de sens concessif généralement construites avec le pronom relatif *que*.

> *[**Quoi qu'**il arrive], la flamme de la résistance française ne doit pas s'éteindre et ne s'éteindra pas. (de Gaulle)*

Les homophones (Annexe 6 p. 434) ◄

Attention de ne pas confondre *quoique* et *quoi que*.

6 Les subordonnées circonstancielles de condition

● **Dans un système hypothétique, la subordonnée de condition exprime une condition dont dépend la réalisation de l'action principale.**
Elle est introduite par la conjonction *si* ou des locutions conjonctives (*à (la) condition que, au cas où, pourvu que*).

– La conjonction *si* est la plus fréquente. Les rapports qu'elle établit avec la principale sont déterminés par le jeu des temps du verbe.

> *Vous trouverez l'existence savoureuse,* [*si vous n'attendez pas d'elle ce qu'elle ne saurait vous donner*]. (E. Renan)

> *Mais,* [*si tu voulais devenir écrivain*], *il faudrait apprendre l'orthographe.* (A. Chamson)

> « [*Si j'étais Dieu rien qu'une seconde*], *j'aurais poussé tout le monde dans le vide.* » (V. Novarina, *Le Discours aux animaux*)

Elle peut aussi exprimer une opposition (*S'il venait souvent au café, il offrait rarement une tournée.*) ou indiquer une répétition dans le temps (*S'il venait nous voir/Toutes les fois qu'il venait nous voir, il était toujours bien reçu.*).

– La conjonction *soit que*, répétée ou associée à *ou que*, présente une alternative.

> [*Soit que l'expression de ce regard lui eût échappé, soit qu'il n'y trouvât pas une excuse à la désobéissance*], *l'agent demanda d'une voix brève et rude si c'était compris.* (A. France)

> *Déjà, laissé à lui-même, un événement se modifie,* [*soit que l'échec nous l'amplifie ou que la satisfaction le réduise*]. (Proust)

● **L'emploi du mode dépend de la conjonction.**
– Après *si*, on trouve l'indicatif à différents temps (présent, imparfait, passé composé, plus-que-parfait), sauf dans un usage littéraire ou recherché qui préfère le plus-que-parfait du subjonctif, employé également dans la principale.

> [*S'il n'eût reconnu à certains signes l'écriture de son frère*], *il eût douté que la lettre fût de Jacques.* (R. Martin du Gard)

– Après une locution conjonctive composée avec *que*, elle se met au subjonctif.

> [*Pourvu que vous ne vouliez pas le traiter comme un ennemi*], *vous trouverez qu'il ne l'est pas.* (Mme de Sévigné)

> *Je compris en tremblant que,* [*pour peu que le récipient eût été plus solidement bouché*], *le verre même m'eût éclaté au visage.* (Gide)

▶ Les conjonctions de subordination (**3.8**, 3 p. 208)

▶ La concordance des temps (**5.5** p. 313)

▶ L'emploi des temps (**3.5**, 5 p. 156)

▶ Le subjonctif en PSC (**3.5**, 2 p. 168)

7 Les systèmes corrélatifs : conséquence, comparaison

Certaines propositions introduites par *que* sont « annoncées » dans la principale par un terme dont elles dépendent. Bien qu'il appartienne à la principale, ce terme annonciateur est indispensable à la subordonnée, sans laquelle la principale serait incomplète : c'est le phénomène de la **corrélation*** qui peut toucher différents types de propositions, mais qui concerne surtout les subordonnées de conséquence et de comparaison.

1 Subordonnées de conséquence

● **La subordonnée de conséquence, ou consécutive, présente les faits comme s'ils s'enchaînaient mécaniquement. Elle est toujours placée après la proposition principale et est introduite par :**
– la conjonction *que*, en corrélation avec un mot d'intensité (*si, tel, tant, tellement*).

> Le vide en elle était *si* dru, *si* dense, [***que*** *même le mal ne pouvait s'y faufiler, y semer son trouble et ses pièges*]. (S. Germain, *Tobie des marais*)

> Répétés, les mots acquièrent une *telle* force [***que***, *dans son for intérieur, Irena les vit écrits avec des majuscules : Grand Retour*]. (M. Kundera, *L'Ignorance*)

– la locution conjonctive *pour que*, en corrélation avec *assez, trop, trop peu, suffisamment*.

> La violence que Julien était obligé de se faire était *trop* forte [***pour que*** *sa voix ne fût pas profondément altérée*]. (Stendhal)

– les locutions conjonctives *au point que, de façon que, de manière que, en sorte que, de sorte que, si bien que* qui contiennent le terme corrélatif.

> On avait tourné dans la forêt, [***en sorte qu'****on était revenu non loin de la clairière*]. (A. Dhôtel)

● **Le mode des subordonnées de conséquence est l'indicatif,** sauf pour celles introduites par :
– *pour que*, qui sont au subjonctif ;
– *au point que, de façon que, de manière que, en sorte que, de sorte que, si bien que*, pour lesquelles le choix du mode dépend de la perception de la conséquence. Si la conséquence est présentée comme effective, le verbe de la subordonnée se met à l'indicatif ; ce qui est le cas le plus fréquent (1). Si la conséquence est simplement envisagée, la subordonnée se met au subjonctif, car son sens est proche de celui d'une subordonnée de but (2).

> La chambre était disposée [***de façon que*** *la porte en s'ouvrant masquait l'angle du mur à droite*]. (Hugo) (1)

LA PROPOSITION SUBORDONNÉE CIRCONSTANCIELLE

Je l'ai installé dans la chambre à côté de la mienne, [*de sorte que je puisse recevoir des visites sans le déranger*]. (Gide) (2)

2 Les subordonnées de comparaison

● **La subordonnée de comparaison établit un rapport d'analogie entre deux propositions** (ressemblance, différence, égalité/inégalité ou proportion). Elle est introduite par :
- une conjonction de subordination ou une locution conjonctive : *comme, ainsi que, à mesure que, aussi bien que, de même que, selon que, suivant que.*

> *Les autres,* [*comme il l'avait prévu*]*, partirent d'un grand éclat de rire.* (M. Genevoix)

- la conjonction *que*, en corrélation avec un adjectif ou un adverbe de comparaison : *aussi, autant, si, tant, autre, meilleur, mieux, moindre, moins, plus, tel*, etc.

> *Je me trouvai bientôt plus isolé dans ma patrie* [*que je ne l'avais été sur une terre étrangère*]*.* (Chateaubriand)

● **Le mode des subordonnées de comparaison est l'indicatif.**

> [*Comme il sonna la charge*]*, il sonne la victoire.* (La Fontaine)

Approfondissement

– *Comme si* marque à la fois la comparaison et la supposition.

> *La barrière était à demi ouverte, à demi renversée,* [*comme si une roue de voiture avait passé dessus*]*.* (Alain-Fournier)

– Les propositions introduites par *comme, ainsi que, de même que* indiquent l'équivalence globale entre deux faits.

> *[...] est-ce qu'il y a un avenir d'amour* [*comme il y a des souvenirs d'amour*]*, est-ce que l'amour a un avenir ?* (C. Laurens, *L'Amour, roman*)

– *Tel que* est souvent une simple variante de *comme*.

> *Celui-là (sc. Corneille) peint les hommes* [*comme ils devraient être*]*, celui-ci (sc. Racine) les peint* [*tels qu'ils sont*]*.* (La Bruyère)

– La séquence introduite par *comme* est souvent réduite à un groupe nominal, pour exprimer la conformité. Dans ce cas, *comme* a la valeur d'une préposition.

> *Un honnête homme peut être amoureux* [*comme un fou*]*, mais non pas* [*comme un sot*]*.* (La Rochefoucauld)

– La corrélation *de même que ... de même*, structure typique de la poésie épique, exprime aussi une comparaison globale.

> [*De même que le culte du foyer domestique était secret et que la famille seule avait droit d'y prendre part*]*, de même le culte du foyer public était caché aux étrangers.* (Fustel de Coulanges)

– Les constructions corrélatives associant un adverbe, un comparatif (*meilleur, mieux, moindre*) ou *autre* et la conjonction *que* expriment une comparaison graduée entre deux faits ou deux termes.

> *Les bulletins vous instruisent* mieux [*que je ne pourrais le faire*]*, ma chère amie, du fâcheux état de notre malade.* (Laclos)

8 Les autres subordonnées ; les subordonnées participiales

1. Des rapports circonstanciels particuliers peuvent être indiqués par diverses locutions conjonctives. On retient deux cas principaux :
– La subordonnée d'addition introduite par *outre que* et qui se construit avec l'**indicatif**.

> [*Outre qu'il est trop jeune*]*, il n'a pas le diplôme requis.*

– La subordonnée de restriction introduite par *excepté que, sauf que, hormis que, si ce n'est que, sinon que,* et qui se construit avec l'indicatif.

> *Ils se ressemblent parfaitement,* [*excepté que l'un est un peu plus grand que l'autre*]*.* (Académie)

2. La subordonnée participiale doit son nom à son verbe au participe présent ou passé. Elle est détachée de la principale par une virgule et se caractérise par l'absence de mot subordonnant. Comme toute proposition, elle a un sujet propre, différent de celui du verbe de la principale. Elle peut avoir différentes valeurs circonstancielles, déterminées par la relation qu'elle entretient avec la proposition principale : temps, cause, condition, opposition-concession. Un adverbe ou une locution adverbiale peut spécifier sa valeur circonstancielle : *aussitôt, à peine, une fois* (temps), *pourtant* (opposition).

> *Bien qu'il fît encore jour,* [*le soleil* **venant** à peine *de se coucher*]*, [...] les profils des choses subissaient la transformation mystérieuse du soir.* (Hugo)
>
> [*Son temps de service* **fini**]*, il revint aux Cards.* (P. Michon, *Vies minuscules*)
>
> *Trois autres trains militaires ont déraillé hier,* [*les rails* **ayant été enlevés**]*.* (Malraux)

CHAPITRE 5

La concordance des temps dans la phrase complexe

1. Les temps dans les subordonnées à l'indicatif 314
2. Les temps dans les subordonnées au subjonctif. 315

Traditionnellement, la concordance des temps se traite dans le cadre de la phrase complexe, où elle concerne la convenance entre le temps du verbe de la principale et celui du verbe de la (ou des) subordonnée(s). La concordance des temps peut aussi se traiter dans le cadre plus vaste du texte et du discours.

➤ La cohérence textuelle (**6.1** p. 318)

➤ Attitude énonciative (**6.5**,2 p. 374)

La concordance des temps est ici examinée dans le cadre de la phrase complexe, selon que le verbe de la subordonnée est à l'indicatif ou au subjonctif. Elle est déterminée par deux paramètres :
– **le temps du verbe de la principale,** qui donne le repère chronologique : présent ou passé ;
– **le rapport du temps de la subordonnée à la principale :** antériorité, simultanéité ou postériorité.

1 Les temps dans les subordonnées à l'indicatif

Temps du verbe principal	Antériorité de la subordonnée	Simultanéité de la subordonnée	Postériorité de la subordonnée
présent *Il raconte qu(e) …*	passé composé *… elle est venue.*	présent *… elle vient.*	futur simple *… elle viendra.*
futur *Il racontera qu(e) …*	imparfait *… elle venait.*		futur antérieur *… elle sera venue.*
	plus-que-parfait *… elle était venue.*		
passé *Il racontait/raconta/ a raconté qu(e) …*	plus-que-parfait *… elle était venue.*	imparfait *… elle venait.*	conditionnel présent *… elle viendrait.*
	passé antérieur *… elle fut venue.*	passé simple *… elle vint.*	conditionnel passé *… elle serait venue.*

[Dès qu'il avait plu], je descendais au jardin et je ramassais des escargots que je rapportais ensuite à la maison. (J. Borel)
Le plus-que-parfait indique l'antériorité par rapport au verbe principal à l'imparfait.

Quand Georges Duroy se retrouva dans la rue, il hésita sur [ce qu'il ferait]. (Maupassant)
Ils parlaient de ce qu'ils feraient plus tard, [quand ils seraient sortis du collège]. (Flaubert)
Les conditionnels présent et **passé** indiquent la postériorité par rapport au verbe principal à l'imparfait ou au passé simple.

[Et dès que j'eus reconnu le goût du morceau de madeleine trempé dans le tilleul] […], aussitôt la vieille maison grise sur la rue, où était sa chambre, vint comme un décor de théâtre s'appliquer au petit pavillon, donnant sur le jardin, [qu'on avait construit pour mes parents sur ses derrières (ce pan tronqué que seul j'avais revu jusque-là)]. (Proust)
Le passé antérieur et **les plus-que-parfaits** indiquent l'antériorité par rapport aux verbes principaux à l'imparfait et au passé simple.

Remarques :

◄ Attitude énonciative (**6.5**, 2 p. 374)

a. Ce tableau regroupe toutes les possibilités de concordance des temps de l'indicatif. En fait, elles ne sont pas toutes réalisées, en particulier en ce qui concerne le passé simple et le passé antérieur, dont l'emploi est également conditionné par le système énonciatif où ils sont employés.

b. Diverses entorses se rencontrent par rapport à ce modèle de concordance mécanique.

LA CONCORDANCE DES TEMPS DANS LA PHRASE COMPLEXE

– Par rapport à un verbe principal au passé, le verbe subordonné peut être au **présent** qui exprime une vérité générale : *Il savait que toutes les vérités ne **sont** pas bonnes à dire.*
On peut également employer le **présent** si l'action subordonnée est envisagée au moment de la parole : *Nous disions que vous **êtes** l'orateur le plus éminent du diocèse.* (A. France)
– La postériorité se calcule aussi par rapport au moment de la parole, et pas seulement par rapport au verbe principal. Ainsi, on peut employer un futur dans la subordonnée au lieu du conditionnel quand l'action subordonnée est située après le moment de la parole : *Elle a dit qu'elle **viendra** demain.*

2 Les temps dans les subordonnées au subjonctif

1 Concordance classique à quatre temps

Dans la langue littéraire classique et en français recherché, la concordance des temps met en jeu les quatre temps du subjonctif.

Temps du verbe principal	Antériorité de la subordonnée	Simultanéité ou postériorité de la subordonnée
indicatif présent ou futur *Elle souhaite/souhaitera qu(e) …*	subj. passé composé *… il lui ait écrit.* (2)	subj. présent *… il lui écrive.* (1)
indicatif passé *Elle souhaitait/a souhaité qu(e) …*	subj. plus-que-parfait *… il lui eût écrit.* (4)	subj. imparfait *… il lui écrivît.* (3)

Remarque : comme le subjonctif ne comporte pas de temps du futur, la postériorité est indiquée avec les mêmes temps que la simultanéité.

> *Il n'est pas de spectacle pour moi qui **vaille** ce que l'on voit d'une terrasse ou d'un balcon bien placé au-dessus d'un port.* (P. Valéry) (1)

> *Taisez-vous ; je crois que le voici… Je crains qu'il ne vous **ait entendu**.* (A.-R. Lesage) (2)

> *Je souffrais de ce que mes frères y **fussent** seuls à cueillir des lauriers.* (J. Roy) (3)

> *Ce qui me chagrinait davantage, c'est qu'Amélie **eût osé** dire cela devant Gertrude.* (Gide) (4)

Attention : quand le **subjonctif plus-que-parfait** exprime, dans une subordonnée, un irréel du passé, il s'explique moins par la concordance des temps mécanique que par cette valeur modale. En français courant, il équivaut au conditionnel passé.

▶ Le subjonctif en PS (**3.5**, 5 p. 171)

> *Il est douteux que, sans cette précaution, nous **eussions pu** faire le trajet de Tolède à Madrid en une journée.* (Th. Gautier)

On peut reformuler cet exemple en français courant, en explicitant la condition par une subordonnée.

Il est douteux que, [si nous **n'avions** pas **pris** cette précaution], nous **aurions pu** faire le trajet de Tolède à Madrid en une journée.

2 Concordance courante à deux temps

En français courant, et souvent dans la langue littéraire moderne, la concordance des temps est simplifiée : seuls le présent et le passé du subjonctif sont employés, en corrélation avec un verbe principal au présent ou au futur, mais aussi en corrélation avec un verbe principal à un temps du passé, notamment au passé composé. Dans ce second cas, le présent et le passé du subjonctif remplacent l'imparfait et le plus-que-parfait.

Il fallait que l'enfant se **débrouille** avec ces textes mystérieux. (J. Green)

Avant qu'elle ne se **soit** entièrement **vidée**, l'éclat en fut obscurci soudain. (A. Robbe-Grillet)

Le texte et le discours

1. La cohérence textuelle 318
2. La cohésion textuelle 324
3. La progression textuelle 338
4. La typologie textuelle 346
5. Le discours 371
6. Le texte poétique : la versification 385

La cohérence textuelle

CHAPITRE 1

1. Unité thématique 318
2. Unité sémantique 320
3. Unité référentielle 321

Le texte (étymon *textus* « tissu, trame », de *texere* « tisser ») **est un ensemble structuré et ordonné de phrases véhiculant un message et répondant à une fonction communicative.**
La cohérence textuelle renvoie à l'harmonie générale d'un texte qui fonctionne comme un tout et dont le contenu ne présente aucune contradiction. Un texte forme un tout cohérent à trois niveaux interdépendants : thématique, sémantique, référentiel.

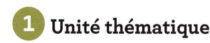
1 Unité thématique

Un texte cohérent présente une unité thématique. Les informations que véhiculent les parties du texte gravitent autour d'un thème* commun.

● **La formulation explicite du thème (titre, annonce préalable du thème traité) facilite l'interprétation et la compréhension du texte.**

> *Un quartier de tomate* en vérité sans défaut, découpé à la machine dans un fruit de symétrie parfaite.
> La chair périphérique, compacte et homogène, d'un beau rouge de chimie, est régulièrement épaisse entre une bande de peau luisante et la loge où sont rangés les pépins, jaunes, bien calibrés, maintenus en place par une mince couche de gelée verdâtre le long d'un renflement du cœur. Celui-ci, d'un rose atténué légèrement granuleux, débute, du côté de la dépression inférieure, par un faisceau de veines blanches dont l'une se prolonge jusque vers les pépins – d'une façon peut-être un peu incertaine.

LA COHÉRENCE TEXTUELLE

> *Tout en haut, un accident à peine visible s'est produit : un coin de pelure, décollé de la chair sur un millimètre ou deux, se soulève imperceptiblement.*
> (A. Robbe-Grillet, *Les Gommes*)

Le thème du texte *Un quartier de tomate...* est posé dès le début de la description. Sans la présence de ce dernier, la compréhension du texte est difficile.

- **En l'absence d'unité thématique**, et hors licence poétique ou esthétique, **le texte est incohérent**, il devient un « paquet de phrases » sans liens sémantiques entre elles.

> *La tortue est un reptile ovipare à carapace. La météo n'est pas toujours fiable. Interdiction de fumer dans un lieu public. Inès est très jolie sur cette photo !*

1. Le thème est explicite.
Le thème peut apparaitre dès le début du texte : titre d'un ouvrage, d'un chapitre, d'un article de journal, d'une recette de cuisine, etc.

> *De l'orgueil*
> Il faut définir l'orgueil, une passion qui fait que de tout ce qui est au monde l'on n'estime que soi. Un homme fier et superbe n'écoute pas celui qui l'aborde dans la place pour lui parler de quelque affaire ; mais, sans s'arrêter, et se faisant suivre quelque temps, il lui dit enfin qu'on peut le voir après son souper. Si l'on a reçu de lui le moindre bienfait, il ne veut pas qu'on en perde jamais le souvenir ; il le reprochera en pleine rue, à la vue de tout le monde. N'attendez pas de lui qu'en quelque endroit qu'il vous rencontre il s'approche de vous, et qu'il vous parle le premier [...].
> (La Bruyère, *Les Caractères*)

2. Le thème est implicite.
Le thème doit être rétabli à l'aide des indices thématiques disséminés dans le texte, suivant le procédé de l'énigme ou de la devinette.
– Que suis-je ?

> *Elle communique les vibrations qui font chanter le violon.*
> *On la cherche par amour,*
> *Mais on doit la rendre un jour.*
> (Énigme du Père Fouras dans *Fort Boyard*, diffusé sur France 2, 2007)

Réponse : *l'âme*.

– Qui suis-je ?

> Il n'avait pas encore dix ans, l'enfant qui entrait, le 15 mai 1779, dans le parloir de l'École Royale Militaire de Brienne, puisqu'il était né le 15 août 1769 à Ajaccio, de Charles Marie Bonaparte et de Letizia Ramolino. (M. Gallo, Napoléon. Le Chant du départ)

Dans ce passage, l'identité du thème est accessible à la fin du paragraphe qui décline progressivement les indices biographiques, à la façon d'une énigme : cataphore* il → groupe nominal l'enfant → élève de l'École Royale Militaire de Brienne → date et lieu de naissance → parentèle Bonaparte.

2 Unité sémantique

- **Le texte comporte des informations explicites et des informations implicites.**
- **Les informations explicites** renvoient au sens littéral.

> Mon enfant commence à avoir froid.

– **Les informations implicites** renvoient au sens déduit ou inféré du contenu littéral.

> Dans Mon enfant commence à avoir froid. les informations implicites
> – peuvent être interprétées à partir du sens littéral : mon enfant présuppose que le locuteur a un enfant et commence à présuppose que cet enfant n'avait pas froid avant ;
> – peuvent être interprétées à partir du contexte : le locuteur a pu, par cet énoncé, vouloir dire Je dois partir/rentrer au chaud. ou Veuillez fermer la fenêtre., etc.

- **Un texte cohérent articule des informations (implicites et explicites) convergentes qui doivent concorder pour pouvoir s'enchaîner les unes aux autres.**

> Les pluies de noroît sont glaciales et fouettent le sang. Poussées par le terrible vent qui déferle de l'Atlantique, elles giflent à l'oblique. C'est de la limaille qui cingle le visage, des flèches d'eau qui vous percent et vous assomment. Les joues, le nez, sont vermillon.
> (J. Rouaud, Les Champs d'honneur, 1996)

L'ensemble des informations du passage, véhiculées notamment par les groupes verbaux et les groupes nominaux, illustrent l'information initiale : les pluies de noroît sont glaciales et fouettent le sang. La métaphore de l'agression physique est filée grâce aux verbes hyponymes de frapper ou agresser et synonymes partiels de fouetter : giflent, cingle le visage, vous percent et vous assomment. Les groupes nominaux suivent la même concordance sémantique : de la limaille (parcelles de métal, abrasion), des flèches d'eau (armes destinées

LA COHÉRENCE TEXTUELLE

à transpercer). Pour finir, le froid agresse les joues et le nez (parties du visage exposées au froid), et leur donne la couleur vermillon annoncée au début du passage (les pluies [...] fouettent le sang).

● Les propositions, phrases ou blocs de phrases du texte ne doivent pas véhiculer d'informations qui se contredisent. **Les effets de discordance sémantique entrainent une rupture de cohérence sémantique.**

1. La contradiction est explicite.
La contradiction sémantique peut être explicitement marquée par des oppositions de type grammatical ou lexical.

▶ Les adverbes de négation (**3.6**,3 p. 192)

▶ L'antonymie (**2.2**,3 p. 68)

☹ *Le roi est mort. Le roi n'est **pas** mort.*
☹ *Le roi est mort. Le roi est **vivant**.*
☹ *Le roi est mort. Le roi sera **couronné** en grande pompe.*
   *Le roi est mort. Le roi sera **inhumé** en grande pompe.*

2. La contradiction est implicite.
La contradiction sémantique peut affecter le contenu implicite des informations véhiculées.
– La contradiction peut révéler une incompatibilité entre deux unités lexicales.

☹ *Pierre est **orphelin**. **Sa mère** le récupère tous les jours à l'école.*
*Pierre est **orphelin**. = Pierre n'a ni père ni mère.*
→ *Pierre n'a pas de mère. (implicite)*
Contradiction : Pierre n'a pas de mère (implicite). Pierre a une mère qui...
Pour lever l'effet d'incohérence sémantique, il suffit de remplacer ou supprimer le terme inadapté :
   *Pierre est **orphelin**. **Son tuteur légal** le récupère tous les jours à l'école.*

– La contradiction peut opposer le contenu général d'une ou plusieurs propositions.

☹ *La plongée sous-marine est **déconseillée aux personnes souffrant de problèmes cardiaques ou pulmonaires**. C'est un sport qui **ne présente aucun risque**.*
Contradiction : La plongée est un sport qui présente des risques. (implicite)
→ *La plongée est un sport qui ne présente aucun risque. (explicite)*

3 Unité référentielle

Les informations du texte construisent un univers de référence qui renvoie à une représentation ordinaire ou extraordinaire du monde. L'univers de référence doit coïncider avec le type dont relève le texte : une notice biographique d'écrivain, les descriptions réalistes ou les recettes de cuisine privilégient une représentation du monde ordinaire ; le roman de science-fiction, le merveilleux héroïque, les contes et légendes réfèrent à un monde extraordinaire.

▶ Typologie textuelle (**6.4**,1 p. 347)

- **Univers de référence**

1. La représentation du monde est ordinaire.

Les informations du texte réfèrent à un univers ordinaire, dont les caractéristiques sont partagées par les membres d'une même communauté.

– Un paysage de campagne combine plusieurs éléments naturels.

> Il y avait dans l'atelier de M. Le Roy un grand et beau paysage : une **montagne** rapide très voisine de l'œil, garnie de grands **arbres** ; au pied de cette **montagne** un **ruisseau** peu profond, mais large, limpide, coulait de gauche à droite au pied des derniers **arbres**. Là, trois femmes presque nues, ou sans presque, se baignaient gaiement. C'était presque le seul point clair dans cette toile de trois pieds et demi sur deux et demi.
> (Stendhal, *Vie de Henri Brulard*)

– Une action ordinaire comprend plusieurs étapes familières.

> C'est facile, d'écosser les petits pois. Une **pression du pouce** sur la fente de la gousse et elle s'ouvre, docile, offerte. Quelques-unes, moins mûres, sont plus réticentes – une **incision de l'ongle de l'index** permet alors de déchirer le vert, et de sentir la mouillure et la chair dense, juste sous la peau faussement parcheminée. Après, **on fait glisser les boules d'un seul doigt**. La dernière est si minuscule. Parfois, on a envie de la croquer.
> (Ph. Delerm, « Aider à écosser les petits pois » in *La Première gorgée de bière et autres plaisirs minuscules*, © Éditions Gallimard, 1997)

2. La représentation du monde est extraordinaire.

Les informations du texte réfèrent à un monde qui sort en partie de l'ordinaire et qui fait appel à un nouveau système de représentations. Le monde est poétique.

> Colin reposa le peigne et, s'armant du coupe-ongles, **tailla en biseau les coins de ses paupières mates**, pour donner du mystère à son regard. Il devait recommencer souvent, car **elles repoussaient vite**. Il alluma la petite lampe du miroir grossissant et s'en rapprocha pour vérifier l'état de son épiderme. Quelques comédons saillaient aux alentours des ailes du nez. En se voyant si laids dans le miroir grossissant, **ils rentrèrent prestement sous la peau** et, satisfait, Colin éteignit la lampe.
> (B. Vian, *L'Écume des jours*)

Dans le monde de Colin, les paupières et les comédons deviennent des objets animés.

LA COHÉRENCE TEXTUELLE

● **Incohérence référentielle**

Le texte ne doit pas contenir d'informations qui pourraient perturber sa cohérence référentielle et paraitre de ce fait incongrues.

L'incohérence référentielle peut créer un effet comique. Elle est à l'origine du comique de l'absurde, « contraire à la raison, au sens commun » (TLFi, article « absurde »).

> AMPHITRYON. — *On t'a battu ?*
> SOSIE. — *Vraiment.*
> AMPHITRYON. — *Et qui ?*
> SOSIE. — *Moi.*
> AMPHITRYON. — *Toi, te battre ?*
> SOSIE. — *Oui, moi ; non pas le moi d'ici,*
> *Mais le moi du logis, qui frappe comme quatre.*
> *[...] Le moi que j'ai trouvé tantôt*
> *Sur le moi qui vous parle a de grands avantages ;*
> *Il a le bras fort, le cœur haut :*
> *J'en ai reçu des témoignages ;*
> *Et ce diable de moi m'a rossé comme il faut ;*
> *C'est un drôle qui fait des rages. [...]*
> AMPHITRYON. — *Il faut que ce matin, à force de trop boire,*
> *Il se soit troublé le cerveau.*
> (Molière, *Amphitryon*, Acte II, Scène I)

Le comique de ce passage tient à l'incohérence référentielle du discours de Sosie qui affirme se battre lui-même. Amphitryon juge l'explication de Sosie absurde, car elle contrevient à la représentation commune de l'individu sain d'esprit.

CHAPITRE 2

La cohésion textuelle

1. Les reprises nominales et pronominales 324
2. L'ellipse 330
3. Les connecteurs textuels 331

La cohésion textuelle désigne l'enchainement et l'assemblage des différentes parties (propositions, phrases, paragraphes) d'un texte, qui fonctionne comme un tout solidaire. La solidarité des unités textuelles est assurée par la reprise, l'ellipse et la connexion des informations qu'elles véhiculent.

1 Les reprises nominales et pronominales

La reprise est l'opération consistant à désigner, par une expression similaire ou différente, un référent* déjà mentionné dans le texte. Le référent peut être désigné par diverses expressions référentielles (groupe nominal, pronoms, etc.).

> *Emma* devenait difficile, capricieuse. *Emma*/**elle**/*cette jeune femme* se commandait des plats pour **elle**, n'y touchait point [...]. (Flaubert)

● **Les reprises forment des chaines de référence plus ou moins larges** qui assurent la continuité du texte et évitent les ruptures (effet « coq-à-l'âne »).

> Quand le soleil était un peu plus haut, Mondo se mettait debout, parce qu'il avait froid. Il ôtait ses habits. L'eau de la mer était plus douce et plus tiède que l'air, et Mondo se plongeait jusqu'au cou. [...] Il entendait le crissement fragile des vagues qui déferlaient, et cela faisait une musique qu'on ne connaît pas sur la terre.
> (J.-M.G. Le Clézio, *Mondo et autres histoires*, © Éditions Gallimard, 1978)

LA COHÉSION TEXTUELLE

- **Chaine de référence de portée large :** tout au long du texte.
    Le référent (personnage du texte) peut être désigné par :
    – le nom propre Mondo ;
    – le pronom personnel il ou se qui reprend le nom propre Mondo.
- **Chaine de référence de portée moyenne :** d'une phrase à l'autre (changement thématique).
    Le groupe nominal objet le crissement fragile des vagues qui déferlaient est repris par le pronom démonstratif sujet cela de la proposition suivante.

● **Les informations du texte peuvent être reproduites** à l'identique (répétition) ou faire l'objet d'une reformulation totale ou partielle (anaphore*, substitut*).

1 La répétition

Le référent est désigné par une expression identique.
Peuvent être répétés, entre autres :
– un nom propre.

> **Marc Chagall** est né sous le nom de Moyshe Segal le 7 juillet 1887 à **Vitebsk**, une petite ville située sur la Dvina, près de la frontière de la Lituanie, en Biélorussie. Une édition de l'« Encyclopaedia Britannica » éditée avant la Première Guerre mondiale décrit **Vitebsk** comme « une vieille bourgade aux hôtels particuliers délabrés et aux quartiers juifs miséreux », la moitié de ses habitants étant israélites. Plus tard, en se penchant sur son passé, **Marc Chagall** la dépeignit sous un angle tout à fait différent. Pour lui, **Vitebsk** était « simple et éternelle, comme les bâtiments sur les fresques de Giotto. »
> (Jacob Baal-Teshuva, *Chagall*)

– un groupe nominal.

> **Le guépard** (Acinonyx jubatus) *est un grand mammifère carnassier de la famille des félidés vivant en Afrique et dans quelques rares régions du Moyen-Orient. Taillé pour la course,* **le guépard** *a une allure svelte et fine, avec de longues pattes élancées aux griffes non rétractiles, et une face au museau court [...]. Classé vulnérable par l'Union internationale pour la conservation de la nature,* **le guépard** *fait actuellement l'objet de diverses tentatives de protection, incluant des procédés de clonage.*
> (Wikipédia. [En ligne]. https://fr.wikipedia.org/wiki/Guépard (Page consultée en avril 2016))

– un groupe verbal.

> **Prendre un enfant par la main**
> Et lui chanter des refrains
> Pour qu'il s'endorme à la tombée du jour,
> **Prendre un enfant** par l'amour.
> **Prendre un enfant** comme il vient
> Et consoler ses chagrins,
> Vivre sa vie des années, puis soudain,
> **Prendre un enfant par la main.** (Y. Duteil, *Prendre un enfant*)

Approfondissement

La répétition d'un même segment en tête de phrase est à l'origine d'une figure de style : l'anaphore* rhétorique.

> — François Hollande, quel Président comptez-vous être ?
> — Je veux être **un Président qui** d'abord respecte les Français, qui les considère. **Un Président qui** ne veut pas être président de tout, chef de tout, et en définitive responsable de rien. **Moi Président de la République,** je ne serai pas chef de la majorité, je ne recevrai pas les parlementaires de la majorité à l'Élysée. **Moi Président de la République,** je ne traiterai pas mon Premier ministre de collaborateur. **Moi Président de la République,** je ne participerai pas à des collectes de fonds pour mon propre parti, dans un hôtel parisien.
> (Réponse de F. Hollande à L. Ferrari, débat télévisé précédant l'élection présidentielle, 2 mai 2012)

2 L'anaphore linguistique

En linguistique, le terme *anaphore** désigne une expression référentielle qui reprend un élément énoncé précédemment dans le texte, son *antécédent*.

> Une hirondelle en ses voyages
> Avait beaucoup appris. [...]
> Celle-ci prévoyait jusqu'aux moindres orages,
> Et, devant qu'ils fussent éclos,
> Les annonçait aux matelots.
> Il arriva qu'au temps que le chanvre se sème,
> Elle vit un manant en couvrir maints sillons. [...]
> Quand la chènevière fut verte,
> L'hirondelle leur dit : Arrachez brin à brin

LA COHÉSION TEXTUELLE

> *Ce qu'a produit ce maudit grain,*
> *Ou soyez sûrs de votre perte.*
> (La Fontaine, *L'Hirondelle et les petits Oiseaux*)

Le pronom démonstratif *celle-ci*, le pronom personnel *elle* et le groupe nominal *l'hirondelle* reprennent l'antécédent *Une hirondelle*.
Ils renvoient tous au même oiseau dans la réalité.

Approfondissement

À l'inverse de l'anaphore*, qui rappelle un élément antérieur, la cataphore* est une expression référentielle qui précède l'élément qu'elle annonce.

> ***Ils*** sont fous, *ces Romains* ! (Goscinny et Uderzo, *Astérix*)

➤ La cataphore (**6.1**,1 p. 320)

● **Les reprises anaphoriques peuvent prendre différentes formes** : un pronom, un groupe nominal, un adjectif ou un adverbe.

1. L'anaphore pronominale consiste à reprendre un groupe nominal, une phrase, parfois un passage par un pronom :
– un pronom personnel de 3ᵉ personne (*il, elle, la, lui, les, etc.*), sujet ou complément.

➤ La référence anaphorique (**3.4**,1 p. 121)

➤ Les pronoms personnels (**3.4**,2 p. 123)

> *L'oncle Arthur* était ravagé par les dettes. De la rue Cambronne à Grenelle, ***il*** avait emprunté tellement et jamais rendu à personne que sa vie était plus possible, un panier percé. Une nuit, ***il*** a déménagé à la cloche de bois. Un poteau est venu pour ***l'***aider. Ils ont arrimé leur bazar sur une voiture avec un âne. Ils s'en allaient aux environs.
> (L.-F. Céline, *Mort à crédit*, © Éditions Gallimard, 2000)

L'oncle Arthur (antécédent sing. masc.) → *il*, *l'* (Ppersonnel sing. masc.)
L'oncle Arthur + *Un poteau* (2 antécédents masc. sing.) → *ils* (Ppersonnel masc. plur.)

– un pronom possessif (*le mien, la tienne, les siens, le nôtre, etc.*).

> *Donne-moi **ta main**, et prends **la mienne**. […] L'école est finie !* (Sheila)

➤ Les pronoms possessifs (**3.4**,3 p. 128)

– un pronom démonstratif (*celle-ci, cela, ceci, ceux-ci, etc.*).

> *La Folie et l'Amour jouaient un jour ensemble :*
> ***Celui-ci*** *n'était pas encor privé des yeux.*
> (La Fontaine, *Fables*, XII, 14)

➤ Les pronoms démonstratifs (**3.4**,4 p. 129)

> *Il fume dans un lieu public.* ***Ça*** *n'a pas l'air de le gêner.*

> D'abord, ce fut comme un grand morceau de pays forestier arraché tout vivant, avec la terre, toute la chevelure des racines de sapins, les mousses, l'odeur des écorces ; une longue source blanche s'en égouttait au passage comme une queue de comète. **Ça** vient sur moi, **ça** me couvre de couleur, de fleurance et de bruits et **ça** fond dans la nuit sur ma droite.
> (J. Giono, *Un de Baumugnes*)

*Les pronoms indéfinis (**3.4**,5 p. 132)*

– un pronom indéfini.

> Plus il y a de sectes, moins **chacune** est dangereuse. (Voltaire)
>
> J'ai croisé des amis du lycée. **Certains** ont beaucoup changé. **Tous** viennent manger demain.

2. L'anaphore nominale est formée d'un nom commun précédé de déterminants définis.

a. Les anaphores nominales coréférentielles*

L'anaphore nominale est fidèle quand elle répète le nom de l'antécédent ; seul le déterminant change.

> Il y avait une fois un marchand qui était extrêmement riche. Il avait six enfants, trois garçons et trois filles, et comme **ce marchand** était un homme d'esprit, il n'épargna rien pour l'éducation de **ses enfants**, et leur donnait toutes sortes de maîtres.
> (J.-M. Leprince de Beaumont, *La Belle et la Bête*)

> Il (sc. l'Âne) allait par pays, accompagné du chien,
> Gravement, sans songer à rien ;
> Tous deux suivis d'un commun maître.
> **Ce maître** s'endormit. **L'Âne** se mit à paître.
> (La Fontaine, *L'Âne et le Chien*)

L'anaphore nominale est infidèle quand elle ne répète pas le même nom que son antécédent. L'expression anaphorique peut être :

– un synonyme du nom antécédent.

> Pierre vient d'acheter un nouveau vélo. **Sa bicyclette** est rouge et bleue.

*Les relations sémantiques (**2.2**,3 p. 67)*

– un hyperonyme* du nom antécédent.

> Le soleil était là qui mourait dans l'abîme.
> **L'astre**, au fond du brouillard, sans air qui le ranime,
> Se refroidissait, morne et lentement détruit.
> (V. Hugo, *La Fin de satan*)

LA COHÉSION TEXTUELLE

> *Mais à la fin d'une trop courte étude, menée aussi rondement que possible, il faut en venir <u>au pépin</u>. **Ce grain**, de la forme d'un minuscule citron, offre à l'extérieur la couleur du bois blanc de citronnier, à l'intérieur un vert de pois ou de germe tendre.*
> (F. Ponge, « L'orange » in *Le parti pris des choses*, © Éditions Gallimard, 1949)

– une **périphrase*** du nom antécédent.

▶ Les figures de style (Garde arrière)

> *L'aigle et <u>le chat-huant</u> leurs querelles cessèrent,*
> *Et firent tant qu'ils s'embrassèrent.*
> *L'un jura foi de roi, l'autre foi de hibou,*
> *Qu'ils ne se goberaient leurs petits peu ni prou.*
> *Connaissez-vous les miens ? dit **l'oiseau de Minerve**.*
> *Non, dit l'aigle. Tant pis, reprit **le triste oiseau** [...]*
> (La Fontaine, *L'Aigle et le Hibou*)

– une **métaphore*** du nom antécédent.

> *Au même instant, la sueur amassée dans mes sourcils a coulé d'un coup sur les paupières et les a recouvertes <u>d'un voile tiède et épais</u>. Mes yeux étaient aveuglés derrière **ce rideau de larmes et de sel**. Je ne sentais plus que les cymbales du soleil sur mon front et, indistinctement, <u>le glaive éclatant jailli du couteau toujours en face de moi</u>. **Cette épée brûlante** rongeait mes cils et fouillait mes yeux douloureux.*
> (A. Camus, *L'Étranger*, © Éditions Gallimard, 1942)

b. L'anaphore nominale est conceptuelle ou résomptive quand elle résume et condense en un groupe nominal un fragment de texte antérieur.

> *La Patience. Tout commence et tout finit toujours par la patience dans l'écriture d'un livre. [...]*
> *On rassemble de la documentation, on prend des notes, on élabore mentalement un premier plan d'ensemble. **Cette phase de préparation** poussée à l'extrême, le danger serait de ne jamais commencer le roman.*
> (J.-P. Toussaint, *L'Urgence et la Patience*, 2012)

> *Les trilles des fauvettes se répondaient à travers les branches ; les pinsons tirelirèrent ; des palombes roucoulèrent ; les arbres furent emplis d'un égosillement de roulades. Les merles s'éveillèrent à leur tour, les pies garrulèrent et le sommet des chênes fut raboté par le cri rauque des corneilles.*
> ***Toute cette folie** salua le soleil levant.*
> (C. Lemonnier, *Un mâle*, 2005)

c. L'anaphore nominale est associative quand elle ne reprend qu'une partie du tout représenté par le nom antécédent. L'anaphore associative n'est pas coréférentielle.

La relation partie/tout (**2.2**,3 p. 69)

Le professeur rentra dans la salle de cours. **Le tableau** *avait disparu.*

Le lendemain soir à huit heures, on vint dire à Madeleine que M. Lepré était au salon. Elle entra ; **les fenêtres** *étaient ouvertes,* **les lampes** *n'étaient pas encore allumées et il l'attendait sur le balcon.* (Proust)

Rien n'était si beau, si leste, si brillant, si bien ordonné que les deux armées. **Les trompettes, les fifres, les hautbois, les tambours, les canons,** *formaient une harmonie telle qu'il n'y en eut jamais en enfer.* (Voltaire)

3. Les autres anaphores

– **L'anaphore adjectivale** *tel* reprend un adjectif, un groupe nominal, une phrase ou un fragment textuel.

Il semble vil. Un **tel** *défaut est incorrigible.*
Je pense qu'il est inutile de tergiverser. **Telle** *est mon opinion.*

– **L'anaphore adverbiale** peut renvoyer à un lieu (*là*) où clore ou résumer un fragment de texte antérieur.

> *J'ai appris à marcher : depuis lors, je me laisse courir. J'ai appris à voler, depuis lors je ne veux pas être poussé pour changer de place. Maintenant je suis léger, maintenant je vole, maintenant je me vois au-dessous de moi, maintenant un dieu danse en moi.*
> **Ainsi** *parlait Zarathoustra.* (Nietzsche, *Ainsi parlait Zarathoustra*)

2 L'ellipse

L'ellipse grammaticale est l'omission d'un ou de plusieurs mots pourtant nécessaires à la construction régulière de la proposition et que l'on peut rétablir à partir du contexte. Peuvent être omis :
– le sujet : *Fais ce que (tu) voudras.* (Rabelais) ;
– le verbe : *Les enfants votent comme leurs parents (votent).* ;
– l'élément commun à deux mots coordonnés : *Cela remonte au XVe (siècle) ou (au) XVIe siècle.*

● **Dans certains cas, l'ellipse permet de ne pas répéter un élément précédemment exprimé dans le texte :**
– le début d'une phrase impersonnelle ;

Pour comprendre le monde, **il faut parfois** *se détourner ; pour mieux servir les hommes, (il faut parfois) les tenir un moment à distance.* (Camus)

– un énoncé adjacent dans un dialogue ; l'ellipse permet d'accélérer le dialogue sans en entraver la compréhension.

> — Qu'as-tu fait hier soir ?
> — Je suis allé au cinéma.
> — Voir quoi ? (Tu es allé voir quoi ?)
> — Le dernier Woody Allen. (Je suis allé voir le dernier film de Woody Allen.)
> — Il était comment ?
> — Bien. (Il était bien.)

Le premier échange « question-réponse » est restitué dans sa forme complète. Les deux échanges suivants présentent des ellipses récupérables par chaque interlocuteur à partir de la réplique précédente.

- **Le contexte peut être nécessaire** pour rétablir le sens de la phrase avec ellipse.

> HERMIONE. — *Je t'aimais inconstant ; qu'aurais-je fait fidèle ?* (Racine)
> *Je t'aimais (alors que tu étais) inconstant ; qu'aurais-je fait (si tu avais été) fidèle ?*
> → Seul le contexte permet de lever l'ambiguïté.

- **En narratologie, l'ellipse temporelle** désigne l'omission d'une période plus ou moins longue du récit.
- L'ellipse n'est pas mentionnée.

> *Il voyagea. Il connut la mélancolie des paquebots, les froids réveils sous la tente.* (Flaubert)

- L'ellipse est mentionnée.

> *Ici, nous demandons la permission de passer, sans en dire un seul mot, sur un espace de trois années. À l'époque où reprend notre récit, il y avait déjà longtemps que le comte Mosca était de retour à Parme, comme premier ministre, plus puissant que jamais.* **Après ces trois années** *de bonheur divin, l'âme de Fabrice eut un caprice de tendresse qui vint tout changer.* (Stendhal, *La Chartreuse de Parme*)

3 Les connecteurs textuels

Les connecteurs textuels* sont des mots ou groupes de mots qui relient entre eux les phrases, les ensembles de phrases ou les paragraphes d'un texte. Les connecteurs textuels peuvent organiser un texte, signaler un point de vue ou introduire un argument.

1 Typologie des principaux connecteurs textuels

● **Les organisateurs textuels*** assurent la structuration du texte à deux niveaux : son contenu référentiel et sa matière textuelle.

1. Organiser le contenu référentiel du texte : l'espace et le temps
– **Les repères spatiaux** établissent des relations spatiales entre les phrases du texte : ils localisent les évènements, situent les actions, les personnages et les objets les uns par rapport aux autres. Ils peuvent être associés à d'autres indicateurs spatiaux comme les compléments circonstanciels.

> **Les principaux repères spatiaux :**
> d'abord/puis (au sens de *qui s'offre en 1ᵉʳ/2ᵉ à la vue*), d'un côté/de l'autre côté, en haut/bas, à gauche/droite, devant/derrière, au nord/sud, à l'est/ouest, etc.

> *La façade de briques était juste à l'alignement de la rue, ou de la route plutôt. Derrière la porte, se trouvaient accrochés un manteau à petit collet, une bride, une casquette de cuir noir, et dans un coin, par terre, une paire de houseaux encore couverte de boue sèche.* **À droite** *était la salle, c'est-à-dire l'appartement où l'on mangeait et où l'on se tenait.*
> (Flaubert, *Madame Bovary*)

> *Une rangée oblique prend naissance au pont de rondins,* **à droite***, pour atteindre le coin gauche du jardin. Elle compte trente-six plants dans sa longueur. L'arrangement en quinconce permet de voir ces plants comme alignés suivant trois autres directions :* **d'abord** *la perpendiculaire à la première direction citée,* **puis** *deux autres, perpendiculaires entre elles également, et formant avec les deux premières des angles de quarante-cinq degrés. Ces deux dernières sont donc respectivement parallèles et perpendiculaires à l'axe de la vallée — et au bord inférieur du jardin.*
> (A. Robbe-Grillet, *La Jalousie*)

– **Les repères temporels** établissent des relations chronologiques entre les actions et marquent les différentes étapes d'un récit : ils situent les évènements dans le temps, les uns par rapport aux autres.

> **Les principaux repères temporels :**
> d'abord (au sens de *dans un 1ᵉʳ temps*) ... puis (au sens de *dans un 2ᵉ temps*), ensuite, après, enfin, etc.

> *Sur le pyramidion de l'obélisque, on plaça* **d'abord** *une fleur de lys dorée,* **puis** *une croix de Malte* **et***, de nos jours, une pomme de pin.*
> (L. Schmeltzer, *Promenades autour des fontaines d'Aix-en-Provence*)

LA COHÉSION TEXTUELLE   2

2. Baliser la matière textuelle

- **Les organisateurs énumératifs** indiquent l'ordre d'apparition des différentes parties du texte.

> **Les principaux organisateurs énumératifs :**
> - ajout : aussi, également, de même, encore, de plus, etc.
> - ouverture : d'une part, (tout) d'abord, en premier lieu, premièrement, etc.
> - relai : ensuite, puis, en second lieu, deuxièmement, etc.
> - clôture : d'autre part, enfin, en dernier lieu, en conclusion, etc.

> *La laïcité, Messieurs, telle que l'entendaient nos honorables collègues, peut être envisagée à deux points de vue différents. Il y a **d'abord** la laïcité des programmes, ou la suppression de l'enseignement religieux dans l'école publique. Il y a, **d'autre part**, la laïcité du personnel [...]. (discours du député P. Bert sur le Principe de laïcité, 4 décembre 1880)*

> ***Tout d'abord**, nous analyserons, les différents paramètres qui définissent la configuration d'un texte. **Puis**, nous reviendrons sur quelques éléments de cohérence textuelle. **Enfin**, nous détaillerons les caractéristiques des différents types de séquences textuelles.*

- **Les marqueurs de thème** signalent un changement de thème*.

> **Les principaux marqueurs de thème :**
> quant à, en ce qui concerne, pour ce qui est de, concernant, côté, etc.

> *Pour moi, il est clair comme le jour qu'il faut commencer par éprouver ce que l'on veut exprimer, qu'il faut vivre dans la réalité de la vie familiale pour pouvoir en traduire l'intimité ; [...] **Quant à toi**, puisque tu sais que je ne m'en formalise pas afin de rester calme à mon travail, tu es à même de comprendre mon attitude.*
> *(V. Van Gogh « lettre du 1er juillet 1882 » in Lettres à son frère Théo, traduction de Noël Roelandt, © Éditions Gallimard)*

> *L'utilisation du dioxyde de titane pour la confection des bonbons et de certains dentifrices fait polémique. **Côté scientifique**, on souligne le caractère potentiellement cancérogène des nanoparticules de dioxyde de titane ingérées par voie nasale à haute dose. **Côté écologiste et protecteurs de l'environnement**, on appelle au boycott des produits en contenant. **Côté industriel et spécialistes de l'agroalimentaire**, on rappelle que les doses utilisées sont inférieures au seuil de recommandation.*

Le type argumentatif, (**6.4** p. 365) ◀ **- Les marqueurs d'illustration** signalent que la phrase qu'ils introduisent est à traiter comme un exemple.

> **Les principaux marqueurs d'exemplification et d'illustration :**
> par exemple, notamment, ainsi, en particulier, comme, tel(le)(s) que, etc.

> *Elle avait des paroles si affectueuses et des regards si hautains, des façons si diverses, que l'on ne distinguait plus l'égoïsme de la charité, ni la corruption de la vertu. Un soir, **par exemple**, elle s'emporta contre sa domestique, qui lui demandait à sortir et balbutiait en cherchant un prétexte.* (Flaubert, *Madame Bovary*)

- **Les marqueurs de prise en charge énonciative ou de point de vue**
- **Signaler un point de vue** : d'après *N*, selon *N*, etc.

> *Mais la beauté n'est rien **selon Chiron**, la grâce seule est irrésistible.* (Nerval)

- **Reformuler** : c'est-à-dire, autrement dit, en d'autres termes, à savoir ; bref, en somme, en résumé, en définitive, etc.

> *L'inconduite de ces dames solennelles qui se tenaient assises toutes droites prenait, dans la bouche de ceux qui en parlaient, quelque chose que je ne pouvais imaginer, proportionné à la grandeur des époques antéhistoriques, à l'âge du mammouth. **Bref** ces trois Parques à cheveux blancs, bleus ou roses avaient filé le mauvais coton d'un nombre incalculable de messieurs.* (Proust, *Du Côté de Guermantes*)

- **Les connecteurs argumentatifs**
- **Justifier et expliquer :** le connecteur signale que la proposition ou phrase qu'il introduit doit être traitée comme un argument visant à expliquer ou justifier la proposition qui précède.

> **Les principaux connecteurs explicatifs :**
> car, parce que, puisque, en effet, etc.

> *L'atmosphère de cette pure amitié (sc. la lecture) est le silence, plus pur que la parole. **Car** nous parlons pour les autres, mais nous nous taisons par nous-mêmes.*
> (Proust)

- **Apporter un complément d'information :** le connecteur signale que la proposition ou phrase qu'il introduit doit être traitée comme un argument apportant un complément d'information à la proposition qui précède.

Les principaux connecteurs apportant un complément d'information :
or, d'ailleurs, de plus, etc.

> Je n'avais de haine contre personne, mais peu de gens m'inspiraient de l'intérêt ; **or** les hommes se blessent de l'indifférence, ils l'attribuent à la malveillance ou à l'affectation. (B. Constant)

> ALBIN. — Décie excusera l'amitié d'un beau-père ;
> Et **d'ailleurs** Polyeucte est d'un sang qu'on révère.
> (Corneille, *Polyeucte*)

– Conclure un raisonnement : le connecteur signale que la proposition ou phrase qu'il introduit doit être traitée comme une conclusion.

Les principaux connecteurs conclusifs :
donc, aussi, c'est pourquoi, par conséquent, ainsi, en conclusion, etc.

> Pour moi, il est clair comme le jour qu'il faut commencer par éprouver ce que l'on veut exprimer, qu'il faut vivre dans la réalité de la vie familiale pour pouvoir en traduire l'intimité. [...] Le travail opiniâtre oblige la main à obéir à de tels sentiments, tandis que les étouffer et renoncer à posséder un chez-soi équivaudrait à un suicide. **C'est pourquoi** je répète : en avant, malgré les ombres noires, les soucis, les difficultés et aussi, hélas ! les curiosités et les racontars des autres.
> (lettre de V. Van Gogh à son frère Théo, 1er juillet 1882)

> Il semble que le goût des livres croisse avec l'intelligence, un peu au-dessous d'elle, mais sur la même tige [...]. **Aussi**, les plus grands écrivains, dans les heures où ils ne sont pas en communication directe avec la pensée, se plaisent dans la société des livres. (Proust, *Sur la lecture*)

– Marquer une opposition-concession : le connecteur signale que la proposition ou phrase qu'il introduit doit être traitée comme un argument opposé à celui ou ceux qui précèdent.

Les principaux connecteurs oppositifs :
mais ; cependant, néanmoins, toutefois, pourtant ; quand même, malgré tout ; en revanche, par contre ; au contraire etc.

> *La philosophie triomphe aisément des maux passés et des maux à venir.*
> ***Mais** les maux présents triomphent d'elle.* (La Rochefoucauld)

> *Il faut éviter le style vain et puéril de peur de ressembler à Dorilas et Handburg : l'on peut **au contraire** en une sorte d'écrits hasarder de certaines expressions, user de termes transposés et qui peignent vivement.* (La Bruyère)

Approfondissement

a. Le syllogisme, figure de style, est un raisonnement qui repose sur trois propositions : il s'agit de déduire une proposition à partir des deux précédentes.

Tous les hommes sont mortels. → *1re proposition (= prémisse majeure)*
***Or** Socrate est un homme.* → *2e proposition introduite par Or (= prémisse mineure)*
***Donc** Socrate est mortel.* → *conclusion introduite par Donc*

◄ Le texte argumentatif (**6.4**,4 p. 364)

b. Le distinguo (= *je distingue*), figure empruntée à la rhétorique scolastique, comprend deux propositions logiques opposées :
– le locuteur reconnaît la pertinence d'un argument attribué à un opposant réel ou virtuel : c'est le *concedo* (= *j'accorde*) introduit par *Certes*.
– le locuteur avance un argument supérieur au 1er argument concédé : c'est le *nego* (= *je nie*) introduit par *mais*.

> ***Certes**, le beau visage de ma mère brillait encore de jeunesse ce soir-là où elle me tenait si doucement les mains et cherchait à arrêter mes larmes ; **mais** justement il me semblait que cela n'aurait pas dû être, sa colère eût été moins triste pour moi que cette douceur nouvelle que n'avait pas connue mon enfance.* (Proust, *Du Côté de chez Swann*)

2 Les connecteurs et les types de textes

Certains connecteurs sont « appelés » par la typologie d'une partie ou de la totalité du texte dans laquelle ils interviennent.

◄ La typologie textuelle (**6.4** p. 347)

● **Les connecteurs spatiaux pour décrire**
Les organisateurs spatiaux et les compléments circonstanciels de lieu balisent les passages descriptifs.

◄ Les CC de lieu (**4.2**,4 p. 239)

> *Franck est assis <u>à sa droite</u> – donc <u>devant le buffet</u>. <u>Sur le buffet, à gauche de la seconde lampe</u> (c'est-à-dire du côté de la porte, ouverte, de l'office), sont empilées les assiettes propres qui serviront au cours du repas.*
> *<u>À droite de la lampe</u> et <u>en arrière de celle-ci</u> – <u>contre le mur</u> – une cruche indigène en terre cuite marque le milieu du meuble. **Plus à droite** se dessine, <u>sur la peinture grise du mur</u>, l'ombre agrandie et floue d'une tête d'homme – celle de Franck.* (A. Robbe-Grillet, *La Jalousie*)

LA COHÉSION TEXTUELLE

● **Les connecteurs temporels pour raconter**
Les connecteurs temporels et les compléments circonstanciels de temps balisent la succession chronologique des évènements.

▶ Les CC de temps (**4.2**, 4 p. 239)

> Adolphe ouvrit le livre, lut un mot, et Julien récita toute la page avec la même facilité que s'il eût parlé français. M. de Rênal regardait sa femme d'un air de triomphe. Les enfants, voyant l'étonnement de leurs parents, ouvraient de grands yeux. Un domestique vint à la porte du salon, Julien continua de parler latin. Le domestique resta **d'abord** immobile, **et ensuite** disparut. **Bientôt** la femme de chambre de madame, et la cuisinière, arrivèrent près de la porte. (Stendhal, *Le Rouge et le Noir*)

● **Les connecteurs argumentatifs pour expliquer et argumenter**
Les connecteurs argumentatifs signalent les phases argumentatives d'un raisonnement : une explication (*car*), une conclusion (*d'où vient que*), une opposition (*au contraire, mais*), un argument supplémentaire (*or*), etc.
Les organisateurs textuels permettent de baliser les étapes du raisonnement ou l'ordre d'apparition des arguments dans le texte : *le premier* et *le second*.

> Au lieu que s'il y en (sc. des machines) *avoit qui eussent la resemblance de nos cors, et imitassent autant nos actions que moralement il seroit possible, nous aurions tousjours deux moyens tres certains, pour reconnoistre qu'elles ne seroient point pour cela de vrais hommes. Dont* **le premier** *est que jamais elles ne pourroient user de paroles, ny d'autres signes en les composant, comme nous faisons pour declarer aux autres nos pensées.* **Car** *on peut bien concevoir, qu'une machine soit tellement faite qu'elle profere des paroles, et mesme quelle en profere quelques unes à propos des actions corporelles qui causeront quelque changement en ses organes : Comme si on la touche en quelque endroit, qu'elle demande ce qu'on luy veut dire ; si en un autre, qu'elle crie qu'on luy fait mal, et choses semblables :* **Mais** *non pas qu'elle les arrenge diversement, pour respondre au sens de tout ce qui se dira en sa presence, ainsi que les hommes les plus hebetez peuvent faire.* **Et le second** *est, que bien qu'elles fissent plusieurs choses, aussy bien, ou peut estre mieux, qu'aucun de nous, elles manqueroient infailliblement en quelques autres, par lesquelles on découvriroit qu'elles n'agiroient pas par connoissance, mais seulement par la disposition de leurs organes :* **Car** *au lieu que la raison est un instrument universel, qui peut servir en toutes sortes de rencontres, ces organes ont besoin de quelque particuliere disposition pour chasque action particuliere ;* **d'où vient qu'***il est moralement impossible, qu'il y en ait assez de divers en une machine, pour la faire agir en toutes les occurrences de la vie, de mesme façon que nostre raison nous fait agir.* (Descartes, *Discours de la méthode*, Charles Angot Éditeur, 1668)

CHAPITRE 3

La progression textuelle

1. Le thème et le prédicat dans la phrase 338
2. Types de progressions thématiques. 339
3. Combinaison et rupture thématiques. 342
4. Progression thématique et types de textes. 344

L'unité ◀ thématique
(**6.1**,1 p. 318)

La phrase ◀
(**4.1**,1 p. 262)

● **Un texte articule deux types d'informations :**
– **le thème*** est ce dont on parle, ce que l'on connaît déjà. C'est le point de départ de l'énoncé.
– **le prédicat*** correspond aux informations nouvelles apportées sur ce thème. C'est ce qui est dit du thème.

L'île est baignée par les eaux du Grand Océan Caprice. (P. Tacchella)
L'île est le thème de l'énoncé, ce dont on parle.
est baignée par les eaux du Grand Océan Caprice est le prédicat, ce qui est dit du thème *L'île*.

● **La répartition et l'enchaînement de ces deux types d'informations** dans le texte répond à des règles de progression thématique.

1 Le thème et le prédicat dans la phrase

Le thème* est généralement placé en début de phrase et le **prédicat*** en deuxième partie.

1. Cas ordinaires : thème (= sujet) + prédicat (= verbe + complément).

<u>La musique</u> <u>adoucit les mœurs.</u>
   thème   prédicat

2. Thématisations diverses : un complément est mis en position de thème (antéposé) :

– complément circonstanciel : *Chaque jour*, la musique adoucit les mœurs.
– complément d'objet second : *À mon père* je dédie ces quelques vers.
– complément d'objet direct : *Dior J'adore !*
– complément disloqué : *Le chocolat*, Adrien l'aime.

3. Dans une construction clivée*, le prédicat est placé entre *c'est* et *que* : *C'est le vase de Chine que Sophie a cassé.*

➤ La dislocation (**4.4**,5 p. 269)
➤ L'extraction (**4.4**,5 p. 270)

Comment distinguer le thème et le prédicat ?

La grammaire est une chanson douce (E. Orsenna)

Test : ajouter la négation *ne ... pas + mais ...*
→ seul le prédicat est dans la portée de la négation.

La grammaire n'est pas *une chanson douce*, mais (est) *un chemin semé d'embuches*,
                   prédicat   prédicat de remplacement

☹ *La grammaire* n'est pas *une chanson douce* mais *l'histoire*.
    thème   thème de remplacement

❷ Types de progressions thématiques

La progression thématique désigne la manière dont le thème* est successivement posé dans le texte, phrase après phrase. On reconnait trois types de progression thématique : la progression à thème constant, la progression linéaire et la progression à thèmes dérivés.

● **Dans la progression à thème* constant,** le thème initialement posé est repris tout au long du texte et associé à plusieurs prédicats*.

> **Jean Calas**, âgé de soixante et huit ans, exerçait la profession de négociant à Toulouse depuis plus de quarante années, et était reconnu de tous ceux qui ont vécu avec lui pour un bon père. **Il** était protestant, ainsi que sa femme et tous ses enfants, excepté un, qui avait abjuré l'hérésie, et à qui le père faisait une petite pension. **Il** paraissait si éloigné de cet absurde fanatisme qui rompt tous les liens de la société qu'il approuva la conversion de son fils.
> (Voltaire, *Traité sur la Tolérance*)

Le thème initial, la personne dont traite le passage, est *Jean Calas*. Ce thème est repris par le pronom personnel *il*. Le thème est donc constant.

> Différents prédicats lui sont successivement associés, qui définissent Jean Calas comme un protestant éloigné du fanatisme religieux.

Les progressions à thème constant peuvent s'entrecroiser quand plus d'un personnage est représenté.

> **Le monsieur en bottes rouges** donna des conseils au jeune homme ;
> *il* exposait des théories, narrait des anecdotes, se citait lui-même en exemple, débitant tout cela d'un ton paterne, avec une ingénuité de corruption divertissante.
> *Il* était républicain ; *il* avait voyagé, *il* connaissait l'intérieur des théâtres, des restaurants, des journaux, et tous les artistes célèbres, qu'*il* appelait familièrement par leurs prénoms ; <u>Frédéric</u> lui confia bientôt ses projets ; *il* les encouragea.
> Mais *il* s'interrompit pour observer le tuyau de la cheminée, puis *il* marmotta vite un long calcul, afin de savoir « combien chaque coup de piston, à tant de fois par minute, devait, etc. » — Et, la somme trouvée, *il* admira beaucoup le paysage. *Il* se disait heureux d'être échappé aux affaires.
> <u>Frédéric</u> éprouvait un certain respect pour lui, et ne résista pas à l'envie de savoir son nom. **L'inconnu** répondit tout d'une haleine : « Jacques Arnoux, propriétaire de l'art industriel, boulevard Montmartre. »
> (Flaubert, *L'Éducation sentimentale*)

> Deux personnages, Le monsieur en bottes rouges et Frédéric, occupent successivement la position de thème.
> – La progression liée au groupe nominal Le monsieur en bottes rouges domine le passage. Le groupe nominal est repris par le pronom personnel *il* ou par le GN L'inconnu. Ces reprises occupent la place du thème dans la plupart des phrases.
> – Le personnage principal, Frédéric, apparait deux fois dans le passage en position de thème. La progression à thème constant se fait à distance : le thème ressurgit à plusieurs phrases de distance.

- **Dans la progression linéaire,** le thème reprend la totalité ou une partie du prédicat de la phrase précédente. Ce type de progression instaure entre les phrases un enchainement de type horizontal : la fin de la phrase sert de point de départ à la suivante, et ainsi de suite.

> Le célèbre métaphysicien allemand Kant, en examinant la cause du plaisir que font éprouver l'éloquence, les beaux-arts, tous les chefs-d'œuvre de l'imagination, dit que ce plaisir tient au besoin de reculer <u>les limites de la destinée humaine</u> : **ces limites qui resserrent douloureusement notre cœur**, une émotion vague, un sentiment élevé les fait oublier pendant quelques instants.
> (Mme de Staël, *De la littérature*)

LA PROGRESSION TEXTUELLE

Le thème *ces limites qui resserrent douloureusement notre cœur* reprend une partie du prédicat de la phrase précédente : *les limites de la destinée humaine*.

▶ Les reprises (**6.2**,1 p. 324)

La progression linéaire répond à un schéma en escalier :

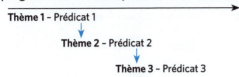

> *Ce détail et beaucoup d'autres furent convenus entre le docteur et M*^{lle} *Beaulieu. **Cette bonne fille** quitta Nancy à cinq heures, laissant ses fonctions à **Anne-Marie**. Or, depuis longtemps **Anne-Marie**, que M*^{me} *de Chasteller ne gardait que par bonté et qu'elle avait été sur le point de renvoyer une ou deux fois, était entièrement dévouée à M*^{lle} *Bérard, et son espion contre Beaulieu.* (Stendhal, *Lucien Leuwen*)

Une partie du prédicat de la 1re phrase *M*^{lle} *Beaulieu* devient le thème de la 2e phrase (*cette bonne fille*). À son tour, une partie du prédicat de la 2e phrase (*Anne-Marie*) sert de thème à la 3e. (*Anne-Marie* y est répété).

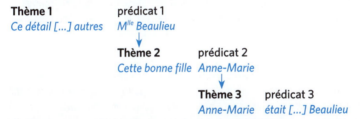

- **Dans la progression à thèmes* dérivés,** le thème premier (appelé hyperthème) se décompose en différentes parties constitutives.

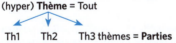

Th1   Th2   Th3 thèmes = **Parties**

Chacune des parties représente à son tour le thème d'une phrase[1].

> *Il (sc. le Père Goriot) devint progressivement maigre ; **ses mollets** tombèrent ; **sa figure**, bouffie par le contentement d'un bonheur bourgeois, se rida démesurément ; **son front** se plissa, **sa mâchoire** se dessina.* (Balzac, *Le Père Goriot*)

Le thème général *le Père Goriot*, représenté par le pronom personnel *il*, est éclaté en chacune de ses parties constitutives qui représentent les thèmes de chaque proposition.

---

1. La progression concerne en général le thème, mais elle peut aussi concerner le prédicat. Elle peut partir du prédicat dont on extrait soit des thèmes dérivés, soit des prédicats dérivés.

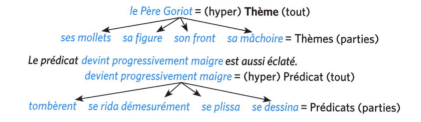

Le prédicat devint progressivement maigre est aussi éclaté.

3 Combinaison et rupture thématiques

● **Combinaisons thématiques**

Le plus souvent, un texte combine deux ou trois types de progressions thématiques :
– progression linéaire + progression à thème constant ;

> Tout premier de la classe que je sois, j'ai mille misères à conjuguer par écrit **le verbe dactylographier. Un tel mot** ne ressemble à rien, il sonne désagréablement, il a l'air fait de pièces et de morceaux, il ne se rencontre même pas dans nos livres, je me demande bien ce que je pourrai en faire un jour. (P. Jakez Hélias, Le Cheval d'orgueil)

Le thème de la 2e phrase Un tel mot reprend le prédicat de la 1re phrase le verbe dactylographier, suivant une progression linéaire. Les pronoms personnels il, qui occupent la position thématique dans les phrases juxtaposées, reprennent le thème initial de la phrase : Un tel mot. La progression est à thème constant. Le Ppers. je reprend à son tour, à distance, le Ppers. je de la 1re phrase dans une progression à thème constant.

– progression linéaire + progression à thèmes dérivés ;

> La matière qui nous entoure et nous constitue est faite de quelques **quatre-vingts éléments chimiques. Ces éléments**, toujours les mêmes, nous les retrouvons jusqu'aux limites de l'univers observable (A3). Numériquement, l'hydrogène domine largement. Quatre-vingt-dix pour cent des atomes sont de l'hydrogène. L'hélium vient en second avec huit ou neuf pour cent. L'ensemble des autres éléments se partage le pourcentage qui reste… (H. Reeves, Patience dans l'azur)

Le thème de la 2e phrase Ces éléments reprend une partie du prédicat de la phrase précédente quatre-vingts éléments chimiques, suivant une progression linéaire. Le thème Ces éléments fait ensuite l'objet d'une progression à thèmes dérivés : les thèmes l'hydrogène, l'hélium et l'ensemble des autres éléments sont des parties de Ces éléments.

– progression à thèmes dérivés + progression linéaire + progression à thème constant.

> *Cette méditation sur ce qui avait pu faire peur à l'homme heureux et puissant contre lequel une heure auparavant il était bouillant de colère acheva de rasséréner l'âme de* **Julien**. *Il fut presque sensible un moment à* <u>la beauté ravissante des bois</u> *au milieu desquels il marchait.* <u>D'énormes quartiers de roches nues</u> *étaient tombés jadis au milieu de la forêt du côté de la montagne.* <u>De grands hêtres</u> *s'élevaient presque aussi haut que ces rochers dont l'ombre donnait une fraîcheur délicieuse à trois pas des endroits où la chaleur des rayons du soleil eût rendu impossible de s'arrêter.* **Julien** *prenait haleine un instant à l'ombre de ces grandes roches, et puis se remettait à monter. Bientôt par un étroit sentier à peine marqué et qui sert seulement aux gardiens des chèvres,* **il** *se trouva debout sur un roc immense et bien sûr d'être séparé de tous les hommes.* **Cette position physique** *le fit sourire,* **elle** *lui peignait la position qu'il brûlait d'atteindre au moral.* (Stendhal, *Le Rouge et le Noir*)

Le passage débute avec une progression linéaire : *Julien*, en fin de prédicat repris par le pronom personnel *il*, devient le thème de la phrase suivante. Suit une progression à thèmes dérivés qui aide à décrire *la beauté ravissante des bois*.

La beauté ravissante des bois
↙ ↘
D'énormes quartiers   *De grands hêtres*
de roches nues

Retour à un thème déjà posé initialement avec la mention de *Julien*, repris par le pronom personnel *il* dans une progression à thème constant : *Julien prenait haleine…* → *il se trouva debout sur un roc immense…*

Une progression linéaire permet de préciser la position physique de Julien, qui fait l'objet à son tour d'une progression à thème constant (*elle*) : *il se trouva* **debout sur un roc immense et bien sûr d'être séparé de tous les hommes** → **Cette position physique** *le fit sourire,* **elle** *lui peignait…*

- **Rupture thématique**

L'apparition d'un thème inattendu, sans rapport avec ce qui précède, provoque une rupture thématique.

> *« […] Revenue à elle, elle revit le fantôme, ou la statue, comme elle dit toujours, immobile, les jambes et le bas du corps dans le lit, le buste et les bras étendus en avant, et entre ses bras son mari, sans mouvement.* **Un coq** *chanta. Alors la statue sortit du lit, laissa tomber le cadavre et sortit. Mme Alphonse se pendit à la sonnette, et vous savez le reste. »* (Mérimée, *La Vénus d'Ille*)

Progression thématique et types de textes

Le type de progression thématique est en partie lié au type du texte ou du passage : narration, description, argumentation, etc.

- **La progression thématique d'une description**

Décrire consiste à donner une représentation de l'objet (lieu, personnage, action, objet, etc.) au moyen des différentes parties qui le constituent. Deux types de progressions sont plutôt attendus dans la description.

1. La progression à thèmes* (ou prédicats*) dérivés accompagne la fragmentation de l'objet décrit :
– un lieu (paysage, habitat, etc.) par ses éléments représentatifs.

> Ignorant l'art de remanier dix fois une boucle de cheveux et d'en étudier l'effet, Eugénie se croisa bonnement les bras, s'assit à sa fenêtre, contempla **la cour, le jardin étroit et les hautes terrasses qui le dominaient** [...]. **Le pavé de la cour** offrait ces teintes noirâtres produites avec le temps par les mousses, par les herbes, par le défaut de mouvement. **Les murs épais** présentaient leur chemise verte, ondée de longues traces brunes. **Enfin les huit marches** qui régnaient au fond de la cour et menaient à la porte du jardin étaient disjointes et ensevelies sous de hautes plantes comme le tombeau d'un chevalier enterré par sa veuve au temps des croisades. **Au-dessus d'une assise de pierres toutes rongées** s'élevait une grille de bois pourri, à moitié tombée de vétusté, mais à laquelle se mariaient à leur gré des plantes grimpantes. **De chaque côté de la porte à claire-voie** s'avançaient les rameaux tortus de deux pommiers rabougris. **Trois allées parallèles, sablées et séparées par des carrés dont les terres étaient maintenues au moyen d'une bordure en buis**, composaient ce jardin que terminait, **au bas de la terrasse**, un couvert de tilleuls.
> (Balzac, *Eugénie Grandet*)

– un ensemble (peuple, institution, aliment, etc.) par ses composants.

> **Les femmes** avaient paru, près d'un millier de femmes, aux cheveux épars dépeignés par la course, aux guenilles montrant la peau nue, des nudités de femelles lasses d'enfanter des meurt-de-faim. **Quelques-unes** tenaient leur petit entre les bras, le soulevaient, l'agitaient, ainsi qu'un drapeau de deuil et de vengeance. **D'autres**, plus jeunes, avec des gorges gonflées de guerrières, brandissaient des bâtons ; tandis que **les vieilles**, affreuses, hurlaient si fort, que les cordes de leurs cous décharnés semblaient se rompre.
> (Zola, *Germinal*)

LA PROGRESSION TEXTUELLE

2. La progression linéaire produit un effet de zoom avant.

> *Un guéridon, un vase contenant des fleurs en papier, puis les rideaux de l'alcôve, le lit, **une armoire** ; **près de l'armoire**, <u>une petite porte recouverte de tapisserie</u>. <u>Près de la porte</u>, <u>une chaise</u> ; <u>sur la chaise</u>, des linges, pantalons et jupes brodés.* (J. Giono, *Le Hussard sur le toit*)

● **La progression thématique d'une narration**

Dans une narration, la progression à thème constant assure la permanence du personnage thématique auquel sont associées différentes actions.

> ***Le loup*** <u>tira</u> *la chevillette et la porte s'ouvrit.* ***Il*** <u>se jeta</u> *sur la bonne femme, et la* <u>dévora</u> *en moins de rien, car il y avait plus de trois jours qu'il n'avait mangé. Ensuite* ***il*** <u>ferma</u> *la porte, et* <u>s'alla coucher</u> *dans le lit de la mère-grand, en attendant le Petit Chaperon rouge.*
> (Perrault, *Le Petit Chaperon rouge*)

● **La progression thématique d'une argumentation**

La progression à thèmes (ou prédicats) dérivés peut être utilisée dans une argumentation pour introduire différents exemples ou pour baliser les arguments développés.

> *(La) plasticité donne beaucoup de variété et de charme aux gentils égards que nous montre une jeune fille. Certes, ils sont indispensables aussi chez la femme, et celle à qui nous ne plaisons pas ou qui ne nous laisse pas voir que nous lui plaisons, prend à nos yeux quelque chose d'ennuyeusement uniforme. Mais ces gentillesses elles-mêmes, à partir d'un certain âge, n'amènent plus de molles fluctuations sur **un visage que les luttes de l'existence ont durci, rendu à jamais militant ou extatique**. **L'un** – par la force continue de l'obéissance qui soumet l'épouse à son époux – semble, plutôt que d'une femme, le visage* <u>d'un soldat</u> *;* ***l'autre****, sculpté par les sacrifices qu'a consentis chaque jour la mère pour ses enfants, est* <u>d'un apôtre</u>. ***Un autre encore*** *est, après des années de traverses et d'orages, le visage* <u>d'un vieux loup de mer</u>, *chez une femme dont les vêtements seuls révèlent le sexe.*
> (Proust, *À l'Ombre des jeunes filles en fleurs*)

La progression dérivée permet d'illustrer les différentes expressions que peut prendre le visage d'une femme : le visage d'un soldat, d'un apôtre, d'un vieux loup de mer.

CHAPITRE 4

La typologie textuelle

1. Visées communicatives et typologie textuelle 347
2. Le type narratif 355
3. Le type descriptif 360
4. Le type argumentatif 365

Le texte véhicule une ou plusieurs intentions communicatives : il vise à raconter, décrire, convaincre, expliquer, mimer un dialogue, etc. Ces visées s'inscrivent à deux niveaux : au niveau global du texte (visée générale) et au niveau des parties du texte (visée locale).

Approfondissement : Comment classer les textes ?

La typologie textuelle reconnait l'existence de classes ou de catégories de textes, d'écrits ou de discours, présentant des caractéristiques communes. Il existe plusieurs façons de les classer.
- **Selon leur identité disciplinaire.** Une distinction large oppose les écrits littéraires (genre) aux écrits non littéraires. Parmi eux, on distingue les textes journalistiques (fait divers, note, éditorial, reportage, etc.), les textes administratifs (compte rendu, note interne, procès-verbal, etc.), les textes scientifiques (thèse, article, essai, communication, etc.), les textes didactiques (grammaire scolaire, manuel pédagogique, etc.).
- **Selon les fonctions du langage*** (R. Jakobson). Certains textes font référence à un élément de la réalité (plaques commémoratives, petites annonces). D'autres expriment une émotion ou un point de vue (billet d'humeur, journal intime). Les textes directifs (tract politique, mode d'emploi) poussent à agir. Ceux dits *phatiques* servent à établir et maintenir le contact (formule de politesse dans une lettre). Les articles de dictionnaire traitent de la langue. Les poèmes et les slogans prennent la langue comme un objet.
- **Selon les grands actes de discours qu'ils réalisent** (raconter, décrire, convaincre, expliquer, etc.). Cette typologie, qui repose sur un critère pragmatique, est à l'origine des types de textes. Cinq types ont d'abord été distingués (E. Werlich) : les textes narratifs, descriptifs, expositifs (explicatifs), argumentatifs et instructifs. Puis ont été ajoutés les textes prédictifs, conversationnels et rhétoriques (poétiques).

◂ Le discours
(**6.5**,3 p. 379)

LA TYPOLOGIE TEXTUELLE

1 Visées communicatives et typologie textuelle

1 Visée générale et types de textes

- **Le texte répond à une visée générale ou dominante :** un roman raconte une histoire ; un guide touristique décrit un monument, un lieu ou un personnage ; une plaidoirie vise à convaincre un auditoire ; un manuel scolaire explique un phénomène problématique ; une audition vise à questionner un témoin ou une victime ; une notice de montage dit comment effectuer une procédure ; un poème joue avec la langue.

Ces visées sont à l'origine de types de textes.

Type de texte – *Visée générale*	Écrits
Texte narratif *Raconter une histoire réelle ou fictionnelle.*	Roman, nouvelles, fait divers, conte, etc.
Texte descriptif *Livrer une représentation d'un modèle (paysage, objet, personne, actions, etc.).*	Portrait, brochure de musée, guide touristique, catalogue de ventes aux enchères, etc.
Texte argumentatif *Convaincre, persuader.*	Essai, plaidoirie, plaidoyer, réflexions, discours politique ou publicitaire, etc.
Texte explicatif *Faire comprendre.*	Article encyclopédique, manuel didactique, brochure scientifique, etc.
Texte conversationnel *Dialoguer.*	Interview, pièce de théâtre, interrogatoire, audition de témoin ou de victime, etc.
Texte injonctif *Ordonner.*	Recette de cuisine, notice de montage, procédure, consignes de sécurité, notice médicamenteuse, etc.
Texte poétique *Jouer avec le matériau de la langue.*	Poème, slogan, chanson, etc.

- **À chacune de ces visées peut correspondre un mode de lecture :** on lit un roman pour se distraire, un article encyclopédique ou un manuel scolaire pour apprendre, un essai pour étoffer ou éprouver son raisonnement, une recette de cuisine ou une notice de montage pour agir. La visée textuelle peut aussi influencer la façon de lire le texte. Un texte à dominante narrative engage une lecture continue ; un texte à dominante injonctive, qui délivre des instructions, implique une lecture morcelée, atomisée (le lecteur lit une instruction, la mémorise, l'exécute, puis lit l'instruction suivante, la mémorise, l'exécute, et ainsi de suite jusqu'à la fin de la procédure).

2 Hétérogénéité textuelle

Rares sont les textes dont les parties répondent à une seule et même visée : un texte plutôt narratif comprend aussi des passages descriptifs ou conversationnels ; dans un texte plutôt argumentatif, il n'est pas rare de trouver de brefs passages narratifs qui prennent la forme d'anecdotes ; un texte plutôt injonctif inclut des passages descriptifs (une notice de médicament précise la classe pharmacologique du médicament et énumère ses composants).

La fable de Jean de La Fontaine Le Chat et le Renard (Fables, IX, 14) *illustre l'hétérogénéité constitutive d'un texte. La trame principale est narrative : la fable raconte l'histoire de deux protagonistes, le Chat et le Renard. Des passages relevant d'autres types y sont enchâssés. Des indices linguistiques (système des temps verbaux, connecteurs, types de phrases, etc.) et formels (segmentation graphique, tiret, etc.) signalent leur couleur typologique.*

Fable	Phases narratives
Le Chat et le Renard comme beaux petits saints, ***S'en allaient*** *en pèlerinage.* *C'étaient <u>deux vrais Tartufs</u>, <u>deux archipatelins</u>,* *<u>Deux francs Patte-pelus</u> qui des frais du voyage,* *Croquant mainte volaille, escroquant maint fromage,* ***S'indemnisaient*** *à qui mieux mieux.* *Le chemin était long, et partant ennuyeux,*	**Passage descriptif** Présentation des personnages caractérisés par : – leurs actions à l'imparfait de l'indicatif ; – leur caractère hypocrite et flatteur.
*Pour l'accourcir ils **disputèrent**.*	**Passage narratif** Émergence d'une action verbale (discours narrativisé) au passé simple. Fait de premier plan. ▶ *infra* 5.3 p. 379
*La dispute **est** d'un grand secours ;* *Sans elle on dormirait toujours.*	**Passage argumentatif** L'action fait l'objet d'un commentaire de l'auteur, au présent de vérité générale.
*Nos Pèlerins **s'égosillèrent**.* *Ayant bien disputé, l'on **parla** du prochain.*	**Retour à la narration** Les actions verbales (discours narrativisé) sont restituées au passé simple. ▶ *infra* 5.3 p. 379
*Le Renard au Chat **dit** enfin :* *« Tu prétends être fort habile :* *En sais-tu tant que moi ? J'ai cent ruses au sac.* *— Non, dit l'autre ; je n'ai qu'un tour dans mon bissac,* *Mais je soutiens qu'il en vaut mille. »*	**Passage conversationnel** Dialogue au discours direct : verbes déclaratifs, marques typographiques (guillemets, tirets), structure de l'échange (question-réponse), alternance des tours de parole (le Renard puis le Chat).

LA TYPOLOGIE TEXTUELLE

Fable	Phases narratives
Eux de recommencer la dispute à l'envi. / Sur le que si, que non, tous deux étant ainsi, / **Une meute apaisa la noise.**	**Retour à la narration** / Fait de premier plan.
Le Chat dit au Renard : « **Fouille** en ton sac, ami : / **Cherche** en ta cervelle matoise / Un stratagème sûr : pour moi, voici le mien. »	**Passage conversationnel** / Dialogue avec marques du discours direct : le Chat formule une phrase injonctive marquée par l'impératif.
À ces mots sur un arbre il **grimpa** bel et bien. / L'autre **fit** cent tours inutiles, / **Entra** dans cent terriers, **mit** cent fois en défaut / Tous les confrères de Brifaut. / Partout il **tenta** des asiles ; / Et ce fut partout sans succès ; / La fumée y pourvut ainsi que les bassets. / Au sortir d'un Terrier deux chiens aux pieds agiles / L'**étranglèrent** du premier bond.	**Retour à la narration** / Succession d'actions au passé simple : à l'action du Chat, succèdent les multiples actions du Renard, puis celle, brutale, des deux Chiens.
Le trop d'expédients peut gâter une affaire ; / **On** perd du temps au choix, **on** tente, **on** veut tout faire.	La fable s'achève par **une morale qui relève de l'argumentation** : le présent de l'indicatif à valeur omnitemporelle ; la présence du pronom personnel on renvoie à l'ensemble des humains et donne à la morale la forme de la loi générale.
N'en ayons qu'un, mais qu'il soit bon.	La morale prend la forme d'une injonction finale : la fable s'achève sur un précepte qui édicte une règle de conduite.

3 Visées multiples

Un texte ou un passage textuel peut cumuler les visées communicatives, parfois sans que l'on puisse privilégier l'une plutôt que l'autre.

- **La fable,** qui est le plus souvent un apologue, répond d'abord à une visée dominante narrative. Mais la morale initiale ou finale invite à (re)considérer ce récit comme une illustration concrète d'une loi plus générale. Sous l'effet de la morale, il prend une dimension argumentative. Parfois, la morale prend la forme du précepte et pose une règle de conduite (verbes à l'impératif, *il faut*, etc.). Le récit qui illustre cette règle de conduite participe aussi de cette visée injonctive.

- **La notice de montage et la recette de cuisine** peuvent être associées à deux visées : dire de faire (visée injonctive) et comment faire (visée explicative). Ces textes procéduraux listent un ensemble d'instructions que le lecteur doit suivre et expliquent comment effectuer une procédure.

Ils présentent aussi des similitudes avec le texte descriptif : ils posent un tout (*meuble à monter, plat à cuisiner*) qu'ils présentent par le biais de ses parties (*pièces, aliments*). Une description d'actions successives permet de passer des parties éparses à l'objet final. Ils adoptent enfin une dynamique propre à la narration : la transformation d'un objet sous l'effet d'actions successives et suivant un ordre chronologique.

● **Le slogan publicitaire** combine les visées injonctive, argumentative et poétique. Il réalise une visée injonctive : son objectif est de pousser le consommateur à acheter le produit. Pour ce faire, il doit le convaincre de la valeur ajoutée du produit promu (visée argumentative). Il résulte d'un travail sur le matériau langagier : la forme poétique est mise au service du projet commercial. Il exploite les relations lexicales comme l'homophonie* (*Lapeyre, y'en a pas deux !* : homophonie *Lapeyre* et *la paire*), la paronymie* (*Bic fait, bien fait !* : paronymie *Bic* et *vite*), la polysémie* et l'antonymie* (*Gini, la plus chaude des boissons froides !* : la polysémie du mot *chaude* – agréable aux sens, température élevée – permet d'éviter l'incompatibilité entre les antonymes *chaudes* et *froides*) ou crée de nouveaux mots (*On va fluncher !*).

◄ Les unités du lexique (**2.2** p. 65)

4 Les types explicatif, conversationnel, injonctif et poétique

● **Le texte explicatif** : *faire comprendre quelque chose à quelqu'un*

1. La résolution de problème : à l'origine du discours explicatif se trouve un « problème de l'ordre du savoir » (D. Coltier)[1] qu'il faut justifier en en établissant la cause, la raison, l'origine ou la motivation notamment. Le texte explicatif vise à répondre aux questions en *comment* et *pourquoi*.

2. La superstructure* du texte explicatif :
– une phase de questionnement qui expose une problématique (*pourquoi ?, comment ?*) ;
– une phase résolutive qui apporte les informations nécessaires à la résolution de la problématique initiale (*parce que*) ;
– une phase conclusive-évaluative qui consiste en une synthèse des solutions proposées (*donc, pour résumer*).

3. La microstructure* du texte explicatif :
– connecteurs argumentatifs (marqueurs de cause à effet), organisateurs textuels, etc. ;
– présent de l'indicatif à valeur intemporelle ;
– progression linéaire.

◄ Les connecteurs (**6.2**,3 p. 334)

◄ Progression linéaire (**6.3**,2 p. 340)

---

1. Danielle Coltier, « Approches du texte explicatif », Pratiques, n° 51, septembre 1986, pp. 3-22.

> Mes moyens d'ascension et de descente consistent uniquement à dilater ou à contracter par des températures diverses le gaz renfermé dans l'intérieur de l'aérostat. **Et voici comment j'obtiens ce résultat.**
> Vous avez vu embarquer avec la nacelle plusieurs caisses dont l'usage vous est inconnu. Ces caisses sont au nombre de cinq.
> La première renferme environ vingt-cinq gallons d'eau, à laquelle j'ajoute quelques gouttes d'acide sulfurique pour augmenter sa conductibilité, et je la décompose au moyen d'une forte pile de Bunsen. L'eau, comme vous le savez, se compose de deux volumes en gaz hydrogène et d'un volume en gaz oxygène.
> Ce dernier, sous l'action de la pile, se rend par son pôle positif dans une seconde caisse. Une troisième, placée au-dessus de celle-ci, et d'une capacité double, reçoit l'hydrogène qui arrive par pôle négatif.
> Des robinets, dont l'un a une ouverture double de l'autre, font communiquer ces deux caisses avec une quatrième, qui s'appelle caisse de mélange. Là, en effet, se mélangent ces deux gaz provenant de la décomposition de l'eau. La capacité de cette caisse de mélange est environ de quarante et un pieds cubes.
> À la partie supérieure de cette caisse est un tube en platine muni d'un robinet.
> **Vous l'avez déjà compris**, Messieurs : l'appareil que je vous décris est tout bonnement un chalumeau à gaz oxygène et hydrogène dont la chaleur dépasse celle des feux de forge. (J. Verne, *Cinq semaines en ballon*)

- **Le texte conversationnel :** *dialoguer*

1. La conversation est le « prototype de toute interaction verbale » (C. Kerbrat-Orecchioni)[2]. Elle se définit comme un échange structuré et alterné de paroles entre deux ou plusieurs locuteurs. Le type conversationnel désigne les textes ou discours présentant cette organisation structurale de la parole alternée. Il est aussi parfois qualifié de *dialogal*. Le dialogue est alors pris dans son acception large qui privilégie la notion d'échange : *dia-* « à travers », *logos* « paroles » (« paroles qui circulent »).

2. La superstructure* du texte conversationnel comprend trois phases alternant les prises de paroles : question-réponse-(évaluation).
– Dans une 1re phase, le locuteur pose une question. Il cède la parole à son interlocuteur.
– Ce dernier, dans la 2e phase de l'échange, fournit une réponse.
– Le locuteur initial reprend éventuellement la parole pour accuser réception de la réponse fournie.

3. La microstructure* du texte conversationnel :
– énonciation de discours (présent de l'indicatif, déictiques) ;

---
2. Catherine Kerbrat-Orecchioni, La conversation, Mémo Seuil, 1996.

- discours direct ;
- interrogation directe ;
- marques d'oralité (interjections *ah !*, *heu*, *ben*, *etc.*, accents, idiolecte*, etc.) ;
- signes typographiques (tirets, guillemets, etc.), éventuel saut de ligne entre chaque tour de parole.

> Le Tambour. — Je ne pourrai pas venir tout à l'heure, ou j'arriverai trop tard. Est-ce que ça serait un effet de votre bonté de me donner ma consultation maintenant ?
> Knock. — Heu... Oui... mais dépêchons-nous. J'ai rendez-vous avec Monsieur Bernard, l'instituteur, et avec M. le pharmacien Mousquet. Il faut que je les reçoive avant que les autres arrivent. De quoi souffrez-vous ?
> Le Tambour. — Attendez que je réfléchisse... voilà. Quand j'ai dîné, il y a des fois que je sens une espèce de démangeaison ici. [...] Ça me chatouille, ou plutôt, ça me grattouille.
> Knock. — Attention. Ne confondons pas. Est-ce que ça vous chatouille ou est-ce que ça vous grattouille ?
> Le Tambour. — Ça me grattouille. Mais ça me chatouille bien un peu aussi.
> Knock. — Désignez-moi exactement l'endroit.
> Le Tambour. — Par ici.
> Knock. — Par ici... où cela, par ici ?
> Le Tambour. — Là. Ou peut-être là... entre les deux
> Knock. — Juste entre les deux ?... Est-ce que ça ne serait pas plutôt un rien à gauche, là, où je mets mon doigt ?
> Le Tambour. — Il me semble bien.
> Knock. — Ça vous fait mal quand j'enfonce mon doigt ?
> Le Tambour. — Oui, on dirait que ça me fait mal.
> Knock. — Ah ! Ah ! Est-ce que ça ne vous grattouille pas davantage quand vous avez mangé de la tête de veau à la vinaigrette ?
> Le Tambour. — Je n'en mange jamais. Mais il me semble que si j'en mangeais, effectivement, ça me gratouillerait plus.
> (J. Romains, *Knock ou le Triomphe de la médecine*,
> © Éditions Gallimard, 1925)

● **Le texte injonctif :** *ordonner*

1. Le texte injonctif présente un ensemble de procédures à suivre, « des actions à accomplir en vue de la réalisation d'un but » (C. Garnier)[3]. Il peut aussi être qualifié de texte *procédural, régulateur, recettal* ou *instructionnel*. Le texte injonctif incite à l'action : il vise à faire faire quelque chose (*cuisiner une recette de cuisine, monter un meuble, faire fonctionner un appareil, etc.*). Il repose sur un contrat implicite de réussite entre l'expert qui rédige la procédure et le lecteur-utilisateur qui l'exécute : si le 2nd se conforme aux

---

3. Franck Garnier, La révision de textes procéduraux, Langages, n° 164, 2006, pp. 71-85.

recommandations du 1er, il atteindra le but visé. Le texte injonctif est lié à une contrainte d'efficacité.

2. La superstructure* du texte injonctif

La recette de cuisine a l'une des superstructures les plus spontanément indentifiables : le lecteur reconnait au premier coup d'œil qu'il a affaire à un texte procédural.

Dans sa forme canonique, la recette de cuisine comprend deux parties :
– une 1re détaille les éléments nécessaires à l'élaboration de la recette ;
– une 2nde indique la procédure à suivre. Dans cette partie, les procédures peuvent être regroupées en macro-actions (*préparer un roux*, *préparer une garniture, etc.*). Un élément iconographique peut représenter le résultat de la procédure (*photo du plat*).

3. La microstructure* du texte injonctif :

– modes et temps liés à l'injonction (impératif, infinitif, présent et futur de l'indicatif) ;
– catégories grammaticales liées à l'action (verbes, noms tirés de verbes, etc.) ;
– organisation spatiale et chronologique des actions grâce à des connecteurs textuels spatiaux et temporels ;
– principe de parallélisme : les éléments actionnels apparaitront le plus souvent à la même place (les verbes en tête de phrase par exemple) ;
– signes typographiques facilitant la visibilité des instructions et la prise d'informations (puces et numéros, sauts de ligne et alinéas, illustration iconographique, etc.).

Jarret de veau à la ménagère

Éléments (pour 4 personnes) :
Un jarret de veau de lait d'1,5 kg environ ; 80 g de beurre ; 10 cl de vin blanc sec ; 2 dl de fond de veau ; 1 gros oignon taillé en gros dés ; 250 g de carottes nouvelles coupées en rondelles ; 2 tomates mûres, mondées et concassées ; un petit bouquet garni ; sel et poivre.

Méthode :
1° Assaisonner le jarret de veau avec sel et poivre. Dans une cocotte, de préférence ovale, le colorer au beurre sur toutes ses faces. Ensuite, ajouter successivement l'oignon en dés, les carottes en rondelles et, après un léger rissolage, faire fondre les tomates concassées.
Mouiller avec le vin blanc sec et le fond de veau. Incorporer le bouquet garni et laisser cuire à couvert au four ou à feu doux durant 2 heures environ selon la quantité du veau.
2° Le jarret de veau est servi dans un plat creux entouré de ses légumes, nappé de son jus ; seul le bouquet garni est éliminé.
On peut accompagner cet excellent plat familial de nouilles fraîches au beurre. (P. Bocuse, *La Cuisine du marché*)

• **Le texte poétique :** *jouer avec le matériau de la langue*

1. Le message comme objet

Le texte poétique joue avec la langue. La forme du message prend le pas sur son contenu informatif. Le message devient ainsi un objet en lui-même, et ne se limite pas à une fonction référentielle (fonctions* du language de Jakobson). Le type poétique est aussi appelé type *rhétorique* ou *stylistique*.

2. La superstructure* du texte poétique est l'une des plus codifiées : les formes de composition textuelle varient du sonnet régulier, qui comprend deux quatrains et deux tercets, au calligramme, dont l'agencement des mots représente un dessin.

◄ La versification (**6.6**,1 p. 385)

3. Microstructure* du texte poétique :
– procédés de versification ;
– figures rhétoriques ou stylistiques ;
– jeux sur les relations lexicales (homophonie*, paronymie*, antonymie*, synonymie*, etc.).

◄ Les figures de style (Garde arrière)

> Pour faire un tube de toilette
> En chantant sur cet air bête
> Avec des jeux de mots laids,
> Il faut pondre des couplets.
> Permets que je te réponde :
> C'est sûr faut que tu les pondes.
> Bon, mais que dois-je pondre ?
> Que ponds-je. Que ponds-je.
> Pot pot pot pot potpodet pot.
> Le dernier mot qui t'a servi était : « Ponds-je. »
> Serviette éponge ! Parfait !...
> Allez vas-y, je vais t'aider.
> J'apprécie quand de toi l'aide
> Gant de toilette,
> Me soutient cela va beau-
> Ce lavabo,
> -coup plus vite c'est bien la vé-
> C'est bien lavé
> -rité, ça nous le savons.
> À nous l'savon
> De toilette.
> Sur ce piano les touches t'y aident
> Les douches tièdes,
> Ton air est bon, mais mon chant point
> Mets mon shampoing,
> Il sera peut-être pas sale demain
> Salle de bains,

> *Il m'aura en tout cas miné*
> *Ou caminet*
> *De toilette. [...]*
> (*Le Tube de toilette*, paroles et musique de Boby Lapointe
> © Warner Chappell Music France, 1970)

2 Le type narratif

Un texte ou un passage de type narratif vise à raconter une histoire réelle ou fictive. Le type narratif présente une succession d'évènements reliés causalement et chronologiquement entre eux, des sujets humains ou anthropomorphes qui agissent ou subissent les faits relatés, un scénario dont les différentes étapes indiquent le début, le milieu et la fin de l'histoire.

1 Les phases du scénario narratif

Le type narratif se caractérise par son scénario : une succession de phases qui jouent un rôle précis dans la dynamique narrative. Dans sa forme canonique, il combine cinq phases qui peuvent être signalées par des indices linguistiques (temps verbaux, connecteurs textuels, marques de personnes, etc.) ou formels (segmentation graphique en paragraphes, saut de ligne, titrage) facilitant leur repérage.

1. La phase initiale expose la situation de départ de l'histoire : elle plante le décor et présente les personnages qui construisent un équilibre de départ.

> **Les indices :**
> – formules d'ouverture : *Il était une fois, C'est l'histoire de, Il y avait*, etc. ;
> – présentation des personnages, lieu, époque de l'histoire : article indéfini (mention initiale) ; compléments circonstanciels ou adverbes de lieux et de temps ; présentation par le nom propre ou le surnom ;
> – équilibre initial et imparfait descriptif : l'imparfait de l'indicatif prend une valeur descriptive et présente des faits d'arrière-plan. Il instaure l'équilibre que viendra perturber un procès au passé simple.

2. Durant la phase de perturbation, une complication surgit et vient rompre l'équilibre et la stabilité de la situation initiale.

> **Les indices :**
> – marqueurs de perturbation : adverbes *soudain, tout à coup, quand* ; connecteurs d'opposition *mais* ; compléments circonstanciels de temps *un jour* ;

– une rupture temporelle : les énoncés au passé simple placent au 1er plan l'évènement perturbateur après une situation initiale à l'imparfait descriptif ;
– présentatifs de l'élément perturbateur : *c'est le drame.*

3. Dans la phase de réaction, sont exposés les procès consécutifs à la perturbation. Il peut s'agir des actions entreprises pour pallier la rupture d'équilibre ou des commentaires relatifs à la phase perturbatrice.

Indice : succession chronologique des actions marquée par des verbes au passé simple ou au présent de l'indicatif.

4. La phase de résolution livre le dénouement de l'histoire. C'est la dernière phase de la mise en intrigue. La résolution peut être positive (réussite des actions entreprises dans la phase de réaction) ou négative (échec des actions entreprises dans la phase de réaction).

Les indices :
– marqueurs de fin d'intrigue : *finalement, etc.* ;
– auxiliaire modal de possibilité : *pouvoir* ;
– indices de résolution positive : *heureusement, etc.* ; *vivre* ;
– indices de résolution négative : *malheureusement, etc.* ; *mourir* ; orientation argumentative : *mais.*

5. La phase finale
La situation finale évoque un nouvel équilibre qui peut correspondre à une amélioration (*Ils se marièrent et eurent beaucoup d'enfants.*) ou à une dégradation (*Ils restèrent à jamais séparés.*) de la situation initiale.

Les indices linguistiques :
– formules de clôture : *Le chat devint grand seigneur, et ne courut plus après les souris que pour se divertir.* (Perrault) (= positif) ; *Ainsi (vécut...)* ;
– indicateurs temporels qui font correspondre la situation finale à une nouvelle ère de stabilité : *à partir de ce jour-là, désormais, depuis ce jour.*

2 La dynamique du scénario narratif

La fonction des phases du scénario est liée à la place qu'elles occupent dans la chronologie du récit : les phases liminaires posent le cadre général de l'histoire, les phases centrales construisent l'intrigue.

1. Le cadre général de l'histoire

Deux phases liminaires renvoient respectivement à la situation initiale et à la situation finale de l'histoire. Elles réfèrent au déroulement chronologique de l'histoire dont elles représentent le début et la fin.

> Situation initiale : *Un enfant joue dans un parc.*
> *Il était une fois une jolie jeune fille…*
> Situation finale : *L'affaire est classée, les parents restent inconsolables.*
> *Ils vécurent heureux et eurent beaucoup d'enfants.*

La situation initiale et la situation finale jouent un rôle symétrique dans le scénario narratif : elles posent toutes deux un équilibre qui encadre le cœur de l'intrigue. L'équilibre de départ doit être rompu par un évènement perturbateur ; l'équilibre final doit être rétabli suite au dénouement.

Début	Milieu	Fin
Phase initiale (avant)	Intrigue	Phase finale (après)
Situation stable	*Instable*	*Situation stable*

2. La mise en intrigue figure au cœur du scénario narratif et assure le passage de la situation initiale à la situation finale. L'intrigue centrale comprend trois phases :

– la phase de perturbation dans laquelle surgit l'élément déclencheur de l'intrigue, celui qui vient rompre l'équilibre posé dans la situation initiale ;
– la phase d'action correspond aux actions entreprises pour contrer la perturbation ;
– la résolution fait état du dénouement (positif ou négatif) de l'intrigue.

> 1. Perturbation de la situation initiale :
> *Soudain, c'est le drame : l'enfant a disparu.*
> *Un dragon enlève la princesse.*
> 2. Actions entreprises pour rétablir l'équilibre initial :
> *Les secours sont déployés, les bois fouillés, les lacs dragués.*
> *Un jeune prince part à sa recherche.*
> 3. Résolution :
> *Sans succès, les sauveteurs ne parviennent pas à retrouver l'enfant disparu.*
> *(= résolution négative)*
> *Il tue le dragon et la ramène chez elle saine et sauve.* *(= résolution positive)*
>
> *La poussette tombe dans le port, il plonge et sauve le nourrisson de la noyade.*
>   phase de perturbation   phase de réaction   phase de résolution
>
> (É. Miguet, Metronews, 17/07/2015) *Titre d'un fait divers*

Les phases de perturbation et de résolution fonctionnent comme des déclencheurs aux fonctions symétriquement inverses : rompre un équilibre initial et rétablir un équilibre perdu.

Approfondissement : variations du scénario narratif

a. Ordre des phases du scénario

Certains récits commencent par la fin du scénario ou par l'intrigue centrale (romans policiers qui partent du dénouement – meurtre, vol à élucider – pour remonter à sa cause).

b. Présence des phases narratives

Les cinq phases ne sont pas toujours représentées dans les récits. Certains écrits narratifs brefs (dépêche ou fait divers) peuvent se passer des phases liminaires et limiter leur récit à l'intrigue centrale. À l'inverse, une même phase peut intervenir plusieurs fois. Les récits d'action (romans de cape et d'épée) multiplient les intrigues.

3 Une phase supplémentaire

Une phase évaluative (morale ou chute de l'histoire) peut compléter le scénario narratif, sans pour autant participer directement au déroulement du récit.

La morale, notamment dans un apologue*, apporte une évaluation de l'histoire à laquelle elle donne une portée universelle.

La place :
la phase évaluative peut apparaitre au début ou à la fin de l'histoire. La chute de l'histoire peut clore un récit ou occuper la place du titre.
Les indices :
énonciation de type proverbiale (présent de vérité générale et adverbes de temps : *toujours, parfois* ; pronoms personnels : *on, nous* ; groupes nominaux à valeur générique : (*tous*) *les hommes, un homme, des hommes, certains hommes* ; présentatifs : *il est ; il y a* ; tournure du précepte : *il faut, on doit, il vaut mieux*) ; etc.

4 Un scénario narratif : le fait divers

Sausset-les-Pins : la poussette tombe dans le port, il plonge et sauve le nourrisson de la noyade, É. Miguet, *Metronews,* 17/07/2015.

Fait divers	Phases narratives
*Un chef-cuisinier de Sausset-les-Pins (Bouches-du-Rhône) n'a pas hésité à sauter lundi après-midi dans le port pour **sauver la vie** d'un nourrisson tombé à l'eau avec sa poussette.*	**Entrée dans le récit/résumé** Le chapeau résume l'intrigue narrative : personnes concernées, circonstances (lieu, date), intrigue narrative dont la résolution positive.

LA TYPOLOGIE TEXTUELLE

Fait divers	Phases narratives
« **Ce** n'**est** pas si facile de devenir un héros, un millimètre par-ci et **tu es** un héros, un millimètre par-là et **tu es** un lâche, c'**est** une affaire de millimètres. », écrivait l'auteur italien Antonio Tabucchi.	**Morale** La morale prend la forme du discours rapporté. Elle est attribuée à Antonio Tabucchi et présente les caractéristiques de l'énonciation proverbiale : présent de l'indicatif à valeur générale, structure à présentatif (*c'est*), apostrophe (*tu*).
Le 13 juillet dernier dans le petit port de Sausset-les-Pins, sur les coups de 15h30, Christian Fouzaro a choisi la première option. Fin de service, le chef-cuisinier du restaurant L'Océan sort les poubelles avec un collègue…	**Situation initiale** La situation initiale, reliée à la morale (Christian Fourazo est un héros), précise la date, le lieu et les circonstances du fait relaté : une situation de la vie ordinaire.
lorsqu'il aperçoit au loin une scène surréaliste. **Sans aucune personne** pour la tenir, **une poussette** avec un nourrisson de 3 mois dedans se dirige à toute vitesse en direction des eaux troubles du port. **Personne** ne peut l'arrêter. **Le landau tombe** à l'eau.	**Perturbation** – Marqueur de perturbation : conj. de subordination *lorsqu'* – Élément perturbateur présenté comme une scène surréaliste : absence de sujet animé ou défini (*une poussette se dirige, personne, ne peut, le landau tombe*). – Caractéristiques du drame (*à toute vitesse, eaux troubles*).
Sans hésiter, Christian **court** à toute vitesse et **plonge** aussitôt à la mer. « **J'ai sauté** à l'endroit précis où elle est tombée. On ne voyait rien à cause de la vase. **J'ai tendu** les bras…	**Réaction** La phase de réaction comprend les différentes actions consécutives à la perturbation.
et **j'ai pu** l'attraper », se souvient-il. Un coup d'œil vers le bébé, il **va bien**. […]	**Résolution positive** Indices de résolution positive : auxiliaire modal de possibilité à la forme positive (*j'ai pu, va bien*).

Fait divers	Phases narratives
Une fois le bébé emmailloté et mis à l'abri, Christian réalise la portée de son acte. [...] « Sa maman était sous le choc, elle pleurait car elle venait d'avoir la peur de sa vie, puis elle m'a serré dans ses bras. Ça a été ma plus grande satisfaction », se réjouit le trentenaire papa d'une petite fille de 3 ans. Tour à tour, les témoins présents sur place le félicitent aussi. [...] Venu au restaurant, le maire de Sausset-les-Pins, Éric Diard, l'a également chaleureusement félicité. [...]	**Situation finale** La situation finale rend compte des réactions positives des différents protagonistes : le héros, la mère du nourrisson, les témoins et enfin le maire.

❸ Le type descriptif

Le texte descriptif vise à donner une image plus ou moins fidèle d'un objet (objet animé ou inanimé, évènement, actions) en déclinant les attributs et les propriétés qui le caractérisent.

■ Décrire et définir

La description fait connaitre un objet ou *thème** (parfois appelé hyperthème) en déclinant les caractéristiques qui le représentent (*Une maison est définie par ses éléments constitutifs : son toit, ses murs, ses pièces, ses extérieurs, etc.*). Ces parties à leur tour sont susceptibles d'être représentées (*Le toit peut être de tuiles, d'ardoises, de chaume ; les murs de briques, de ciment, en bois ; les pièces de la maison déclinées selon leur fonction en salon, chambre, bureau, cuisine, etc.*).

> *La 2 CV est une boîte crânienne de type primate : orifices oculaires du pare-brise, nasal du radiateur, visière orbitaire des pare-soleil, mâchoire prognathe du moteur, légère convexité pariétale du toit, rien n'y manque, pas même la protubérance cérébelleuse du coffre arrière.*
> (J. Rouaud, *Les Champs d'honneur*, 1990)

– *Objet de la description :* la 2 CV
Éléments caractéristiques : pare-brise, radiateur, pare-soleil, moteur, toit, coffre arrière.
– *Objet de la description :* la boîte crânienne
Éléments caractéristiques : orifices oculaires, nasal, visière orbitaire, mâchoire prognathe, convexité pariétale, protubérance cérébelleuse.

2 Décrire grâce à un répertoire d'opérations descriptives

Décrire c'est représenter au moyen de mots et de phrases linéaires un objet saisi globalement par le regard ou la pensée. Le texte descriptif résulte d'un ensemble d'opérations aidant à décrire cet objet perçu globalement.

Remarque : alors que le scénario narratif comprend différentes étapes agencées chronologiquement, le texte descriptif résulte d'opérations descriptives hiérarchisées qui peuvent être schématisées par un arbre.

La petite maison dans la prairie comprend deux petites chambres et un grand salon avec des meubles rustiques.

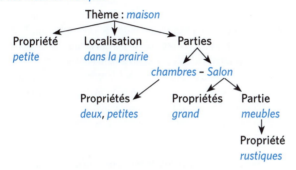

- **Nommer l'objet au cœur de la description**

1. L'objet nommé peut être mentionné au début de la description et facilite ainsi la compréhension du texte descriptif. Mais son apparition peut être retardée. La description prend alors un tour énigmatique : le lecteur doit progressivement rétablir l'identité du thème à partir des caractéristiques déclinées dans le texte.

▶ Unité thématique (**6.1**,1 p. 318)

2. La description peut prendre pour objet thématique divers référents :
– un lieu réel ou imaginaire (montagne, ville, maison, etc.).

> *Ainsi surgie des brumes fantomatiques de ce désert d'herbes, au bord d'une mer vide,* **c'était un lieu singulier que cette amirauté.** *Devant nous, au delà d'un morceau de lande rongé de chardons et flanqué de quelques maisons longues et basses, le brouillard grandissait les contours d'une espèce de forteresse ruineuse. Derrière les fossés à demi comblés par le temps, elle apparaissait comme une puissante et lourde masse grise, aux murs lisses percés seulement de quelques archères, et des rares embrasures des canons. La pluie cuirassait ces dalles luisantes. Le silence était celui d'une épave abandonnée ; sur les chemins de ronde embourbés, on n'entendait pas même le pas d'une sentinelle ; des touffes d'herbe emperlées crevaient çà et là les parapets de lichen gris ; aux coulées de décombres qui glissaient aux fossés se mêlaient des ferrailles tordues et des débris de vaisselle.*
> (J. Gracq, *Le Rivage des Syrtes*)

L'objet décrit est livré dès le début de la description au moyen du présentatif c'était. Des indications topographiques situent géographiquement l'amirauté : lande, maisons, fossés ; et des indications architecturales évoquent l'allure militaire du bâtiment : forteresse, murs, masse grise, archères, chemins de ronde, etc.

– **un être animé, réel ou imaginaire.** Le texte descriptif décline les attributs physiques ou moraux : dans ce cas, il relève de la catégorie du portrait.

> **Le colonel Chabert** était aussi parfaitement immobile que peut l'être une figure en cire de ce cabinet de Curtius où Godeschal avait voulu mener ses camarades. Cette immobilité n'aurait peut-être pas été un sujet d'étonnement, si elle n'eût complété le spectacle surnaturel que présentait l'ensemble du personnage. Le vieux soldat était sec et maigre. Son front, volontairement caché sous les cheveux de sa perruque lisse, lui donnait quelque chose de mystérieux. Ses yeux paraissaient couverts d'une taie transparente : vous eussiez dit de la nacre sale dont les reflets bleuâtres chatoyaient à la lueur des bougies. Le visage pâle, livide, et en lame de couteau, s'il est permis d'emprunter cette expression vulgaire, semblait mort. Le cou était serré par une mauvaise cravate de soie noire.
> (Balzac, *Le Colonel Chabert*)

Le portrait du colonel Chabert, vieux soldat sec et maigre au cœur de la description, décline les parties anatomiques de l'être humain (front, cheveux, yeux, visage, cou) et leur attribue (parfois explicitement grâce aux verbes d'état comme était, paraissaient, etc.) des propriétés (caché sous les cheveux ; couverts d'une taie transparente ; pâle, livide, en lame de couteau).

Approfondissement

En rhétorique, les descriptions sont classées en fonction des référents représentés. On distingue les descriptions de personnes, de choses, de lieux, de temps, etc. En 1821, P. Fontanier dénombre sept *espèces* de descriptions, selon qu'elles visent à représenter un lieu (topographie), le temps (chronographie), les traits physiques (prosographie) ou moraux (éthopée) d'un être, les deux ensemble (portrait), les passions ou actions vives (tableau), l'analogie entre deux objets (parallèle).

● **Décliner l'aspect de l'objet décrit**
Un objet peut être décrit par ses parties constitutives et/ou par ses propriétés ou caractéristiques.

Partie/tout ◀
(**2.2**,3 p. 67)
Progression ◀
thématique
(**6.3**,4 p. 344)
Les reprises ◀
(**6.2**,1 p. 324)
Autour ◀
du nom
(**4.2**,5 p. 241)

1. La fragmentation de l'objet en ses parties constitutives repose sur un procédé de type partie/tout. La progression à thèmes dérivés et les anaphores associatives servent cette fragmentation descriptive.

2. La qualification de l'objet instaure une relation de type *être* (état) entre l'objet et ses propriétés. L'objet peut notamment être qualifié par :
– des expansions du nom (adjectifs qualificatifs, compléments du nom, subordonnées relatives ou complétives) ;

LA TYPOLOGIE TEXTUELLE

– des verbes de mouvement (*se dresser, s'élever*), de mesure (*mesurer, peser*), de fonction (*sert à*), etc. ;
– des indications quantitatives (déterminants numéraux, etc.).

> Le nouveau tenait encore **sa casquette** sur ses deux genoux. C'était une de ces coiffures d'ordre composite, où l'on retrouve les éléments du bonnet à poil, du chapska, du chapeau rond, de la casquette de loutre et du bonnet de coton, une de ces pauvres choses, enfin, dont la laideur muette a des profondeurs d'expression comme le visage d'un imbécile. Ovoïde et renflée de baleines, elle commençait par trois boudins circulaires ; puis s'alternaient, séparés par une bande rouge, des losanges de velours et de poils de lapin ; venait ensuite une façon de sac qui se terminait par un polygone cartonné, couvert d'une broderie en soutache compliquée, et d'où pendait, au bout d'un long cordon trop mince, un petit croisillon de fils d'or, en manière de gland. Elle était neuve ; la visière brillait.
> (Flaubert, *Madame Bovary*)

– Le thème de la description, la casquette de Charles Bovary, est abordé dès le départ comme un tout formé d'éléments hétérogènes (une de ces coiffures d'ordre composite). L'hyperonyme* coiffures est fragmenté en hyponymes : bonnet, chapska, chapeau, casquette. Ces types de coiffures peuvent faire l'objet d'une qualification : bonnet à poil ou de coton, chapeau rond, casquette de loutre.
– Les parties de la casquette sont successivement déclinées : baleines, boudins, bande, losanges, façon de sac, polygone, cordon, visière.
– Le tout et ses parties sont qualifiés : la casquette est neuve, ovoïde ; les boudins sont circulaires et au nombre de trois ; la bande est rouge, les losanges en velours et en poils (eux-mêmes de lapin), le polygone est cartonné, la broderie est en soutache et compliquée, le cordon est long et mince, le petit croisillon est fait de fils (eux-mêmes en or), la visière est brillante.

▶ Hyperonymie (**2.2**, 3 p. 69)

- **Comparer l'objet avec d'autres objets**

L'objet décrit peut être assimilé à d'autres objets présentant les mêmes caractéristiques. Les figures d'analogie comme la comparaison et la métaphore aident le lecteur à se faire une représentation de l'objet décrit.

▶ Les figures de style (Garde arrière)

3 Planifier sa description

Le plan du texte descriptif renvoie à l'ordre d'apparition des objets décrits suivant un axe vertical, horizontal ou en profondeur.

- **La description verticale :** l'objet est décrit de haut en bas et inversement.

> Au physique, **Grandet** était un homme de cinq pieds, trapu, carré, ayant des **mollets** de douze pouces de circonférence, des **rotules** noueuses et de larges **épaules** ; son **visage** était rond, tanné, marqué de petite vérole ;

363

> *son **menton** était droit, ses **lèvres** n'offraient aucune sinuosité, et ses **dents** étaient blanches ; ses **yeux** avaient l'expression calme et dévoratrice que le peuple accorde au basilic ; son **front**, plein de rides transversales, ne manquait pas de protubérances significatives ; ses **cheveux** jaunâtres et grisonnants étaient blancs et or, disaient quelques jeunes gens qui ne connaissaient pas la gravité d'une plaisanterie faite sur M. Grandet. Son **nez**, gros par le bout, supportait une loupe veinée que le vulgaire disait, non sans raison, pleine de malice.*
> (Balzac, *Eugénie Grandet*)

Grandet est décrit de bas en haut, suivant un axe vertical qui va des mollets aux cheveux. Le regard redescend ensuite pour se fixer sur le nez de Grandet.

- **La description horizontale :** l'objet est décrit de gauche à droite, et inversement.

> *Je me souviens pourtant combien la vie à Bréga-Vieil était douillette et confortable, ainsi que dans une maison dont on s'est résigné à condamner les pièces d'apparat. **À l'Orient** du quartier du Bourg, s'enlevaient au-dessus des gorges de la Loesna les courtines du château des Comtes dominant les tuiles vernissées de la ville de leur pigmentation terne de rochers que n'atteignent plus les marées. **À l'Ouest**, la cathédrale surplombait un mamelon haut, un quartier depuis longtemps désertique, raccordé par une pente douce aux plateaux qui ceinturent la ville.*
> (J. Gracq, *Les Terres du couchant*)

La ville de Bréga-Vieil est décrite de droite à gauche, suivant un axe horizontal qui va de l'Orient vers l'Ouest.

- **La description en profondeur :** l'objet est décrit de l'extérieur vers l'intérieur, et inversement.

> *L'œil est dans un château que ceignent les frontières*
> *De ce petit vallon clos de deux boulevards,*
> *Il a pour pont-levis les **mouvantes paupières**,*
> *Le **cil** pour garde-corps, les **sourcils** pour remparts.*
>
> *Il comprend trois humeurs, **l'aqueuse, la vitrée**,*
> *Et celle de **cristal** qui nage entre les deux,*
> *Mais ce corps délicat ne peut souffrir l'entrée*
> *A cela que nature a fait de nébuleux.*
>
> *Six **tuniques** tenant notre œil en consistance*
> *L'empêchent de glisser parmi ses mouvements,*
> *Et les **tendrons poreux** apportent la substance*
> *Qui le garde, et nourrit tous ses compartiments.*

> *Quatre **muscles** sont droits, et deux autres obliques,*
> *Communicant à l'œil sa prompte agilité,*
> *Mais par la liaison qui joint les **nerfs optiques**,*
> *Il est ferme toujours dans sa mobilité. [...]*
> (P. de Marbeuf, *L'Anatomie de l'œil*)

4 Le type argumentatif

Le texte argumentatif vise à convaincre ou à persuader un auditoire réel ou fictif. Il défend une thèse au moyen d'arguments organisés logiquement de façon à remporter l'adhésion de l'auditoire.

Remarque : *convaincre* est la forme raisonnée de l'argumentation qui fait appel à des preuves et à des arguments logiques ; *persuader* fait appel à des arguments logiques mais aussi aux sentiments.

1 Les composantes du texte argumentatif : la thèse, les arguments, les exemples

● **Le texte argumentatif défend une thèse** qui exprime une prise de position ou un point de vue sur un thème particulier : *la peine de mort, l'impact des insecticides sur l'environnement, la réforme de l'orthographe, etc.*

– **La thèse est implicite** quand elle n'est pas formulée et doit être inférée du contenu du texte ou du discours argumentatif.

– **La thèse est explicite** quand elle prend la forme d'une phrase affirmative ou négative, souvent générale et toujours discutable : *La peine de mort (ne) garantit (pas) le bon fonctionnement de la société → si/non.*

La thèse explicite peut être placée au début ou à la fin du texte :

– quand elle est placée au début, le texte argumentatif suit un mode de raisonnement déductif. Il mène du général énoncé dans la thèse initiale au particulier, représenté par les arguments qui visent à étayer la thèse initiale ;

> *Thèse → (en effet) arguments*
>
> *L'orthographe révisée doit être appliquée à l'école. En effet, elle simplifie les graphies de certains mots et facilite le travail sur le code orthographique.*

– quand la thèse est placée à la fin, le texte argumentatif suit un mode de raisonnement inductif. Les arguments particuliers conduisent à l'énonciation d'une loi générale.

> *Arguments → (donc) thèse*
>
> *Certaines lettres muettes, héritage historique ou vestige étymologique, ne peuvent pas faire l'objet d'un apprentissage raisonné de l'orthographe. Donc l'application de la réforme de l'orthographe à l'école, qui simplifie certaines graphies, est une bonne chose.*

Les ◄
connecteurs
textuels
(**6.2**,3 p. 331)

● **Le texte argumentatif utilise des arguments, propositions logiques qui servent à conforter la thèse en la justifiant.** Les arguments jouent un rôle logique dans le cheminement du raisonnement : ils servent à expliquer, conforter, réfuter, illustrer, renforcer, structurer une idée, etc. Ce rôle est parfois explicitement signalé par les connecteurs textuels. Un texte argumentatif peut articuler de nombreux arguments, qui donnent à chaque fois une nouvelle orientation au raisonnement.

Remarque : les arguments qui étayent une thèse sont souvent de force inégale, certains étant plus faciles à réfuter que d'autres. Leur disposition dans l'argumentation tient compte de cette inégalité. On distingue trois cas de figure : 1. l'argumentation commence par les arguments forts, 2. elle s'achève par les arguments forts, 3. les arguments forts occupent les phases liminaires du texte laissant la place centrale aux faibles.

● **La tradition rhétorique** considère les arguments comme des « techniques argumentatives » et **propose une typologie d'arguments et d'argumentation**[4], tels que :
– **L'argument d'autorité** fait appel à la notion de prestige : il renvoie à l'opinion d'une personne experte ou d'une autorité reconnue.

> « Je l'ai déjà dit, mais je le répète volontiers au regard du grand silence antérieur : le seul résultat auquel ont conduit toutes **les recherches menées par les criminologues** est la constatation de l'absence de lien entre la peine de mort et l'évolution de la criminalité sanglante. Je rappelle encore à cet égard **les travaux du Conseil de l'Europe de 1962** ; **le Livre blanc anglais,** prudente recherche menée à travers tous les pays abolitionnistes avant que les Anglais ne se décident à abolir la peine de mort et ne refusent depuis lors, deux fois, de la rétablir ; **le Livre blanc canadien,** qui a procédé selon la même méthode ; **les travaux conduits par le comité créé par l'O.N.U.,** dont les derniers textes ont été élaborés l'année dernière à Caracas ; enfin, **les travaux conduits par le Parlement européen** [...]. » (discours du député R. Badinter sur l'Abolition de la peine de mort, 17 septembre 1981)

– **L'argumentation par l'alternative** propose comme seules solutions possibles deux énoncés contradictoires, en excluant la possibilité d'une 3e issue. L'alternative est signalée par ou (bien) ... ou (bien) ; soit ... soit ; etc.

> « **Ou bien** on croit à la peine de mort et, dans ce cas-là, on la conserve. **Ou bien** l'on n'y croit pas, et dans ce cas-là, il faut l'abolir. »
> (R. Badinter, *Contre la peine de mort*, 2006)

Remarque : l'alternative est valable uniquement si les deux énoncés sont réellement contradictoires (on croit à la peine de mort ≠ on ne croit pas à la peine de mort).

---

[4]. Ch. Perelman & L. Olbrechts-Tyteca, *Traité de l'argumentation*, Éd. de l'Université de Bruxelles, 2008. Entre autres, les arguments *ad hominem* ou *ad personam* sollicitent directement l'interlocuteur.

LA TYPOLOGIE TEXTUELLE

– **L'argumentation par l'exemple et par l'illustration** recourt à un élément du réel, un fait, un cas particulier, qui « peut jouer des rôles fort divers : comme exemple, il permettra une généralisation ; comme illustration, il étayera une régularité déjà établie[5]. » L'exemple fonde la règle (1), l'illustration appuie une règle déjà connue, parfois pour en faciliter la compréhension (2).

> (1) Le peuple a des opinions très saines. **Par exemple :**
> 1. d'avoir choisi le divertissement, et la chasse plutôt que la prise. [...]
> 2. d'avoir distingué les hommes par le dehors, comme par la noblesse ou le bien. [...]
> 3. de s'offenser pour avoir reçu un soufflet, ou de tant désirer la gloire. [...]
> 4. travailler pour l'incertain, aller sur la mer, passer sur une planche.
> (Pascal, Pensées)

> (2) Je ne vois pas trop à quoi sert l'autorité qu'on ne garde sur son élève qu'en fomentant les vices qu'elle devrait réprimer ; **c'est comme si pour calmer un cheval fougueux, l'écuyer le faisait sauter dans un précipice.** (Rousseau, Émile)

Approfondissement : confrontation de deux discours opposés

Un discours argumentatif est toujours construit par opposition à un autre discours réel ou virtuel. La dynamique du texte argumentatif est fondée sur l'existence d'une thèse adverse et des arguments qu'un opposant réel ou virtuel pourrait avancer. Le texte argumentatif peut restituer explicitement la confrontation des deux parties adverses, sous la forme d'un dialogue simulé.

> *Ceux qui jugent et qui condamnent disent la peine de mort nécessaire, d'abord : — parce qu'il importe de retrancher de la communauté sociale un membre qui lui a déjà nui et qui pourrait lui nuire encore. — S'il ne s'agissait que de cela, la prison perpétuelle suffirait. À quoi bon la mort ?*
> *Vous objectez qu'on peut s'échapper d'une prison ? Faites mieux votre ronde. Si vous ne croyez pas à la solidité des barreaux de fer, comment osez-vous avoir des ménageries ?*
> *Pas de bourreau où le geôlier suffit.*
> *Mais, reprend-on, — il faut que la société se venge, que la société punisse. — Ni l'un, ni l'autre. Se venger est de l'individu, punir est de Dieu.*
> (Hugo, Le Dernier jour d'un condamné)

Hugo confronte deux thèses opposées : celle des opposants (ceux qui jugent la peine de mort nécessaire) et la sienne (la peine de mort n'est pas nécessaire). Il pose et contre un à un les arguments tenus par les défenseurs de la thèse adverse :
- retrancher de la communauté un membre → La prison perpétuelle suffit.
- on peut s'échapper d'une prison → Faites mieux votre ronde.
- il faut que la société se venge, que la société punisse
→ L'individu venge, Dieu punit, pas la société.

---
5. Perelman & Olbrechts-Tyteca, 2008, p. 471.

2 Les indices d'un discours subjectif et argumenté

L'argumentation est le discours d'un locuteur qui doit convaincre l'auditoire, en fonction duquel les arguments sont choisis et ordonnés. Le texte argumentatif porte le plus souvent les indices de cet acte énonciatif, qui se manifeste à travers les marques de personnes et de temps, mais aussi au moyen des modalités énonciatives. Le cheminement du raisonnement argumentatif est quant à lui signalé par des indices relatifs à la disposition.

● **Les marques d'énonciation :**

Les pronoms personnels (**3.**4,2 p. 123)

– **le locuteur** peut se manifester au moyen des pronoms personnels *je* ou *nous* (de conférencier), et s'adresser à l'auditoire avec *tu* ou *vous*, ou l'apostropher. Il peut aussi exploiter les différentes nuances des pronoms personnels, notamment *on* pour se positionner par rapport à l'auditoire ;

L'apostrophe (**4.**2,7 p. 253)

– **le temps** dominant du discours argumentatif est généralement le présent de l'indicatif, qui renvoie au moment de l'énonciation (1) ou prend une valeur omnitemporelle dans les énoncés généraux (aphorismes, réflexions, maximes, pensées) (2).

> *Si le gouvernement peut aujourd'hui vous présenter un tel projet, c'est grâce à tous ceux d'entre vous – et ils sont nombreux et de tous horizons – qui, depuis plusieurs années, se sont efforcés de proposer une nouvelle législation, mieux adaptée au consensus social et à la situation de fait que connaît notre pays.* (discours de la députée S. Veil sur l'interruption volontaire de grossesse, 26 novembre 1974) (1)

> *S'il est malaisé de rendre raison des goûts en général, il le* **doit** *être encore d'avantage de rendre raison du goût des femmes coquettes : on* **peut** *dire néanmoins que l'envie de plaire se* **répand généralement** *sur tout ce qui peut flatter leur vanité, et qu'elles ne* **trouvent** *rien d'indigne de leurs conquêtes.* (La Rochefoucauld, *Des coquettes et des vieillards*) (2)

● **Les modalités énonciatives** renvoient à l'attitude du locuteur par rapport au contenu de son énoncé ou par rapport à son allocutaire (les actes de langage, réalisés notamment par les types de phrases).

Les modalités subjectives (**6.**5,1 p. 370)

– Le locuteur peut exprimer un jugement, son opinion ou un sentiment à l'aide de verbes (*aimer/détester ; sembler, être ; savoir, penser, croire*), d'**adjectifs** (*bon/mauvais ; vrai/faux*), d'**adverbes** (*sans doute, peut-être, probablement*), de noms (*bicoque/maison*), d'interjections (*hélas !*), etc.

– Pour convaincre l'auditoire, le locuteur varie les actes de langage : il asserte, interroge et ordonne. Le texte argumentatif mêle les différents types de phrases, l'interrogation y devient parfois oratoire, comme l'exclamation.

Les types de phrases (**4.**3 p. 254)

LA TYPOLOGIE TEXTUELLE

● **La disposition est l'art de mettre en place les éléments du discours argumentatif pour le rendre convaincant.** Elle dépend du type d'écrit ou de discours produit. Dès l'Antiquité, le plan du discours judiciaire est déterminé par l'effet sur l'auditoire : d'abord lui plaire pour le rendre attentif, bienveillant et docile, puis l'instruire, enfin l'émouvoir. L'orateur commence par annoncer le sujet (*exorde*) ; puis expose les faits de façon claire et concise (*narration*) ; vient le moment de la preuve et des arguments (*confirmation*) ; suivi d'un résumé du discours et éventuellement d'un appel (*péroraison*). On retrouve actuellement ces différentes phases dans certains écrits argumentatifs (dissertation, composition, discours politique), sous la forme d'une introduction, d'un développement en deux ou trois parties (thèse, antithèse, synthèse) et d'une conclusion.

– **Le plan d'un texte argumentatif** peut être indiqué par les indices typographiques qui rendent la progression du raisonnement visible et lisible : les différentes parties sont délimitées par des blancs typographiques, des sauts de ligne et introduites par des alinéas ; les idées sont organisées en paragraphes.

– **Les connecteurs textuels, et dans certains cas la ponctuation,** assurent la structuration logique du texte, en signalant le rôle que les propositions qu'ils introduisent jouent dans le raisonnement. Les deux points peuvent établir une relation logique (exemple, justification, cause, etc.) entre les termes qu'ils séparent. Les connecteurs argumentatifs *donc* ou *c'est pourquoi* invitent à considérer la proposition comme un argument conclusif ; les connecteurs *car* ou *puisque* signalent que la proposition doit être traitée comme un argument expliquant ou justifiant ce qui précède ; *mais* ou *au contraire* introduisent des arguments opposés à ceux qui les précèdent dans le raisonnement argumentatif. Les connecteurs *tout d'abord, ensuite* servent la structuration du propos ou du cheminement logique ; *selon* annonce un point de vue particulier ; *bref* sert une reformulation ; etc.

➤ La ponctuation (**1.2**,4 p. 39)

➤ Les connecteurs argumentatifs (**6.2**,3 p. 334)

Remarque : la disposition est l'une des *quatre parties du discours* théorisée par Aristote (*La Rhétorique*). L'élaboration du discours passe par l'invention (recherche du thème essentiel et des arguments), la disposition (agencement des arguments), l'élocution (mise en style du discours) et l'action (prononciation du discours).

> Charpente argumentative d'une réflexion :
>
> Proust, *À l'Ombre des jeunes filles en fleurs*
> *On dirait que chacune* (sc. jeune fille) *est tour à tour une petite statuette de la gaieté, du sérieux juvénile, de la câlinerie, de l'étonnement, modelée par une expression franche, complète, mais fugitive.*
> **Thèse implicite** *: le charme des jeunes filles est supérieur à celui des femmes.*
> **Argument principal** *en faveur de cette thèse : la plasticité rend les jeunes filles plus charmantes.*
> *Cette plasticité donne beaucoup de variété et de charme aux gentils égards que nous montre une jeune fille.*

La cohésion textuelle (**6.2** p. 324)

***Distinguo n° 1** visant à conforter l'affirmation de départ :*
– **Certes**, ils sont indispensables aussi chez la femme, et celle à qui nous ne plaisons pas ou qui ne nous laisse pas voir que nous lui plaisons, prend à nos yeux quelque chose d'ennuyeusement uniforme.
– **Mais** ces gentillesses elles-mêmes, à partir d'un certain âge, n'amènent plus de molles fluctuations sur un visage que les luttes de l'existence ont durci, rendu à jamais militant ou extatique.
***Illustration en 3 étapes de l'argument précédent** (le manque de plasticité du visage des femmes) :*
– **L'un** – par la force continue de l'obéissance qui soumet l'épouse à son époux – semble, plutôt que d'une femme, le visage d'un soldat ;
– **l'autre**, sculpté par les sacrifices qu'a consentis chaque jour la mère pour ses enfants, est d'un apôtre.
– **Un autre encore** est, après des années de traverses et d'orages, le visage d'un vieux loup de mer, chez une femme dont les vêtements seuls révèlent le sexe.
***Distinguo n° 2** visant à conforter l'affirmation de départ :*
– **Et certes**, les attentions qu'une femme a pour nous peuvent encore, quand nous l'aimons, semer de charmes nouveaux les heures que nous passons auprès d'elle.
– **Mais** elle n'est pas successivement pour nous une femme différente. Sa gaieté reste extérieure à une figure inchangée. **Mais** l'adolescence est antérieure à la solidification complète.
***Conclusion** qui renvoie à la thèse initiale :*
[...] et **de là vient qu'**on éprouve auprès des jeunes filles ce rafraîchissement que donne le spectacle des formes sans cesse en train de changer, de jouer en une instable opposition qui fait penser à cette perpétuelle recréation des éléments primordiaux de la nature qu'on contemple devant la mer.

CHAPITRE 5

Le discours

1. Les indices de l'énonciation : déictiques et modalités subjectives 371
2. Attitude énonciative : énonciation de discours et énonciation historique 375
3. Le discours rapporté : direct, indirect… 380

Le discours est produit dans une situation de communication orale ou écrite. L'analyse du discours examine le rapport de la langue aux dimensions sociales de son utilisation (cadre social de l'échange, relations entre les participants, etc.). Elle s'intéresse en première approche aux indices de l'énonciation, aux traces dans l'énoncé de la production du discours (*déictiques et modalités*). Elle étudie plus profondément les manifestations de la situation d'interlocution, les relations entre le locuteur et son (ses) interlocuteur(s), et les différents discours qui peuvent se trouver imbriqués (représentation du discours autre ou *discours rapporté*).

1 Les indices de l'énonciation : déictiques et modalités subjectives

L'énonciation est l'acte de production d'un énoncé par un locuteur dans une situation de communication. Le locuteur (ou énonciateur) adresse un énoncé à un destinataire (ou auditeur), dans des circonstances spatio-temporelles particulières. L'acte d'énonciation se réalise dans une situation de communication particulière, caractérisée par :
– des protagonistes : les acteurs de la communication, le locuteur et le destinataire, qui partagent des connaissances (de la situation immédiate, mais pas seulement) ;
– un temps et un lieu spécifiques ;
– des objets présents, perçus par les protagonistes.

La situation de communication peut être informelle (une conversation dans la rue) ou formelle (dans un cadre institutionnel : école, entreprise, etc.), dans une interaction* focalisée sur un but précis (un cours au collège, une réunion de conseil d'administration, etc.) ou diffuse, sans but (on se croise dans la rue, on échange quelques mots). Toute situation introduit des contraintes sur le contenu linguistique de l'échange ; toute interaction suit des règles, souvent implicites.

L'étude des indices de l'énonciation relie les formes linguistiques aux situations de communication. Certaines expressions linguistiques, les déictiques et les modalités en particulier, ne sont exactement interprétées que si l'on se réfère aux éléments de l'acte d'énonciation.

1 Les déictiques

Les déictiques sont des termes dont le sens intègre un renvoi à la situation d'énonciation. Pour identifier leur référent, il est nécessaire de se reporter à la situation immédiate : *je* est « celui ou celle qui dit ou écrit *je* ».

> CASSANDRE. — *Je te tiens un pari, Andromaque.* (J. Giraudoux)
> Dans cette situation théâtrale, celle qui dit *Je* (Cassandre) est identifiée par le spectateur ; celle à qui elle s'adresse également (Andromaque), confirmée par l'apostrophe. Le temps présent est celui d'une communication représentée comme actuelle ; le lieu est la ville mythique de Troie.

L'apostrophe ◀
(**4.2**,7 p. 253)

Les déictiques sont plus ou moins reliés aux différents éléments de la situation d'énonciation (personnes, en particulier protagonistes ; objets présents ; lieu et temps).

Les pronoms ◀
(**3.4** p. 120)

● **Les pronoms personnels de 1re et 2e personne**
Je représente le locuteur (celui qui parle ou qui écrit, « celui qui dit *je* »), *tu* l'allocutaire (celui à qui le locuteur parle ou écrit). Dans un dialogue, ces deux pronoms sont employés alternativement par chaque protagoniste.

> *Tu comprends, toi ? disait-il. Moi, je comprends pas.* (Sartre)
> *Je l'ai prise dans mes bras et j'ai conclu :*
> *— Je t'aime, maman. Tu as raison.* (D. Chraïbi)

Nous inclut le locuteur et d'autres personnes : *je* + *tu/vous/il(s)/elle(s)*. *Vous* désigne le ou les allocutaires et peut inclure une tierce personne : *tu* = *vous* + *il(s)/elle(s)*.

> *Eh bien, dit Colin, **nous** voici presque en famille. **Vous** ne m'aviez pas dit que **vous** aviez une nièce, Nicolas.* (B. Vian)

● **Les déterminants et pronoms possessifs de 1re et 2e personne** (*mon livre, tes amies*) ont également une valeur déictique, car leur sens intègre la mise en rapport avec le locuteur ou l'allocutaire. Le déterminant possessif confère alors au groupe nominal une valeur déictique.

> *Je me défendrai contre tout le monde ! **Ma** carabine, **ma** carabine !* (E. Ionesco)

- **Les déterminants et pronoms démonstratifs** constituent des groupes nominaux qui permettent de référer à une réalité présente dans la situation ou accessible à partir d'elle, éventuellement avec un geste de désignation.

> OCTAVE. — Moi seul au monde je l'ai connu. **Cette** urne d'albâtre, couverte de **ce** long voile de deuil, est sa parfaite image. C'est ainsi qu'une douce mélancolie voilait les perfections de **cette** âme tendre et délicate. Pour moi seul, **cette** vie silencieuse n'a point été un mystère (Musset).
>
> Dans cet éloge funèbre qu'Octave fait de son ami Coelio, les déterminants démonstratifs permettent aux groupes nominaux de renvoyer à la situation (*cette urne*, *ce long voile*) ou à Coelio dont il parle (*cette âme*, *cette vie*).

Remarque : les démonstratifs peuvent également prendre une valeur anaphorique quand ils renvoient à un segment ou fragment antérieur du texte.

◀ Les reprises (**6.2**,1 p. 324)

Comme le déterminant démonstratif, l'article défini peut conférer au groupe nominal une valeur déictique si celui-ci renvoie à un objet présent dans la situation : *Passe-moi le sel !* (qui est sur la table).

- **Divers compléments de lieu et de temps** ont, dans certains emplois, une valeur déictique :
- **Les compléments de lieu** peuvent être repérés par rapport au lieu de l'énonciation : *ici* désigne le lieu où le locuteur parle, et peut s'opposer à *là* ou surtout *là-bas*, qui désignent ce qui est éloigné ou séparé de ce lieu.

> *Ici* je passai le torrent glacé pour reprendre une de tes lettres qu'emportait un tourbillon ; *là* je vins relire et baiser mille fois la dernière que tu m'écrivis. (Rousseau)

- **Les compléments de temps,** dans leur valeur déictique, sont repérés par rapport au moment de l'énonciation. Ils peuvent indiquer la coïncidence avec ce moment (*maintenant*, *aujourd'hui*, *etc.*), ou bien un décalage antérieur (*hier*, *le mois dernier*, *etc.*) ou postérieur (*demain*, *le mois prochain*, *etc.*).

> Je ne vous parlerai que de Mme Voisin : ce ne fut point mercredi, comme je vous l'avais mandé, qu'elle fut brûlée, ce ne fut qu'*hier*. (Mme de Sévigné)
>
> « Ah ! c'est *maintenant* ! se dit-il, elle sort de sa maison, elle approche. » (Flaubert)

- **Les temps du verbe** contribuent au repérage par rapport au moment de l'énonciation, qui constitue la référence par défaut, le présent.

◀ *infra* 2 (p. 375)

> J'ai commencé ma vie comme je la finirai sans doute : au milieu des livres. (Sartre)

2 Les modalités subjectives

Les modalités subjectives expriment l'attitude du locuteur par rapport au contenu de son énoncé. On distingue deux sortes de modalités.

1. Modalités épistémiques* : le locuteur exprime son degré de certitude sur ce qu'il dit, qui « peut aller de la certitude absolue à l'incertitude totale, en passant par tous les stades intermédiaires[1] » (savoir ou ignorance, nécessité, possibilité, etc.). Ces modalités s'expriment par différents moyens linguistiques :

– des verbes suivis d'une proposition subordonnée complétive (*je sais*/*doute*/*pense*/*crois que*, etc.) ;

◄ Les PS complétives
(**5.3**,2 p. 296)

> *Je doute que le remède soit efficace.* (Flaubert)
>
> *Je sais que lorsque les vents du matin tournent avec le soleil, je sais que la pluie approche.* (Salacrou)

– des adverbes modaux (*vraiment*, *peut-être*, *probablement*, etc.), souvent compléments de la phrase ;

> *Il y a **peut-être** autant de façons de sentir parmi les hommes que de façons de voir, mais ces différences dans la nomenclature ne changent rien aux raisonnements qui suivent.* (Stendhal)

– des auxiliaires modaux : *pouvoir* indique la possibilité (au sens large), *devoir* indique l'obligation ou la probabilité ;

> *Deux verbes expriment toutes les formes que prennent ces deux causes de mort : **VOULOIR** et **POUVOIR**. Entre ces deux termes de l'action humaine il est une autre formule dont s'emparent les sages, et je lui dois le bonheur et ma longévité. **Vouloir** nous brûle, et **Pouvoir** nous détruit ; mais SAVOIR laisse notre faible organisation dans un perpétuel état de calme.* (Balzac)
>
> *Le magistrat **doit** veiller à ce que l'esclave ait sa nourriture et son vêtement : cela doit être réglé par la loi.* (Montesquieu)

◄ Le futur
(**3.5**,1 p. 162)

◄ Le conditionnel
(**3.5**,1 p. 164)

– les temps du verbe : le futur présente une action probable dans l'avenir, le conditionnel une action possible dans l'avenir (potentiel) ou impossible dans le présent (irréel du présent) ou dans le passé (irréel du passé).

> *Quand je **serais** moins coupable, je vois des hommes qui [...] **voudront** punir en moi et décourager à jamais cette classe de jeunes gens qui [...] ont le bonheur de se procurer une bonne éducation.* (Stendhal)

2. Modalités appréciatives : le locuteur évalue la valeur de son énoncé, en exprimant ses sentiments (bon/mauvais, agréable/désagréable, heureux/malheureux, etc.). Ces modalités s'expriment par différents moyens linguistiques :

– des verbes introduisant une subordonnée complétive ou un verbe à l'infinitif (*regretter*, *apprécier*, etc.) ;

> *Brichot aurait pu constituer aisément la matière d'un fort volume. Il est à **regretter** qu'il n'en ait pas publié, car ces articles si nourris sont maintenant difficiles à retrouver.* (Proust)

---

1. N. Le Querler, *Typologie des modalités*, Presses universitaires de Caen, 1996, p. 71.

– des adjectifs comme *heureux, malheureux, bon, mauvais, utile, inutile, etc.* Ceux-ci, en position d'attribut du sujet (*Je suis heureux/content/triste...*), peuvent introduire une subordonnée complétive ou un infinitif complément ;

> Pour moi, **je suis heureux** de votre bonheur. (Voltaire)
> OCTAVE. — Je suis **triste** comme un lendemain de fête. (Musset)

– des adverbes, compléments du verbe ou de la phrase ;

> Ce que l'on conçoit **bien** s'énonce **clairement**,
> Et les mots pour le dire arrivent **aisément**. (Boileau)

– des interjections émotives comme *hélas, aïe, etc.* ;

> **Hélas !** chez ton amant tu n'es point ramenée. (Chénier)

– des phrases exclamatives, en particulier celles qui comportent un adverbe marquant l'intensité ;

> **Ce qu**'il est odieux ! – **Ce qu**'il peut être odieux ! (N. Le Querler[2])

– des noms évaluatifs ou affectifs ;

> Le goût d'Orsenna pour les matériaux massifs et nobles, pour les granits et les marbres, rendait compte du caractère singulier de **violence** prodigue, et même d'**exhibitionnisme**, que revêtait partout cette **lutte**. (J. Gracq)

– la typographie : hormis le point d'exclamation, l'appréciation se marque par la taille des caractères, leur forme (gras, capitales), notamment dans les SMS et les courriels.

> Adèle, elle est TROP !

2 Attitude énonciative : énonciation de discours et énonciation historique

• **Le rapport du locuteur à son énoncé peut être décrit, entre autres, en termes de distance :** le locuteur peut adopter une attitude d'énonciation qui manifeste une distance maximale ou minimale par rapport à son énoncé. É. Benveniste distingue deux « plans d'énonciation[3] », qui sont à la base de deux systèmes énonciatifs différents, qui se manifestent principalement par l'emploi des personnes et des temps du verbe :

– **L'énonciation de discours** est le cas ordinaire de la communication *hic et nunc*. Le locuteur assume la responsabilité de son énoncé, dans lequel il utilise ses indices personnels et temporels. Mettant les faits énoncés en relation avec son énonciation, le locuteur prend une distance minimale par rapport à son énoncé. Ce système est présent dans la majorité des discours oraux et aussi dans les écrits où le locuteur s'implique : « correspondances,

---

2. N. Le Querler, *Typologie des modalités*, Presses universitaires de Caen, 1996, p. 89.
3. É. Benveniste, *Problèmes de linguistique générale*, Gallimard, 1966.

mémoires, théâtre, ouvrages didactiques, bref tous les genres où quelqu'un s'adresse à quelqu'un, s'énonce comme locuteur et organise ce qu'il dit dans la catégorie de la personne[4]. »

– **L'énonciation historique se caractérise par la distance maximale prise par le locuteur par rapport à son énoncé,** qui relate des évènements passés. Il n'intervient pas dans le récit des évènements, n'indiquant pas formellement sa présence. Le récit apparait coupé de l'acte d'énonciation. Ce système se rencontre essentiellement à l'écrit, dans la relation de faits passés, en particulier dans le récit littéraire (*contes, romans, nouvelles, etc.*).

● **Ces deux systèmes énonciatifs se distinguent** par l'emploi des temps du verbe et des personnes, et par le choix de certains adverbes et compléments circonstanciels de lieu et de temps. Ils possèdent des caractéristiques linguistiques spécifiques, mais partagent des traits communs (3e personne, certains temps du verbe, etc.).

Expressions linguistiques	Énonciation de discours	Énonciation historique
Personnes grammaticales	**Toutes les personnes**	**3e personne**
Temps du verbe à l'indicatif (en gras, temps exclusifs d'un seul système)	**Passé composé, présent, futur simple/antérieur** Imparfait, plus-que-parfait Conditionnel	**Passé simple, passé antérieur** Imparfait, plus-que-parfait Conditionnel
Compléments de lieu	*ici* à *cet endroit* (déictique)	*là*
Compléments de temps	*hier, aujourd'hui, demain maintenant la semaine dernière/ prochaine*	*la veille, alors, le lendemain la semaine précédente/ suivante*

1 L'énonciation de discours

● Toutes les personnes s'emploient dans **l'énonciation** de discours.

● Comme l'énoncé est directement repéré par rapport au moment de l'acte d'énonciation, **les trois temps** de base sont le passé composé, le présent et le futur simple. L'imparfait et le plus-que-parfait s'emploient aussi pour un fait passé. Le conditionnel est pourvu de sa valeur modale. Presque tous les temps de l'indicatif sont donc possibles, sauf le passé simple et le passé antérieur.

● **Les adverbes et compléments circonstanciels** de lieu et de temps sont aussi repérés par rapport à la situation d'énonciation. On emploie des

---

4. É. Benveniste, *op. cit.*

expressions déictiques (*ici* ; *mardi*, *le mois dernier*/*prochain*, *etc*.), comme des groupes nominaux comportant un démonstratif (*On est arrivés ce matin.*).

> *On est arrivés ce matin et on n'a pas été bien reçus, car il n'y avait personne sur la plage que des tas de types morts ou des tas de morceaux de types, de tanks et de camions démolis. Il venait des balles d'un peu partout et je n'aime pas ce désordre pour le plaisir. On a sauté dans l'eau, mais elle était plus profonde qu'elle n'en avait l'air et j'ai glissé sur une boîte de conserves. Le gars qui était juste derrière moi a eu les trois quarts de la figure emportée par le pruneau qui arrivait, et j'ai gardé la boîte de conserve en souvenir. J'ai mis les morceaux de sa figure dans mon casque et je les lui ai donnés, il est reparti se faire soigner, mais il a l'air d'avoir pris le mauvais chemin parce qu'il est entré dans l'eau jusqu'à ce qu'il n'ait plus pied et je ne crois pas qu'il y voie suffisamment au fond pour ne pas se perdre.*
> (B. Vian, *Les Fourmis*)

2 L'énonciation historique

- En principe, ce système élimine toute trace de l'énonciation. Les déictiques comme *je, tu, ici, maintenant* sont exclus par définition. Seule la 3e personne est possible, puisqu'elle ne représente pas un des protagonistes de la communication.

- **Les temps du verbe** sont essentiellement orientés vers le passé, mais coupés du moment de l'énonciation. Au centre de ce système figure le passé simple, qui dénote un évènement passé sans lien avec l'actualité du locuteur. Il s'oppose à l'imparfait, qui s'appuie sur le même repère passé que lui, et au plus-que-parfait ou au passé antérieur. Pour évoquer un procès postérieur au repère passé, on emploie le conditionnel présent avec sa valeur temporelle de « futur vu du passé » (*Il espérait qu'elle reviendrait.*) ou bien une périphrase verbale (*Il allait partir.*). Les temps de base du discours sont exclus de l'histoire, à l'exception du « présent de définition » qui est atemporel. Le passé simple est donc le temps du récit par excellence, réservé presque exclusivement aujourd'hui à l'usage écrit. Mais l'énonciation historique partage plusieurs temps avec le discours, notamment l'imparfait et le plus-que-parfait.

- **Les adverbes et expressions circonstancielles** ne peuvent pas avoir de valeur déictique, mais anaphorique. La chronologie relative est marquée par *alors, la veille, le lendemain* ou *le mardi, le mois précédent*/*suivant*. Dans un récit d'évènements passés, chaque évènement se situe par rapport aux autres et la succession chronologique est marquée par la succession des verbes au passé simple.

> *Il parut alors une beauté à la cour, qui attira les yeux de tout le monde, et l'on doit croire que c'était une beauté parfaite, puisqu'elle donna de l'admiration dans un lieu où l'on était si accoutumé à voir de belles personnes. Elle était de la même maison que le vidame de Chartres, et une des plus grandes héritières de France. Son père était mort jeune, et l'avait laissée sous la conduite de Mme de Chartres, sa femme, dont le bien, la vertu et le mérite étaient extraordinaires. Après avoir perdu son mari, elle avait passé plusieurs années sans revenir à la cour. Pendant cette absence, elle avait donné ses soins à l'éducation de sa fille ; mais elle ne travailla pas seulement à cultiver son esprit et sa beauté, elle songea aussi à lui donner de la vertu et à la lui rendre aimable.*
> (Mme de La Fayette, *La Princesse de Clèves*)

3 Intérêts et limites de la distinction énonciation historique/énonciation de discours

● **Cette distinction connait un grand succès dans l'enseignement secondaire.** En plaçant le fonctionnement des temps verbaux dans le cadre de l'énonciation, mis en relation avec le choix des personnes et l'emploi des déictiques, elle fait percevoir deux systèmes cohérents, qui ont un intérêt dans la production et dans l'explication des textes, en particulier littéraires.

● Cependant, confrontée à la réalité des textes littéraires et non littéraires, **cette distinction n'est pas toujours opératoire.** Il existe certes des textes transparents, où un seul de ces systèmes est utilisé : de nombreux contes et romans ne connaissent que l'énonciation historique dans leurs passages narratifs, alors que l'énonciation de discours se manifeste dans les passages au discours direct. Mais de nombreux textes sont hésitants, présentant un mélange des deux systèmes. C'est en particulier le cas des récits autobiographiques ou présentés comme tels qui associent la 1re personne et le passé simple, ici associé au présent historique.

infra 3 ◄
(p. 380)

> *J'étudiais un jour seul ma leçon dans la chambre contiguë à la cuisine. La servante avait mis sécher à la plaque les peignes de mademoiselle Lambercier. Quand elle revint les prendre, il s'en trouva un dont tout un côté de dents était brisé. À qui s'en prendre de ce dégât ? personne autre que moi n'était entré dans la chambre. On m'interroge : je nie d'avoir touché le peigne. M. et mademoiselle Lambercier se réunissent, m'exhortent, me pressent, me menacent : je persiste avec opiniâtreté ; mais la conviction était trop forte, elle l'emporta sur toutes mes protestations, quoique ce fût la première fois qu'on m'eût trouvé tant d'audace à mentir. La chose fut prise au sérieux ; elle méritait de l'être.*

> *La méchanceté, le mensonge, l'obstination, parurent également dignes de punition ; mais pour le coup ce ne fut pas par mademoiselle Lambercier qu'elle me fut infligée. On écrivit à mon oncle Bernard : il vint. Mon pauvre cousin était chargé d'un autre délit non moins grave ; nous fûmes enveloppés dans la même exécution.*
> (J.-J. Rousseau, *Les Confessions*)

Dans ce récit autobiographique écrit à la 1ʳᵉ personne du singulier (je) et au passé simple, qui correspond à une énonciation historique (car la 1ʳᵉ personne représente un acteur passé), Rousseau introduit un passage de dialogue résumé au présent historique, qui ressemble à une énonciation de discours (On m'interroge [...] je persiste avec opiniâtreté).

- Ou même, certains textes comme la *Recherche* de Proust mêlent subtilement les deux systèmes.

> *Ce fut un de ces jours-là qu'il lui arriva de me jouer la partie de la sonate de Vinteuil où se trouve la petite phrase que Swann avait tant aimée. Mais souvent on n'entend rien, si c'est une musique un peu compliquée qu'on écoute pour la première fois. Et pourtant quand plus tard on m'eut joué deux ou trois fois cette sonate, je me trouvai la connaître parfaitement. Aussi n'a-t-on pas tort de dire « entendre pour la première fois ». Si l'on n'avait vraiment, comme on l'a cru, rien distingué à la première audition, la deuxième, la troisième seraient autant de premières, et il n'y aurait pas de raison pour qu'on comprît quelque chose de plus à la dixième. Probablement ce qui fait défaut, la première fois, ce n'est pas la compréhension, mais la mémoire. Car la nôtre, relativement à la complexité des impressions auxquelles elle a à faire face pendant que nous écoutons, est infime, aussi brève que la mémoire d'un homme qui en dormant pense mille choses qu'il oublie aussitôt, ou d'un homme tombé à moitié en enfance qui ne se rappelle pas la minute d'après ce qu'on vient de lui dire. Ces impressions multiples, la mémoire n'est pas capable de nous en fournir immédiatement le souvenir.*
> (M. Proust, *À l'ombre des jeunes filles en fleurs*)

Dans le récit de base au passé simple (énonciation historique, malgré le je qui représente l'acteur qui vit les évènements racontés), le mémorialiste insère des réflexions générales aux temps de l'énonciation de discours (présent et conditionnel du système hypothétique).

Si l'on va plus loin que le simple constat du mélange des deux systèmes d'énonciation, l'analyse du choix de l'auteur peut éclairer et enrichir la lecture du texte littéraire.

Le discours rapporté : direct, indirect...

Le discours rapporté représente un dédoublement de l'énonciation : un discours attribué à un autre énonciateur est inséré dans le discours tenu par le locuteur (énonciateur) de base, qui rapporte ce discours autre (qui peut d'ailleurs être le sien, tenu à un moment antérieur).

La représentation du discours d'autrui présente trois formes principales : *discours direct, discours indirect* ou *style indirect libre*. Celles-ci mettent en jeu plusieurs dimensions linguistiques : types de phrases, subordination, concordance des temps et choix des personnes. On considère que le discours direct est la forme première, qui est transposée en discours indirect ou en style indirect libre. Cependant, on rencontre d'autres formes de discours rapporté, comme le *discours narrativisé*, popularisé par G. Genette[5], qui constitue le simple résumé d'un monologue ou d'un dialogue (*Ils négocièrent l'achat du bateau pendant une heure.*) et qui est parfaitement intégré au récit, sans démarcations : seule l'indication de paroles ou la possibilité de pensées d'un personnage permettent de l'identifier.

> Nous trouverons mieux ailleurs.
> À ces mots, la figure du maire fut bouleversée. Il revint cependant à lui, et, après une **conversation** savante de deux grandes heures, où pas un mot ne fut dit au hasard, la finesse du paysan l'emporta sur la finesse de l'homme riche, qui n'en a pas besoin pour vivre. (Stendhal)

1 Le discours direct

Le discours direct représente, à première vue, la forme la plus littérale de la représentation du discours d'autrui qui est présenté tel quel, comme une citation. Cependant, cette fidélité littérale au discours rapporté n'est qu'apparente ; en particulier, le discours direct ne reproduit pas les caractéristiques du discours oral, dont les traits (ruptures, inachèvements, etc.) sont le plus souvent gommés, même dans la presse écrite.

• **Le discours direct est inséré dans un autre discours,** avec des marques explicites : il est encadré par des guillemets ou, en cas de dialogue, chaque réplique est introduite par un tiret (cadratin). Le discours direct est généralement signalé par une phrase introductive, qui indique l'énonciateur et apporte d'autres informations (lieu et temps, attitudes, etc.). Cette phrase peut être placée avant le discours direct (suivie de deux points), dans le cours du discours rapporté ou à la fin, sous forme d'incise*. Le discours direct peut se passer de phrase introductive, notamment dans un dialogue suivi.

L'insertion ◄
(**5.1**,3 p. 286)

---

5. G. Genette, *Figures III*, éd. Seuil, 1972.

> ALBOURY. — *Il y a très longtemps, je dis à mon frère : je sens que j'ai froid ; il me dit : c'est qu'il y a ce petit nuage entre le soleil et toi ; je lui dis : est-ce possible que ce petit nuage me fasse geler alors que tout autour de moi, les gens transpirent et le soleil brûle ?*
> (B.-M. Koltès, *Combat de nègre et de chiens*, 1983)

● **Le discours direct a toutes les caractéristiques de l'énonciation de discours.** Les pronoms ou déterminants de 1re personne (*je, mon*) renvoient à l'énonciateur dont on rapporte le discours. Les temps sont repérés par rapport au moment de sa parole : le présent correspond au moment de son énonciation. Tous les types de phrases de l'énonciation directe sont possibles, en particulier l'injonction ou l'exclamation.

> *Quelqu'un avait dû me voir, et avertir mon frère, car celui-ci avait accouru pour me demander, alors que j'étais déjà à la porte :*
> *« Où vas-tu ? »*
> *« Je vais à Haïfa. J'ai besoin de parler à ma femme. »*
> *« Tu as raison, c'est la meilleure chose à faire. Assieds-toi, je vais appeler une voiture qui te conduira droit là-bas ! »*
> (A. Maalouf, *Les Échelles du Levant*, 2015)

2 Le discours indirect

Le discours rapporté au style indirect se caractérise par sa dépendance syntaxique. Il se place dans une proposition subordonnée, qui est complément d'un verbe principal signifiant « dire » (rapport de paroles) ou « penser » (rapport de pensées). Le discours indirect est indiqué par un mot subordonnant (*que, si,* etc.). L'énonciateur est généralement placé comme sujet du verbe introducteur. Dans la langue classique, le discours indirect pouvait être développé en plusieurs phrases introduites par de nombreux *que* répétés. Les auteurs modernes se limitent le plus souvent à une ou deux phrases, pour éviter la lourdeur de la subordination.

> *L'hôtesse monta et leur annonça **que** la journée ne serait pas belle ; mais **que**, quand le temps leur permettrait de continuer leur route, ils risqueraient leur vie ou seraient arrêtés par le gonflement des eaux du ruisseau qu'ils auraient à traverser ; et **que** plusieurs hommes de cheval, qui n'avaient pas voulu l'en croire, avaient été forcés de rebrousser chemin. Le maître dit à Jacques : « Jacques, que ferons-nous ? » Jacques répondit : « Nous déjeunerons d'abord avec notre hôtesse : ce qui nous avisera. » L'hôtesse jura **que** c'était sagement pensé. On servit à déjeuner.*
> (Diderot)

- **Les verbes introducteurs** du discours indirect ne sont pas tout à fait ceux qui introduisent le discours direct. En particulier, ils peuvent indiquer une appréciation du locuteur qui rapporte le discours d'autrui, comme *démontrer, prétendre, révéler, supposer*.

> *Ma femme prétendait [que vous tomberiez amoureux de la jeune lady] et moi j'affirmais [que les philosophes sceptiques ne s'enflamment pas si aisément].* (Tocqueville)

Le type ◄
interrogatif
(**4.3**,3 p. 255)

Le type ◄
injonctif
(**4.3**,4 p. 259)

Les PSI ◄
indirectes
(**5.3**,3 p. 299)

- **La mise en subordination** provoque des changements qui affectent les types de phrases. Une phrase interrogative directe (*Est-ce que Zoé reviendra ?*) perd son intonation et devient une subordonnée dans le discours indirect (*Ludovic voulait savoir si Zoé reviendrait.*) Une phrase injonctive demande l'emploi d'un verbe introducteur comme *ordonner* et la subordonnée peut se mettre à l'infinitif (*Sortez !* ↔ *Roxanne ordonna à Bajazet de sortir.*) Il est difficile de transposer une phrase exclamative et les éléments expressifs du discours direct.

- **La transposition des personnes** suit des règles complexes, selon les rapports entre le locuteur de base, son allocutaire et le locuteur dont il rapporte le discours : le locuteur peut rapporter son propre discours (*Je n'ai jamais promis que je viendrais.*), celui d'une tierce personne (*Elle a dit qu'elle viendrait à la plage.*), qui peut impliquer l'allocutaire (*Il a dit que tu t'étais trompé.*). Les changements de personnes peuvent être importants ; ils s'accompagnent de changements de déterminants et de pronoms possessifs.

La ◄
concordance
des temps
(**5.5** p. 313)

- **Le changement des temps du verbe** est réglé par la concordance des temps, selon que le verbe principal est au présent ou au passé. Les changements de temps les plus importants se font dans le second cas.

Rapport chronologique du verbe subordonné au verbe principal	Verbe principal au présent *Il raconte qu'…*	Verbe principal à un temps du passé *Il racontait qu'…*
Antériorité	Passé composé *Elle est sortie.*	Plus-que-parfait *Elle était sortie.*
Simultanéité	Présent *Elle sort.*	Imparfait *Elle sortait.*
Postériorité	Futur simple *Elle sortira.*	Conditionnel présent *Elle sortirait.*

> *Elle se demande [s'il ne vaudrait pas mieux que ses parents habitent au fin fond d'un trou sordide, un bourg tout en rue].* (R. Jauffret, *Univers univers*)

Remarque : ces règles de transposition mécanique peuvent connaitre des entorses logiques.

a. Un présent de vérité générale peut être conservé dans le discours indirect : *Jacques disait [que son capitaine disait [que tout ce qui nous arrive de bien et de mal ici-bas était écrit là-haut]].* (Diderot)

b. Un futur peut être conservé s'il marque aussi l'avenir par rapport au moment où le discours est rapporté : *Il a dit qu'elle viendra demain.* La venue est postérieure dans les deux cas.

c. Un présent peut aussi être maintenu par le locuteur quand il veut marquer qu'il prend aussi à son compte les paroles rapportées : *Il a dit que tu **as** tort.* La transposition à l'imparfait permet au contraire au locuteur de rapporter le discours sans l'assumer : *Il a dit que tu **avais** tort.*

3 Le style indirect libre

Le style (ou discours) indirect libre transpose les paroles ou les pensées[6] d'un personnage en les intégrant complètement au récit, sans subordination. C'est un procédé essentiellement littéraire, qui se rencontre peu à l'oral, et qui s'est imposé au xixe siècle comme fait de style littéraire, dans les romans de Flaubert et Zola notamment.

● **Le style indirect libre combine des traits du discours direct et du discours indirect.**

Comme le discours direct, il se rencontre dans des phrases indépendantes, mais généralement sans démarcation par rapport au contexte où il est inséré (ni guillemets, ni phrase introductive ou incise). Et il conserve les procédés expressifs du discours direct, comme l'exclamation.

Comme dans le discours indirect, les temps et les personnes sont transposés et harmonisés avec ceux du récit de base. Dans cet exemple, les *députés* parlent à la 3e personne et emploient l'imparfait, le plus-que-parfait et le conditionnel qui indique un futur vu du passé.

> Un jour, au dévot personnage
> Des députés du peuple rat
> S'en vinrent demander quelque aumône légère :
> [Ils allaient en terre étrangère
> Chercher quelque secours contre le peuple chat ;
> Ratopolis était bloquée :
> On les avait contraints de partir sans argent,
> Attendu l'état indigent
> De la république attaquée.
> Ils demandaient fort peu, certains que le secours
> Serait prêt dans quatre ou cinq jours.]
> (J. de La Fontaine, *Le Rat qui s'est retiré du monde*)

● **Comme le discours indirect libre se fond dans le texte du récit,** il est difficile de l'isoler des passages narratifs. Pour identifier un passage au style indirect

---

6. Comme il est question de pensées, le terme *style* convient mieux que le terme *discours*, qui implique des paroles.

libre, on doit repérer les transpositions de temps et de personnes ou déceler des traits linguistiques qui révèlent la parole ou la pensée d'un personnage, comme des tournures propres à l'oral (phrases disloquées, emploi de déictiques inhabituels dans le récit, etc.). Mais il existe des cas indécidables quand le discours du personnage se confond parfaitement avec le récit, sans qu'on puisse attribuer tel point de vue au personnage ou au narrateur.

> *Il* (sc. le directeur du théâtre) *avait levé ses grosses mains qui tremblaient d'enthousiasme ; et, soulagé, il baissait la voix, il grognait pour lui seul :*
> *— Oui, elle ira loin, ah ! sacredié ! oui, elle ira loin... Une peau, oh ! une peau !* Puis, comme Fauchery l'interrogeait, il consentit à donner des détails, avec une crudité d'expressions qui gênait Hector de la Faloise. Il avait connu Nana et il voulait la lancer. Justement, il cherchait alors une Vénus. Lui, ne s'embarrassait pas longtemps d'une femme ; il aimait mieux en faire tout de suite profiter le public. Mais il avait un mal de chien dans sa baraque, que la venue de cette grande fille révolutionnait. Rose Mignon, son étoile, une fine comédienne et une adorable chanteuse celle-là, menaçait chaque jour de le laisser en plan, furieuse, devinant une rivale. Et, pour l'affiche, quel bousin, grand Dieu ! Enfin, il s'était décidé à mettre les noms des deux actrices en lettres d'égale grosseur. Il ne fallait pas qu'on l'ennuyât. Lorsqu'une de ses petites femmes, comme il les nommait, Simonne ou Clarisse, ne marchait pas droit, il lui allongeait un coup de pied dans le derrière. Autrement, pas moyen de vivre. Il en vendait, il savait ce qu'elles valaient, les garces ! (É. Zola, *Nana*)

Après un passage au discours direct, une phrase introductive (*il consentit à donner des détails*) ouvre sur un long passage au style indirect libre (*Il avait connu Nana [...] les garces !*), caractérisé par la transposition de personne (3ᵉ pers. du sing. au lieu de je, avec *lui* en position de sujet) et de temps (imparfait au lieu du présent, plus-que-parfait au lieu du passé composé), l'emploi de tournures exclamatives et d'interjections, de phrases non verbales (*Et, pour l'affiche, quel bousin, grand Dieu !*).

> Debout devant la glace de la cheminée, il ôta son monocle noir, examina la cicatrice de la paupière, *se demanda s'il brûlerait ses trente mille dollars devant l'Amalécite pour lui apprendre à vivre. Non, préférable de les brûler tout seul, un de ces soirs, pour le plaisir, après avoir couvert ses épaules de la longue soie rituelle, ennoblie de franges et barrée de bleu, sa tente et sa patrie.* Il virevolta, s'approcha de la fille des Gentils, belle aux longs cils recourbés, qui le regardait muette, tenant parole.
> (A. Cohen, *Belle du Seigneur*, © Éditions Gallimard, 1968)

Un monologue intérieur de Solal est inséré dans le récit. À une question représentée au discours indirect (*se demanda s'il brûlerait…*), la réponse est donnée au style indirect libre (*Non, préférable de les brûler tout seul [...] sa tente et sa patrie.*).

CHAPITRE 6

Le texte poétique : la versification

1. Définition 385
2. La mesure du vers : le compte des syllabes 386
3. La structure métrique : types de vers ;
   versification et syntaxe 387
4. La rime 388

1 Définition

La versification est l'ensemble des techniques utilisées pour écrire un poème en vers réguliers.

La poésie a sensiblement évolué avec le temps : sont présentées ici **les règles classiques de la versification**, dont les poètes modernes se sont libérés, mais qui constituent un fonds commun toujours disponible pour composer un poème[1].

Le vers est à la base de la poésie. Un vers commence par une majuscule et se distingue par un passage à la ligne, même si la phrase n'est pas terminée. Un vers n'est pas isolé, mais il s'intègre à un groupement qui constitue une unité de rythme ou de sens, la *strophe*, qui repose sur un principe strict d'organisation. La strophe est, formellement, le « *groupement d'une série de vers selon une disposition déterminée des homophonies finales et (si les vers sont de types différents) des mètres*[1]. » Les vers sont groupés en strophes par deux (*distique*), trois (*tercet*), quatre (*quatrain*). Quand les vers groupés ont la même mesure, les strophes sont *isométriques* ; quand les vers ont des mesures différentes, les strophes sont *hétérométriques*.

> *Saisir, saisir le soir, la pomme et la statue,*
> *Saisir l'ombre et le mur et le bout de la rue.* (Supervielle)
> *Dans ce groupement des vers en distiques, les strophes de ce poème sont isométriques (alexandrins).*

---
1. Pour les détails de la versification, lire J. Mazaleyrat, *Éléments de métrique française*, A. Colin, 1986.

2 La mesure du vers : le compte des syllabes

La mesure (ou le mètre) du vers français est déterminée par le nombre de syllabes prononcées. La difficulté vient de ce que les règles de la syllabation poétique, en partie déterminées par des usages anciens de la langue, sont différentes de celles de la syllabation ordinaire.

*La syllabe ◄
(**1.1**, 5 p. 29)*

1. Le traitement du e caduc (ou muet)

*Les voyelles ◄
(**1.2** p. 24)*

- **L'e se prononce obligatoirement, contrairement à l'usage courant :**
- **à la fin d'un mot,** quand il est précédé d'une consonne et suivi d'une consonne (graphique), consonne de liaison ou consonne initiale du mot suivant ;

> (1) *Les petites ailes blanches*
> (2) *Sur les eaux et les sillons*
> (3) *S'abattent en avalanches ;*
> (4) *Il neige des papillons.* (Hugo)
>
> L'*e* se prononce dans *ailes* (1), *s'abattent* (3), *neige* (4) *et à la finale de* petites (1).

- **à l'intérieur d'un mot,** après consonne, l'*e* se prononce toujours : *petites* (1).

- **L'e ne se prononce pas, en conformité avec l'usage courant :**
- **à la fin du vers :** *blanch(e)s* (1), *avalanch(e)s* (3) ;
- **à la fin d'un mot,** si le mot suivant commence par une voyelle ou un *h* muet, faisant une élision métrique ;

> *Oui, c'est une montée âpre, longue et poudreuse* (Gautier)
>
> L'*e* de *une* et *âpre* se prononce devant la consonne initiale de *montée* et *longue*, mais l'*e* de *longue* est élidé devant *et*.

Remarque : l'e en fin de mot s'est prononcé jusqu'au XVIᵉ siècle inclus.

> *Plein de pensées vagabondes* (Ronsard)
>
> *pen-sé-es* (3 syllabes) ; le *s* final était déjà muet.

- **à l'intérieur d'un mot,** après voyelle (cas assez rare).

> *Tu sillonnes gai(e)ment l'immensité profonde.* (Baudelaire) *(2 syllabes)*

2. La synérèse et la diérèse

À l'intérieur d'un mot², quand deux voyelles se suivent, la première peut être interprétée comme une semi-consonne [j], [ɥ] ou [w] ou comme une voyelle [i], [y] ou [ʊ], ce qui donne lieu, selon les cas, à deux décomptes différents.

*API ◄
(Annexe 1
p. 412)*

- **La synérèse*** (du grec *sun-airesis* « rapprochement ») : **on compte une syllabe,** ce qui correspond à l'usage moderne courant.

> *Plus de mot sénateur ! Plus de mot roturier !* (Hugo)
>
> *ro-tu-rier* (*3 syllabes : -rier compte pour 1 syllabe*)

---

2. La rencontre de deux phonèmes vocaliques entre deux mots (*hiatus*) est en principe interdite : ☹ *Elle va à Aix.*

– **La diérèse*** (du grec *di-airesis* « division ») : **on compte deux syllabes,** notamment dans les finales des noms en *-ion*, comme *pa-ssi-on* *(3 syllabes)* ou *am-bi-ti-on* *(4 syllabes)*, et régulièrement dans certains mots, comme *hier* [i-jɛʀ], *violon* [vi-jɔ-lɔ̃], *ruine* [ʀy-in].

> *L'ombre était nuptiale, auguste et solennelle* (Hugo)
> *nu-pti-ale* [ny-psi-jal] *(3 syllabes)*

> *Les jours se sont enfuis, d'un vol mystérieux* (Th. de Banville)
> *mys-té-ri-eux* [mis-te-ʀi-jø] *(4 syllabes)*

3 La structure métrique : types de vers ; versification et syntaxe

1. Les principaux types de vers

● **Mètres les plus fréquents**

– **L'alexandrin, vers de 12 syllabes,** est structuré en deux hémistiches (demi-vers) : deux groupes de mots délimités par leur accent final, séparés par une frontière dite *césure*.

▶ Le groupe rythmique (**1.1**,5 p. 31)

> *Chaque arbre est immobile,* # *attentif à tout bruit,*
> *Même le peuplier* # *tremblant retient son souffle* (Supervielle)
> Les césures (#) régulières (6+6 ; 6+6) s'accordent au calme évoqué.

Si la césure médiane sépare deux groupes de 6 syllabes, il arrive que l'alexandrin ait une structure ternaire (4+4+4) ou dissymétrique (4+8 ou 8+4).

> *Carnage affreux !* # *moment fatal !* # *L'homme inquiet*
> *Sentit que la bataille entre ses mains pliait.* (Hugo)
> Le premier vers a une structure ternaire (4+4+4), en accord avec le trouble évoqué.

– **Le décasyllabe, vers de 10 syllabes,** est généralement coupé en deux mesures inégales : 4+6 syllabes (*exemple ci-dessous*), 6+4, ou 5+5.

> *On voit mourir toute chose animee,*
> *Lors que du corps l'ame sutile part :*
> *Je suis le corps, toy la meilleure part :*
> *Ou es tu donq, o ame bien aymee ?* (L. Labé, *Sonnets*, VII)

– **L'octosyllabe, vers de 8 syllabes,** n'a pas de césure marquée et peut se découper en 2+6 syllabes, ou 3+5, ou 4+4, ou 5+3, etc.

> *J'ai presque peur, en vérité,*   (4+4)
> *Tant je sens ma vie enlacée*   (3+5)
> *À la radieuse pensée*   (6+2)
> *Qui m'a pris l'âme l'autre été*   (5+3)
> (Verlaine)

● **Autres mètres moins fréquents :**

– **vers pairs** de 6 syllabes (hexasyllabe), plus rarement de 4 ou 2 syllabes ;

> *Dans Venise la rouge,*
> *Pas un bateau ne bouge* (Musset) *(hexasyllabes)*

– **vers impairs** de 7 syllabes et de 5 ; ceux de 9 syllabes et plus sont très rares.

> *De la musique avant toute chose,*
> *Et pour cela préfère l'Impair,*
> *Plus vague et plus soluble dans l'air,*
> *Sans rien en lui qui pèse ou qui pose.* (Verlaine) *(vers de 9 syllabes)*

2. Versification et syntaxe

En principe, la fin du vers coïncide avec la fin d'une unité syntaxique, si bien que l'on marque une pause à la fin du vers. Mais on rencontre diverses infractions à ce principe.

– **L'enjambement** consiste à continuer la phrase sans pause d'un vers à l'autre, sur tout le vers ou sur le premier hémistiche. Cela produit une atténuation de la structure métrique.

▸ *supra* Enjambements, exemples de Hugo, Verlaine, (p. 387)

> *J'ai vu des archipels sidéraux ! et des îles*   (enjambement)
> *Dont les cieux délirants sont ouverts au vogueur ;*
> (Rimbaud)

– **Le rejet** consiste à rejeter au vers suivant un ou deux mots qui font partie, par le sens, du vers précédent. Cela produit un effet de mise en relief.

> *J'avais bâti des plans sur tout, – une montagne*   (rejet)
> *de projets ; – je plaignais le malheur de l'Espagne ;*
> (Hugo)

– **Le contre-rejet,** qui est l'inverse du rejet, consiste à commencer au vers précédent, en y plaçant un ou deux mots, une proposition qui s'achève dans le vers suivant.

> *Mais proche la croisée au nord vacante,* **un or** *(contre-rejet)*
> *Agonise selon peut-être le* **décor**   *(enjambement)*
> **Des** *licornes ruant du feu contre une nixe,*
> (Mallarmé)

4 La rime

1. Définition et qualité de la rime

● **Sur le plan phonétique, la rime consiste en l'identité sonore (homophonie), entre deux ou plusieurs mots,** de la dernière voyelle prononcée et, éventuellement, des phonèmes qui suivent ou précèdent cette voyelle[3]. La rime métrique ordinaire se situe à la fin des vers. Elle a deux fonctions :

▸ L'homophonie (**2.2**,1 p. 66)

---

[3]. On ne compte que les homophonies réelles, ce qui exclut les consonnes finales muettes (*chante**nt***) ou l'*e* final (*ma mi**e***), qui ne représentent jamais une syllabe.

LE TEXTE POÉTIQUE : LA VERSIFICATION 6

l'ordonnance (elle marque la liaison et la limite des vers) et l'association des mots qu'elle met en relation (parallélisme, identité ou opposition[4]).

- **On distingue des degrés de richesse de la rime** définis par le nombre d'homophonies :
- **La rime pauvre** compte une seule homophonie, celle de la voyelle finale :
    mouton/dindon [V = ɔ̃]
- **La rime suffisante** compte deux homophonies : une consonne (ou un groupe de consonnes) suivie d'une voyelle, ou une voyelle suivie d'une consonne (ou d'un groupe de consonnes).
    mouton/chaton [C+V = t+ɔ̃] ; *donne/étonne* [V+C = o+n]
- **La rime riche** compte trois homophonies ou plus.
    tourterelles/surnaturelles [C+V+C = ʀ+ɛ+l]
    chaleureux/heureux [V+C+V = ø+ʀ+ø]
    inertes/vertes [V+C+C = ɛ+ʀ+t]
    Au-delà de la rime riche, on entre dans le domaine de **la rime léonine**, qui compte au moins deux syllabes semblables : *ta-ma-ri-niers/ma-ri-niers* (Baudelaire) *riment par trois syllabes.*

2. Genre métrique : rimes masculines et rimes féminines

- **En principe, deux mots en fin de vers ne riment que s'ils sont du même « genre » :**
- **la rime féminine** se fait entre deux mots qui comportent un *e* muet final ;
- **la rime masculine** se fait entre deux mots qui ne comportent pas de *e* muet final.
Cette distinction n'a rien à voir avec le genre grammatical des mots :
    le mystère ou *le lycée* : *e* muet final → rimes féminines
    la vérité et *la part* : pas de *e* muet final → rimes masculines

- **La poésie classique a établi la règle du genre métrique** : seules deux homophonies de même genre métrique peuvent rimer (M-M ou F-F) : *on ne peut pas faire rimer réveil (M) avec merveille (F)*. L'alternance des rimes masculine et féminine est obligatoire dans la succession des vers : chaque changement de rime doit correspondre à un changement de genre métrique.

> *infra* Exemples

3. La disposition des rimes
- **Les rimes plates** suivent le schéma : AA BB CC DD…

    ici, **A** = rime féminine ; **B** = rime masculine
    *Je veux, pour composer chastement mes é*glogues,
    *Coucher auprès du ciel, comme les astro*logues,
    *Et, voisin des clochers, écouter en rê*vant
    Leurs hymnes solennels emportés par le vent. (Baudelaire)

---

4. J. Mazaleyrat, *Éléments de métrique française*, A. Colin, 1986, p. 208.

– Les rimes embrassées suivent le schéma : ABBA CDDC..., où un couple de rimes encadre l'autre couple.

*ici, **A** = rime masculine ; B̲ = rime féminine*
*Les ajoncs éclatants, parure du gran**it**,*
*Dorent l'âpre sommet que le couchant all**ume** ;*
*Au loin, brillante encor par sa barre d'éc**ume**,*
*La mer sans fin commence où la terre f**init**.* (J.M. de Heredia, *Soleil couchant*)

– Les rimes croisées suivent le schéma ABAB CDCD..., chaque rime étant suivie de celle d'un autre couple.

*ici, **A** = rime masculine ; B̲ = rime féminine*
*Je suis le Ténébreux, – le Veuf, – l'Inconsol**é**,*
*Le Prince d'Aquitaine à la Tour ab**olie** :*
*Ma seule Étoile est morte, – et mon luth constell**é***
*Porte le Soleil noir de la Mélanc**olie**.* (Nerval, *El Desdichado*)

La rime implique un rapport entre deux vers. Si un troisième vers rime avec les deux précédents (une rime excédentaire), les mêmes règles s'appliqueront.

*Si je mourais là-bas sur le front de l'arm**ée***
*Tu pleurerais un jour ô Lou ma bien-aim**ée***
*Et puis mon souvenir s'éteindrait comme m**eurt***
*Un obus éclatant sur le front de l'arm**ée***
*Un bel obus semblable aux mimosas en fl**eur*** (Apollinaire)
Ce beau début de poème régulier (alexandrins) est construit sur deux rimes, féminine et masculine ; la rime féminine est redoublée par la répétition du nom *armée*.

▶ Approfondissement : le vers libre

Le vers libre, qui a été théorisé par Gustave Kahn (1897), joue sur plusieurs constantes rythmiques, prosodiques, syntaxiques et rhétoriques. Il combine les effets de l'assonance et de l'allitération ; il joue sur la longueur syllabique, pouvant être très court ou très long (versets de Claudel et de Saint-John Perse) ; la disposition typographique joue un rôle important (dimension visuelle de la poésie moderne), alors que la ponctuation est souvent absente ; etc.

◀ Figures de style (Garde arrière)

Poésie pour accompagner la marche d'une récitation en l'honneur de la Mer.
Poésie pour assister le chant d'une marche au pourtour de la Mer.
Comme l'entreprise du tour d'autel et la gravitation du chœur au circuit de la strophe.
(Saint-John Perse, *Amers*)

Annexes

1. L'alphabet phonétique international 392
2. Les rectifications de l'orthographe 393
3. La féminisation des noms de métier, fonction, grade ou titre 396
4. Tableaux de conjugaison : 70 verbes modèles................................400
5. Liste alphabétique de 400 verbes fréquents et défectifs avec indications d'emploi et renvois aux tableaux 429
6. Les principaux homophones grammaticaux......................................434
7. Glossaire..448
8. Index alphabétique des notions.................454

1 L'alphabet phonétique international (API)

Voyelles		Consonnes		Semi-consonnes	
Orales		[b]	**b**on, tu**b**e, a**bb**aye	[j]	**y**eux, h**y**ène, h**i**er, pa**ill**e, cerfeu**il**, pan**i**er
[a]	**d**ate, ch**a**t, déj**à** h**a**bitat, f**e**mme	[d]	**d**éjà, **d**in**d**on, a**dd**itif	[w]	o**u**i, v**oi**là, p**oê**le, c**ou**ard, s**qu**are
[ɑ]	p**â**te, **â**ne, h**â**te	[f]	**f**ier, **ph**ilosophe, ga**ff**e	[ɥ]	c**u**ir, l**u**ire, p**u**its, **h**uile
[e]	pr**é**, h**é**ros, pi**ed**, ferm**er**, n**ez**	[g]	**g**are, a**gg**raver, fi**g**ue		
[ɛ]	m**è**re, b**e**lle, **ê**tre, h**e**rbe, **e**scargot, n**ei**ge, rej**et**, l**ai**t	[k]	**c**ar, a**cc**ord, **c**ueillir, or**ch**estre, **qu**art, **qu**oi, re**qu**in, cin**q**, po**k**er, **k**épi, co**ck**er, gre**cqu**e		
[ə]	ch**e**min, d**e**voir, p**e**tite	[l]	**l**oup, bo**l**, pu**ll**, tranqui**ll**e		
[i]	cr**i**, **î**le, **h**irondelle, h**y**mne, na**ï**f	[m]	**m**ain, écu**m**e, go**mm**e		
[o]	r**o**se, p**au**se, h**au**t, agn**eau**, h**ô**tel, c**ô**te, z**oo**	[n]	**n**on, pei**n**e, sie**nn**e, bo**nn**e		
[ɔ]	n**o**te, p**o**mme, **o**rage, h**o**rloge, r**h**um, P**au**l	[p]	**p**ar, a**pp**orter, dé**p**it		
[ø]	li**eu**, heur**eux**, **œu**fs	[ʀ]	**r**ose, te**rr**eur, pa**r**tir		
[œ]	p**eu**r, **œ**il, **œu**f, c**œu**r	[s]	**s**ol, de**ss**ert, **s**ix, **c**eci, le**ç**on, **sc**ience, pa**t**ience		
[u]	tr**ou**, bij**ou**, v**oû**te, h**ou**x, a**oû**t, p**oo**l	[t]	**t**as, a**tt**aque, **th**ème		
[y]	p**u**r, e**u**, **u**ne, m**û**r, l**u**tte	[v]	**v**er, a**v**oir, **w**agon		
Nasales		[z]	**z**éro, dé**s**ert, di**x**ième, ja**zz**man		
[ɑ̃]	m**an**ger, t**en**te, h**an**tise, **en**fant, l**am**pe, **em**brun, p**aon**	[ʃ]	**ch**at, ta**ch**e, **sh**ort, **sch**éma		
[ɛ̃]	mat**in**, t**im**bre, exam**en**, p**ain**, l**ien**, s**ein**, f**aim**, th**ym**	[ʒ]	**j**ardin, **j**uge, pi**ge**on, ma**g**ie		
[ɔ̃]	sais**on**, c**on**c**om**bre, h**on**te, s**om**bre	[ɲ]	a**gn**eau, li**gn**e, **gn**occhi		
[œ̃]	l**un**di, br**un**, parf**um**	[ŋ]	smoki**ng**, parki**ng**, pi**ng**pong		

Les rectifications de l'orthographe

Le *Journal officiel de la République française* publiait, le 6 décembre 1990, sous le titre *Les Rectifications de l'orthographe*[1], les propositions du Conseil supérieur de la langue française relatives à une certaine harmonisation de quelques règles de l'orthographe française.

« Présentées par le Conseil supérieur de la langue française, ces rectifications ont reçu un avis favorable de l'Académie française à l'unanimité, ainsi que l'accord du Conseil de la langue française du Québec et celui du Conseil de la langue de la Communauté française de Belgique. Ces rectifications sont modérées dans leur teneur et dans leur étendue. » (p. 8).

Ces propositions sont destinées aux usagers et à l'enseignement, ainsi qu'aux lexicographes et aux créateurs de néologismes. Elles constituent, pour la plupart, des harmonisations nécessaires de pratiques indécises. Hormis les règles générales, elles corrigent diverses anomalies (*asseoir* > *assoir* ; *bonhomie* > *bonhommie* ; *chariot* > *charriot* ; *combatif* > *combattif* ; *imbécillité* > *imbécilité* ; *nénuphar* > *nénufar* ; *oignon* > *ognon* ; *etc.*).

Le ministère de l'Éducation nationale préconise la référence à ces rectifications dans les programmes d'enseignement de 2007 (Primaire), 2008 et 2015[2] (Primaire et Collège) : « L'enseignement de l'orthographe a pour référence les rectifications orthographiques publiées par le *Journal officiel de la République française* le 6 décembre 1990 » (cycle 3, p. 115).

Pour des informations plus complètes, consulter :
http://www.academie-francaise.fr/sites/academie-francaise.fr/files/rectifications_1990.pdf

Les 10 principales règles	
Ancienne orthographe	**Nouvelle orthographe**
1. Trait d'union : les numéros formant un nombre complexe sont reliés par un trait d'union.	
vingt-trois, cent trois, deux cents	➤ vingt-trois, cent-trois, deux-cents
2. Le singulier et le pluriel des noms composés (avec trait d'union) : seul le second élément prend la marque du pluriel.	
un compte-gouttes/des compte-gouttes ➤ un après-midi/des après-midi	un compte-goutte/des compte-gouttes un après-midi/des après-midis
3. La soudure s'impose dans un certain nombre de mots composés.	
un contre-appel, un week-end un porte-monnaie, une chauve-souris	➤ un contrappel, un weekend un portemonnaie, une chauvesouris

---

1. *Documents administratifs*, n° 100 du 6 décembre 1990.
2. *B.O. spécial*, n° 11 du 26 novembre 2015.

Les 10 principales règles

Ancienne orthographe	Nouvelle orthographe

4. L'accent grave pour noter le son [ɛ] est mis, sur le **modèle de** *semer*, au futur et au conditionnel d'un certain nombre de verbes comme *céder*, ainsi que dans les inversions interrogatives, à la 1re pers. du singulier.

je céderai, j'allégerais puissé-je, aimé-je	➤ je c**è**derai, j'all**è**gerais puiss**è**-je, aim**è**-je

5. L'accent circonflexe disparait sur *i* et *u*. Mais il est maintenu dans les terminaisons verbales du passé simple (1re et 2e pers. du pluriel : *nous voulûmes, nous suivîmes*), de l'imparfait du subjonctif (3e pers. du singulier : *qu'il fût, qu'elle fît*), du plus-que-parfait (*qu'il eût suivi, il eût voulu*) et dans les homophones *dû, mûr, jeûne, sûr* et dans les formes de *croître* (*crû*, etc.).

un coût, goûter, entraîner il plaît, une maîtresse	➤ un cout, gouter, entrainer il plait, une maitresse

6. Les verbes en *-eler* **ou** *-eter* se conjuguent sur le **modèle de** *peler* ou *acheter*. Exceptions : *appeler, jeter* et leurs composés.

il ruisselle, j'étiquette un amoncellement	➤ il ruiss**è**le, j'étiqu**è**te un amonc**è**lement

7. Le participe passé de *laisser* suivi d'un infinitif est rendu invariable (rôle d'auxiliaire analogue à celui de *faire*) dans tous les cas, même quand l'objet est placé avant le verbe.

elle s'est laissée aller je les ai laissés partir	➤ elle s'est laiss**é** aller je les ai laiss**é** partir

8. Les mots empruntés ont un singulier et un pluriel réguliers (*un graffiti, des graffitis*) et sont accentués conformément aux règles qui s'appliquent aux mots français. On choisit comme forme du singulier la forme la plus fréquente, même s'il s'agit d'un pluriel dans l'autre langue.

des matches, des jazzmen, des lieder	➤ des match**s**, des jazzman**s**, des lied**s**

9. Les mots en *-olle* **et les verbes en** *-otter* s'écrivent avec une consonne simple. Exceptions : *colle, folle, molle*.

une corolle, frisotter, des frisottis	➤ une corole, frisoter, des frisotis

10. Le tréma est déplacé sur la lettre *u* prononcée dans les suites *-gue, -gui* et *-geu*.

aiguë, ambiguë une ambiguïté, une gageure	➤ aig**ü**e, ambig**ü**e, une ambig**ü**ité, une gage**ü**re

LES RECTIFICATIONS DE L'ORTHOGRAPHE

Graphies particulières, fixées ou modifiées : les principales anomalies

Ancienne orthographe	Nouvelle orthographe
absous, absoute (*participe*)	absout, absoute (*participe*)
appas	appâts
asseoir (rassoir, sursoir)	assoir (rassoir, sursoir)
bonhomie	bonhommie
boursoufler (boursoufflement, boursoufflure)	boursouffler (boursoufflement, boursoufflure)
cahute	cahutte
chariot	charriot
chausse-trape	chaussetrappe
combatif (combattivité)	combattif (combattivité)
cuissot	cuisseau
dissous, dissoute (*participe*)	dissout, dissoute (*participe*)
douceâtre	douçâtre
eczéma (*et ses dérivés*)	exéma (*et ses dérivés*)
imbécillité	imbécilité
innomé	innommé
levraut	levreau
nénuphar	nénufar
oignon	ognon
pagaïe/pagaye	pagaille
persifler (persifflage, persiffleur)	persiffler (persifflage, persiffleur)
punch (*boisson*)	ponch (*boisson*)
prud'homal (prudhommie)	prudhommal (prudhommie)
relais	relai
saccharine (*et ses dérivés*)	saccarine (*et ses dérivés*)
sorgho (*graphie d'origine étrangère*)	sorgo (*graphie d'origine étrangère*)
toquade	tocade
vantail	ventail

Accents modifiés sur les mots

abrègement	complètement (*nom*)	empiètement	règlementation
affèterie	crèmerie	évènement	règlementer
allègement	crèteler	fèverole	sècheresse
allègrement	crènelage	hébètement	sècherie
assèchement	crèneler	règlementaire	sènevé
cèleri	crènelure	règlementairement	vènerie

3. La féminisation des noms de métier, fonction, grade ou titre

En 1998, le Gouvernement français a demandé à la Commission générale de terminologie et néologie un rapport qui a abouti à la publication, en 1999, d'un *Guide d'aide à la féminisation des noms*[1] et, en 2000, d'une *Note du ministère de l'Éducation nationale relative à la féminisation des noms*[2]. Ces règles, le plus souvent rédigées par des commissions de linguistes, respectent les principes généraux en usage dans la langue. Elles ont force de loi dans les textes officiels et les documents administratifs, mais elles ne peuvent bien sûr être contraignantes pour les particuliers.

LES PRINCIPALES RÈGLES

Les règles énoncées ci-dessous complètent les recommandations formulées dans la circulaire du 11 mars 1986[3] parue au Journal Officiel. *Elles suivent, dans leur ligne générale, les propositions émanant de Suisse, du Québec et de Belgique publiées entre 1991 et 1994.*

1. Le déterminant
Dans tous les cas, la féminisation implique l'utilisation d'un déterminant féminin, pour les désignations simples comme pour les désignations complexes : *la, une, cette*, etc.
la *députée*, **une** *juge*, **cette** *agente de change*, **la** *fondée de pouvoir*.

2. Noms se terminant au masculin par une voyelle
Il s'agit de termes non suffixés : *apprenti, juge, ministre, vétérinaire* ;
ou suffixés/composés (*-é, -logue, -iste*, etc.) : *député, psychologue, spécialiste*.

a. Noms se terminant par *-e*
La forme féminine est identique à la forme masculine (forme épicène*).
une architecte, une astronaute, une cadre, une capitaine, une commissaire, une diplomate, la garde des Sceaux, une garde-malade, une gendarme, une géologue, une interne, une interprète, une juge, une manœuvre, une ministre, une paysagiste, une peintre, une psychiatre, une vétérinaire.
Remarque : certains noms ont été féminisés depuis longtemps à l'aide du suffixe *-esse* : *hôtesse, mairesse, maitresse, poétesse*. Ce suffixe aujourd'hui perçu comme désuet, voire dévalorisant, n'est plus utilisé. Seuls les emplois consacrés sont retenus : *une hôtesse, une maitresse (d'école)* ; les emplois encore partiellement en usage sont toujours admis, à côté des formes épicènes proposées ou déjà concurrentes dans l'usage : *une maire/mairesse, une maitre/maitresse (d'hôtel, de conférences), une poète/poétesse.*

---

1. A. Becquer, B. Cerquiglini, N. Cholewka, *Femme, j'écris ton nom. Guide d'aide à la féminisation des noms de métiers, titres, grades et fonctions*, CNRS, Institut national de la langue française, 13 avril 1999.
2. *Note du ministère de l'Éducation nationale du 6 mars 2000 relative à la féminisation des noms de métier, fonction, grade ou titre*, B.O.E.N. du 9 mars 2000. www.education.gouv.fr/bo/2000/10/ensel.htm
3. https://www.legifrance.gouv.fr/jo_pdf/jo_pdf.do?numJO=0&dateJO=19860316&numTexte=&pageDebut=04267&pageFin=

b. Noms se terminant par -é et -i
Le féminin est formé par adjonction d'un **-e** à la finale du masculin.
une attachée, une avouée, une chargée (de cours, d'études, de mission), *une députée, une apprentie*.

c. Noms se terminant par -a, -o et -u
Concerne des désignations très anciennes (*boutefeu*) ou des emplois métonymiques (*tuba*). La forme épicène est retenue : *une boutefeu, une tuba*.
Les autres cas correspondent à des formes abrégées ou d'origine étrangère.   ▶ *infra* 4 et 5

3. Noms se terminant au masculin par une consonne

a. Finale autre que -eur : adjonction d'un **-e** à la finale du masculin
une adjointe, une agente, une artisane, une avocate, une cheminote, une commise, une consule, une consultante, une écrivaine, une générale, une intendante, une laborantine, une lieutenante, une magistrate, une présidente, une sergente, une substitute.
Avec les éventuelles modifications grapho-phoniques qui obéissent aux lois morphologiques de la langue :
– doublement de la dernière consonne : *une chirurgienne, une colonelle, une doyenne, une électricienne, une industrielle, une informaticienne, une vigneronne* ;
– modification de la dernière consonne : *une créative, une sportive, une syndique* ;
– ajout d'un accent sur la dernière voyelle : *une bâtonnière, une conseillère* (culturelle, d'État, municipale), *une greffière, une huissière, une menuisière, une officière, une pompière, une préfète, une sommelière*.
Remarques :
a. L'adjonction du **-e** est facultative pour les termes issus des comparatifs latins : *une junior(e), une major(e), une sénior(e)*.
b. La solution de l'épicène a été retenue pour les quelques rares cas dont la féminisation est sentie comme difficile : *une chef, une clerc, une conseil, une témoin*. L'adjonction du **-e** est facultative pour les mots dont le féminin est attesté : *une camelot(e), une mannequin(e), une marin(e), une matelot(e), une médecin(e)*.

b. Finale -eur (à l'exception de -teur)
1. La forme féminine se termine par **-euse** lorsque le nom correspond à un verbe en rapport sémantique direct (*démarcher/démarcheur*) : *une annonceuse, une chercheuse, une démarcheuse, une entraineuse, une programmeuse, une receveuse, une relieuse, une retoucheuse*.
Les quelques noms formés sur une base nominale sont féminisés de la même façon : *une avionneuse, une camionneuse, une chroniqueuse, une pisteuse*.
Cette règle s'applique aux noms suffixés à partir d'une base nominale empruntée à l'anglais : *une basketteuse, une footballeuse*.
Remarque : les formes féminines anciennes en **-esse** de *défendeur, demandeur* et *vendeur* sont conservées dans la langue juridique : *défenderesse, demanderesse, venderesse*.

2. Lorsqu'il n'existe pas de verbe correspondant au nom ou que le verbe n'est pas en rapport sémantique direct (il s'agit, le plus souvent, de noms issus directement du latin), on a le choix entre l'emploi épicène (solution adoptée par les Belges) et l'adjonction d'un **-e** à la finale (solution préconisée par les Québécois et les Suisses) :

une assesseur(e), une censeur(e), une commandeur(e), une entrepreneur(e), une gouverneur(e), une ingénieur(e), une professeur(e), une proviseur(e).
Remarque : les noms issus de comparatifs latins ont un féminin régulier en **-eure** : *une prieure, une supérieure.*

c. **Finale** **-teur**
1. La forme féminine se termine par **-trice** dans les conditions suivantes, non exclusives les unes des autres :
– il n'existe pas de verbe correspondant au nom (*agriculteur, aviateur, instituteur ; recteur*), ou bien le verbe est apparu postérieurement au nom (*acteur/acter ; auditeur/auditer*) ;
– il existe un verbe correspondant au nom ne comportant pas de **-t-** dans sa terminaison (*calculer/calculateur ; conduire/conducteur ; former/formateur*) ;
– il existe un substantif corrélé au nom se terminant par **-tion, -ture**, ou **-torat**, quelle que soit la terminaison du verbe correspondant (*éditeur/édition ; lecteur/lecture ; tuteur/tutorat*).
une agricultrice, une animatrice, une auditrice, une calculatrice, une compositrice, une conductrice, une conservatrice, une correctrice, une curatrice, une dégustatrice, une détectrice, une directrice, une éditrice, une formatrice, une inspectrice, une institutrice, une perceptrice, une programmatrice, une promotrice, une rectrice, une rédactrice, une sénatrice, une tutrice.
Remarques :
a. Pour les termes *auteur, docteur* et *pasteur*, les formes morphologiquement régulières et attestées en **-trice** ou en **-oresse** (*autrice, aut(h)oresse, doctrice, pastoresse*) ne sont plus acceptées. On conservera la forme identique au masculin, avec le choix d'ajouter ou non un **-e** à la finale, comme pour *assesseur, censeur* : *une auteur(e), une docteur(e), une pasteur(e).* Il va de soi que les féminins en **-esse** encore en usage sont toujours admis : *une doctoresse.*
b. La règle s'applique aux noms empruntés à l'anglais, qu'ils soient francisés ou non : *reporter/reporteur/reportrice ; supporter/supporteur/supportrice.*
c. L'usage contemporain a tendance à privilégier la forme épicène pour certains termes dont la forme régulière en **-trice** est par ailleurs attestée : *une sculptrice*, mais aussi *une sculpteur(e).*

2. La forme féminine se termine par **-teuse** lorsqu'au nom correspond un verbe en rapport sémantique direct comportant un **-t-** dans sa terminaison et/ou qu'il n'existe pas de substantif corrélé se terminant par **-tion, -ture** ou **-torat** (*acheter/acheteur*) : *une acheteuse, une ajusteuse, une batteuse, une étiqueteuse, une transporteuse.*

4. Abréviations et sigles
Les formes abrégées et les sigles sont épicènes : *une extra, une O.S., une P.D.G.*

5. Mots empruntés à une langue étrangère
Pour les mots empruntés à une langue étrangère dans l'intégralité de leur signe, sans adaptation morphologique, la forme féminine est identique au masculin : *une clown, une gourou, une imprésario, une jockey, une judoka.*

Lorsqu'il existe des équivalents recommandés par les commissions ministérielles de terminologie, seuls ces équivalents sont féminisés : *stylicien*, *stylicienne* (pour designer).
Remarque : la forme féminine étrangère est également admise dans le cas de langues dont le locuteur francophone sait que le féminin est en -*a* et lorsque ces formes, récentes pour la plupart, sont attestées telles quelles : *une pizzaïola*, *une torera*.

▶ *infra 6*

6. Cas particuliers
Lorsque le nom désigne de manière explicite la personne de sexe masculin, il est remplacé par son équivalent féminin : *un confrère*/*une consœur, un garçon* (boucher, d'étage)/*une fille* (bouchère, d'étage), *un homme*/*une femme* (d'entretien, -grenouille).
Remarque : cette règle s'efface bien évidemment devant l'usage consacré : l'équivalent féminin de *garçon de café* est *serveuse*. De même pour les mots empruntés aux langues étrangères : l'équivalent féminin de *barman* est *barmaid*, celui de *rugbyman* est *joueuse de rugby* ou *rugbywoman*, celui de *steward* est *hôtesse*.

7. Accord dans les dénominations composées et complexes
Dans les dénominations composées et complexes, le principe de la féminisation est identique : les substantifs sont féminisés selon les règles énoncées ci-avant, les adjectifs et les participes s'accordent au féminin.
une ajusteuse-outilleuse, une chef adjointe, une contrôleuse-vérificatrice, une déléguée territoriale, une directrice financière, une haute fonctionnaire, une Première ministre, une présidente-directrice-générale, une receveuse principale, une trésorière-payeuse.

Pour des informations plus complètes, consulter :
– brochures : *Au féminin. Guide de féminisation des titres de fonction et des textes* (Office de la langue française, Les Publications du Québec, 1991) ; *Mettre au féminin. Guide de féminisation des noms de métier, fonction, grade ou titre* (Communauté française de Belgique, Service de la langue française, 1994) ;
– A. Becquer, B. Cerquiglini, N. Cholewka, *Femme, j'écris ton nom. Guide d'aide à la féminisation des noms de métiers, titres, grades et fonctions,* CNRS, Institut national de la langue française, 13 avril 1999
http://www.ladocumentationfrancaise.fr/var/storage/rapports-publics/ 994001174.pdf ;
– *Dictionnaire féminin-masculin des professions, des titres et des fonctions,* Th. Moreau (Genève, Éd. Metropolis, 1999) ;
– *Guide pratique pour une communication publique sans stéréotype de sexe* (France, HCElfh, novembre 2015)
http://www.haut-conseil-egalite.gouv.fr/IMG/pdf/hcefh__guide_pratique_com_sans_stereo-_vf_2015_11_05.pdf

Tableaux de conjugaison : 70 verbes modèles

1) AVOIR auxiliaire et v. tr.

TEMPS SIMPLES		TEMPS COMPOSÉS		
INDICATIF				
Présent		**Passé composé**		
j'	ai	j'	ai	eu
tu	as	tu	as	eu
il	a	il	a	eu
nous	avons	n.	avons	eu
vous	avez	v.	avez	eu
ils	ont	ils	ont	eu
Imparfait		**Plus-que-parfait**		
j'	avais	j'	avais	eu
tu	avais	tu	avais	eu
il	avait	il	avait	eu
nous	avions	n.	avions	eu
vous	aviez	v.	aviez	eu
ils	avaient	ils	avaient	eu
Passé simple		**Passé antérieur**		
j'	eus	j'	eus	eu
tu	eus	tu	eus	eu
il	eut	il	eut	eu
nous	eûmes	n.	eûmes	eu
vous	eûtes	v.	eûtes	eu
ils	eurent	ils	eurent	eu
Futur simple		**Futur antérieur**		
j'	aurai	j'	aurai	eu
tu	auras	tu	auras	eu
il	aura	il	aura	eu
nous	aurons	n.	aurons	eu
vous	aurez	v.	aurez	eu
ils	auront	ils	auront	eu
Conditionnel[1] présent		**Conditionnel[1] passé**		
j'	aurais	j'	aurais	eu
tu	aurais	tu	aurais	eu
il	aurait	il	aurait	eu
nous	aurions	n.	aurions	eu
vous	auriez	v.	auriez	eu
ils	auraient	ils	auraient	eu

TEMPS SIMPLES		TEMPS COMPOSÉS		
SUBJONCTIF				
Présent		**Passé**		
que j'	aie	que j'	aie	eu
que tu	aies	que tu	aies	eu
qu'il	ait	qu'il	ait	eu
que n.	ayons	que n.	ayons	eu
que v.	ayez	que v.	ayez	eu
qu'ils	aient	qu'ils	aient	eu
Imparfait		**Plus-que-parfait**		
que j'	eusse	que j'	eusse	eu
que tu	eusses	que tu	eusses	eu
qu'il	eût	qu'il	eût	eu
que n.	eussions	que n.	eussions	eu
que v.	eussiez	que v.	eussiez	eu
qu'ils	eussent	qu'ils	eussent	eu

IMPÉRATIF		
Présent	**Passé**	
aie	aie	eu
ayons	ayons	eu
ayez	ayez	eu

INFINITIF	
Présent	**Passé**
avoir	avoir eu

PARTICIPE	
Présent	**Passé**
ayant	eu, ayant eu

Principaux emplois :
1. verbe statique + COD indiquant une relation (= *posséder*) : *avoir* une maison
2. verbe auxiliaire + participe passé (temps composés de la plupart des verbes) : *avoir* chanté

---

1. ▶ L'emploi des temps et des modes (**3.5**,5 p. 156)

Tableaux de conjugaison

2. ÊTRE v. auxiliaire et v. intr.

INDICATIF

TEMPS SIMPLES		TEMPS COMPOSÉS		
Présent		**Passé composé**		
je	suis	j'	ai	été
tu	es	tu	as	été
il	est	il	a	été
nous	sommes	n.	avons	été
vous	êtes	v.	avez	été
ils	sont	ils	ont	été
Imparfait		**Plus-que-parfait**		
j'	étais	j'	avais	été
tu	étais	tu	avais	été
il	était	il	avait	été
nous	étions	n.	avions	été
vous	étiez	v.	aviez	été
ils	étaient	ils	avaient	été
Passé simple		**Passé antérieur**		
je	fus	j'	eus	été
tu	fus	tu	eus	été
il	fut	il	eut	été
nous	fûmes	n.	eûmes	été
vous	fûtes	v.	eûtes	été
ils	furent	ils	eurent	été
Futur simple		**Futur antérieur**		
je	serai	j'	aurai	été
tu	seras	tu	auras	été
il	sera	il	aura	été
nous	serons	n.	aurons	été
vous	serez	v.	aurez	été
ils	seront	ils	auront	été
Conditionnel[1] présent		**Conditionnel[1] passé**		
je	serais	j'	aurais	été
tu	serais	tu	aurais	été
il	serait	il	aurait	été
nous	serions	n.	aurions	été
vous	seriez	v.	auriez	été
ils	seraient	ils	auraient	été

SUBJONCTIF

TEMPS SIMPLES		TEMPS COMPOSÉS		
Présent		**Passé**		
que je	sois	que j'	aie	été
que tu	sois	que tu	aies	été
qu'il	soit	qu'il	ait	été
que n.	soyons	que n.	ayons	été
que v.	soyez	que v.	ayez	été
qu'ils	soient	qu'ils	aient	été
Imparfait		**Plus-que-parfait**		
que je	fusse	que j'	eusse	été
que tu	fusses	que tu	eusses	été
qu'il	fût	qu'il	eût	été
que n.	fussions	que n.	eussions	été
que v.	fussiez	que v.	eussiez	été
qu'ils	fussent	qu'ils	eussent	été

IMPÉRATIF

Présent	**Passé**	
sois	aie	été
soyons	ayons	été
soyez	ayez	été

INFINITIF

Présent	**Passé**
être	avoir été

PARTICIPE

Présent	**Passé**
étant	été, ayant été

> **Principaux emplois :**
> 1. verbe intransitif (= *exister*) : *Je pense, donc je **suis**.*
> 2. verbe copule reliant l'attribut au sujet : *L'océan **est** vaste.*
> 3. verbe auxiliaire + participe passé : ***être** aimé*, ***être** venu*, *s'**être** levé.*

Le conditionnel est un temps de l'indicatif, symétrique du futur (morphologiquement et sémantiquement).

➤ L'emploi des temps et des modes (**3.5**,5 p. 156)

3 ALLER auxiliaire et v. intr.

TEMPS SIMPLES		TEMPS COMPOSÉS		
INDICATIF				

Présent
je	vais
tu	vas
il	va
nous	allons
vous	allez
ils	vont

Passé composé
je	suis	allé(e)
tu	es	allé(e)
il/elle	est	allé(e)
n.	sommes	allé(e)s
v.	êtes	allé(e)s
ils/elles	sont	allé(e)s

Imparfait
j'	allais
tu	allais
il	allait
nous	allions
vous	alliez
ils	allaient

Plus-que-parfait
j'	étais	allé(e)
tu	étais	allé(e)
il/elle	était	allé(e)
n.	étions	allé(e)s
v.	étiez	allé(e)s
ils/elles	étaient	allé(e)s

Passé simple
j'	allai
tu	allas
il	alla
nous	allâmes
vous	allâtes
ils	allèrent

Passé antérieur
je	fus	allé(e)
tu	fus	allé(e)
il/elle	fut	allé(e)
n.	fûmes	allé(e)s
v.	fûtes	allé(e)s
ils/elles	furent	allé(e)s

Futur simple
j'	irai
tu	iras
il	ira
nous	irons
vous	irez
ils	iront

Futur antérieur
je	serai	allé(e)
tu	seras	allé(e)
il/elle	sera	allé(e)
n.	serons	allé(e)s
v.	serez	allé(e)s
ils/elles	seront	allé(e)s

Conditionnel[1] présent
j'	irais
tu	irais
il	irait
nous	irions
vous	iriez
ils	iraient

Conditionnel[1] passé
je	serais	allé(e)
tu	serais	allé(e)
il/elle	serait	allé(e)
n.	serions	allé(e)s
v.	seriez	allé(e)s
ils/elles	seraient	allé(e)s

TEMPS SIMPLES		TEMPS COMPOSÉS		
SUBJONCTIF				

Présent
que j'	aille
que tu	ailles
qu'il	aille
que n.	allions
que v.	alliez
qu'ils	aillent

Passé
que je	sois	allé(e)
que tu	sois	allé(e)
qu'il/elle	soit	allé(e)
que n.	soyons	allé(e)s
que v.	soyez	allé(e)s
qu'ils/elles	soient	allé(e)s

Imparfait
que j'	allasse
que tu	allasses
qu'il	allât
que n.	allassions
que v.	allassiez
qu'ils	allassent

Plus-que-parfait
que je	fusse	allé(e)
que tu	fusses	allé(e)
qu'il/elle	fût	allé(e)
que n.	fussions	allé(e)s
que v.	fussiez	allé(e)s
qu'ils/elles	fussent	allé(e)s

IMPÉRATIF

Présent
- va
- allons
- allez

Passé
sois	allé(e)
soyons	allé(e)s
soyez	allé(e)s

INFINITIF

Présent
aller

Passé
être allé(e)(s)

PARTICIPE

Présent
allant

Passé
allé(e)(s), étant allé(e)(s)

Principaux emplois :
1. verbe de mouvement : *Il **va** à la pêche.*
2. verbe auxiliaire indiquant un futur proche : *Elle **va** venir.*

---

1. ▶ L'emploi des temps et des modes (**3.5**,5 p. 156)

4 FAIRE v. tr.

INDICATIF

TEMPS SIMPLES

Présent
- je fais
- tu fais
- il fait
- nous faisons
- vous faites
- ils font

Imparfait
- je faisais
- tu faisais
- il faisait
- nous faisions
- vous faisiez
- ils faisaient

Passé simple
- je fis
- tu fis
- il fit
- nous fîmes
- vous fîtes
- ils firent

Futur simple
- je ferai
- tu feras
- il fera
- nous ferons
- vous ferez
- ils feront

Conditionnel[1] présent
- je ferais
- tu ferais
- il ferait
- nous ferions
- vous feriez
- ils feraient

TEMPS COMPOSÉS

Passé composé
- j' ai fait
- tu as fait
- il a fait
- n. avons fait
- v. avez fait
- ils ont fait

Plus-que-parfait
- j' avais fait
- tu avais fait
- il avait fait
- n. avions fait
- v. aviez fait
- ils avaient fait

Passé antérieur
- j' eus fait
- tu eus fait
- il eut fait
- n. eûmes fait
- v. eûtes fait
- ils eurent fait

Futur antérieur
- j' aurai fait
- tu auras fait
- il aura fait
- n. aurons fait
- v. aurez fait
- ils auront fait

Conditionnel[1] passé
- j' aurais fait
- tu aurais fait
- il aurait fait
- n. aurions fait
- v. auriez fait
- ils auraient fait

SUBJONCTIF

TEMPS SIMPLES

Présent
- que je fasse
- que tu fasses
- qu'il fasse
- que n. fassions
- que v. fassiez
- qu'ils fassent

Imparfait
- que je fisse
- que tu fisses
- qu'il fît
- que n. fissions
- que v. fissiez
- qu'ils fissent

TEMPS COMPOSÉS

Passé
- que j' aie fait
- que tu aies fait
- qu'il ait fait
- que n. ayons fait
- que v. ayez fait
- qu'ils aient fait

Plus-que-parfait
- que j' eusse fait
- que tu eusses fait
- qu'il eût fait
- que n. eussions fait
- que v. eussiez fait
- qu'ils eussent fait

IMPÉRATIF

Présent
- fais
- faisons
- faites

Passé
- aie fait
- ayons fait
- ayez fait

INFINITIF

Présent
- faire

Passé
- avoir fait

PARTICIPE

Présent
- faisant

Passé
- fait, ayant fait

Le verbe *faire*, modèle du verbe d'action, peut remplacer d'autres verbes ; est aussi un auxiliaire causatif ; possède de nombreuses bases. Les formes *faisons*, *faisait*, *faisant* présentent un désaccord entre la graphie ai et la prononciation (e caduc).

---

1. ▶ L'emploi des temps et des modes (**3.5**,5 p. 156)

5 CHANTER v. tr.

INDICATIF

TEMPS SIMPLES

Présent
- je chante
- tu chantes
- il chante
- nous chantons
- vous chantez
- ils chantent

Imparfait
- je chantais
- tu chantais
- il chantait
- nous chantions
- vous chantiez
- ils chantaient

Passé simple
- je chantai
- tu chantas
- il chanta
- nous chantâmes
- vous chantâtes
- ils chantèrent

Futur simple
- je chanterai
- tu chanteras
- il chantera
- nous chanterons
- vous chanterez
- ils chanteront

Conditionnel[1] présent
- je chanterais
- tu chanterais
- il chanterait
- nous chanterions
- vous chanteriez
- ils chanteraient

TEMPS COMPOSÉS

Passé composé
- j' ai chanté
- tu as chanté
- il a chanté
- n. avons chanté
- v. avez chanté
- ils ont chanté

Plus-que-parfait
- j' avais chanté
- tu avais chanté
- il avait chanté
- n. avions chanté
- v. aviez chanté
- ils avaient chanté

Passé antérieur
- j' eus chanté
- tu eus chanté
- il eut chanté
- n. eûmes chanté
- v. eûtes chanté
- ils eurent chanté

Futur antérieur
- j' aurai chanté
- tu auras chanté
- il aura chanté
- n. aurons chanté
- v. aurez chanté
- ils auront chanté

Conditionnel[1] passé
- j' aurais chanté
- tu aurais chanté
- il aurait chanté
- n. aurions chanté
- v. auriez chanté
- ils auraient chanté

SUBJONCTIF

TEMPS SIMPLES

Présent
- que je chante
- que tu chantes
- qu'il chante
- que n. chantions
- que v. chantiez
- qu'ils chantent

Imparfait
- que je chantasse
- que tu chantasses
- qu'il chantât
- que n. chantassions
- que v. chantassiez
- qu'ils chantassent

TEMPS COMPOSÉS

Passé
- que j' aie chanté
- que tu aies chanté
- qu'il ait chanté
- que n. ayons chanté
- que v. ayez chanté
- qu'ils aient chanté

Plus-que-parfait
- que j' eusse chanté
- que tu eusses chanté
- qu'il eût chanté
- que n. eussions chanté
- que v. eussiez chanté
- qu'ils eussent chanté

IMPÉRATIF

Présent
- chante
- chantons
- chantez

Passé
- aie chanté
- ayons chanté
- ayez chanté

INFINITIF

Présent
- chanter

Passé
- avoir chanté

PARTICIPE

Présent
- chantant

Passé
- chanté, ayant chanté

> Le verbe *chanter* est un verbe à base unique.

---

1. ▶ L'emploi des temps et des modes (**3.5**, 5 p. 156)

6 FINIR v. tr. et intr.

TEMPS SIMPLES		TEMPS COMPOSÉS		
INDICATIF				

Présent
je	finis
tu	finis
il	finit
nous	finissons
vous	finissez
ils	finissent

Passé composé
j'	ai	fini
tu	as	fini
il	a	fini
n.	avons	fini
v.	avez	fini
ils	ont	fini

Imparfait
je	finissais
tu	finissais
il	finissait
nous	finissions
vous	finissiez
ils	finissaient

Plus-que-parfait
j'	avais	fini
tu	avais	fini
il	avait	fini
n.	avions	fini
v.	aviez	fini
ils	avaient	fini

Passé simple
je	finis
tu	finis
il	finit
nous	finîmes
vous	finîtes
ils	finirent

Passé antérieur
j'	eus	fini
tu	eus	fini
il	eut	fini
n.	eûmes	fini
v.	eûtes	fini
ils	eurent	fini

Futur simple
je	finirai
tu	finiras
il	finira
nous	finirons
vous	finirez
ils	finiront

Futur antérieur
j'	aurai	fini
tu	auras	fini
il	aura	fini
n.	aurons	fini
v.	aurez	fini
ils	auront	fini

Conditionnel[1] présent
je	finirais
tu	finirais
il	finirait
nous	finirions
vous	finiriez
ils	finiraient

Conditionnel[1] passé
j'	aurais	fini
tu	aurais	fini
il	aurait	fini
n.	aurions	fini
v.	auriez	fini
ils	auraient	fini

SUBJONCTIF

Présent
que je	finisse
que tu	finisses
qu'il	finisse
que n.	finissions
que v.	finissiez
qu'ils	finissent

Passé
que j'	aie	fini
que tu	aies	fini
qu'il	ait	fini
que n.	ayons	fini
que v.	ayez	fini
qu'ils	aient	fini

Imparfait
que je	finisse
que tu	finisses
qu'il	finît
que n.	finissions
que v.	finissiez
qu'ils	finissent

Plus-que-parfait
que j'	eusse	fini
que tu	eusses	fini
qu'il	eût	fini
que n.	eussions	fini
que v.	eussiez	fini
qu'ils	eussent	fini

IMPÉRATIF

Présent
finis
finissons
finissez

Passé
aie	fini
ayons	fini
ayez	fini

INFINITIF

Présent
finir

Passé
avoir fini

PARTICIPE

Présent
finissant

Passé
fini, ayant fini

> Le verbe *finir* est un verbe à deux bases, courte (*fini-*) et longue (*finiss-*).

---

1. ▸ L'emploi des temps et des modes (**3.5**, 5 p. 156)

VERBE PRONOMINAL

7 S'ENVOLER v. intr.

TEMPS SIMPLES		TEMPS COMPOSÉS		TEMPS SIMPLES		TEMPS COMPOSÉS	
INDICATIF				**SUBJONCTIF**			
Présent		**Passé composé**		**Présent**		**Passé**	
je	m'envole	je	me suis envolé(e)	que je	m'envole	que je	me sois envolé(e)
tu	t'envoles	tu	t'es envolé(e)	que tu	t'envoles	que tu	te sois envolé(e)
il	s'envole	il/elle	s'est envolé(e)	qu'il	s'envole	qu'il/elle	se soit envolé(e)
nous	nous envolons	n.	nous sommes envolé(e)s	que n.	nous envolions	que n.	nous soyons envolé(e)s
vous	vous envolez	v.	vous êtes envolé(e)s	que v.	vous envoliez	que v.	vous soyez envolé(e)s
ils	s'envolent	ils/elles	se sont envolé(e)s	qu'ils	s'envolent	qu'ils/elles	se soient envolé(e)s
Imparfait		**Plus-que-parfait**		**Imparfait**		**Plus-que-parfait**	
je	m'envolais	je	m'étais envolé(e)	que je	m'envolasse	que je	me fusse envolé(e)
tu	t'envolais	tu	t'étais envolé(e)	que tu	t'envolasses	que tu	te fusses envolé(e)
il	s'envolait	il/elle	s'était envolé(e)	qu'il	s'envolât	qu'il/elle	se fût envolé(e)
nous	nous envolions	n.	nous étions envolé(e)s	que n.	n. envolassions	que n.	n. fussions envolé(e)s
vous	vous envoliez	v.	vous étiez envolé(e)s	que v.	v. envolassiez	que v.	v. fussiez envolé(e)s
ils	s'envolaient	ils/elles	s'étaient envolé(e)s	qu'ils	s'envolassent	qu'ils/elles	se fussent envolé(e)s
Passé simple		**Passé antérieur**		**IMPÉRATIF**			
je	m'envolai	je	me fus envolé(e)	**Présent**		**Passé**	
tu	t'envolas	tu	te fus envolé(e)	envole-toi		-	
il	s'envola	il/elle	se fut envolé(e)	envolons-nous		-	
nous	nous envolâmes	n.	nous fûmes envolé(e)s	envolez-vous		-	
vous	vous envolâtes	v.	vous fûtes envolé(e)s				
ils	s'envolèrent	ils/elles	se furent envolé(e)s				
Futur simple		**Futur antérieur**		**INFINITIF**			
je	m'envolerai	je	me serai envolé(e)	**Présent**		**Passé**	
tu	t'envoleras	tu	te seras envolé(e)	s'envoler		s'être envolé(e)(s)	
il	s'envolera	il/elle	se sera envolé(e)				
nous	nous envolerons	n.	nous serons envolé(e)s	**PARTICIPE**			
vous	vous envolerez	v.	vous serez envolé(e)s	**Présent**		**Passé**	
ils	s'envoleront	ils/elles	se seront envolé(e)s	s'envolant		envolé(e)(s),	
Conditionnel[1] présent		**Conditionnel[1] passé**				s'étant envolé(e)(s)	
je	m'envolerais	je	me serais envolé(e)				
tu	t'envolerais	tu	te serais envolé(e)				
il	s'envolerait	il/elle	se serait envolé(e)				
nous	nous envolerions	n.	nous serions envolé(e)s				
vous	vous envoleriez	v.	vous seriez envolé(e)s				
ils	s'envoleraient	ils/elles	se seraient envolé(e)s				

Le verbe s'*envoler* est un verbe pronominal.
➤ Ppassé des verbes pron. (**3.5**,6 p. 18

1. ➤ L'emploi des temps et des modes (**3.5**,5 p. 156)

Tableaux de conjugaison 4

VERBES IMPERSONNELS

8 PLEUVOIR

TEMPS SIMPLES	TEMPS COMPOSÉS	TEMPS SIMPLES	TEMPS COMPOSÉS
INDICATIF		**SUBJONCTIF**	
Présent il pleut	**Passé composé** il a plu	**Présent** qu'il pleuve	**Passé** qu'il ait plu
Imparfait il pleuvait	**Plus-que-parfait** il avait plu	**Imparfait** qu'il plût	**Plus-que-parfait** qu'il eût plu
Passé simple il plut	**Passé antérieur** il eut plu	**INFINITIF**	
		Présent pleuvoir	**Passé** avoir plu
Futur simple il pleuvra	**Futur antérieur** il aura plu	**PARTICIPE**	
		Présent pleuvant	**Passé** plu, ayant plu
Conditionnel[1] présent il pleuvrait	**Conditionnel[1] passé** il aurait plu		

Le verbe *pleuvoir* est un verbe impersonnel ; connaît un emploi personnel au sens figuré, au plur. uniquement (*Les rapports pleuvaient*. P. Gascar).

9 FALLOIR

TEMPS SIMPLES	TEMPS COMPOSÉS	TEMPS SIMPLES	TEMPS COMPOSÉS
INDICATIF		**SUBJONCTIF**	
Présent il faut	**Passé composé** il a fallu	**Présent** qu'il faille	**Passé** qu'il ait fallu
Imparfait il fallait	**Plus-que-parfait** il avait fallu	**Imparfait** qu'il fallût	**Plus-que-parfait** qu'il eût fallu
Passé simple il fallut	**Passé antérieur** il eut fallu	**INFINITIF**	
		Présent falloir	**Passé** avoir fallu
Futur simple il faudra	**Futur antérieur** il aura fallu	**PARTICIPE**	
Conditionnel[1] présent il faudrait	**Conditionnel[1] passé** il aurait fallu	**Présent** n'existe pas	**Passé** fallu, ayant fallu

Le verbe *falloir* est à rapprocher, pour le sens, de *devoir* ; est un verbe impersonnel qui comporte un nombre restreint de formes : 3ᵉ pers. du sing., *fallu* (pas de féminin), *falloir*.
Dans les expressions comme *il s'en faut de beaucoup*, *tant s'en faut*, *peu s'en faut*, c'est le verbe *faillir* et non *falloir*.

➤ L'emploi des temps et des modes (**3.5**,5 p. 156)

FORME PASSIVE, p. 145

10 ÊTRE AIMÉ

INDICATIF

TEMPS SIMPLES

Présent
- je suis aimé(e)
- tu es aimé(e)
- il/elle est aimé(e)
- nous sommes aimé(e)s
- vous êtes aimé(e)s
- ils/elles sont aimé(e)s

Imparfait
- j' étais aimé(e)
- tu étais aimé(e)
- il/elle était aimé(e)
- nous étions aimé(e)s
- vous étiez aimé(e)s
- ils/elles étaient aimé(e)s

Passé simple
- je fus aimé(e)
- tu fus aimé(e)
- il/elle fut aimé(e)
- n. fûmes aimé(e)s
- v. fûtes aimé(e)s
- ils/elles furent aimé(e)s

Futur simple
- je serai aimé(e)
- tu seras aimé(e)
- il/elle sera aimé(e)
- n. serons aimé(e)s
- v. serez aimé(e)s
- ils/elles seront aimé(e)s

Conditionnel[1] présent
- je serais aimé(e)
- tu serais aimé(e)
- il/elle serait aimé(e)
- n. serions aimé(e)s
- v. seriez aimé(e)s
- ils/elles seraient aimé(e)s

TEMPS COMPOSÉS

Passé composé
- j' ai été aimé(e)
- tu as été aimé(e)
- il/elle a été aimé(e)
- n. avons été aimé(e)s
- v. avez été aimé(e)s
- ils/elles ont été aimé(e)s

Plus-que-parfait
- j' avais été aimé(e)
- tu avais été aimé(e)
- il/elle avait été aimé(e)
- n. avions été aimé(e)s
- v. aviez été aimé(e)s
- ils/elles avaient été aimé(e)s

Passé antérieur
- j' eus été aimé(e)
- tu eus été aimé(e)
- il/elle eut été aimé(e)
- n. eûmes été aimé(e)s
- v. eûtes été aimé(e)s
- ils/elles eurent été aimé(e)s

Futur antérieur
- j' aurai été aimé(e)
- tu auras été aimé(e)
- il/elle aura été aimé(e)
- n. aurons été aimé(e)s
- v. aurez été aimé(e)s
- ils/elles auront été aimé(e)s

Conditionnel[1] passé
- j' aurais été aimé(e)
- tu aurais été aimé(e)
- il/elle aurait été aimé(e)
- n. aurions été aimé(e)s
- v. auriez été aimé(e)s
- ils/elles auraient été aimé(e)s

SUBJONCTIF

TEMPS SIMPLES

Présent
- que je sois aimé(e)
- que tu sois aimé(e)
- qu'il/elle soit aimé(e)
- que n. soyons aimé(e)s
- que v. soyez aimé(e)s
- qu'ils/elles soient aimé(e)s

Imparfait
- que je fusse aimé(e)
- que tu fusses aimé(e)
- qu'il/elle fût aimé(e)
- que n. fussions aimé(e)s
- que v. fussiez aimé(e)s
- qu'ils/elles fussent aimé(e)s

TEMPS COMPOSÉS

Passé
- que j' aie été aimé(e)
- que tu aies été aimé(e)
- qu'il/elle ait été aimé(e)
- que n. ayons été aimé(e)s
- que v. ayez été aimé(e)s
- qu'ils/elles aient été aimé(e)s

Plus-que-parfait
- que j' eusse été aimé(e)
- que tu eusses été aimé(e)
- qu'il/elle eût été aimé(e)
- que n. eussions été aimé(e)s
- que v. eussiez été aimé(e)s
- qu'ils/elles eussent été aimé(e)s

IMPÉRATIF

Présent
- sois aimé(e)
- soyons aimé(e)s
- soyez aimé(e)s

Passé
- aie été aimé(e)
- ayons été aimé(e)s
- ayez été aimé(e)s

INFINITIF

Présent
- être aimé(e)(s)

Passé
- avoir été aimé(e)(s)

PARTICIPE

Présent
- étant aimé(e)(s)

Passé
- ayant été aimé(e)(s)

---

1. ▶ L'emploi des temps et des modes (**3.5**,5 p. 156)

Tableaux de conjugaison **4**

11 ACHETER v. tr.

TEMPS SIMPLES

INDICATIF	SUBJONCTIF
Présent	**Présent**
j' achète	que j' achète
tu achètes	que tu achètes
il achète	qu'il achète
n. achetons	que n. achetions
v. achetez	que v. achetiez
ils achètent	qu'ils achètent
Imparfait	**Imparfait**
j' achetais	que j' achetasse
tu achetais	que tu achetasses
il achetait	qu'il achetât
n. achetions	que n. achetassions
v. achetiez	que v. achetassiez
ils achetaient	qu'ils achetassent
Passé simple	
j' achetai	**IMPÉRATIF**
tu achetas	**Présent**
il acheta	achète
n. achetâmes	achetons
v. achetâtes	achetez
ils achetèrent	
Futur simple	**INFINITIF**
j' achèterai	**Présent**
tu achèteras	acheter
il achètera	
n. achèterons	**Passé**
v. achèterez	avoir acheté
ils achèteront	
Conditionnel[1] **présent**	**PARTICIPE**
j' achèterais	**Présent**
tu achèterais	achetant
il achèterait	
n. achèterions	**Passé**
v. achèteriez	acheté
ils achèteraient	

Les verbes en *-eter* (sauf *jeter*) prennent un accent grave sur l'è prononcé [ɛ] quand la syllabe suivante contient un e caduc, sans doubler la consonne qui suit : *il achète ≠ il achetait*.
➤ Rectifications (Annexe 2 p. 394)

12 ACQUÉRIR v. tr.

TEMPS SIMPLES

INDICATIF	SUBJONCTIF
Présent	**Présent**
j' acquiers	que j' acquière
tu acquiers	que tu acquières
il acquiert	qu'il acquière
n. acquérons	que n. acquérions
v. acquérez	que v. acquériez
ils acquièrent	qu'ils acquièrent
Imparfait	**Imparfait**
j' acquérais	que j' acquisse
tu acquérais	que tu acquisses
il acquérait	qu'il acquît
n. acquérions	que n. acquissions
v. acquériez	que v. acquissiez
ils acquéraient	qu'ils acquissent
Passé simple	
j' acquis	**IMPÉRATIF**
tu acquis	**Présent**
il acquit	acquiers
n. acquîmes	acquérons
v. acquîtes	acquérez
ils acquirent	
Futur simple	**INFINITIF**
j' acquerrai	**Présent**
tu acquerras	acquérir
il acquerra	
n. acquerrons	**Passé**
v. acquerrez	avoir acquis
ils acquerront	
Conditionnel[1] **présent**	**PARTICIPE**
j' acquerrais	**Présent**
tu acquerrais	acquérant
il acquerrait	
n. acquerrions	**Passé**
v. acquerriez	acquis
ils acquerraient	

Le verbe *acquérir* et ses dérivés (*conquérir, requérir*, etc.) possèdent 3 bases orales, avec des variations graphiques : *acquier-/acquièr-* [akjɛʀ], *acquér-/acquerr-* [akeʀ] et *acqu(i)-* [ak(i)].

13 APPELER v. tr.

TEMPS SIMPLES

INDICATIF	SUBJONCTIF
Présent	**Présent**
j' appelle	que j' appelle
tu appelles	que tu appelles
il appelle	qu'il appelle
n. appelons	que n. appelions
v. appelez	que v. appeliez
ils appellent	qu'ils appellent
Imparfait	**Imparfait**
j' appelais	que j' appelasse
tu appelais	que tu appelasses
il appelait	qu'il appelât
n. appelions	que n. appelassions
v. appeliez	que v. appelassiez
ils appelaient	qu'ils appelassent
Passé simple	
j' appelai	**IMPÉRATIF**
tu appelas	**Présent**
il appela	appelle
n. appelâmes	appelons
v. appelâtes	appelez
ils appelèrent	
Futur simple	**INFINITIF**
j' appellerai	**Présent**
tu appelleras	appeler
il appellera	
n. appellerons	**Passé**
v. appellerez	avoir appelé
ils appelleront	
Conditionnel[1] **présent**	**PARTICIPE**
j' appellerais	**Présent**
tu appellerais	appelant
il appellerait	
n. appellerions	**Passé**
v. appelleriez	appelé
ils appelleraient	

Le verbe *appeler* (*rappeler*) redouble la consonne *l* devant un e caduc : *il appelle ≠ il appelait*.
➤ Rectifications (Annexe 2 p. 394)

L'emploi des temps et des modes (**3.5**, 5 p. 156)

14 ASSOIR v. tr.

TEMPS SIMPLES

INDICATIF

Présent
- j'   assieds/assois
- tu   assieds
- il   assied
- n.   asseyons
- v.   asseyez
- ils   asseyent

Imparfait
- j'   asseyais/assoyais
- tu   asseyais
- il   asseyait
- n.   asseyions
- v.   asseyiez
- ils   asseyaient

Passé simple
- j'   assis
- tu   assis
- il   assit
- n.   assîmes
- v.   assîtes
- ils   assirent

Futur simple
- j'   assiérai/assoirai
- tu   assiéras
- il   assiéra
- n.   assiérons
- v.   assiérez
- ils   assiéront

Conditionnel[1] présent
- j'assiérais/assoirais
- tu   assiérais
- il   assiérait
- n.   assiérions
- v.   assiériez
- ils   assiéraient

SUBJONCTIF

Présent
- que j'   asseye/assoie
- que tu   asseyes
- qu'il   asseye
- que n.   asseyions
- que v.   asseyiez
- qu'ils   asseyent

Imparfait
- que j'   assisse
- que tu   assisses
- qu'il   assît
- que n.   assissions
- que v.   assissiez
- qu'ils   assissent

IMPÉRATIF

Présent
- assieds/assois
- asseyons
- asseyez

INFINITIF

Présent
- assoir

Passé
- avoir assis

PARTICIPE

Présent
- asseyant

Passé
- assis

Le verbe *assoir* (employé essentiellement à la forme pronominale) possède 4 bases : *assi-* [asi], *assied-/assié-* [asje], *assey-* [asej] et *assoi-* [aswa].

▶ Rectifications (Annexe 2 p. 395)

---

15 BATTRE v. tr.

TEMPS SIMPLES

INDICATIF

Présent
- je   bats
- tu   bats
- il   bat
- n.   battons
- v.   battez
- ils   battent

Imparfait
- je   battais
- tu   battais
- il   battait
- n.   battions
- v.   battiez
- ils   battaient

Passé simple
- je   battis
- tu   battis
- il   battit
- n.   battîmes
- v.   battîtes
- ils   battirent

Futur simple
- je   battrai
- tu   battras
- il   battra
- n.   battrons
- v.   battrez
- ils   battront

Conditionnel[1] présent
- je   battrais
- tu   battrais
- il   battrait
- n.   battrions
- v.   battriez
- ils   battraient

SUBJONCTIF

Présent
- que je batte
- que tu battes
- qu'il   batte
- que n. battions
- que v. battiez
- qu'ils battent

Imparfait
- que je battisse
- que tu battisses
- qu'il   battît
- que n. battissions
- que v. battissiez
- qu'ils battissent

IMPÉRATIF

Présent
- bats
- battons
- battez

INFINITIF

Présent
- battre

Passé
- avoir battu

PARTICIPE

Présent
- battant

Passé
- battu

Le verbe *battre* et ses dérivés (*abattre, combattre, etc.*) possèdent 2 bases principales : une courte, *bat-* [ba] et une longue, *batt-* [bat].

---

16 BOIRE v. tr.

TEMPS SIMPLES

INDICATIF

Présent
- je   bois
- tu   bois
- il   boit
- n.   buvons
- v.   buvez
- ils   boivent

Imparfait
- je   buvais
- tu   buvais
- il   buvait
- n.   buvions
- v.   buviez
- ils   buvaient

Passé simple
- je   bus
- tu   bus
- il   but
- n.   bûmes
- v.   bûtes
- ils   burent

Futur simple
- je   boirai
- tu   boiras
- il   boira
- n.   boirons
- v.   boirez
- ils   boiront

Conditionnel[1] présent
- je   boirais
- tu   boirais
- il   boirait
- n.   boirions
- v.   boiriez
- ils   boiraient

SUBJONCTIF

Présent
- que je boive
- que tu boives
- qu'il   boive
- que n. buvions
- que v. buviez
- qu'ils boivent

Imparfait
- que je busse
- que tu busses
- qu'il   bût
- que n. bussions
- que v. bussiez
- qu'ils bussent

IMPÉRATIF

Présent
- bois
- buvons
- buvez

INFINITIF

Présent
- boire

Passé
- avoir bu

PARTICIPE

Présent
- buvant

Passé
- bu

Le verbe *boire* possède 4 bases : *bo-* [bwa], *buv-* [byv], *boiv-*[bwav] et *b-* [by] pour le passé simple et le participe passé.

---

1. ▶ L'emploi des temps et des modes (**3.5,**5 p. 156)

Tableaux de conjugaison **4**

17 CÉDER v. tr.

TEMPS SIMPLES

INDICATIF	SUBJONCTIF
Présent	**Présent**
je cède	que je cède
tu cèdes	que tu cèdes
il cède	qu'il cède
n. cédons	que n. cédions
v. cédez	que v. cédiez
ils cèdent	qu'ils cèdent
Imparfait	**Imparfait**
je cédais	que je cédasse
tu cédais	que tu cédasses
il cédait	qu'il cédât
n. cédions	que n. cédassions
v. cédiez	que v. cédassiez
ils cédaient	qu'ils cédassent
Passé simple	**IMPÉRATIF**
je cédai	
tu cédas	**Présent**
il céda	cède
n. cédâmes	cédons
v. cédâtes	cédez
ils cédèrent	
Futur simple	**INFINITIF**
je cèderai	
tu cèderas	**Présent**
il cèdera	céder
n. cèderons	
v. cèderez	**Passé**
ils cèderont	avoir cédé
Conditionnel[1] **présent**	**PARTICIPE**
je cèderais	
tu cèderais	**Présent**
il cèderait	cédant
n. cèderions	**Passé**
v. cèderiez	cédé
ils cèderaient	

Les verbes comme *céder* changent l'é fermé [ε] en è ouvert [ε] quand la syllabe suivante contient un e caduc : *il cédait* ≠ *il cède*.

▶ Rectifications (Annexe 2 p. 394)

18 CHOISIR v. tr.

TEMPS SIMPLES

INDICATIF	SUBJONCTIF
Présent	**Présent**
je choisis	que je choisisse
tu choisis	que tu choisisses
il choisit	qu'il choisisse
n. choisissons	que n. choisissions
v. choisissez	que v. choisissiez
ils choisissent	qu'ils choisissent
Imparfait	**Imparfait**
je choisissais	que je choisisse
tu choisissais	que tu choisisses
il choisissait	qu'il choisît
n. choisissions	que n. choisissions
v. choisissiez	que v. choisissiez
ils choisissaient	qu'ils choisissent
Passé simple	**IMPÉRATIF**
je choisis	
tu choisis	**Présent**
il choisit	choisis
n. choisîmes	choisissons
v. choisîtes	choisissez
ils choisirent	
Futur simple	**INFINITIF**
je choisirai	
tu choisiras	**Présent**
il choisira	choisir
n. choisirons	
v. choisirez	**Passé**
ils choisiront	avoir choisi
Conditionnel[1] **présent**	**PARTICIPE**
je choisirais	
tu choisirais	**Présent**
il choisirait	choisissant
n. choisirions	**Passé**
v. choisiriez	choisi,s
ils choisiraient	

▶ Verbe modèle **finir** (6, p. 405)

19 CLORE v. tr.

TEMPS SIMPLES

INDICATIF	SUBJONCTIF
Présent	**Présent**
je clos	que je close
tu clos	que tu closes
il clôt	qu'il close
n'existe pas	que n. closions
n'existe pas	que v. closiez
ils closent	qu'ils closent
Imparfait	**Imparfait**
n'existe pas	*n'existe pas*
Passé simple	**IMPÉRATIF**
n'existe pas	
	Présent
	clos
	n'existe pas
	n'existe pas
Futur simple	**INFINITIF**
je clorai	
tu cloras	**Présent**
il clora	clore
n. clorons	
v. clorez	**Passé**
ils cloront	avoir clos
Conditionnel[1] **présent**	**PARTICIPE**
je clorais	
tu clorais	**Présent**
il clorait	closant
n. clorions	**Passé**
v. cloriez	clos
ils cloraient	

Le verbe *clore* est défectif : il connait surtout le présent *je clos, tu clos, il clôt* (*ils closent* est très rare), l'impératif *clos* et le participe passé *clos(e)*. Ses dérivés ne fonctionnent pas à l'identique.

▶ L'emploi des temps et des modes (**3.5,**5 p. 156)

20 CONCLURE v. tr.

TEMPS SIMPLES

INDICATIF	SUBJONCTIF
Présent	**Présent**
je conclus	que je conclue
tu conclus	que tu conclues
il conclut	qu'il conclue
n. concluons	que n. concluions
v. concluez	que v. concluiez
ils concluent	qu'ils concluent
Imparfait	**Imparfait**
je concluais	que je conclusse
tu concluais	que tu conclusses
il concluait	qu'il conclût
n. concluions	que n. conclussions
v. concluiez	que v. conclussiez
ils concluaient	qu'ils conclussent
Passé simple	**IMPÉRATIF**
je conclus	
tu conclus	**Présent**
il conclut	conclus
n. conclûmes	concluons
v. conclûtes	concluez
ils conclurent	
Futur simple	**INFINITIF**
je conclurai	
tu concluras	**Présent**
il conclura	conclure
n. conclurons	
v. conclurez	**Passé**
ils concluront	avoir conclu
Conditionnel[1] **présent**	**PARTICIPE**
je conclurais	**Présent**
tu conclurais	concluant
il conclurait	
n. conclurions	**Passé**
v. concluriez	conclu
ils concluraient	

Les verbes *exclure* et *inclure* suivent le modèle de *conclure*, sauf *inclure* qui est terminé par -s : *inclus(e)*. Ces verbes ont un radical graphique unique.

21 CONDUIRE v. tr.

TEMPS SIMPLES

INDICATIF	SUBJONCTIF
Présent	**Présent**
je conduis	que je conduise
tu conduis	que tu conduises
il conduit	qu'il conduise
n. conduisons	que n. conduisions
v. conduisez	que v. conduisiez
ils conduisent	qu'ils conduisent
Imparfait	**Imparfait**
je conduisais	que je conduisisse
tu conduisais	que tu conduisisses
il conduisait	qu'il conduisît
n. conduisions	que n. conduisissions
v. conduisiez	que v. conduisissiez
ils conduisaient	qu'ils conduisissent
Passé simple	**IMPÉRATIF**
je conduisis	
tu conduisis	**Présent**
il conduisit	conduis
n. conduisîmes	conduisons
v. conduisîtes	conduisez
ils conduisirent	
Futur simple	**INFINITIF**
je conduirai	
tu conduiras	**Présent**
il conduira	conduire
n. conduirons	
v. conduirez	**Passé**
ils conduiront	avoir conduit
Conditionnel[1] **présent**	**PARTICIPE**
je conduirais	**Présent**
tu conduirais	conduisant
il conduirait	
n. conduirions	**Passé**
v. conduiriez	conduit
ils conduiraient	

➤ Verbe modèle **lire** (41 p. 419)

22 CONNAITRE v. tr.

TEMPS SIMPLES

INDICATIF	SUBJONCTIF
Présent	**Présent**
je connais	que je connaisse
tu connais	que tu connaisses
il connait	qu'il connaisse
n. connaissons	que n. connaissions
v. connaissez	que v. connaissiez
ils connaissent	qu'ils connaissent
Imparfait	**Imparfait**
je connaissais	que je connusse
tu connaissais	que tu connusses
il connaissait	qu'il connût
n. connaissions	que n. connussions
v. connaissiez	que v. connussiez
ils connaissaient	qu'ils connussent
Passé simple	**IMPÉRATIF**
je connus	
tu connus	**Présent**
il connut	connais
n. connûmes	connaissons
v. connûtes	connaissez
ils connurent	
Futur simple	**INFINITIF**
je connaitrai	
tu connaitras	**Présent**
il connaitra	connaitre
n. connaitrons	
v. connaitrez	**Passé**
ils connaitront	avoir connu
Conditionnel[1] **présent**	**PARTICIPE**
je connaitrais	**Présent**
tu connaitrais	connaissant
il connaitrait	
n. connaitrions	**Passé**
v. connaitriez	connu
ils connaitraient	

Le verbe *connaitre* et ses dérivés possèdent 4 bases : *connai-* [kɔnɛ], *connaiss-* [kɔnɛs], *connait-* [kɔnɛt] et *conn(u-)* [kɔny]. Les rectifications ont supprimé l'accent circonflexe sur *i*.

➤ Rectifications (Annexe 2 p. 394)

---

1. ➤ L'emploi des temps et des modes (**3.5**,5 p. 156)

Tableaux de conjugaison **4**

23 COUDRE v. tr.

TEMPS SIMPLES

INDICATIF	SUBJONCTIF
Présent	**Présent**
je couds	que je couse
tu couds	que tu couses
il coud	qu'il couse
n. cousons	que n. cousions
v. cousez	que v. cousiez
ils cousent	qu'ils cousent
Imparfait	**Imparfait**
je cousais	que je cousisse
tu cousais	que tu cousisses
il cousait	qu'il cousît
n. cousions	que n. cousissions
v. cousiez	que v. cousissiez
ils cousaient	qu'ils cousissent
Passé simple	**IMPÉRATIF**
je cousis	
tu cousis	**Présent**
il cousit	couds
n. cousîmes	cousons
v. cousîtes	cousez
ils cousirent	
Futur simple	**INFINITIF**
je coudrai	
tu coudras	**Présent**
il coudra	coudre
n. coudrons	
v. coudrez	**Passé**
ils coudront	avoir cousu
Conditionnel[1] **présent**	**PARTICIPE**
je coudrais	**Présent**
tu coudrais	cousant
il coudrait	
n. coudrions	**Passé**
v. coudriez	cousu
ils coudraient	

Le verbe *coudre* et ses dérivés (*découdre, recoudre*) possèdent 2 bases écrites, correspondant à 3 bases orales : *coud-* [ku]/[kud] et *cous-* [kuz].

24 COURIR v. tr. et intr.

TEMPS SIMPLES

INDICATIF	SUBJONCTIF
Présent	**Présent**
je cours	que je coure
tu cours	que tu coures
il court	qu'il coure
n. courons	que n. courions
v. courez	que v. couriez
ils courent	qu'ils courent
Imparfait	**Imparfait**
je courais	que je courusse
tu courais	que tu courusses
il courait	qu'il courût
n. courions	que n. courussions
v. couriez	que v. courussiez
ils couraient	qu'ils courussent
Passé simple	**IMPÉRATIF**
je courus	
tu courus	**Présent**
il courut	cours
n. courûmes	courons
v. courûtes	courez
ils coururent	
Futur simple	**INFINITIF**
je courrai	
tu courras	**Présent**
il courra	courir
n. courrons	
v. courrez	**Passé**
ils courront	avoir couru
Conditionnel[1] **présent**	**PARTICIPE**
je courrais	**Présent**
tu courrais	courant
il courrait	
n. courrions	**Passé**
v. courriez	couru
ils courraient	

Le verbe *courir* et ses dérivés (*accourir, discourir, parcourir, secourir, etc.*) possèdent un radical unique. Au futur et au conditionnel, avec la désinence, deux *rr* se suivent : *cour-r-ai*.

25 CRAINDRE v. tr.

TEMPS SIMPLES

INDICATIF	SUBJONCTIF
Présent	**Présent**
je crains	que je craigne
tu crains	que tu craignes
il craint	qu'il craigne
n. craignons	que n. craignions
v. craignez	que v. craigniez
ils craignent	qu'ils craignent
Imparfait	**Imparfait**
je craignais	que je craignisse
tu craignais	que tu craignisses
il craignait	qu'il craignît
n. craignions	que n. craignissions
v. craigniez	que v. craignissiez
ils craignaient	qu'ils craignissent
Passé simple	**IMPÉRATIF**
je craignis	
tu craignis	**Présent**
il craignit	crains
n. craignîmes	craignons
v. craignîtes	craignez
ils craignirent	
Futur simple	**INFINITIF**
je craindrai	
tu craindras	**Présent**
il craindra	craindre
n. craindrons	
v. craindrez	**Passé**
ils craindront	avoir craint
Conditionnel[1] **présent**	**PARTICIPE**
je craindrais	**Présent**
tu craindrais	craignant
il craindrait	
n. craindrions	**Passé**
v. craindriez	craint
ils craindraient	

Le verbe *craindre* possède 3 bases : *crain-* [kʁɛ̃], *craign-* [kʁɛɲ] et *craind-* [kʁɛ̃d]. Le passé simple est formé sur la base longue (*craign-it*) ; le participe passé sur la base courte (*crain-t*).

→ L'emploi des temps et des modes (**3.5**,5 p. 156)

413

26 CRÉER v. tr.

TEMPS SIMPLES

INDICATIF	SUBJONCTIF
Présent	**Présent**
je crée	que je crée
tu crées	que tu crées
il crée	qu'il crée
n. créons	que n. créions
v. créez	que v. créiez
ils créent	qu'ils créent
Imparfait	**Imparfait**
je créais	que je créasse
tu créais	que tu créasses
il créait	qu'il créât
n. créions	que n. créassions
v. créiez	que v. créassiez
ils créaient	qu'ils créassent
Passé simple	**IMPÉRATIF**
je créai	
tu créas	**Présent**
il créa	crée
n. créâmes	créons
v. créâtes	créez
ils créèrent	
Futur simple	**INFINITIF**
je créerai	**Présent**
tu créeras	créer
il créera	
n. créerons	
v. créerez	**Passé**
ils créeront	avoir créé
Conditionnel[1] présent	**PARTICIPE**
je créerais	**Présent**
tu créerais	créant
il créerait	
n. créerions	**Passé**
v. créeriez	créé
ils créeraient	

Présence régulière de deux *e* (*ée*) à certaines personnes du présent, du futur, du conditionnel, et de trois *e* (*ééе*) au participe passé féminin.

27 CROIRE v. tr.

TEMPS SIMPLES

INDICATIF	SUBJONCTIF
Présent	**Présent**
je crois	que je croie
tu crois	que tu croies
il croit	qu'il croie
n. croyons	que n. croyions
v. croyez	que v. croyiez
ils croient	qu'ils croient
Imparfait	**Imparfait**
je croyais	que je crusse
tu croyais	que tu crusses
il croyait	qu'il crût
n. croyions	que n. crussions
v. croyiez	que v. crussiez
ils croyaient	qu'ils crussent
Passé simple	**IMPÉRATIF**
je crus	
tu crus	**Présent**
il crut	crois
n. crûmes	croyons
v. crûtes	croyez
ils crurent	
Futur simple	**INFINITIF**
je croirai	**Présent**
tu croiras	croire
il croira	
n. croirons	
v. croirez	**Passé**
ils croiront	avoir cru
Conditionnel[1] présent	**PARTICIPE**
je croirais	**Présent**
tu croirais	croyant
il croirait	
n. croirions	**Passé**
v. croiriez	cru
ils croiraient	

Le verbe *croire* et son dérivé *accroire* possèdent 3 bases : *croi-* [kʀwa], *croy-* [kʀwaj] et *cr(u)-* [kʀy], base commune au passé simple et au participe passé.

28 CROÎTRE v. intr.

TEMPS SIMPLES

INDICATIF	SUBJONCTIF
Présent	**Présent**
je croîs	que je croisse
tu croîs	que tu croisses
il croît	qu'il croisse
n. croissons	que n. croissions
v. croissez	que v. croissiez
ils croissent	qu'ils croissent
Imparfait	**Imparfait**
je croissais	que je crûsse
tu croissais	que tu crûsses
il croissait	qu'il crût
n. croissions	que n. crûssions
v. croissiez	que v. crûssiez
ils croissaient	qu'ils crûssent
Passé simple	**IMPÉRATIF**
je crûs	
tu crûs	**Présent**
il crût	croîs
n. crûmes	croissons
v. crûtes	croissez
ils crûrent	
Futur simple	**INFINITIF**
je croîtrai	**Présent**
tu croîtras	croître
il croîtra	
n. croîtrons	
v. croîtrez	**Passé**
ils croîtront	avoir crû
Conditionnel[1] présent	**PARTICIPE**
je croîtrais	**Présent**
tu croîtrais	croissant
il croîtrait	
n. croîtrions	**Passé**
v. croîtriez	crû
ils croîtraient	

Le verbe *croître* prend l'accent circonflexe sur *î* devant -*t* (*il croît*) et étend cet accent distinctif aux formes homonymes de celles du verbe *croire* : *je croîs, je crûs, crûrent*, etc.

---

1. Le conditionnel est un temps de l'indicatif, symétrique du futur (morphologiquement et sémantiquement).

➤ L'emploi des temps et des modes (**3.5**, 5 p. 156)

Tableaux de conjugaison **4**

29 CUEILLIR v. tr.

TEMPS SIMPLES

INDICATIF	SUBJONCTIF
Présent	**Présent**
je cueille	que je cueille
tu cueilles	que tu cueilles
il cueille	qu'il cueille
n. cueillons	que n. cueillions
v. cueillez	que v. cueilliez
ils cueillent	qu'ils cueillent
Imparfait	**Imparfait**
je cueillais	que je cueillisse
tu cueillais	que tu cueillisses
il cueillait	qu'il cueillît
n. cueillions	que n. cueillissions
v. cueilliez	que v. cueillissiez
ils cueillaient	qu'ils cueillissent
Passé simple	**IMPÉRATIF**
je cueillis	
tu cueillis	**Présent**
il cueillit	cueille
n. cueillîmes	cueillons
v. cueillîtes	cueillez
ils cueillirent	
Futur simple	**INFINITIF**
je cueillerai	
tu cueilleras	**Présent**
il cueillera	cueillir
n. cueillerons	
v. cueillerez	**Passé**
ils cueilleront	avoir cueilli
Conditionnel[1] **présent**	**PARTICIPE**
je cueillerais	**Présent**
tu cueillerais	cueillant
il cueillerait	
n. cueillerions	**Passé**
v. cueilleriez	cueilli
ils cueilleraient	

Le verbe *cueillir* et ses dérivés (*accueillir*, *recueillir*) prennent, aux modes personnels, les désinences des verbes en *-er* (*il cueille, nous cueillons, il cueillait, il cueillera*), mais pas au passé simple (*il cueillit*).

30 DEVOIR v. tr.

TEMPS SIMPLES

INDICATIF	SUBJONCTIF
Présent	**Présent**
je dois	que je doive
tu dois	que tu doives
il doit	qu'il doive
n. devons	que n. devions
v. devez	que v. deviez
ils doivent	qu'ils doivent
Imparfait	**Imparfait**
je devais	que je dusse
tu devais	que tu dusses
il devait	qu'il dût
n. devions	que n. dussions
v. deviez	que v. dussiez
ils devaient	qu'ils dussent
Passé simple	**IMPÉRATIF**
je dus	
tu dus	**Présent**
il dut	dois
n. dûmes	devons
v. dûtes	devez
ils durent	
Futur simple	**INFINITIF**
je devrai	
tu devras	**Présent**
il devra	devoir
n. devrons	
v. devrez	**Passé**
ils devront	avoir dû
Conditionnel[1] **présent**	**PARTICIPE**
je devrais	**Présent**
tu devrais	devant
il devrait	
n. devrions	**Passé**
v. devriez	dû
ils devraient	

Le verbe *devoir* possède les bases : *doi-* [dwa], *dev-* [dəv], *doiv-* [dwav] et *du-* [dy]. L'accent circonflexe du participe passé *dû* permet de distinguer le verbe de l'article *du* (masc. sing.).

31 DIRE v. tr.

TEMPS SIMPLES

INDICATIF	SUBJONCTIF
Présent	**Présent**
je dis	que je dise
tu dis	que tu dises
il dit	qu'il dise
n. disons	que n. disions
v. dites	que v. disiez
ils disent	qu'ils disent
Imparfait	**Imparfait**
je disais	que je disse
tu disais	que tu disses
il disait	qu'il dît
n. disions	que n. dissions
v. disiez	que v. dissiez
ils disaient	qu'ils dissent
Passé simple	**IMPÉRATIF**
je dis	
tu dis	**Présent**
il dit	dis
n. dîmes	disons
v. dîtes	dites
ils dirent	
Futur simple	**INFINITIF**
je dirai	
tu diras	**Présent**
il dira	dire
n. dirons	
v. direz	**Passé**
ils diront	avoir dit
Conditionnel[1] **présent**	**PARTICIPE**
je dirais	**Présent**
tu dirais	disant
il dirait	
n. dirions	**Passé**
v. diriez	dit
ils diraient	

Le verbe *dire* possède 2 bases : *di-* [di] et *dis-* [diz]. Parmi les dérivés de *dire*, seul *redire* suit totalement sa conjugaison (*vous redites*) ; les autres ont une 2e pers. du plur. en *-ez* (*vous contredisez*).

---

1. ➤ L'emploi des temps et des modes (**3.5**,5 p. 156)

32 DORMIR v. intr.

TEMPS SIMPLES

INDICATIF	SUBJONCTIF
Présent	**Présent**
je dors	que je dorme
tu dors	que tu dormes
il dort	qu'il dorme
n. dormons	que n. dormions
v. dormez	que v. dormiez
ils dorment	qu'ils dorment
Imparfait	**Imparfait**
je dormais	que je dormisse
tu dormais	que tu dormisses
il dormait	qu'il dormît
n. dormions	que n. dormissions
v. dormiez	que v. dormissiez
ils dormaient	qu'ils dormissent
Passé simple	**IMPÉRATIF**
je dormis	**Présent**
tu dormis	dors
il dormit	dormons
n. dormîmes	dormez
v. dormîtes	
ils dormirent	
Futur simple	**INFINITIF**
je dormirai	**Présent**
tu dormiras	dormir
il dormira	
n. dormirons	**Passé**
v. dormirez	avoir dormi
ils dormiront	
Conditionnel[1] **présent**	**PARTICIPE**
je dormirais	**Présent**
tu dormirais	dormant
il dormirait	
n. dormirions	**Passé**
v. dormiriez	dormi
ils dormiraient	

Le verbe *dormir* a une 1ʳᵉ base courte, *dor-* [dɔʀ], une 2ᵉ allongée par une consonne, *dorm-* [dɔʀm] et une 3ᵉ formée par adjonction d'un *-i-* à la 2ᵉ, *dormi-* [dɔʀmi].

33 ÉCRIRE v. tr.

TEMPS SIMPLES

INDICATIF	SUBJONCTIF
Présent	**Présent**
j' écris	que j' écrive
tu écris	que tu écrives
il écrit	qu'il écrive
n. écrivons	que n. écrivions
v. écrivez	que v. écriviez
ils écrivent	qu'ils écrivent
Imparfait	**Imparfait**
j' écrivais	que j' écrivisse
tu écrivais	que tu écrivisses
il écrivait	qu'il écrivît
n. écrivions	que n. écrivissions
v. écriviez	que v. écrivissiez
ils écrivaient	qu'ils écrivissent
Passé simple	**IMPÉRATIF**
j' écrivis	**Présent**
tu écrivis	écris
il écrivit	écrivons
n. écrivîmes	écrivez
v. écrivîtes	
ils écrivirent	
Futur simple	**INFINITIF**
j' écrirai	**Présent**
tu écriras	écrire
il écrira	
n. écrirons	**Passé**
v. écrirez	avoir écrit
ils écriront	
Conditionnel[1] **présent**	**PARTICIPE**
j' écrirais	**Présent**
tu écrirais	écrivant
il écrirait	
n. écririons	**Passé**
v. écririez	écrit
ils écriraient	

Le verbe *écrire* et les verbes de même radical latin (*décrire, inscrire, etc.*) possèdent 2 bases : une courte, *écri-* [ekʀi] et une longue, *écriv-* [ekʀiv].

34 ÉPELER v. tr.

TEMPS SIMPLES

INDICATIF	SUBJONCTIF
Présent	**Présent**
j' épelle	que j' épelle
tu épelles	que tu épelles
il épelle	qu'il épelle
n. épelons	que n. épelions
v. épelez	que v. épeliez
ils épellent	qu'ils épellent
Imparfait	**Imparfait**
j' épelais	que j' épelasse
tu épelais	que tu épelasses
il épelait	qu'il épelât
n. épelions	que n. épelassions
v. épeliez	que v. épelassiez
ils épelaient	qu'ils épelassent
Passé simple	**IMPÉRATIF**
j' épelai	**Présent**
tu épelas	épelle
il épela	épelons
n. épelâmes	épelez
v. épelâtes	
ils épelèrent	
Futur simple	**INFINITIF**
j' épèlerai	**Présent**
tu épèleras	épeler
il épèlera	
n. épèlerons	**Passé**
v. épèlerez	avoir épelé
ils épèleront	
Conditionnel[1] **présent**	**PARTICIPE**
j' épèlerais	**Présent**
tu épèlerais	épelant
il épèlerait	
n. épèlerions	**Passé**
v. épèleriez	épelé
ils épèleraient	

▶ Verbe modèle **geler** (38 p. 418)
▶ Rectifications (Annexe 2 p. 394)

---

1. ▶ L'emploi des temps et des modes (**3.5**, 5 p. 156)

Tableaux de conjugaison 4

35 ESSUYER v. tr.

TEMPS SIMPLES

INDICATIF	SUBJONCTIF
Présent	**Présent**
j' essuie	que j' essuie
tu essuies	que tu essuies
il essuie	qu'il essuie
n. essuyons	que n. essuyions
v. essuyez	que v. essuyiez
ils essuient	qu'ils essuient
Imparfait	**Imparfait**
j' essuyais	que j' essuyasse
tu essuyais	que tu essuyasses
il essuyait	qu'il essuyât
n. essuyions	que n. essuyassions
v. essuyiez	que v. essuyassiez
ils essuyaient	qu'ils essuyassent
Passé simple	**IMPÉRATIF**
j' essuyai	
tu essuyas	**Présent**
il essuya	essuie
n. essuyâmes	essuyons
v. essuyâtes	essuyez
ils essuyèrent	
Futur simple	**INFINITIF**
j' essuierai	
tu essuieras	**Présent**
il essuiera	essuyer
n. essuierons	
v. essuierez	**Passé**
ils essuieront	avoir essuyé
Conditionnel[1] présent	**PARTICIPE**
j' essuierais	
tu essuierais	**Présent**
il essuierait	essuyant
n. essuierions	**Passé**
v. essuieriez	essuyé
ils essuieraient	

Les verbes en *-uyer* changent le *y* en *i* devant un e caduc : il *essuyait* ≠ il *essuie*.

36 ÉTUDIER v. tr.

TEMPS SIMPLES

INDICATIF	SUBJONCTIF
Présent	**Présent**
j' étudie	que j' étudie
tu étudies	que tu étudies
il étudie	qu'il étudie
n. étudions	que n. étudiions
v. étudiez	que v. étudiiez
ils étudient	qu'ils étudient
Imparfait	**Imparfait**
j' étudiais	que j' étudiasse
tu étudiais	que tu étudiasses
il étudiait	qu'il étudiât
n. étudiions	que n. étudiassions
v. étudiiez	que v. étudiassiez
ils étudiaient	qu'ils étudiassent
Passé simple	**IMPÉRATIF**
j' étudiai	
tu étudias	**Présent**
il étudia	étudie
n. étudiâmes	étudions
v. étudiâtes	étudiez
ils étudièrent	
Futur simple	**INFINITIF**
j' étudierai	
tu étudieras	**Présent**
il étudiera	étudier
n. étudierons	
v. étudierez	**Passé**
ils étudieront	avoir étudié
Conditionnel[1] présent	**PARTICIPE**
j' étudierais	
tu étudierais	**Présent**
il étudierait	étudiant
n. étudierions	**Passé**
v. étudieriez	étudié
ils étudieraient	

Les verbes en *-ier* comportent deux *i* à la 1ᵉ et à la 2ᵉ pers. du plur. de l'imparfait de l'indicatif et du présent du subjonctif : *(que) nous étudi-ions, (que) vous étudi-iez*.

37 FUIR v. tr. et intr.

TEMPS SIMPLES

INDICATIF	SUBJONCTIF
Présent	**Présent**
je fuis	que je fuie
tu fuis	que tu fuies
il fuit	qu'il fuie
n. fuyons	que n. fuyions
v. fuyez	que v. fuyiez
ils fuient	qu'ils fuient
Imparfait	**Imparfait**
je fuyais	que je fuisse
tu fuyais	que tu fuisses
il fuyait	qu'il fuît
n. fuyions	que n. fuissions
v. fuyiez	que v. fuissiez
ils fuyaient	qu'ils fuissent
Passé simple	**IMPÉRATIF**
je fuis	
tu fuis	**Présent**
il fuit	fuis
n. fuîmes	fuyons
v. fuîtes	fuyez
ils fuirent	
Futur simple	**INFINITIF**
je fuirai	
tu fuiras	**Présent**
il fuira	fuir
n. fuirons	
v. fuirez	**Passé**
ils fuiront	avoir fui
Conditionnel[1] présent	**PARTICIPE**
je fuirais	
tu fuirais	**Présent**
il fuirait	fuyant
n. fuirions	**Passé**
v. fuiriez	fui
ils fuiraient	

Les verbes *fuir* et *s'enfuir* possèdent deux bases : *fui-* [fɥi] et *fuy-* [fɥij].

→ L'emploi des temps et des modes (**3.5**, 5 p. 156)

38 GELER v. intr.

TEMPS SIMPLES

INDICATIF		SUBJONCTIF	
Présent		**Présent**	
j'	gèle	que je	gèle
tu	gèles	que tu	gèles
il	gèle	qu'il	gèle
n.	gelons	que n.	gelions
v.	gelez	que v.	geliez
ils	gèlent	qu'ils	gèlent
Imparfait		**Imparfait**	
j'	gelais	que je	gelasse
tu	gelais	que tu	gelasses
il	gelait	qu'il	gelât
n.	gelions	que n.	gelassions
v.	geliez	que v.	gelassiez
ils	gelaient	qu'ils	gelassent
Passé simple		**IMPÉRATIF**	
j'	gelai	**Présent**	
tu	gelas	gèle	
il	gela	gelons	
n.	gelâmes	gelez	
v.	gelâtes		
ils	gelèrent		
Futur simple		**INFINITIF**	
je	gèlerai	**Présent**	
tu	gèleras	geler	
il	gèlera		
n.	gèlerons	**Passé**	
v.	gèlerez	avoir gelé	
ils	gèleront		
Conditionnel[1] **présent**		**PARTICIPE**	
je	gèlerais	**Présent**	
tu	gèlerais	gelant	
il	gèlerait		
n.	gèlerions	**Passé**	
v.	gèleriez	gelant	
ils	gèleraient		

Les verbes en *-eler* prennent un accent grave sur l'è prononcé [ɛ] quand la syllabe suivante contient un e caduc : *il gèle* ≠ *il gelait*.

➤ Rectifications (Annexe 2 p. 394)

39 HAÏR v. tr.

TEMPS SIMPLES

INDICATIF		SUBJONCTIF	
Présent		**Présent**	
je	hais	que je	haïsse
tu	hais	que tu	haïsses
il	hait	qu'il	haïsse
n.	haïssons	que n.	haïssions
v.	haïssez	que v.	haïssiez
ils	haïssent	qu'ils	haïssent
Imparfait		**Imparfait**	
je	haïssais	que je	haïsse
tu	haïssais	que tu	haïsses
il	haïssait	qu'il	haït
n.	haïssions	que n.	haïssions
v.	haïssiez	que v.	haïssiez
ils	haïssaient	qu'ils	haïssent
Passé simple		**IMPÉRATIF**	
je	haïs	**Présent**	
tu	haïs	hais	
il	haït	haïssons	
n.	haïmes	haïssez	
v.	haïtes		
ils	haïrent		
Futur simple		**INFINITIF**	
je	haïrai	**Présent**	
tu	haïras	haïr	
il	haïra		
n.	haïrons	**Passé**	
v.	haïrez	avoir haï	
ils	haïront		
Conditionnel[1] **présent**		**PARTICIPE**	
je	haïrais	**Présent**	
tu	haïrais	haïssant	
il	haïrait		
n.	haïrions	**Passé**	
v.	haïriez	haï	
ils	haïraient		

Le verbe *haïr* perd son tréma sur *i* au sing. du présent de l'indicatif et de l'impératif : *il hait/haït* ≠ *nous haïssons/haïssons*. Le tréma exclut l'accent circonflexe au passé simple (*nous haïmes*).

40 JETER v. tr.

TEMPS SIMPLES

INDICATIF		SUBJONCTIF	
Présent		**Présent**	
je	jette	que je	jette
tu	jettes	que tu	jettes
il	jette	qu'il	jette
n.	jetons	que n.	jetions
v.	jetez	que v.	jetiez
ils	jettent	qu'ils	jettent
Imparfait		**Imparfait**	
je	jetais	que je	jetasse
tu	jetais	que tu	jetasses
il	jetait	qu'il	jetât
n.	jetions	que n.	jetassions
v.	jetiez	que v.	jetassiez
ils	jetaient	qu'ils	jetassent
Passé simple		**IMPÉRATIF**	
je	jetai	**Présent**	
tu	jetas	jette	
il	jeta	jetons	
n.	jetâmes	jetez	
v.	jetâtes		
ils	jetèrent		
Futur simple		**INFINITIF**	
je	jetterai	**Présent**	
tu	jetteras	jeter	
il	jettera		
n.	jetterons	**Passé**	
v.	jetterez	avoir jeté	
ils	jetteront		
Conditionnel[1] **présent**		**PARTICIPE**	
je	jetterais	**Présent**	
tu	jetterais	jetant	
il	jetterait		
n.	jetterions	**Passé**	
v.	jetteriez	jeté	
ils	jetteraient		

Le verbe *jeter* et ses dérivés redoublent consonne *t* devant un e caduc : *il jette* ≠ *vous jetez*.

➤ Rectifications (Annexe 2 p. 39

1. ➤ L'emploi des temps et des modes (**3.5**,5 p. 156)

Tableaux de conjugaison

41 LIRE v. tr.

TEMPS SIMPLES

INDICATIF		SUBJONCTIF	
Présent		**Présent**	
je	lis	que je	lise
tu	lis	que tu	lises
il	lit	qu'il	lise
n.	lisons	que n.	lisions
v.	lisez	que v.	lisiez
ils	lisent	qu'ils	lisent
Imparfait		**Imparfait**	
je	lisais	que je	lusse
tu	lisais	que tu	lusses
il	lisait	qu'il	lût
n.	lisions	que n.	lussions
v.	lisiez	que v.	lussiez
ils	lisaient	qu'ils	lussent
Passé simple			
je	lus		
tu	lus		
il	lut		
n.	lûmes		
v.	lûtes		
ils	lurent		

IMPÉRATIF

Présent
lis
lisons
lisez

Futur simple
je lirai
tu liras
il lira
n. lirons
v. lirez
ils liront

INFINITIF

Présent
lire

Passé
avoir lu

Conditionnel¹ présent
je lirais
tu lirais
il lirait
n. lirions
v. liriez
ils liraient

PARTICIPE

Présent
lisant

Passé
lu

Le verbe *lire* (ainsi que *relire, élire, réélire*) possède 2 bases principales : *li-* [li] et *lis-* [liz], auxquelles s'ajoute la base *lu-* [ly].

42 LUIRE v. intr.

TEMPS SIMPLES

INDICATIF		SUBJONCTIF	
Présent		**Présent**	
je	luis	que je	luise
tu	luis	que tu	luises
il	luit	qu'il	luise
n.	luisons	que n.	luisions
v.	luisez	que v.	luisiez
ils	luisent	qu'ils	luisent
Imparfait		**Imparfait**	
je	luisais	que je	luisisse
tu	luisais	que tu	luisisses
il	luisait	qu'il	luisît
n.	luisions	que n.	luisissions
v.	luisiez	que v.	luisissiez
ils	luisaient	qu'ils	luisissent
Passé simple			
je	luisis		
tu	luisis		
il	luisit		
n.	luisîmes		
v.	luisîtes		
ils	luisirent		

IMPÉRATIF

Présent
luis
luisons
luisez

Futur simple
je luirai
tu luiras
il luira
n. luirons
v. luirez
ils luiront

INFINITIF

Présent
luire

Passé
avoir lui

Conditionnel¹ présent
je luirais
tu luirais
il luirait
n. luirions
v. luiriez
ils luiraient

PARTICIPE

Présent
luisant

Passé
lui

Le verbe *luire* possède deux bases : *lui-* [lɥi] et *luis-* [lɥiz].

43 MANGER v. tr.

TEMPS SIMPLES

INDICATIF		SUBJONCTIF	
Présent		**Présent**	
je	mange	que je	mange
tu	manges	que tu	manges
il	mange	qu'il	mange
n.	mangeons	que n.	mangions
v.	mangez	que v.	mangiez
ils	mangent	qu'ils	mangent
Imparfait		**Imparfait**	
je	mangeais	que je	mangeasse
tu	mangeais	que tu	mangeasses
il	mangeait	qu'il	mangeât
n.	mangions	que n.	mangeassions
v.	mangiez	que v.	mangeassiez
ils	mangeaient	qu'ils	mangeassent
Passé simple			
je	mangeai		
tu	mangeas		
il	mangea		
n.	mangeâmes		
v.	mangeâtes		
ils	mangèrent		

IMPÉRATIF

Présent
mange
mangeons
mangez

Futur simple
je mangerai
tu mangeras
il mangera
n. mangerons
v. mangerez
ils mangeront

INFINITIF

Présent
manger

Passé
avoir mangé

Conditionnel¹ présent
je mangerais
tu mangerais
il mangerait
n. mangerions
v. mangeriez
ils mangeraient

PARTICIPE

Présent
mangeant

Passé
mangé

Pour maintenir le son [ʒ] à toutes les formes, les verbes en *-ger* s'écrivent *ge* devant les voyelles *a* et *o* : *nous mangeons, tu mangeais, mangeant*.

➤ L'emploi des temps et des modes (**3.5**,5 p. 156)

44 METTRE v. tr.

TEMPS SIMPLES

INDICATIF		SUBJONCTIF	
Présent		**Présent**	
je	mets	que je	mette
tu	mets	que tu	mettes
il	met	qu'il	mette
n.	mettons	que n.	mettions
v.	mettez	que v.	mettiez
ils	mettent	qu'ils	mettent
Imparfait		**Imparfait**	
je	mettais	que je	misse
tu	mettais	que tu	misses
il	mettait	qu'il	mît
n.	mettions	que n.	missions
v.	mettiez	que v.	missiez
ils	mettaient	qu'ils	missent
Passé simple		**IMPÉRATIF**	
je	mis	**Présent**	
tu	mis	mets	
il	mit	mettons	
n.	mîmes	mettez	
v.	mîtes		
ils	mirent		
Futur simple		**INFINITIF**	
je	mettrai	**Présent**	
tu	mettras	mettre	
il	mettra		
n.	mettrons		
v.	mettrez	**Passé**	
ils	mettront	avoir mis	
Conditionnel¹ présent		**PARTICIPE**	
je	mettrais	**Présent**	
tu	mettrais	mettant	
il	mettrait		
n.	mettrions	**Passé**	
v.	mettriez	mis	
ils	mettraient		

Le verbe *mettre* et ses dérivés (*admettre*, *permettre*, etc.) possèdent 2 bases principales : *met-* [mɛ] et *mett-* [mɛt], auxquelles s'ajoute une base réduite *mis-* [mi(z)].

45 MOURIR v. intr.

TEMPS SIMPLES

INDICATIF		SUBJONCTIF	
Présent		**Présent**	
je	meurs	que je	meure
tu	meurs	que tu	meures
il	meurt	qu'il	meure
n.	mourons	que n.	mourions
v.	mourez	que v.	mouriez
ils	meurent	qu'ils	meurent
Imparfait		**Imparfait**	
je	mourais	que je	mourusse
tu	mourais	que tu	mourusses
il	mourait	qu'il	mourût
n.	mourions	que n.	mourussions
v.	mouriez	que v.	mourussiez
ils	mouraient	qu'ils	mourussent
Passé simple		**IMPÉRATIF**	
je	mourus	**Présent**	
tu	mourus	meurs	
il	mourut	mourons	
n.	mourûmes	mourez	
v.	mourûtes		
ils	moururent		
Futur simple		**INFINITIF**	
je	mourrai	**Présent**	
tu	mourras	mourir	
il	mourra		
n.	mourrons		
v.	mourrez	**Passé**	
ils	mourront	être mort(e)(s)	
Conditionnel¹ présent		**PARTICIPE**	
je	mourrais	**Présent**	
tu	mourrais	mourant	
il	mourrait		
n.	mourrions	**Passé**	
v.	mourriez	mort(e)(s)	
ils	mourraient		

Le verbe *mourir* suit le modèle de *courir*, sauf au participe passé (*mort*) et à l'indicatif et au subjonctif présent où il a une base *meur-* [mœʀ] devant *-s*, *-t* et *-e(nt)* : *je meurs, il meurt, qu'il(s) meure(nt)*.

46 MOUVOIR v. tr.

TEMPS SIMPLES

INDICATIF		SUBJONCTIF	
Présent		**Présent**	
je	meus	que je	meuve
tu	meus	que tu	meuves
il	meut	qu'il	meuve
n.	mouvons	que n.	mouvions
v.	mouvez	que v.	mouviez
ils	meuvent	qu'ils	meuvent
Imparfait		**Imparfait**	
je	mouvais	que je	musse
tu	mouvais	que tu	musses
il	mouvait	qu'il	mût
n.	mouvions	que n.	mussions
v.	mouviez	que v.	mussiez
ils	mouvaient	qu'ils	mussent
Passé simple		**IMPÉRATIF**	
je	mus	**Présent**	
tu	mus	meus	
il	mut	mouvons	
n.	mûmes	mouvez	
v.	mûtes		
ils	murent		
Futur simple		**INFINITIF**	
je	mouvrai	**Présent**	
tu	mouvras	mouvoir	
il	mouvra		
n.	mouvrons		
v.	mouvrez	**Passé**	
ils	mouvront	avoir mû	
Conditionnel¹ présent		**PARTICIPE**	
je	mouvrais	**Présent**	
tu	mouvrais	mouvant	
il	mouvrait		
n.	mouvrions	**Passé**	
v.	mouvriez	mû	
ils	mouvraient		

Le verbe *mouvoir* (et *émouvoir*, *promouvoir*) possède 4 bases : *meu-* [mø], *mou-* [muv], *meuv-* [mœv] et *mu-* [my].

---

1. ▶ L'emploi des temps et des modes (**3.5**,5 p. 156)

Tableaux de conjugaison **4**

47 NAITRE v. intr.

TEMPS SIMPLES

INDICATIF	SUBJONCTIF
Présent	**Présent**
je nais	que je naisse
tu nais	que tu naisses
il nait	qu'il naisse
n. naissons	que n. naissions
v. naissez	que v. naissiez
ils naissent	qu'ils naissent
Imparfait	**Imparfait**
je naissais	que je naquisse
tu naissais	que tu naquisses
il naissait	qu'il naquît
n. naissions	que n. naquissions
v. naissiez	que v. naquissiez
ils naissaient	qu'ils naquissent
Passé simple	**IMPÉRATIF**
je naquis	
tu naquis	**Présent**
il naquit	nais
n. naquîmes	naissons
v. naquîtes	naissez
ils naquirent	
Futur simple	**INFINITIF**
je naitrai	
tu naitras	**Présent**
il naitra	naitre
n. naitrons	
v. naitrez	**Passé**
ils naitront	être né(e)(s)
Conditionnel[1] **présent**	**PARTICIPE**
je naitrais	**Présent**
tu naitrais	naissant
il naitrait	
n. naitrions	**Passé**
v. naitriez	né(e)(s)
ils naitraient	

Le verbe *naitre* possède 4 bases : nai- [nɛ], naiss- [nɛs], nait- [nɛt], naqu- [nak], né [ne]. Celle du passé simple (*naqu-i-*) diffère de celle du participe passé (*né(e)*).

48 NETTOYER v. tr.

TEMPS SIMPLES

INDICATIF	SUBJONCTIF
Présent	**Présent**
je nettoie	que je nettoie
tu nettoies	que tu nettoies
il nettoie	qu'il nettoie
n. nettoyons	que n. nettoyions
v. nettoyez	que v. nettoyiez
ils nettoient	qu'ils nettoient
Imparfait	**Imparfait**
je nettoyais	que je nettoyasse
tu nettoyais	que tu nettoyasses
il nettoyait	qu'il nettoyât
n. nettoyions	que n. nettoyassions
v. nettoyiez	que v. nettoyassiez
ils nettoyaient	qu'ils nettoyassent
Passé simple	**IMPÉRATIF**
je nettoyai	
tu nettoyas	**Présent**
il nettoya	nettoie
n. nettoyâmes	nettoyons
v. nettoyâtes	nettoyez
ils nettoyèrent	
Futur simple	**INFINITIF**
je nettoierai	
tu nettoieras	**Présent**
il nettoiera	nettoyer
n. nettoierons	
v. nettoierez	**Passé**
ils nettoieront	avoir nettoyé
Conditionnel[1] **présent**	**PARTICIPE**
je nettoierais	**Présent**
tu nettoierais	nettoyant
il nettoierait	
n. nettoierions	**Passé**
v. nettoieriez	nettoyé
ils nettoieraient	

Les verbes en *-oyer* changent le *i* [netwa] en *y* [netwaj] devant une voyelle autre que *e* caduc : *il nettoie* ≠ *il nettoyait*.

49 OUVRIR v. tr.

TEMPS SIMPLES

INDICATIF	SUBJONCTIF
Présent	**Présent**
j' ouvre	que j' ouvre
tu ouvres	que tu ouvres
il ouvre	qu'il ouvre
n. ouvrons	que n. ouvrions
v. ouvrez	que v. ouvriez
ils ouvrent	qu'ils ouvrent
Imparfait	**Imparfait**
j' ouvrais	que j' ouvrisse
tu ouvrais	que tu ouvrisses
il ouvrait	qu'il ouvrît
n. ouvrions	que n. ouvrissions
v. ouvriez	que v. ouvrissiez
ils ouvraient	qu'ils ouvrissent
Passé simple	**IMPÉRATIF**
j' ouvris	
tu ouvris	**Présent**
il ouvrit	ouvre
n. ouvrîmes	ouvrons
v. ouvrîtes	ouvrez
ils ouvrirent	
Futur simple	**INFINITIF**
j' ouvrirai	
tu ouvriras	**Présent**
il ouvrira	ouvrir
n. ouvrirons	
v. ouvrirez	**Passé**
ils ouvriront	avoir ouvert
Conditionnel[1] **présent**	**PARTICIPE**
j' ouvrirais	**Présent**
tu ouvrirais	ouvrant
il ouvrirait	
n. ouvririons	**Passé**
v. ouvririez	ouvert
ils ouvriraient	

Le verbe *ouvrir* possède 3 bases : courte *ouvr-* [uvʀ], longue *ouvri-* [uvʀi] au futur et au conditionnel, et spécifique pour le participe passé *ouver(t)* [uvɛʀ(t)]. Au présent, il se conjugue comme les verbes en *-er*.

1. ➤ L'emploi des temps et des modes (**3.5**, 5 p. 156)

50 PAYER v. tr.

TEMPS SIMPLES

INDICATIF

Présent
- je paie/paye
- tu paies
- il paie
- n. payons
- v. payez
- ils paient

Imparfait
- je payais
- tu payais
- il payait
- n. payions
- v. payiez
- ils payaient

Passé simple
- je payai
- tu payas
- il paya
- n. payâmes
- v. payâtes
- ils payèrent

Futur simple
- je paierai/payerai
- tu paieras
- il paiera
- n. paierons
- v. paierez
- ils paieront

Conditionnel[1] présent
- je paierais/payerais
- tu paierais
- il paierait
- n. paierions
- v. paieriez
- ils paieraient

SUBJONCTIF

Présent
- que je paie/paye
- que tu paies
- qu'il paie
- que n. payions
- que v. payiez
- qu'ils paient

Imparfait
- que je payasse
- que tu payasses
- qu'il payât
- que n. payassions
- que v. payassiez
- qu'ils payassent

IMPÉRATIF

Présent
- paie/paye
- payons
- payez

INFINITIF

Présent
- payer

Passé
- avoir payé

PARTICIPE

Présent
- payant

Passé
- payé

Les verbes en -*ayer* peuvent conserver le *y* dans toute leur conjugaison (prononciation unique [pɛj]), ou le remplacer par *i* devant un -*e* caduc, ce qui donne une 2ⁿᵈᵉ base : [pɛ] *pai-* : *il paye/paie*.

51 PEINDRE v. tr.

TEMPS SIMPLES

INDICATIF

Présent
- je peins
- tu peins
- il peint
- n. peignons
- v. peignez
- ils peignent

Imparfait
- je peignais
- tu peignais
- il peignait
- n. peignions
- v. peigniez
- ils peignaient

Passé simple
- je peignis
- tu peignis
- il peignit
- n. peignîmes
- v. peignîtes
- ils peignirent

Futur simple
- je peindrai
- tu peindras
- il peindra
- n. peindrons
- v. peindrez
- ils peindront

Conditionnel[1] présent
- je peindrais
- tu peindrais
- il peindrait
- n. peindrions
- v. peindriez
- ils peindraient

SUBJONCTIF

Présent
- que je peigne
- que tu peignes
- qu'il peigne
- que n. peignions
- que v. peigniez
- qu'ils peignent

Imparfait
- que je peignisse
- que tu peignisses
- qu'il peignît
- que n. peignissions
- que v. peignissiez
- qu'ils peignissent

IMPÉRATIF

Présent
- peins
- peignons
- peignez

INFINITIF

Présent
- peindre

Passé
- avoir peint

PARTICIPE

Présent
- peignant

Passé
- peint

Le verbe *peindre* possède 3 bases : [pɛ̃(t)] *pein(t)-*, [pɛɲ] *peign-* et [pɛ̃d] *peind-*.

52 PLACER v. tr.

TEMPS SIMPLES

INDICATIF

Présent
- je place
- tu places
- il place
- n. plaçons
- v. placez
- ils placent

Imparfait
- je plaçais
- tu plaçais
- il plaçait
- n. placions
- v. placiez
- ils plaçaient

Passé simple
- je plaçai
- tu plaças
- il plaça
- n. plaçâmes
- v. plaçâtes
- ils placèrent

Futur simple
- je placerai
- tu placeras
- il placera
- n. placerons
- v. placerez
- ils placeront

Conditionnel[1] présent
- je placerais
- tu placerais
- il placerait
- n. placerions
- v. placeriez
- ils placeraient

SUBJONCTIF

Présent
- que je place
- que tu places
- qu'il place
- que n. placions
- que v. placiez
- qu'ils placent

Imparfait
- que je plaçasse
- que tu plaçasses
- qu'il plaçât
- que n. plaçassions
- que v. plaçassiez
- qu'ils plaçassent

IMPÉRATIF

Présent
- place
- plaçons
- placez

INFINITIF

Présent
- placer

Passé
- avoir placé

PARTICIPE

Présent
- plaçant

Passé
- placé

Pour maintenir le son [s] à toutes les formes, les verbes en -*cer* s'écrivent avec un *ç* devant les voyelles *a* et *o* : *nous plaçons, tu plaçais, plaçant*.

---

1. ➤ L'emploi des temps et des modes (**3.5**, 5 p. 156)

Tableaux de conjugaison **4**

53 PLAIRE v. tr.

TEMPS SIMPLES

INDICATIF		SUBJONCTIF	
Présent		**Présent**	
je	plais	que je	plaise
tu	plais	que tu	plaises
il	plait	qu'il	plaise
n.	plaisons	que n.	plaisions
v.	plaisez	que v.	plaisiez
ils	plaisent	qu'ils	plaisent
Imparfait		**Imparfait**	
je	plaisais	que je	plusse
tu	plaisais	que tu	plusses
il	plaisait	qu'il	plût
n.	plaisions	que n.	plussions
v.	plaisiez	que v.	plussiez
ils	plaisaient	qu'ils	plussent
Passé simple		**IMPÉRATIF**	
je	plus		
tu	plus	**Présent**	
il	plut	plais	
n.	plûmes	plaisons	
v.	plûtes	plaisez	
ils	plurent		
Futur simple		**INFINITIF**	
je	plairai		
tu	plairas	**Présent**	
il	plaira	plaire	
n.	plairons		
v.	plairez	**Passé**	
ils	plairont	avoir plu	
Conditionnel[1] **présent**		**PARTICIPE**	
je	plairais	**Présent**	
tu	plairais	plaisant	
il	plairait		
n.	plairions	**Passé**	
v.	plairiez	plu	
ils	plairaient		

Le verbe *plaire* possède deux bases principales : *plai-* [plɛ] et *plais-* [plɛz], et une base *plu* [ply].

54 POUVOIR v. tr.

TEMPS SIMPLES

INDICATIF		SUBJONCTIF	
Présent		**Présent**	
je	peux/puis	que je	puisse
tu	peux	que tu	puisses
il	peut	qu'il	puisse
n.	pouvons	que n.	puissions
v.	pouvez	que v.	puissiez
ils	peuvent	qu'ils	puissent
Imparfait		**Imparfait**	
je	pouvais	que je	pusse
tu	pouvais	que tu	pusses
il	pouvait	qu'il	pût
n.	pouvions	que n.	pussions
v.	pouviez	que v.	pussiez
ils	pouvaient	qu'ils	pussent
Passé simple		**IMPÉRATIF**	
je	pus		
tu	pus	**Présent**	
il	put	*n'existe pas*	
n.	pûmes		
v.	pûtes	**INFINITIF**	
ils	purent		
Futur simple		**Présent**	
je	pourrai	pouvoir	
tu	pourras		
il	pourra	**Passé**	
n.	pourrons	avoir pu	
v.	pourrez		
ils	pourront	**PARTICIPE**	
Conditionnel[1] **présent**		**Présent**	
je	pourrais	pouvant	
tu	pourrais		
il	pourrait	**Passé**	
n.	pourrions	pu	
v.	pourriez		
ils	pourraient		

Le verbe *pouvoir* possède les bases : *peu-* [pø], *pouv-* [puv], *peuv-* [pœv], *pou(r)-* [pu(ʀ)], *puiss-* [pɥis] et *pu-* [py].

55 PRENDRE v. tr.

TEMPS SIMPLES

INDICATIF		SUBJONCTIF	
Présent		**Présent**	
je	prends	que je	prenne
tu	prends	que tu	prennes
il	prend	qu'il	prenne
n.	prenons	que n.	prenions
v.	prenez	que v.	preniez
ils	prennent	qu'ils	prennent
Imparfait		**Imparfait**	
je	prenais	que je	prisse
tu	prenais	que tu	prisses
il	prenait	qu'il	prît
n.	prenions	que n.	prissions
v.	preniez	que v.	prissiez
ils	prenaient	qu'ils	prissent
Passé simple		**IMPÉRATIF**	
je	pris		
tu	pris	**Présent**	
il	prit	prends	
n.	prîmes	prenons	
v.	prîtes	prenez	
ils	prirent		
Futur simple		**INFINITIF**	
je	prendrai		
tu	prendras	**Présent**	
il	prendra	prendre	
n.	prendrons		
v.	prendrez	**Passé**	
ils	prendront	avoir pris	
Conditionnel[1] **présent**		**PARTICIPE**	
je	prendrais	**Présent**	
tu	prendrais	prenant	
il	prendrait		
n.	prendrions	**Passé**	
v.	prendriez	pris	
ils	prendraient		

Le verbe *prendre* et ses dérivés possèdent des bases orales et écrites différentes : *prend-* correspond à [pʀɑ̃]/[pʀɑ̃d], à côté des bases *pren-* [pʀən], *prenn-* [pʀɛn] et *pri-* [pʀi].

➤ L'emploi des temps et des modes (**3.5**,5 p. 156)

56 RECEVOIR v. tr.

TEMPS SIMPLES

INDICATIF

Présent
- je reçois
- tu reçois
- il reçoit
- n. recevons
- v. recevez
- ils reçoivent

Imparfait
- je recevais
- tu recevais
- il recevait
- n. recevions
- v. receviez
- ils recevaient

Passé simple
- je reçus
- tu reçus
- il reçut
- n. reçûmes
- v. reçûtes
- ils reçurent

Futur simple
- je recevrai
- tu recevras
- il recevra
- n. recevrons
- v. recevrez
- ils recevront

Conditionnel[1] présent
- je recevrais
- tu recevrais
- il recevrait
- n. recevrions
- v. recevriez
- ils recevraient

SUBJONCTIF

Présent
- que je reçoive
- que tu reçoives
- qu'il reçoive
- que n. recevions
- que v. receviez
- qu'ils reçoivent

Imparfait
- que je reçusse
- que tu reçusses
- qu'il reçût
- que n. reçussions
- que v. reçussiez
- qu'ils reçussent

IMPÉRATIF
Présent
- reçois
- recevons
- recevez

INFINITIF
Présent
- recevoir

Passé
- avoir reçu

PARTICIPE
Présent
- recevant

Passé
- reçu

Le verbe *recevoir* et ses dérivés possèdent les bases *reçoi-* [ʀ swa], *reçoiv-* [ʀəswav], *recev-* [ʀəsv] et *reçu-* [ʀəsy]. À l'écrit, le *c* prend une cédille devant -o (*reçoit*) et -u (*reçu*).

57 RENDRE v. tr.

TEMPS SIMPLES

INDICATIF

Présent
- je rends
- tu rends
- il rend
- n. rendons
- v. rendez
- ils rendent

Imparfait
- je rendais
- tu rendais
- il rendait
- n. rendions
- v. rendiez
- ils rendaient

Passé simple
- je rendis
- tu rendis
- il rendit
- n. rendîmes
- v. rendîtes
- ils rendirent

Futur simple
- je rendrai
- tu rendras
- il rendra
- n. rendrons
- v. rendrez
- ils rendront

Conditionnel[1] présent
- je rendrais
- tu rendrais
- il rendrait
- n. rendrions
- v. rendriez
- ils rendraient

SUBJONCTIF

Présent
- que je rende
- que tu rendes
- qu'il rende
- que n. rendions
- que v. rendiez
- qu'ils rendent

Imparfait
- que je rendisse
- que tu rendisses
- qu'il rendît
- que n. rendissions
- que v. rendissiez
- qu'ils rendissent

IMPÉRATIF
Présent
- rends
- rendons
- rendez

INFINITIF
Présent
- rendre

Passé
- avoir rendu

PARTICIPE
Présent
- rendant

Passé
- rendu

Les verbes comme *rendre* possèdent 2 bases principales à l'oral : [ʀɑ̃]/[ʀɑ̃d], qui correspondent à une seule base écrite *rend-*.

58 RÉSOUDRE v. tr.

TEMPS SIMPLES

INDICATIF

Présent
- je résous
- tu résous
- il résout
- n. résolvons
- v. résolvez
- ils résolvent

Imparfait
- je résolvais
- tu résolvais
- il résolvait
- n. résolvions
- v. résolviez
- ils résolvaient

Passé simple
- je résolus
- tu résolus
- il résolut
- n. résolûmes
- v. résolûtes
- ils résolurent

Futur simple
- je résoudrai
- tu résoudras
- il résoudra
- n. résoudrons
- v. résoudrez
- ils résoudront

Conditionnel[1] présent
- je résoudrais
- tu résoudrais
- il résoudrait
- n. résoudrions
- v. résoudriez
- ils résoudraient

SUBJONCTIF

Présent
- que je résolve
- que tu résolves
- qu'il résolve
- que n. résolvions
- que v. résolviez
- qu'ils résolvent

Imparfait
- que je résolusse
- que tu résolusses
- qu'il résolût
- que n. résolussions
- que v. résolussiez
- qu'ils résolussent

IMPÉRATIF
Présent
- résous
- résolvons
- résolvez

INFINITIF
Présent
- résoudre

Passé
- avoir résolu

PARTICIPE
Présent
- résolvant

Passé
- résolu

Le verbe *résoudre* possède 4 bases : *réso-* [ʀezu], *résoud-* [ʀezud] et *résol-* [ʀesɔ], *résolv-* [ʀesɔlv].

---

1. ▶ L'emploi des temps et des modes (**3.5**, 5 p. 156)

Tableaux de conjugaison **4**

59 RÉUSSIR v. tr.

TEMPS SIMPLES

INDICATIF	SUBJONCTIF
Présent	**Présent**
je réussis	que j' réussisse
tu réussis	que tu réussisses
il réussit	qu'il réussisse
n. réussissons	que n. réussissions
v. réussissez	que v. réussissiez
ils réussissent	qu'ils réussissent
Imparfait	**Imparfait**
je réussissais	que j' réussisse
tu réussissais	que tu réussisses
il réussissait	qu'il réussît
n. réussissions	que n. réussissions
v. réussissiez	que v. réussissiez
ils réussissaient	qu'ils réussissent
Passé simple	**IMPÉRATIF**
je réussis	
tu réussis	**Présent**
il réussit	réussis
n. réussîmes	réussissons
v. réussîtes	réussissez
ils réussirent	
Futur simple	**INFINITIF**
je réussirai	
tu réussiras	**Présent**
il réussira	réussir
n. réussirons	
v. réussirez	**Passé**
ils réussiront	avoir réussi
Conditionnel[1] présent	**PARTICIPE**
je réussirais	**Présent**
tu réussirais	réussissant
il réussirait	
n. réussirions	**Passé**
v. réussiriez	réussi
ils réussiraient	

Verbe modèle **finir** (p. 405)

60 RIRE v. tr. et intr.

TEMPS SIMPLES

INDICATIF	SUBJONCTIF
Présent	**Présent**
je ris	que je rie
tu ris	que tu ries
il rit	qu'il rie
n. rions	que n. riions
v. riez	que v. riiez
ils rient	qu'ils rient
Imparfait	**Imparfait**
je riais	que je risse
tu riais	que tu risses
il riait	qu'il rît
n. riions	que n. rissions
v. riiez	que v. rissiez
ils riaient	qu'ils rissent
Passé simple	**IMPÉRATIF**
je ris	
tu ris	**Présent**
il rit	ris
n. rîmes	rions
v. rîtes	riez
ils rirent	
Futur simple	**INFINITIF**
je rirai	
tu riras	**Présent**
il rira	rire
n. rirons	
v. rirez	**Passé**
ils riront	avoir ri
Conditionnel[1] présent	**PARTICIPE**
je rirais	**Présent**
tu rirais	riant
il rirait	
n. ririons	**Passé**
v. ririez	ri
ils riraient	

Le verbe *rire* a 2 bases orales [ʀi] et [ʀij]. Deux *i* se suivent dans *riions* et *riiez* (imparfait de l'indicatif et présent du subjonctif).

61 SAVOIR v. tr.

TEMPS SIMPLES

INDICATIF	SUBJONCTIF
Présent	**Présent**
je sais	que je sache
tu sais	que tu saches
il sait	qu'il sache
n. savons	que n. sachions
v. savez	que v. sachiez
ils savent	qu'ils sachent
Imparfait	**Imparfait**
je savais	que je susse
tu savais	que tu susses
il savait	qu'il sût
n. savions	que n. sussions
v. saviez	que v. sussiez
ils savaient	qu'ils sussent
Passé simple	**IMPÉRATIF**
je sus	
tu sus	**Présent**
il sut	sache
n. sûmes	sachons
v. sûtes	sachez
ils surent	
Futur simple	**INFINITIF**
je saurai	
tu sauras	**Présent**
il saura	savoir
n. saurons	
v. saurez	**Passé**
ils sauront	avoir su
Conditionnel[1] présent	**PARTICIPE**
je saurais	**Présent**
tu saurais	sachant
il saurait	
n. saurions	**Passé**
v. sauriez	su
ils sauraient	

Le verbe *savoir* possède les bases : *sai*- [sɛ], *sav*- [sav], *sau*- [so], *sach*- [saʃ] et *su*- [sy].

1. ➤ L'emploi des temps et des modes (**3.5**,5 p. 156)

62 SENTIR v. tr.

TEMPS SIMPLES

INDICATIF		SUBJONCTIF	
Présent		**Présent**	
je	sens	que je	sente
tu	sens	que tu	sentes
il	sent	qu'il	sente
n.	sentons	que n.	sentions
v.	sentez	que v.	sentiez
ils	sentent	qu'ils	sentent
Imparfait		**Imparfait**	
je	sentais	que je	sentisse
tu	sentais	que tu	sentisses
il	sentait	qu'il	sentît
n.	sentions	que n.	sentissions
v.	sentiez	que v.	sentissiez
ils	sentaient	qu'ils	sentissent
Passé simple		**IMPÉRATIF**	
je	sentis	**Présent**	
tu	sentis	sens	
il	sentit	sentons	
n.	sentîmes	sentez	
v.	sentîtes		
ils	sentirent		
Futur simple		**INFINITIF**	
je	sentirai	**Présent**	
tu	sentiras	sentir	
il	sentira		
n.	sentirons	**Passé**	
v.	sentirez	avoir senti	
ils	sentiront		
Conditionnel[1] **présent**		**PARTICIPE**	
je	sentirais	**Présent**	
tu	sentirais	sentant	
il	sentirait		
n.	sentirions	**Passé**	
v.	sentiriez	senti	
ils	sentiraient		

Le verbe *sentir* comporte 3 bases à allongement progressif : *sen-* [sɑ̃], *sent-* [sɑ̃t] et *senti-* [sɑ̃ti].

63 SERVIR v. tr.

TEMPS SIMPLES

INDICATIF		SUBJONCTIF	
Présent		**Présent**	
je	sers	que je	serve
tu	sers	que tu	serves
il	sert	qu'il	serve
n.	servons	que n.	servions
v.	servez	que v.	serviez
ils	servent	qu'ils	servent
Imparfait		**Imparfait**	
je	servais	que je	servisse
tu	servais	que tu	servisses
il	servait	qu'il	servît
n.	servions	que n.	servissions
v.	serviez	que v.	servissiez
ils	servaient	qu'ils	servissent
Passé simple		**IMPÉRATIF**	
je	servis	**Présent**	
tu	servis	sers	
il	servit	servons	
n.	servîmes	servez	
v.	servîtes		
ils	servirent		
Futur simple		**INFINITIF**	
je	servirai	**Présent**	
tu	serviras	servir	
il	servira		
n.	servirons	**Passé**	
v.	servirez	avoir servi	
ils	serviront		
Conditionnel[1] **présent**		**PARTICIPE**	
je	servirais	**Présent**	
tu	servirais	servant	
il	servirait		
n.	servirions	**Passé**	
v.	serviriez	servi	
ils	serviraient		

Le verbe *servir* comporte 3 bases à allongement progressif : *ser-* [sɛʀ], *serv-* [sɛʀv] et *servi-* [sɛʀvi].

64 SUIVRE v. tr.

TEMPS SIMPLES

INDICATIF		SUBJONCTIF	
Présent		**Présent**	
je	suis	que je	suive
tu	suis	que tu	suives
il	suit	qu'il	suive
n.	suivons	que n.	suivions
v.	suivez	que v.	suiviez
ils	suivent	qu'ils	suivent
Imparfait		**Imparfait**	
je	suivais	que je	suivisse
tu	suivais	que tu	suivisses
il	suivait	qu'il	suivît
n.	suivions	que n.	suivissions
v.	suiviez	que v.	suivissiez
ils	suivaient	qu'ils	suivissent
Passé simple		**IMPÉRATIF**	
je	suivis	**Présent**	
tu	suivis	suis	
il	suivit	suivons	
n.	suivîmes	suivez	
v.	suivîtes		
ils	suivirent		
Futur simple		**INFINITIF**	
je	suivrai	**Présent**	
tu	suivras	suivre	
il	suivra		
n.	suivrons	**Passé**	
v.	suivrez	avoir suivi	
ils	suivront		
Conditionnel[1] **présent**		**PARTICIPE**	
je	suivrais	**Présent**	
tu	suivrais	suivant	
il	suivrait		
n.	suivrions	**Passé**	
v.	suivriez	suivi	
ils	suivraient		

Le verbe *suivre* et ses dérivés possèdent 2 bases : *sui-* [sɥi] et *suiv-* [sɥiv].

1. ➤ L'emploi des temps et des modes (**3.5**,5 p. 156)

Tableaux de conjugaison 4

65 VAINCRE v. tr.

TEMPS SIMPLES

INDICATIF	SUBJONCTIF
Présent	**Présent**
je vaincs	que je vainque
tu vaincs	que tu vainques
il vainc	qu'il vainque
n. vainquons	que n. vainquions
v. vainquez	que v. vainquiez
ils vainquent	qu'ils vainquent
Imparfait	**Imparfait**
je vainquais	que je vainquisse
tu vainquais	que tu vainquisses
il vainquait	qu'il vainquît
n. vainquions	que n. vainquissions
v. vainquiez	que v. vainquissiez
ils vainquaient	qu'ils vainquissent
Passé simple	**IMPÉRATIF**
je vainquis	
tu vainquis	**Présent**
il vainquit	vaincs
n. vainquîmes	vainquons
v. vainquîtes	vainquez
ils vainquirent	
Futur simple	**INFINITIF**
je vaincrai	
tu vaincras	**Présent**
il vaincra	vaincre
n. vaincrons	
v. vaincrez	**Passé**
ils vaincront	avoir vaincu
Conditionnel[1] **présent**	**PARTICIPE**
je vaincrais	**Présent**
tu vaincrais	vainquant
il vaincrait	
n. vaincrions	**Passé**
v. vaincriez	vaincu
ils vaincraient	

Le verbe *vaincre* (et *convaincre*) possède 2 bases : *vainc-* [vɛ̃k] et *vainqu-* [vɛ̃k]. Le *c* est remplacé par *qu* devant une voyelle autre que *-u*.

66 VALOIR v. tr.

TEMPS SIMPLES

INDICATIF	SUBJONCTIF
Présent	**Présent**
je vaux	que je vaille
tu vaux	que tu vailles
il vaut	qu'il vaille
n. valons	que n. valions
v. valez	que v. valiez
ils valent	qu'ils vaillent
Imparfait	**Imparfait**
je valais	que je valusse
tu valais	que tu valusses
il valait	qu'il valût
n. valions	que n. valussions
v. valiez	que v. valussiez
ils valaient	qu'ils valussent
Passé simple	**IMPÉRATIF**
j' valus	
tu valus	**Présent**
il valut	vaux
n. valûmes	valons
v. valûtes	valez
ils valurent	
Futur simple	**INFINITIF**
j' vaudrai	
tu vaudras	**Présent**
il vaudra	valoir
n. vaudrons	
v. vaudrez	**Passé**
ils vaudront	avoir valu
Conditionnel[1] **présent**	**PARTICIPE**
j' vaudrais	**Présent**
tu vaudrais	valant
il vaudrait	
n. vaudrions	**Passé**
v. vaudriez	valu
ils vaudraient	

Le verbe *valoir* et ses dérivés (*équivaloir, prévaloir, etc.*) possèdent une flexion à 4 bases : *vau-* [vo], *val-* [val], *vaud-* [vod] et *vaill-* [vaj].

67 VENIR v. intr.

TEMPS SIMPLES

INDICATIF	SUBJONCTIF
Présent	**Présent**
je viens	que je vienne
tu viens	que tu viennes
il vient	qu'il vienne
n. venons	que n. venions
v. venez	que v. veniez
ils viennent	qu'ils viennent
Imparfait	**Imparfait**
je venais	que je vinsse
tu venais	que tu vinsses
il venait	qu'il vînt
n. venions	que n. vinssions
v. veniez	que v. vinssiez
ils venaient	qu'ils vinssent
Passé simple	**IMPÉRATIF**
je vins	
tu vins	**Présent**
il vint	viens
n. vînmes	venons
v. vîntes	venez
ils vinrent	
Futur simple	**INFINITIF**
je viendrai	
tu viendras	**Présent**
il viendra	venir
n. viendrons	
v. viendrez	**Passé**
ils viendront	être venu(e)(s)
Conditionnel[1] **présent**	**PARTICIPE**
je viendrais	**Présent**
tu viendrais	venant
il viendrait	
n. viendrions	**Passé**
v. viendriez	venu(e)(s)
ils viendraient	

Le verbe *venir* et ses dérivés (*devenir, parvenir, etc.*) possèdent 5 bases : *ven-* [vən], *vien-* [vjɛ̃], *vienn-* [vjɛn], *vin-* [vɛ̃] et *viend-* [vjɛ̃d].

▶ L'emploi des temps et des modes (**3.5**,5 p. 156)

68 VIVRE v. tr. et intr.

TEMPS SIMPLES

INDICATIF		SUBJONCTIF	
Présent		**Présent**	
je	vis	que je	vive
tu	vis	que tu	vives
il	vit	qu'il	vive
n.	vivons	que n.	vivions
v.	vivez	que v.	viviez
ils	vivent	qu'ils	vivent
Imparfait		**Imparfait**	
je	vivais	que je	vécusse
tu	vivais	que tu	vécusses
il	vivait	qu'il	vécût
n.	vivions	que n.	vécussions
v.	viviez	que v.	vécussiez
ils	vivaient	qu'ils	vécussent
Passé simple		**IMPÉRATIF**	
je	vécus		
tu	vécus	**Présent**	
il	vécut	vis	
n.	vécûmes	vivons	
v.	vécûtes	vivez	
ils	vécurent		
Futur simple		**INFINITIF**	
je	vivrai	**Présent**	
tu	vivras	vivre	
il	vivra		
n.	vivrons	**Passé**	
v.	vivrez	avoir vécu	
ils	vivront		
Conditionnel[1]		**PARTICIPE**	
présent		**Présent**	
je	vivrais	vivant	
tu	vivrais		
il	vivrait	**Passé**	
n.	vivrions	vécu	
v.	vivriez		
ils	vivraient		

Le verbe *vivre* comporte 3 bases : *vi-* [vi], *viv-* [viv] et *vécu-* [veky].

69 VOIR v. tr.

TEMPS SIMPLES

INDICATIF		SUBJONCTIF	
Présent		**Présent**	
je	vois	que je	voie
tu	vois	que tu	voies
il	voit	qu'il	voie
n.	voyons	que n.	voyions
v.	voyez	que v.	voyiez
ils	voient	qu'ils	voient
Imparfait		**Imparfait**	
je	voyais	que je	visse
tu	voyais	que tu	visses
il	voyait	qu'il	vît
n.	voyions	que n.	vissions
v.	voyiez	que v.	vissiez
ils	voyaient	qu'ils	vissent
Passé simple		**IMPÉRATIF**	
je	vis		
tu	vis	**Présent**	
il	vit	vois	
n.	vîmes	voyons	
v.	vîtes	voyez	
ils	virent		
Futur simple		**INFINITIF**	
je	verrai	**Présent**	
tu	verras	voir	
il	verra		
n.	verrons	**Passé**	
v.	verrez	avoir vu	
ils	verront		
Conditionnel[1]		**PARTICIPE**	
présent		**Présent**	
je	verrais	voyant	
tu	verrais		
il	verrait	**Passé**	
n.	verrions	vu	
v.	verriez		
ils	verraient		

Le verbe *voir* et ses dérivés (*entrevoir, prévoir, revoir, etc.*) possèdent 5 bases : *voi-* [vwa], *voy-* [vwaj], *ve(r)-* [və(ʀ)], *vi-* [vi] et *vu-* [vy].

70 VOULOIR v. tr.

TEMPS SIMPLES

INDICATIF		SUBJONCTIF	
Présent		**Présent**	
je	veux	que je	veuille
tu	veux	que tu	veuilles
il	veut	qu'il	veuille
n.	voulons	que n.	voulions
v.	voulez	que v.	vouliez
ils	veulent	qu'ils	veuillent
Imparfait		**Imparfait**	
je	voulais	que je	voulusse
tu	voulais	que tu	voulusses
il	voulait	qu'il	voulût
n.	voulions	que n.	voulussions
v.	vouliez	que v.	voulussiez
ils	voulaient	qu'ils	voulussent
Passé simple		**IMPÉRATIF**	
je	voulus		
tu	voulus	**Présent**	
il	voulut	veuille/veux	
n.	voulûmes	veuillons/voulons	
v.	voulûtes	veuillez/voulez	
ils	voulurent		
Futur simple		**INFINITIF**	
je	voudrai	**Présent**	
tu	voudras	vouloir	
il	voudra		
n.	voudrons	**Passé**	
v.	voudrez	avoir voulu	
ils	voudront		
Conditionnel[1]		**PARTICIPE**	
présent		**Présent**	
je	voudrais	voulant	
tu	voudrais		
il	voudrait	**Passé**	
n.	voudrions	voulu	
v.	voudriez		
ils	voudraient		

Le verbe *vouloir* possède 5 bases : *veu-* [vø], *voul-* [vul], *veul-* [vœl], *voud-* [vud] et *veuill-* [vœj].

1. ▶ L'emploi des temps et des modes (**3.5**, 5 p. 156)

Liste alphabétique de 400 verbes fréquents et défectifs avec indications d'emploi et renvois aux tableaux

● **Figurent dans cette liste :**
– les verbes fréquents, le plus souvent irréguliers, c'est-à-dire possédant deux ou plusieurs bases ;
– les verbes défectifs (D), c'est-à-dire qui ne sont pas usités à certains temps ou à certaines personnes.

● **Codage :**
Acheter .... **11** : verbe modèle figurant dans les tableaux ➤ Annexe 4 p. 400
Abattre .... **15** : renvoi aux tableaux (verbe modèle Battre)

● **Abréviations :** *intr.* (verbe intransitif), *tr.* (verbe transitif) ; *pron.* (verbe ou emploi pronominal) ; *impers.* (verbe impersonnel) ; *pp.* (participe passé) ;
* verbe dont l'orthographe a été modifiée par les Rectifications de 1990. ➤ Annexe 2 p. 393

A
Abaisser *tr.* 5
Abattre *tr.* 15
Aboutir *intr.* 6
Aboyer *intr.* 48
Absoudre *tr.* 58
Abstenir (s') *pron.* 67
Abstraire *tr.* 27
Accomplir *tr.* 6
Accourir *intr.* 24
Accroire *tr.* D 27
Seulement à l'infinitif précédé de **faire**.
Accroitre* *tr.* 28
= **croitre** *mais sans accent*.
Accueillir *tr.* 29
Acheter *tr.* 11
Acquérir *tr.* 12
Admettre *tr.* 44
Adoucir *tr.* 6
Advenir *intr.* 67
Principalement forme impersonnelle.
Agir *intr.* 6
Aimer *tr.* 5

Être aimé *intr.* 10
Aller *intr.* 3
Apercevoir *tr.* 56
Apparaitre* *intr.* 22
Appartenir *tr.* 67
Appeler *tr.* 13
Applaudir *tr.* 6
Apprendre *tr.* 55
Apprécier *tr.* 36
Appuyer *tr.* 35
Arrondir *tr.* 6
Assaillir *tr.* 49
Assoir* *tr.* 14
Astreindre *tr.* 25
Atteindre *tr.* 25
Attendre *tr.* 57
Avancer *tr.* 52
Avérer *intr.* D
Seulement à l'infinitif et pp. avéré(e).
Avertir *tr.* 6
Avoir *tr.* 1

B
Balayer *tr.* 50

Battre *tr.* 15
Bénir *tr.* 6
Blanchir *tr.* 6
Boire *tr.* 16
Bondir *intr.* 6
Braire *intr.* D 27
Broyer *tr.* 48

C
Céder* *tr.* 17
Ceindre *tr.* 25
Chaloir *impers.* D
= *importer.* Peu me chaut.
Chanter *tr.* 5
Choir *intr.* D
Seulement à l'infinitif, futur il choira et pp. chu(e).
Choisir *tr.* 18
Circonscrire *tr.* 33
Circonvenir *tr.* 67
Clore *tr.* D 19
Combattre *tr.* 15
Commettre *tr.* 44
Comparaitre* *intr.* 22
Complaire *tr.* 53
Compléter* *tr.* 17

Comprendre *tr.* 55
Compromettre *tr.* ... 44
Concevoir *tr.* 56
Conclure *tr.* **20**
Concourir *tr. et intr.* ... 24
Condescendre *tr.* ... 57
Conduire *tr.* **21**
Confire *tr.* 21
Mais pp. confit(e).
Confondre *tr.* 57
Conjoindre *tr.* 25
Connaitre* *tr.* **22**
Conquérir *tr.* 12
Consentir *tr.* 62
Construire *tr.* 21
Contenir *tr.* 67
Contraindre *tr.* 25
Contredire *tr.* 31
Sauf contredisez.
Contrefaire *tr.* 4
Contrevenir *tr.* 67
Convaincre *tr.* 65
Convenir *tr.* 67
Avec avoir (être approprié à, plaire).
Avec être (tomber d'accord, faire un accord).
Correspondre *tr.* 57
Corrompre *tr.* 57
Coudre *tr.* **23**
Courir *tr. et intr.* **24**
Couvrir *tr.* 49
Craindre *tr.* **25**
Créer *tr.* **26**
Crier *tr.* 36
Croire *tr.* **27**
Croître *intr.* **28**
Cueillir *tr.* **29**
Cuire *tr.* 21

D

Débattre *tr.* 15
Décevoir *tr.* 56
Déchoir *intr.* D
= choir
Découvrir *tr.* 49
Décrire *tr.* 33
Décroitre *intr.* 28
= **croître** *mais sans accent.*
Dédire (se) *pron.* 31
Mais vous vous dédisez.
Déduire *tr.* 21
Défaillir *intr.* 49
Défendre *tr.* 57
Démentir *tr.* 62
Démettre *tr.* 44
Démolir *tr.* 6
Départir *tr.* 62
Dépeindre *tr.* 25
Dépendre *tr.* 57
Déplaire *tr.* 53
Descendre *tr.* 57
Se conjugue avec avoir *ou* être *selon le sens.*
Désobéir *tr.* 6
Détendre *tr.* 57
Détenir *tr.* 67
Détruire *tr.* 21
Devenir *intr.* 67
Devoir *tr.* **30**
Dire *tr.* **31**
Disconvenir *tr.* 67
Avec avoir (ne pas convenir à).
Avec être (ne pas convenir d'une chose).
Discourir *tr. et intr.* ... 24
Disjoindre *tr.* 25
Disparaitre *intr.* 22
Dissoudre *tr.* 58
Distraire *tr.* 27
Dormir *intr.* **32**

E

Ébattre (s') *pron.* 15
Échoir *tr.* D
= choir
Éclaircir *tr.* 6
Éclore *intr.* D 19
Écrire *tr.* **33**
Élargir *tr.* 6
Élire *tr.* 41
Émettre *tr.* 44
Émouvoir *tr.* 46
Mais pp. ému(e).
Employer *tr.* 48
Empreindre *tr.* 25
Enclore *tr.* D 19
Encourir *tr.* 24
Endormir *tr.* 32
Enduire *tr.* 21
Enfreindre *tr.* 25
Enfuir (s') *pron.* 37
Engloutir *tr.* 6
Enjoindre *tr.* 25
Ennuyer *tr.* 35
Enquérir (s') *pron.* 12
Enrichir *tr.* 6
Ensuivre (s') *pron.* D ... 64
Seulement à l'infinitif et 3es pers.
Entendre *tr.* 57
Entreprendre *tr.* 55
Entretenir *tr.* 67
Entrouvrir *tr.* 49
Envahir *tr.* 6
Envoler (s') *intr.* **7**
Envoyer *tr.* 48
Mais futur il enverra.
Épandre *tr.* 57
Épanouir *tr.* 6
Épeler *tr.* **34**
Éprendre (s') *pron.* ... 55
Équivaloir *tr.* 66
Espérer *tr.* 17
Essayer *tr.* 50

Liste alphabétique de 400 verbes fréquents et défectifs avec indications d'emploi et renvois aux tableaux

Essuyer tr. 35
Établir tr. 6
Éteindre tr. 25
Étendre tr. 57
Être intr. **2**
Étreindre tr. 25
Étudier tr. **36**
Évanouir (s') pron. 6
Exclure tr. 20
Extraire tr. 27

F

Faillir tr. D
= manquer. Je faillis, faillirai(s) et pp. failli.
Faire tr. **4**
Falloir impers. **9**
Feindre tr. 25
Fendre tr. 57
Férir tr. D
= frapper. Seulement à l'infinitif sans coup férir et pp. féru(e).
Finir tr. et intr. **6**
Fleurir tr. et intr. 6
Au sens propre. Au sens figuré = prospérer, imparfait de l'ind. florissait et pprésent florissant.
Fondre tr. 57
Fournir tr. 6
Franchir tr. 6
Frémir intr. 6
Frire tr. D
Seulement présent sing. il frit, futur il frira, pp. frit et infinitif.
Fuir tr. et intr. **37**

G

Garantir tr. 6
Garnir tr. 6
Geindre intr. 25
Geler intr. **38**
Gémir intr. 6

Gésir* intr. D
= être couché. Seulement au présent il git, imparfait il gisait et pprésent gisant.
Grandir intr. 6
Grossir tr. et intr. 6
Guérir tr. 6

H

Haïr tr. **39**

I

Inclure tr. 20
Mais pp. inclus(e).
Induire tr. 21
Inquiéter tr. 17
Inscrire tr. 33
Instruire tr. 21
Interdire tr. 31
Sauf vous interdisez.
Interrompre tr. 57
Intervenir intr. 67
Introduire tr. 21

J

Jaillir intr. 6
Jaunir tr. et intr. 6
Jeter tr. **40**
Joindre tr. 25
Jouir tr. 6

L

Lire tr. **41**
Luire intr. **42**

M

Maintenir tr. 67
Manger tr. **43**
Maudire tr. 6
Mais pp. maudit(e).
Méconnaitre* tr. 22
Médire tr. 31
Sauf vous médisez.

Menacer tr. 52
Mentir tr. 62
Mettre tr. **44**
Modeler tr. 38
Mordre tr. 57
Morfondre (se) pron. 57
Moudre tr. 23
Mais ils moulent, il moulut, il moudra, qu'il moule.
Mourir intr. **45**
Mouvoir tr. **46**
Munir tr. 6

N

Naitre* intr. **47**
Nettoyer tr. **48**
Nier tr. 36
Noircir tr. 6
Nourrir tr. 6
Nuire tr. 21
Mais pp. nui.

O

Obéir tr. 6
Obscurcir tr. 6
Obtenir tr. 67
Occire tr. D
= tuer. Seulement infinitif, pp. occis(e) et temps composés.
Offrir tr. 49
Oindre tr. D 25
Omettre tr. 44
Ouïr tr. D
Seulement infinitif et pp. ouï(e).
Ouvrir tr. **49**

P

Paitre* tr. D 22
Ni passé simple ni temps composés.
Pâlir intr. 6

Paraitre* *intr.* 22
Parcourir *tr.* 24
Parfaire *tr.* 4
Partir (1) *intr.* 62
Temps composés avec être.
Partir (2) *tr.*
= *partager. Seulement dans* avoir maille à partir avec quelqu'un.
Parvenir *intr.* 67
Payer *tr.* **50**
Peindre *tr.* **51**
Pendre *tr.* 57
Percevoir *tr.* 56
Perdre *tr.* 57
Périr *intr.* 6
Permettre *tr.* 44
Peser *tr.* 38
Placer *tr.* **52**
Plaindre *tr.* 25
Plaire *tr.* **53**
Pleuvoir *impers.* **8**
Poindre *intr.* D 25
= *commencer à paraitre. Seulement à l'infinitif et 3*[e] *pers. sing. ind. présent et futur.*
Polir *tr.* 6
Pondre *tr.* 57
Poursuivre *tr.* 64
Pourvoir *tr.* 69
Sauf il pourvoira(it) et qu'il pourvût.
Pouvoir *tr.* **54**
Prédire *tr.* 31
Sauf vous prédisez.
Préférer *tr.* 17
Prendre *tr.* **55**
Prescrire *tr.* 33
Pressentir *tr.* 62
Prétendre *tr.* 57
Prévaloir *intr.* 66

Sauf subj. présent que je prévale, *que nous* prévalions.
Prévenir *tr.* 67
Prévoir *tr.* 69
Sauf il prévoira(it).
Prier *tr.* 36
Produire *tr.* 21
Promettre *tr.* 44
Promouvoir *tr.* D 46
Seulement infinitif, pprésent promouvant *et temps composés.*
Proscrire *tr.* 33
Provenir *intr.* 67
Punir *tr.* 6

Q

Quérir (*ou* querir) *tr.* D
Seulement infinitif après aller, envoyer.

R

Rabattre *tr.* 15
Raccourcir *tr.* 6
Rafraichir* *tr.* 6
Rappeler *tr.* 13
Ravir *tr.* 6
Ravoir *tr.* D
Seulement infinitif.
Réapparaitre* *intr.* 22
Recevoir *tr.* **56**
Reclure *tr.* D
Seulement infinitif et pp. reclus(e).
Reconnaitre* *tr.* 22
Récrire *tr.* 33
Recueillir *tr.* 29
Réduire *tr.* 21
Réfléchir *tr.* 6
Rejoindre *tr.* 25
Reluire *tr.* 42
Remettre *tr.* 44
Remplir *tr.* 6

Renaitre* *intr.* 47
Mais pas de pp.
Rendormir (se) *pron.* 32
Rendre *tr.* **57**
Renouveler* *tr.* 38
Renvoyer *tr.* 48
Repaitre* *tr.* 22
Passé simple il reput, *subj. imparfait* qu'il repût *et pp.* repu(e).
Répandre *tr.* 57
Reparaitre* *intr.* 22
Repartir (1) *intr.* 62
= *partir de nouveau.*
Repartir (2) *tr.* 62
= *répondre. Temps composés avec* avoir. *Ne pas confondre avec* répartir (= *partager*) *conjugué comme* finir.
Repeindre *tr. et intr.* ... 51
Rependre *tr.* 57
Repentir (se) *pron.* .. 62
Répondre *tr. et intr.* .. 57
Reproduire *tr.* 31
Requérir *tr.* 12
Résoudre *tr.* **58**
Ressentir *tr.* 62
Resservir *tr.* 63
Ressortir (1) *intr.* 62
= *sortir d'un lieu où l'on vient d'entrer, former relief, résulter. Temps composés avec* être.
Ressortir (2) *tr.* 6
= *être du ressort de.*
Restreindre *tr.* 25
Résulter *impers.* D 5
Seulement à l'infinitif et 3e *pers. des autres temps.*
Rétablir *tr.* 6
Retenir *tr.* 67
Réunir *tr.* 6
Réussir *tr.* **59**
Revenir *intr.* 67

Liste alphabétique de 400 verbes fréquents et défectifs avec indications d'emploi et renvois aux tableaux

Revêtir *tr. et intr.* 62
Revivre *intr.* 68
Revoir *tr.* 69
Rire *tr. et intr.* **60**
Rompre *tr.* 57
Rougir *tr.* 6
Rouvrir *tr.* 49

S

Saillir (1) *intr.* D
= *jaillir avec force.*
Seulement à l'infinitif et 3ᵉ pers. du sing. il saillit.
Saillir (2) *intr.* D .
= *être en saillie. Peut se conjuguer comme* **finir**
il saillit, il saillissait.
Saisir *tr.* 6
Salir *tr.* 6
Satisfaire *tr.* 4
Savoir *tr.* **61**
Sécher *tr.* 17
Secourir *tr.* 24
Séduire *tr.* 21
Semer *tr.* 38
Sentir *tr.* **62**
Seoir (1) *tr.* D
= *convenir. 3ᵉˢ pers. du présent (ind., subj.), imparfait, futur, conditionnel.*
Pprésent séant.
Pas de temps composés.

Seoir (2) *intr.* D
= *être assis, siéger.*
Seulement aux participes séant, sis(e).
Servir *tr.* **63**
Sortir *intr.* 62
Souffrir *tr. et intr.* 49
Soumettre *tr.* 44
Sourdre *intr.* D
Seulement à l'infinitif, 3ᵉˢ pers. de l'ind. présent il sourd, ils sourdent et pprésent sourdant.
Sourire *tr. et intr.* 20
Souscrire *tr.* 33
Soustraire *tr.* 27
Soutenir *tr.* 67
Souvenir (se) *pron.* 67
Subir *tr.* 6
Subvenir *tr.* 67
Succéder *tr.* 17
Suffire *tr.* 21
Suivre *tr.* **64**
Surfaire *tr.* 4
Surprendre *tr.* 55
Sursoir* *tr.* 14
Seulement formes oi.
Survenir *intr.* 67
Survivre *intr.* 68
Suspendre *tr.* 57

T

Taire *tr.* 53
Teindre *tr.* 25

Tendre *tr.* 57
Tenir *tr.* 67
Tomber *intr.* 5
Tondre *tr.* 57
Tordre *tr.* 57
Traduire *tr.* 21
Trahir *tr.* 6
Traire *tr.* D 27
Transcrire *tr.* 33
Transmettre *tr.* 44
Transparaitre* *intr.* 22
Tressaillir *intr.* 49
Trier *tr.* 36

U

Unir *tr.* 6

V

Vaincre *tr.* **65**
Valoir *tr.* **66**
Vendre *tr.* 57
Venir *intr.* **67**
Verdir *tr. et intr.* 6
Vêtir *tr.* 62
Mais garde le -t- à l'écrit dans la base courte je vêts.
Vivre *tr. et intr.* **68**
Voir *tr.* **69**
Vouloir *tr.* **70**

Z

Zyeuter *ou* Zieuter *tr.* 5
= *jeter un coup d'œil pour observer.*

6 Les principaux homophones grammaticaux

1 Les formes de l'homophonie grammaticale

● **Définition**

◂ L'homonymie (**2.2**, 2 p. 65)

Les homophones grammaticaux font partie des homonymes : ils se prononcent de la même façon (homophones*), mais ils s'écrivent différemment (hétérographes). Les homophones grammaticaux, nombreux et fréquents en français, concernent des mots grammaticaux (déterminants, conjonctions, pronoms, verbes auxiliaires, etc.), par opposition aux homophones lexicaux qui concernent le vocabulaire.

● **Les formes en jeu**

L'homophonie grammaticale peut mettre en jeu :

1. une même classe grammaticale.
ses et *ces* sont tous les deux des déterminants mais l'un est possessif, l'autre démonstratif. Le passage au singulier permet de les distinguer.

2. des classes grammaticales différentes, le plus souvent.
Certaines n'ont aucun rapport entre elles (*a*/*à*, *ni*/*n'y*, *on*/*ont*, etc.) ; d'autres sont proches, comme pronom et déterminant (*se*/*ce*). Ces homophones ont des fonctionnements linguistiques distincts et entrent dans différents contextes.

3. les formes conjuguées d'un même verbe : *tu as*/*il a* ; *tu es*/*il est*.

4. des modes et des temps différents, en particulier des verbes en -*er* (qui se prononcent [e]) : *chanter*/*chanté*/*chantez* et même *chantait*.

5. le découpage en mots écrits : *dans*/*d'en* ; *s'en*/*sans* ; *si*/*s'y*.

2 Tableau des principaux homophones grammaticaux

Cette sélection des principaux homophones ne vise pas l'exhaustivité, car l'expérience pédagogique montre que les rapprochements multiples de formes homophones créent au mieux des confusions, au pire des erreurs.

On peut distinguer les homophones grammaticaux par l'observation et l'analyse, ou par la substitution*.

as/a et à — ont/on

■ Liés au verbe *avoir*

as/a et à

Statut grammatical	Observation, analyse	Substitution
as : verbe *avoir* 2ᵉ pers. du sing. *Tu as les clés ? – Tu as compris ?* **a** : verbe *avoir* 3ᵉ pers. du sing. *Elle a les clés. – Elle a compris.*	**as** et **a** sont deux formes du verbe *avoir* → c'est le verbe conjugué ou l'auxiliaire ; il s'accorde avec le sujet. ▶ p. 153	Mettre *avoir* à l'imparfait (ou à un autre temps). *Tu as/avais les clés ?* *Elle a/avait compris ?*

à : préposition
Elle tient <u>à moi</u>.
     _{verbe}
Il est <u>prêt</u> <u>à partir</u>.
   _{adj.}
	à met en relation deux termes (*un verbe et son COI, un adjectif et son complément, etc.*)
	→ c'est une préposition.
	
	▶ p. 198
		1. Impossible de remplacer **à** par *avait*.
		☺ *Elle pense avait moi.*
		2. Remplacer **à** par une autre préposition.
		Elle tient à/de moi.
		Il est prêt à/pour partir.

ont/on

Statut grammatical	Observation, analyse	Substitution
ont : verbe *avoir* 3ᵉ pers. du plur. *Ils ont chaud.* *Elles ont compris.*	**ont** est une forme du verbe *avoir* → c'est le verbe conjugué ou l'auxiliaire ; il s'accorde avec le sujet. ▶ p. 153	Mettre *avoir* à l'imparfait (ou à un autre temps). *Ils ont/avaient chaud.* *Elles ont/avaient compris.*
on : pronom personnel 3ᵉ pers. du sing. *On aime le chocolat.*	**on** est sujet du verbe ; il représente souvent *nous* → c'est un pronom personnel. ▶ p. 123	1. Impossible de remplacer **on** par *avait*. ☺ *Avait aime le chocolat.* 2. Remplacer **on** par *il*, *elle*. *On/Il/Elle aime le chocolat.*

l'as/l'a et la/là

Statut grammatical	Observation, analyse	Substitution
l'as/l'a : pronom personnel élidé + avoir (avec le p.p., ils forment le passé composé) *Tu l'as vu. – Il l'a vu.*	*l'* représente quelqu'un, quelque chose *Tu as vu Pierre, le facteur, l'ours…* → c'est un pronom personnel élidé. ▶ p. 124 *as* et *a* sont deux formes du verbe *avoir* → c'est l'auxiliaire : il s'accorde avec le sujet. ▶ p. 153	1. Mettre *avoir* à l'imparfait (ou à un autre temps). *Tu as/l'avais vu. – Il l'a/l'avait vu.* 2. Remplacer *l'* par *les*. *Tu l'/les avais vus.*
la : article défini *La Cigale et la Fourmi – la petite fourmi* _{nom} _{adj.}	*la* précède un nom féminin ou un adjectif → c'est un déterminant. ▶ p. 91	Remplacer *la* par *une*, *cette*. *La/Une/Cette cigale et la/une/cette fourmi la/une/cette (petite) fourmi*
la : pronom personnel complément *Je la vois.*	*la* précède un verbe → c'est un pronom complément. ▶ p. 126	Remplacer *la* par *le*, *les*. *Je la/le/les vois.*
là : adverbe de lieu *Esprit, es-tu là ?*	*là* a les fonctions d'un adverbe, en particulier lié au verbe → c'est un adverbe. ▶ p. 188	Remplacer *là* par *ici* (ou un autre adverbe de lieu), par *en cet endroit* ou lui ajouter *-bas*. *Es-tu là/ici/en cet endroit/là-bas ?*

es/est et et

■ **Liés au verbe être**

es/est et et

Statut grammatical	Observation, analyse	Substitution
es : verbe être 2ᵉ pers. du sing. *Tu es intelligent. – Tu es bien arrivé ?* **est** : verbe être 3ᵉ pers. du sing. *Elle est triste. – Elle est venue.*	**es** et **est** sont deux formes du verbe être → c'est le verbe conjugué ou l'auxiliaire : il s'accorde avec le sujet. ▶ p. 153	Mettre **être** à l'imparfait (ou à un autre temps). *Tu es/étais intelligent. Elle est/était triste.*
et : conjonction de coordination *Le Lion et le Rat*	**et** coordonne deux termes de même statut (*noms, groupes nominaux, adjectifs, verbes*, etc.) → c'est une conjonction de coordination. ▶ p. 204	1. Impossible de remplacer **et** par *était*. ☺ *Le Lion était le Rat.* 2. Remplacer **et** par *ou* (ou une autre conjonction de coordination). *Le Lion et/ou le Rat*

son/sont

Statut grammatical	Observation, analyse	Substitution
sont : verbe être 3ᵉ pers. du pluriel *Ils sont heureux.* *Ils sont rentrés.*	**sont** est une forme du verbe être → c'est le verbe conjugué ou l'auxiliaire : il s'accorde avec le sujet. ▶ p. 153	Mettre **être** à l'imparfait (ou à un autre temps). *Ils sont/étaient heureux.* *Ils sont/étaient rentrés.*
son : déterminant possessif *Il lit son <u>livre</u>. – son <u>petit livre</u>* nom masc. adj. *Elle est son <u>idole</u>.* nom fém.	**son** précède un nom, ou un adjectif, masc. sing. ou fém. sing. commençant par une voyelle. Il indique la relation à une personne → c'est le déterminant possessif. ▶ p. 96	Remplacer **son** par *mon, ton*. *Il lit son/mon/ton (petit) livre.* *Elle est son/mon/ton idole.*

Liés aux pronoms et déterminants

ce/se

Statut grammatical	Observation, analyse	Substitution
ce : déterminant démonstratif **Ce** (petit) chien est excité. _{adj.} _{nom masc. sing.}	**ce** précède un nom masculin singulier ou un adjectif → c'est un déterminant démonstratif : il fait partie du groupe nominal. ▶ p. 94	1. Remplacer **ce** par *le*, *un*. **Ce**/**Le** (petit) chien est excité. 2. Mettre un nom féminin : **ce** devient *cette*. **Cette** (petite) chienne est excitée.
ce : pronom démonstratif simple **C'**est difficile de réussir ce concours. _{verbe} Fais **ce** que tu peux. _{pronom relatif}	**ce** précède le verbe *être* employé seul ou un pronom relatif (*qui*, *que*, etc.) → c'est un pronom démonstratif simple. ▶ p. 129	Remplacer **ce** par *cela*. **C'**est/**Cela** est difficile… Fais **ce** que…/*cela*.
se : pronom personnel réfléchi Elle **se** lave. _{verbe} Il **s'**est lavé les mains. _{verbe}	**se** précède un verbe à la tournure pronominale → c'est un pronom personnel réfléchi de la 3ᵉ personne. ▶ p. 127	Changer la personne. Elle **se** lave./Je **me** lave. Il **s'**est lavé/Je **me** suis lavé les mains.

c'est/s'est et ces/ses

c'est/s'est et ces/ses

Statut grammatical	Observation, analyse	Substitution
c'est : ce pronom démonstratif élidé + être *C'est magnifique. – C'est l'été.* _{verbe}	**c'** est sujet du verbe être ; la locution **c'est** peut être un présentatif → c'est un pronom démonstratif simple élidé. ▶ p. 129	1. Remplacer **c'** par *cela*. *C'/Cela est magnifique.* 2. Remplacer **c'est** par *voici, voilà*. *C'est/Voici/Voilà l'été.*
s'est : se pronom personnel réfléchi élidé + être *Il s'est lavé.* _{verbe} *Elle s'est coiffée.* _{verbe}	**s'** précède le verbe être employé à la forme pronominale (3ᵉ personne) → c'est un pronom personnel réfléchi élidé. ▶ p. 127	Changer la personne : **s'** devient *me, t'*. *Il s'est lavé/Je me suis lavé.* *Elle s'est coiffée/Tu t'es coiffée.*
ces : déterminant démonstratif *Pour qui sont ces serpents ?* (Racine) _{nom pluriel}	**ces** précède un nom au pluriel → c'est un déterminant démonstratif : il sert à désigner. ▶ p. 94	Ajouter *-là* ou *-ci* après le nom. *Pour qui sont ces serpents-ci/-là ?*
ses : déterminant possessif *Elle joue avec ses enfants.* _{nom pluriel}	**ses** précède un nom au pluriel → c'est un déterminant possessif : il indique une relation avec une personne. *ses enfants = les enfants d'elle* ▶ p. 96	1. Remplacer **ses** par *tes, mes*. *Elle joue avec ses/tes/mes enfants.* 2. Mettre au singulier : **ses** devient *son* ou *sa*. *Elle joue avec son enfant.*

ça/çà et sa – leur/leur(s)

ça/çà et sa

Statut grammatical	Observation, analyse	Substitution
ça : pronom démonstratif *Prends ça. – Ça te convient ?*	**ça** est la forme contractée de *cela*. → c'est un pronom démonstratif. ▶ p. 129	Remplacer **ça** par *cela*. *Prends ça/cela. – Ça/Cela te convient ?*
çà : adverbe de lieu *Il va çà et là.*	**çà** est lié au verbe → c'est un adverbe : il s'emploie le plus souvent en lien avec l'adverbe *là*. ▶ p. 188	Remplacer **çà** par *ici*. *Il va çà/ici et là.*
sa : déterminant possessif *Solène lave sa (belle) voiture.* _{adj. nom fém.}	**sa** précède un nom ou un adjectif au féminin singulier → c'est un déterminant possessif : il indique une relation avec une personne. *sa voiture = la voiture de Solène* ▶ p. 96	Remplacer **sa** par *ma*, *ta*. *Solène lave sa/ma/ta (belle) voiture*

leur/leur(s)

Statut grammatical	Observation, analyse	Substitution
leur : pronom personnel 3ᵉ pers. du pluriel *Je leur raconte une histoire.*	**leur** précède un verbe → c'est un pronom personnel : il ne prend pas le -s du pluriel. ▶ p. 123	Remplacer **leur** par *lui* (équivalent au singulier). *Je leur/lui raconte une histoire.*
leur(s) : déterminant possessif *leur courage – leurs chaussures*	**leur(s)** précède un nom ou un adjectif → c'est un déterminant possessif : il a un singulier et un pluriel. ▶ p. 96	Remplacer **leur(s)** par *notre*, *nos* (ou un autre déterminant possessif). *leur/notre courage – leurs/nos chaussures*

quand/quant à/qu'en

■ **Autres cas : conjonction, verbe, etc.**

La liaison orale avec la consonne finale [t] ne distingue pas *quand* et *quant*, mais les distingue de *qu'en*.

Statut grammatical	Observation, analyse	Substitution
quand : conjonction de subordination Quand passent les cigognes _{subordonnée circonstancielle}	**quand** introduit une subordonnée circonstancielle de temps → c'est une conjonction de subordination. ▶ p. 207	Remplacer **quand** par *lorsque*. *Quand/Lorsque passent les cigognes.*
quant à : locution prépositive Quant à Jules, il n'est pas jaloux. _{prép.}	**quant** + **à** suivi d'un groupe nominal ou d'un pronom → c'est une locution prépositive. ▶ p. 199	Remplacer **quant à** par *pour* (même sens), *en ce qui concerne*. *Quant à/Pour/En ce qui concerne Jules, il n'est pas jaloux.*
qu'en : que pronom interrogatif élidé + pronom personnel Qu'en dites-vous ? Qu'en dira-t-on ?	**qu'** + **en**, qui inclut *de* (= *de cela*) → c'est un pronom interrogatif élidé + un pronom personnel. ▶ p. 135 et 127	Remplacer **en** par *de cela* (dissocié de *que*). *Qu'en dites-vous ?/Que dites-vous de cela ?* *Qu'en dira-t-on ?/Que dira-t-on de cela ?*

peux/peut et peu

Statut grammatical	Observation, analyse	Substitution
peux : verbe *pouvoir* 1ʳᵉ et 2ᵉ pers. du singulier *Je/tu peux le faire.* **peut** : verbe *pouvoir* 3ᵉ pers. du singulier *Il peut le faire.*	**peux** et **peut** sont deux formes du verbe *pouvoir* au présent de l'indicatif → c'est le verbe conjugué : il s'accorde avec le sujet qui sélectionne la personne (terminaison différente au singulier). ▶ Annexe 4 p. 423	Pour différencier *pouvoir* de *peu* : 1. Mettre *pouvoir* à l'imparfait (ou à un autre temps). *Je/Tu peux/pouvais le faire.* *Il peut/pouvait le faire.* 2. Changer la personne. *Je peux/Nous pouvons le faire.* *Il peut/Ils peuvent le faire.*
peu : adverbe de quantité *Elle mange peu.* *Il aime peu de films.* _{prép.}	**peu** s'emploie seul ou suivi de la préposition *de* → c'est un adverbe : il est invariable. ▶ p. 188	1. Impossible de remplacer *peu* par *pouvait*. ☺ *Elle mange pouvait.* *Il aime pouvait de films.* 2. Remplacer *peu* par son antonyme *beaucoup*. *Elle mange peu/beaucoup.* *Il aime peu de/beaucoup de films.*

près (de)/prêt

Statut grammatical	Observation, analyse	Substitution
près : adverbe de lieu *La mer est (tout) près.*	**près** indique une petite distance, dans l'espace le plus souvent → c'est un adverbe : il est invariable ; il a bien d'autres emplois. ▶ p. 194	Remplacer **près** par *proche, à proximité*. *La mer est (tout) près/(toute) proche/ à proximité.*
près de : locution prépositive *près de ma blonde* _{prép.}	**près + de** → c'est une locution prépositive : elle s'identifie grâce à *de*, par opposition à *prêt à*. ▶ p. 199	Remplacer **près de** par *auprès de, à proximité de*. *à proximité/auprès de ma blonde*
prêt : adjectif qualificatif *Il est toujours prêt (à tout).* _{prép.}	**prêt** s'emploie seul ou suivi d'un complément introduit par la préposition *à* → c'est un adjectif qualificatif : il s'identifie avec *à*, par opposition à *près de*. ▶ p. 103	Remplacer **prêt** par un synonyme ou le mettre au féminin. *Il est toujours prêt/disponible.* *Il est prêt/ Elle est prête.*

quel(s)/quelle(s) que et quelques/quelque

Statut grammatical	Observation, analyse	Substitution
quel(s)/quelle(s) que (en deux mots) : **déterminant ou adjectif interrogatif** *Quel que soit ton choix, je te suivrai.* <u>sujet</u> *Quelles que soient ses idées, il n'est pas borné.* <u>sujet</u>	**quel que** précède le verbe être au subjonctif → c'est un déterminant ou un adjectif interrogatif : il s'écrit en deux mots et s'accorde en genre et en nombre avec le sujet du verbe. ▲ p. 91 et 103	Remplacer **quel(s)/quelle(s) que** par **quoi que** (en deux mots). *Quel que/Quoi que soit ton choix…* *Quelles que/Quoi que soient ses idées…*

quelques : **déterminant indéfini**
 	
 quelques <u>paroles</u> – quelques <u>billets</u>
        nom   nom
       pluriel   pluriel
	quelques précède un nom au pluriel → c'est un déterminant indéfini :
	 il indique une quantité plus faible que *plusieurs*.
	
	 ▲ p. 100
		Remplacer **quelques** par *plusieurs* ou *des*.
		
		 quelques/plusieurs/des paroles
		 quelques/plusieurs/des billets

quelque : **adverbe** *Il est parti il y a quelque vingt minutes.* *quelque 7,35 milliards d'hommes (juillet 2015)*	**quelque** précède un déterminant numéral → c'est un adverbe : il est invariable et signifie *environ*. ▲ p. 188	Remplacer **quelque** par *environ*. *Il est parti il y a quelque/environ vingt minutes.* *quelque/environ 7,35 milliards d'hommes*

quelque … que : **adverbe**
 	
 Quelque grands que soient les rois. (Corneille)
          adj.   PS relative
 Quelque habilement que vous procédiez,
         adv.   PS relative
 vous aurez du mal à régler ce problème.
	quelque précède un adjectif ou un adverbe :
	 → c'est un adverbe :
	 il est invariable et est associé au relatif *que* pour introduire une relative à valeur concessive.
	
	 ▲ p. 188
		Remplacer **quelque** par *si* (adverbe d'intensité).
		
		 Quelque/Si grands que soient les rois.
		 Quelque/Si habilement que vous procédiez…

445

quoique/quoi que

Statut grammatical	Observation, analyse	Substitution
quoique (en un seul mot) : **conjonction de subordination** *Quoiqu'il soit blessé, il a terminé le match.* _{subordonnée circonstancielle}	*quoique* introduit une subordonnée circonstancielle de concession → c'est une conjonction de subordination. ▶ p. 207	Remplacer *quoique* par *bien que*. *Quoiqu'il soit blessé/Bien qu'il soit blessé, il a terminé le match.*
quoi que (en deux mots) : **locution pronominale** *Quoi qu'elle fasse, elle réussit.* _{subordonnée relative}	*quoi que* introduit une subordonnée relative à valeur concessive → c'est une locution pronominale. ▶ p. 133	Remplacer *quoi que* par *quelle que soit la chose que*. *Quoi qu'elle fasse/Quelle que soit la chose qu'elle fasse....*

si/s'y

La distinction entre les formes *si* ne pose pas de problèmes d'orthographe, mais de grammaire. C'est le contexte d'emploi qui permet d'identifier.

Statut grammatical	Observation, analyse	Substitution
si : adverbe d'intensité *Elle est si fragile.*	→ l'adverbe d'intensité = tellement ▶ p. 195	Remplacer *si* par très, tellement. *Elle est si/très/tellement fragile.*
si : conjonction de subordination de condition *Si j'étais riche.*	→ la conjonction de condition ▶ p. 208	Remplacer *si* par au cas où. *Si j'étais riche/Au cas où je serais riche.*
si : conjonction de subordination interrogative *Dis-moi si tu as compris.*	→ la conjonction interrogative ▶ p. 208	Rétablir une interrogation directe. *Dis-moi si tu as compris/Dis-moi, est-ce que tu as compris ?*
s'y (en deux mots) **: se pronom réfléchi élidé + y pronom personnel** *Elle s'y entend.* *Qui s'y frotte s'y pique.*	**s' + y**, qui inclut à (= *à cela*) → *s'y* fait partie d'un verbe pronominal à la 3ᵉ personne : *elle s'entend/elle s'y entend.* ▶ p. 127	1. Changer la personne. *Je m'y entends/Tu t'y entends. – Il s'y entend.* 2. Remplacer *s'y* par se … à cela. *Qui s'y frotte/se frotte à cela s'y pique/se pique à cela.*

A

Acception : sens particulier d'un mot.

Accord : voir *chaine d'accord*.

Addition : opération linguistique (aussi appelée *ajout*) qui consiste à ajouter un terme facultatif.

Affixe : morphème non autonome adjoint au radical d'un mot. Voir *désinence*, *préfixe*, *suffixe*.

Anaphore : reprise d'un segment antérieur du texte par un autre élément (contr. *cataphore*). Voir *reprise*.
– *Anaphore linguistique* : expression référentielle qui reprend un élément énoncé précédemment dans le texte, son *antécédent*.
– *Anaphore rhétorique* : figure de style désignant la répétition d'un même segment en tête de phrase.

Antécédent : 1. terme antérieur repris par une expression anaphorique. Voir *anaphore linguistique*.
2. nom que complète la relative adjective (subordonnée relative).

Antonymie : relation de mots de sens contraire.

Apologue : petite fable qui illustre une leçon de morale.

Aspect verbal : action verbale considérée sous l'angle de son déroulement interne.

B

Base : forme du radical du verbe (le verbe *devoir* a plusieurs bases : *doi-*, *dev-*, *doiv-*, *du-*).

C

Cataphore : annonce d'un élément ultérieur du texte par un autre élément (contr. *anaphore*).

Chaine d'accord : suite de mots qui entretiennent entre eux une relation morphologique solidaire (sujet-verbe, déterminant-nom-adjectif, etc.).

Classe grammaticale : ensemble de mots partageant des propriétés sémantiques, syntaxiques et morphologiques.

Clivage : procédé syntaxique visant à extraire un constituant de la phrase au moyen de *c'est ... qui/que*. L'ajout de *c'est ... qui/que* permet de former une phrase clivée (anglais : *cleft sentence*). Ex : *Maurice Grevisse a écrit* Le bon usage.
→ *C'est Maurice Grevisse **qui** a écrit* Le Bon usage.

Cohérence textuelle : unité thématique, sémantique et référentielle d'un texte dont le contenu ne présente aucune contradiction.

Cohésion textuelle : solidarité étroite entre les différentes parties du texte (propositions, phrases, paragraphes) qui fonctionne comme un ensemble cohésif. La cohésion textuelle est assurée par la reprise, l'ellipse et les connecteurs textuels.

Connecteurs textuels : mots ou groupes de mots qui relient entre eux les propositions, phrases ou paragraphes d'un texte. Les connecteurs textuels peuvent organiser un texte, signaler un point de vue ou introduire un argument. Aussi appelés *mots de liaison* ou *indicateurs* (*de temps, de lieu, de relations logiques*), ils assurent principalement la cohésion d'un texte. Voir *cohésion*.

Coréférent : terme qui renvoie au même référent qu'un autre terme.

Corrélation : lien, rapport réciproque entre deux mots.

D

Défectif (mot) : qui ne possède pas le paradigme complet des formes, en particulier un verbe (le verbe *gésir* ne se conjugue pas à toutes les formes).

Déictique : terme dont le sens comporte un renvoi à la situation d'énonciation (*je, tu, ici* sont déictiques). Voir *embrayeur*.

Désinence : affixe grammatical placé à la finale d'un nom (*garçons*), d'un adjectif (*petite*), d'un verbe (*je vends*), etc.

Diachronique (analyse, approche, linguistique) : qui appréhende un fait linguistique à travers son évolution historique – de *dia* « à travers » et *chronique* « temps » - (contr. *synchronique*).

Dialecte : « Système linguistique qui n'a pas le statut de langue officielle ou nationale. » (*Le Petit Robert 2016*)

Diérèse (versification) : prononciation qui dissocie deux syllabes (*hi-er, nu-it*).

Dislocation : procédé syntaxique visant à détacher au début ou à la fin d'une phrase un terme qui y est repris ou annoncé par un pronom personnel ou démonstratif. Ex :

Maurice Grevisse a écrit Le bon usage.
→ Le bon usage, Maurice Grevisse l'a écrit.
→ Maurice Grevisse l'a écrit, Le bon usage.

E

Effacement : opération linguistique aussi appelée *suppression* qui consiste à supprimer un terme facultatif.

Ellipse : omission d'un ou plusieurs éléments récupérables dans le contexte.

Embrayeur : terme qui renvoie à (« embraye sur ») la situation d'énonciation. Voir *déictique*.

Emphase : forme de phrase (facultative) qui sert à mettre en relief un constituant de la phrase, au moyen de deux procédés syntaxiques, la dislocation et le clivage (aussi appelé *extraction*).

Énonciation : acte individuel de production d'un énoncé, destiné à un (ou plusieurs) allocutaire(s), dans une situation spatiotemporelle particulière.

Épicène : nom ou adjectif à forme unique, ne variant pas en genre (*artiste, triste*).

Épistémique : relatif à la connaissance (grec *épistêmê*). La *modalité épistémique* indique le degré de certitude du locuteur sur ce qu'il dit.

Expansion : voir *modifieur*.

Extraction : voir *clivage*.

F

Figure de style : procédé qui consiste à utiliser un mot de façon particulière pour créer un effet de style et d'originalité dans un texte.

Focalisation : opération de création d'un focus, le plus souvent au moyen de l'emphase (*c'est ... qui/que*). Ex : *C'est Odette qui a oublié ses cattleyas.*

Fonction (du langage) : rôle assigné au langage. R. Jakobson distingue les fonctions : référentielle (centrée sur le référent), expressive (centrée sur l'émetteur), conative (centrée sur le récepteur), phatique (centrée sur le contact), métalinguistique (centrée sur la langue) et poétique (centrée sur le message en lui-même).

G

Graphème : unité distinctive d'un système d'écriture, correspondant à un phonème ou faisant référence au sens des mots. On distingue les graphèmes simples (*b, a, t, etc.*) et les graphèmes complexes (*eau, on, etc.*).

Groupe : voir *syntagme*.

H

Hétérographe : terme s'écrivant différemment d'un autre, de sens différent. Il peut être homophone (*point/poing*) ou non.

Homographe : terme s'écrivant comme un autre, mais de sens différent, qu'il soit homophone ou non. Ex :
Les poules du couvent couvent.
→ *deux* homographes *non* homophones.

Homonymie : relation d'identité phonique (*homophonie*) et/ou graphique (*homographie*) entre des mots de sens différents (*à/a - conte/comte/compte*).

Homophone : terme qui se prononce de la même façon qu'un autre terme, de sens différent.

Hyperonymie/hyponymie : relation de sens hiérarchique entre deux ou plusieurs termes : l'hyponyme (*terme spécifique*) est subordonné à l'hyperonyme (*terme générique*) qui représente la classe ou catégorie générale à laquelle appartient l'hyponyme (les hyponymes *rose, marguerite, coquelicot* appartiennent à la classe générale *fleur*).

Hypotaxe : relation de dépendance (contr. *parataxe*). Voir *subordination*.

I

Idiolecte : usage individuel, personnel de la langue.

Incidente : proposition insérée dans une phrase, qui ajoute un commentaire à celle-ci.

Incise : proposition insérée dans une phrase, qui indique qu'on y rapporte les paroles ou les pensées de quelqu'un.

Interaction : échange verbal et paraverbal réciproque entre plusieurs interlocuteurs.

L

Lexical : 1. relatif au lexique d'une langue (*unités/créations lexicales*).
2. dont le sens est déterminé par le lexique, par opposition à la grammaire (*mots/morphèmes/sens lexicaux*).

Lexicologie : étude scientifique du vocabulaire.

Lexie : « Unité lexicale de langue constituée soit par un mot (*lexie simple*) soit par des mots associés (*lexies composée et complexe*). » (TLFi, http://www.cnrtl.fr/definition/lexie)

Locution (verbale, adjectivale, adverbiale, prépositive, conjonctive) : groupe de mots qui fonctionnent comme une unité figée (*aigre-doux, faire peur, d'ailleurs, à cause de, afin que*).

M

Macrostructure, microstructure, superstructure :
3 niveaux de structuration du texte.

– *Microstructure* : relation locale entre les propositions.
– *Macrostructure* : organisation globale du texte, qui apparaît notamment dans le résumé du texte.
– *Superstructure* : organisation générale du texte, déterminée par le type du texte.

Métaphore : figure de style ou trope qui consiste à remplacer un mot (ou expression) par un autre mot (ou expression) sur la base d'une ressemblance, sans que cette similitude soit explicitée. Ex : *faucille d'or* (V. Hugo) est une métaphore désignant *la lune*.

Mètre (versification) : mesure du vers déterminée par le nombre de syllabes prononcées.

Modalisateur : mot qui exprime la modalité épistémique (*peut-être, sans doute ; pouvoir, devoir, etc.*) ou appréciative (*regretter, apprécier ; bon, mauvais ; etc.*).

Modalité : attitude prise par l'énonciateur à l'égard de ce qu'il énonce. Soit le locuteur exprime son degré de certitude sur ce qu'il dit (*modalité épistémique*), soit il évalue la valeur de son énoncé en exprimant ses sentiments (*modalité appréciative*). Voir *modalisateur*.

Modifieur : mot ou groupe de mots qui peut s'ajouter à un terme principal (nom ou verbe) pour apporter une information sémantique, sans changer la structure syntaxique existante. On range l'adjectif épithète, le GPrépositionnel et la subordonnée relative (plus rarement complétive) complément du nom dans la catégorie générale des modifieurs (ou expansions).

Morphème : plus petite unité significative d'une langue, ne pouvant pas être découpée en unités plus petites. Le morphème peut être un mot (*table, chaise*) ou une partie de mot (*chant-eur, chant-ons*).

Morphologie (lexicale, grammaticale) : étude de la forme des mots.

Mot : unité significative préconstruite d'une langue.

N

Nature : ensemble des caractéristiques, propriétés d'un terme donné. Terme traditionnel remplacé par *classe* ou *catégorie* (de mots). Voir *classe grammaticale*.

O

Organisateurs textuels : mots qui assurent la structuration du texte à deux niveaux, son contenu référentiel et sa matière textuelle.

Orthographe : manière d'écrire conforme à la norme en usage.

P

Parataxe : relation de juxtaposition de termes en relation d'indépendance réciproque (contr. *hypotaxe*).

Paronymie : relation de ressemblance formelle entre deux mots (*acception/acceptation ; éruption/irruption*).

Performatif (énoncé, verbe) : qui sert à accomplir un acte de langage.

Périphrase : figure de style qui consiste à remplacer le terme propre et unique par une expression en plusieurs mots désignant la même réalité. Ex : *L'auteur de Voyage au bout de la nuit.* est une périphrase désignant Céline.

Phonème : plus petite unité distinctive sonore du système d'une langue donnée (le mot *charmant* compte cinq phonèmes).

Phonétique : étude des sons d'une langue dans leur réalisation concrète.

Phonologie : étude des *phonèmes* d'une langue. Voir *phonème*.

Phrase clivée : voir *clivage*.

Phrase minimale : phrase constituée des seuls éléments nécessaires à sa structure. *Phrase étendue* : phrase minimale dans laquelle sont insérées des expansions.

Polysémie : propriété d'un signe linguistique qui a plusieurs sens (le terme *papillon* peut désigner *un insecte, une personne brillante, un type de nage, un nœud de cravate, un bec de gaz, un procès-verbal, etc.*). Le terme est dit *polysémique*.

Pragmatique : étude de l'utilisation de la langue en discours.

Prédicat : apport d'information sur le *thème* de la phrase (syn. : *propos, rhème*). Voir *thème*.

Préfixe : élément non autonome soudé qui précède le radical d'un mot (*dé-faire, re-faire*).

Progression thématique : voir *thème*.

R

Radical : partie généralement commune à plusieurs mots, qui porte l'essentiel de leur sens lexical. Voir *base*.

Référent : élément de la réalité auquel renvoie un terme, une expression, une phrase.

Reprise (nominale, pronominale) **:** représentation (par un groupe nominal, un pronom) d'un élément antérieur du texte. Les termes de reprises sont aussi appelés *substituts*. Voir *anaphore, substitut*.

S

Sémantique : étude du sens et de la référence.

Signe linguistique : unité constituée par l'union de deux faces indissociables, un *signifiant* (forme sonore ou graphique) et un *signifié* (sens). Le signe *arbre* a pour signifiant [aRbR] ou *arbre*, et pour signifié le concept d'arbre (F. de Saussure). Le signe linguistique renvoie à un *référent*. Voir *référent*.

Sociolecte : usage linguistique d'un groupe social.

Subordination : relation de dépendance d'une proposition subordonnée avec une proposition principale, dont elle est un constituant. Voir *hypotaxe*.

Substitut : terme linguistique remplaçant un ou plusieurs autres termes. Voir *substitution, reprise*.

Substitution : opération linguistique (aussi appelée *commutation*) qui consiste à remplacer une unité linguistique par une autre, de fonctionnement équivalent. Il est possible qu'un terme unique remplace un groupe de termes (pronom personnel *il* = groupe nominal *le jeune loup*).

Suffixe : élément non autonome soudé qui suit le radical d'un mot (*feuill-age, holland-ais*).

Synchronique : qui appréhende un fait linguistique à un moment donné (terme considéré à une époque précise, en français moderne par exemple) (contr. *diachronique*).

Synérèse (versification) **:** « Prononciation groupant en une seule syllabe deux voyelles contiguës d'un même mot, la première devenant une semi-voyelle *ex. : violon* » (*Le Petit Robert 2016*)

Synonymie : relation d'équivalence (ou plus rarement d'identité) sémantique entre des mots (*jaunisse, ictère ; gentil, agréable, aimable, affable ; etc*). Ces mots de sens proche sont synonymes.

Syntagme : groupe d'éléments linguistiques solidaires, qui peuvent être remplacés par un terme unique. Voir *substitution*. Aussi appelé *groupe* (*syntagme* nominal = *groupe* nominal).

Syntaxe : « Étude des règles qui président à l'ordre des mots et à la construction des phrases, dans une langue. » (*Le Petit Robert 2016*)

T

Thématisation : mise en position de *thème* d'un élément de la phrase, généralement en tête de phrase. La dislocation est un des moyens de la thématisation, quand l'élément détaché est antéposé (syn. *topicalisation*). Voir *dislocation*.

Thème/prédicat : la proposition peut s'analyser sémantiquement en deux parties selon la répartition de l'information.

– Le *thème* est l'élément dont on parle, dont on dit quelque chose, qui est le support de l'information.
– Le *prédicat* est ce qu'on dit du thème ; constitue l'apport d'information, généralement nouvelle.
(anglais : *topic/comment*).

Types/formes de phrases : dans la tradition linguistique issue de la grammaire générative et transformationnelle de N. Chomsky, on distingue :
– 4 *types de phrases* : déclaratif (ou assertif), interrogatif, injonctif, exclamatif ;
– 4 *formes de phrases* : affirmative/négative, passive, impersonnelle, emphatique.

Z

Zeugme (attelage) : coordination de deux mots associés à un seul terme, chaque mot coordonné sélectionnant un sens différent de ce terme (généralement *propre/figuré*). Ex : *ma culotte sent le camphre et le dodu.*
(G. Schéhadé)

Index alphabétique des notions

A

accents (signes auxiliaires) 35, 36
accent régional 17
   d'insistance 26 (rem.), 31, 269
   de groupe 31
acception 64
accord de l'adj. 106, 112
   adj. composé 113
   certains adj. 113, 178
   mots de couleur 113
   Ppassé 147, 182-187
   verbe 275-277
   Gnominal 277-278 (voir *chaine d'accord*)
acte de langage 157, 215, 219, 254, 262
addition, adjonction *Garde avant*
adjectifs qualificatifs 103-119
   composés 56
   relationnels 104-105, 114-115, 242, 249
   qualifiants 104-105
   accord 106, 112-113
   genre 106-110
   nombre 110-112
   place 114-116
   degrés 116-119
   compl. de 118-119, 248-249
   fonctions 235-238 (attribut), 243-244 (épithète), 246-248 (apposé)
adverbe 188-197
   fonctions et place 191-193
   degrés 193-194
   classe sémantique 194-197
   compl. de 249-250
affirmative (forme de phrase) 263
agent (compl. d') 145, 251-252
alexandrin 387
alinéa 43, 353, 368
allitération 390, *Garde arrière*
alphabet phonétique (API) 22-23, 392
analogie figures 70-71, 363, *Garde arrière*
anaphore linguistique 326-330
   rhétorique 326, *Garde arrière*
antécédent 122, 137, 289, 326
   compl. de 290-291
antonymie 68
apostrophe signe graphique 23 (API), 31, 44
   fonction syntaxique 253
apposition 246-248
   modifieurs 242
archaïsme 50
argot 18
argumentatif connecteurs 337
   type de textes 345, 347, 364-369
article défini 91-92
   élidé 44, 90, 92
   contracté 92
   indéfini 93
   partitif 78, 93-94
   absence de 103
aspect du verbe 149-150
assertif (voir *déclaratif*)
assonance 390, *Garde arrière*
astérisque 44

INDEX ALPHABÉTIQUE DES NOTIONS

attribut du sujet 235-236
   de l'objet 236-238
attribution compl.d' (voir *compl. d'objet second*) 233
auxiliaires signes 35-37
   verbes 146, 150, 153-154, 266
   conjugaison 400

B

base (verbale) 154-155
but (Prop. sub. de) 169, 170, 229, 307-308

C

calque 61
cardinaux (déterminants numéraux) 90, 97-98
cataphore 327
cause (Prop. sub. de) 307
cédille 35, 37
césure 386
chaine d'accord 273-278
champ lexical 65
chiasme *Garde arrière*
classe de mots 73-75
clivée, clivage (voir *extraction*)
cohérence textuelle 318-323
cohésion textuelle 324-337
collectif (sujet) 146, 276
comparaison adj. 116
   Prop. sub. de 311-312
   figures de style *Garde arrière*
comparatif adj. 118-119, adv. 191

complément définition 221
   essentiel du verbe 230-238
   d'objet direct 231
   d'objet indirect 232-233
   d'objet second 233
   essentiel de lieu, prix, etc. 233-234
   de phrase ou circonstanciel 239-241
   du nom 245-246
   de l'adj. 248-249
   de l'adv. 249-250
   du comparatif 118-119
   d'agent du verbe passif 251-252
   du présentatif 252-253
complétive (subordonnée) 295-303
composition populaire 55-56
   savante 56-58
concordance des temps indicatif 314-315 ; subjonctif 315-316
condition (subordonnée de) 309
conditionnel 164-166
conjonction
   de coordination 199-200, 204-207
   de subordination 207-209
conjugaison 150-156
   auxiliaires 153-154
   tableaux *Annexe 4* p. 400
connecteurs textuels 331-337
consonnes/consonantique 25-27
contre-rejet 387
conversion 59 ; pluriel 87-88
coordination (voir *conjonction*)
coupure des mots 45
crochets 12, 39

D

décasyllabe 386
déclaratif (type de phrases) 215, 255
défectif (verbe) 429
degrés des adj. 116-119
  référence 121-123
  adverbes 193-194
  déictiques 372-373
démonstratifs déterminants 94-95
  pronoms 129-132
dépendance (adv.) 188-189
déplacement *Garde avant*
dérivation 50-55
désinence (voir *terminaison*)
descriptif (texte) 347, 359-363
déterminants articles 91-94
  démonstratif 94-95
  possessif 96-97
  indéfini 98-100
  numéral 97-98
  interrogatif 101
  exclamatif 101
  relatif 101
  absence de 102
deux points 39, 42-43, 283, 368, 380
dialecte(s) 17-18, 61-62
diérèse 28, 387
discours
  parties du (classes) 74-75
  rhétorique 368
  rapporté 380-384
  direct 380-381
  indirect 381-383
  indirect libre 383-384
dislocation (emphase) 16, 269-270
distique 385
doublets 61, 67

E

effacement *Garde avant*
élision 31
ellipse 330-331
embrayeur (voir *déictique*)
emphase/**emphatique** (forme de phrase) 269-272
emprunt 60-62
enjambement 387
énoncé 371 (voir *énonciation*)
énonciation (de) 371-372 ; discours/énonciation historique 375-379
épicène noms 82
  adjectifs 110
épithète 243-244
  place 114-116
épistémique (modalité) 373
étymologie 34
exclamatif (type de phrases) 260-261
exclamatifs (déterminants) 101
expansions du nom 241-243
explétif (*ne*) 263
explicative (relative) 291-292
extraction (emphase) 270-272

F

famille de mots 64
féminin
  noms 79-83
  même forme aux 2 genres (voir *épicène*), noms sans forme féminine 82
  des adj. qualif. 106-110

féminisation des noms de métier 396-399
figures de style *Garde arrière*
focalisation 271
fonctions grammaticales 221-253
formation des mots 50-62
   parasynthétique 55
   populaire 55
   savante 56
   des adverbes en -ment 190
formes de phrases
   affirmative/négative 263-266
   passive 266-267
   impersonnelle 267-269
   emphatique 269-272
futur simple 162-163
   antérieur 163

G

genre des noms 79-83
   adj. 106-110
gérondif 177
grammaire 12
graphème 37-38
grec mots composés 56-58
   famille de mots/emprunts 64, 61
groupe nominal 76-77
   adjectival 104, 248
   verbal 141
   prépositionnel 198
   adverbial 248
groupe rythmique 31
guillemets 39, 43

H

hémistiche 387
homonymes 65-66
homophones grammaticaux 33, 434-447
   homophones homographes 65-66
   homographes hétérophones 66
hyperbole *Garde arrière*
hyperonymie/hyponymie 69
hypotaxe 286

I-J

idiolecte 19
imparfait de l'indicatif 152, 159-161
   subj. 152-153, 171-172
impératif 148, 152, 172-173
impersonnel
   pronoms 128
   verbes 144
   modes 148
   forme de phrase 267-269
   constructions 268
incidente (prop.) 286-288
incise (prop.) 229, 286-287, 380
indéfinis articles 93
   déterminants 98-100
   pronoms 132-135
indépendante (proposition) 280
indicatif mode 148
   temps 156-166
indices de l'énonciation 371-375
infinitif mode 148
   classement des verbes 155-156
   temps 174-175
   emplois nominaux 176-177

injonctif (type de phrases) 259-260
insertion (construction par) 286-287
intensité adj. 116-118
   adv. 117, 195-196
interjection 210-212
interrogatif
   déterminants 101
   pronoms 135-137
   type de phrase 255-259
interrogation totale 255-256
   partielle 256-259
interrogative (subordonnée)
   indirecte 299-301
intonation 39, 42
intransitif 142
invariable/invariabilité 74
inversion du sujet 228-230
   compl. d'objet direct/indirect 232-233
irréel 164
juxtaposition (des prop.) 281, 283

L

langue d'oc, d'oïl 61
latins mots 61
lexicologie 13-14
lexique 49
liaison des mots 30, 44-45
litote *Garde arrière*
locution verbale 144
   adverbiale 190-191
   prépositive 198-199
   conjonctive 208

M

métaphore *Garde arrière*
métonymie *Garde arrière*
mètre, métrique 386-387
mise en relief (voir *emphase*)
modalités 373-375
   épistémiques 374
   appréciatives 374-375
modes du verbe
   définition 147-148
   indicatif 156-166
   subjonctif 166-172
   impératif 172-173
   infinitif 174-177
   participe 177-182
modifieurs du nom 241-243
morphème 14
morphologie 13
mots définition 48-49
   coupure en fin de ligne 45
   formation 50-60
   origine 61-62
   famille de 64
   lexical/grammatical 74-75

N

narratif (texte) 355-359
négative (forme de phrases) 263-266
néologisme 50
neutre (pronom) 131-132
nombre dans les noms 83
   adjectifs 110-112
   verbes 150

noms communs 77-78
   propres 78
   féminin des 79-83
   double genre 82
   pluriel des 83-85 ; composés 85-87 ; étrangers 87
   compl. du nom 245-246

O

objet (compl. d') 230-233
oc (langue d') 61
octosyllabe 386
oïl (langue d') 61
omission du déterminant 102
onomatopées 211
opérations linguistiques de base *Garde avant*
opposition (subordonnée d') 308
ordinaux (adj. numéraux) 97, 105
organisateurs textuels 332
   énumératifs 333
orthographe définition 32-35
   rectifications de l' 393-395
orthographiques (signes) 35-38
oxymore *Garde arrière*

P

parataxe 286
parenthèses 43
paronyme/paronymie 67
participe présent 178
   présent et adj. verbal 178-180
   passé 180-182
   accord du 182-187
   prop. sub. 312
parties du discours 74
partie/tout 69-70
passé composé 158-159
   simple 161
   antérieur 162
passif (forme de phrases) 266
passive (voix) 145
périphrase *Garde arrière*
personne pronoms 123-128
   du verbe 150
phonème 12, 28
phonétique 12
phrase verbale/non verbale 216, 219-220
   minimale/étendue 217
   simple/complexe 280
place de l'adj. épithète 114-116
   de l'adverbe 191-193
   du sujet 228-230
   du compl. d'objet direct/indirect 232-233
   de l'attribut 235
pluriel des noms 83-85
   des noms propres 85
   des noms étrangers 87
   des adjectifs 110-112
plus-que-parfait 161-162
point ponctuation 40
   -virgule 40-41
   d'exclamation 42
   d'interrogation 42
   de suspension 42
polysémie 70-71

ponctuation 39-46
possessifs déterminants 96-97
  pron. 128-129
potentiel 164
pragmatique 14
prédicat 214, 338-339
préfixe/préfixation 51, 54
préposition définition 198-202
  répétition 202
présent de l'indicatif 157-158
  du subj. 170-171
  de l'impératif 173
  infinitif 174
  participe 178
présentatifs (c'est, voici, voilà, il y a) 272
principale (prop.) 285
progression thématique 338-345
pronoms personnels 123-128
  personnels réfléchis 127-128
  possessifs 128-129
  démonstratifs 129-132
  indéfinis 132-135
  interrogatifs 135-137
  relatifs 137-140
pronominale forme 145-147
  verbes 147
prononciation 22
proposition définition 280-281
  subordonnées infinitives 175, 302-303
  coordonnées/juxtaposées/ subordonnées 282-289
  incidentes 286
  incises 286

subordonnées relatives (adjectives, substantives) 289
subordonnées complétives 295-296
subordonnées interrogatives 299-302
subordonnées circonstancielles de but/cause/compar./condit./ conséq./oppos./temps 304-312
subordonnées participes 312

Q-R

qualificatifs (adj.) 103-119
qualifiants (adj.) 104
quatrain 384
radical 51 du verbe 150 (voir *base*)
réciproques (pronominaux) 146
rectifications (de l'orthographe 1990) 393-395
réfléchis (pronominaux) 146
régionalismes 17
registres de langue 19
rejet 387
répétition de la prép. 202
reprises nominales 328-330
  pronominales 327-328
rime 387-389
rupture thématique 343

S

schémas de phrase 218
sémantique 14
semi-consonnes 23, 26

INDEX ALPHABÉTIQUE DES NOTIONS

signes orthographiques/auxiliaires 35-38
   de ponctuation 39-46
sociolecte 17
sons 22-23
style indirect libre 383-384
subjonctif emplois 166-172
   concordance des temps 315-316
subordonnées 281, 285-286
substitution *Garde avant* ; 434
suffixes/suffixation 50, 52-53
sujet place 228-230
   fonction 227-230
superlatif des adj. 117-119, 237
adv. 193-194
syllabe 29-30
synecdoque *Garde arrière*
synérèse 385
synonymes/synonymie 67-68
syntaxe 13

T

tableaux de conj. 400-428
temps
   simples/composés/surcomposés 150
   terminaisons des 151-153
   du verbe dans chaque mode 156-182
   concordance des 313-316
tercet 354, 384
textes types de 346-369
thématisation 338-339
thème/thématique 214, 338-339
   progression 339-345

timbre des voyelles 25
tiret 43, 379
trait d'union 44-46
   dans les numéraux 98
transitif (verbe) 142-143
tréma 36
type de phrase
   déclaratif 255
   interrogatif 255-259
   injonctif 259-260
   exclamatif 260-261
type de texte
   narratif 355-359
   descriptif 359-363
   argumentatif 364-369

V

variations de la langue 15-20
verbe définitions 141-142
   transitifs/intransitifs 142-144
   impersonnels 144
   voix du verbe 145
   pronominaux 145-147
   auxiliaires 153-154
   accord du 182-187 ; 275-277
   ses compl. 230-238
   liste des verbes *Annexe 5*
vers 385-388, 390
versification 385-390
virgule 39, 41-42
vocabulaire 49
voix (du verbe) 145, 266
voyelles/vocaliques 23, 24, 25, 28

461

Couverture: Marie-Astrid Bailly-Maître
Création de la typographie Grevisse : Typofacto, Olivier Nineuil
Maquette intérieure et mise en page : Nord Compo
Direction éditoriale : Annick Ziani
Responsable éditoriale : Sylvie Milochevitch
Coordination éditoriale : Sarah Ringeval, avec l'aide de Vanessa Colnot et Roxane Terrier

© Editions Magnard, 2016
5, allée de la 2ᵉ DB
75726 Paris Cedex 15
www.magnard.fr
ISBN : 978-2-210-10632-1

Achevé d'imprimer en juin 2016 par G. Canale & C. S.p.A. (Italie)
Dépôt légal : juin 2016 - N° éditeur : 2016/0040

LES FIGURES DE MOTS

1. Figures de diction

Allitération	Répétition de consonnes

Va, cours, **v**ole, et nous **v**enge. (Corneille, *Le Cid*)

Sous le pont Mirabeau coule la **S**eine
Et nos amours
Faut-il qu'il m'en **s**ouvienne
La joie venait toujours après la peine.
(G. Apollinaire, *Le pont Mirabeau*)

Assonance	Répétition de voyelles

Tout m'afflige et me n**ui**t, et conspire à me n**ui**re.
(Racine, *Phèdre*)

2. Figure de construction

Anaphore	Répétition syntaxique

Quand le ciel bas et lourd pèse comme un couvercle [...]
Quand la terre est changée en un cachot humide, [...]
Quand la pluie étalant ses immenses traînées [...]
(Ch. Baudelaire, *Spleen*)

3. Figures de disposition

Chiasme	Disposition syntaxique en miroir (ABBA)

Suivant le dire d'un ancien, il faut manger **(A)** pour vivre **(B)**,
et non pas vivre **(B)** pour manger **(A)**.
(Molière, *L'Avare*)

Oxymore	Alliance de mots de sens contraire

Porte le **soleil noir** de la mélancolie.
(G. de Nerval, *El Desdichado*)

Inversion	Déplacement contraire à l'ordre habituel

De battre mon cœur s'est arrêté (J. Audiard)
En vain il a **des mers** fouillé la profondeur. (A. de Musset)
« **La Force maitriser** tu dois. » (maitre Yoda, film *Star wars*)